KIRCHENVÄTER UND SOZIALES ERBRECHT

WANDERUNGEN RELIGIÖSER IDEEN DURCH DIE RECHTE DER ÖSTLICHEN UND WESTLICHEN WELT

VON

EBERHARD F. BRUCK

SPRINGER-VERLAG
BERLIN · GÖTTINGEN · HEIDELBERG
1956

KIRCHENVÄTER UND SOZIALES ERBRECHT

WANDERUNGEN RELIGIÖSER IDEEN DURCH DIE RECHTE DER ÖSTLICHEN UND WESTLICHEN WELT

VON

EBERHARD F. BRUCK

SPRINGER-VERLAG
BERLIN · GÖTTINGEN · HEIDELBERG
1956

ISBN-13: 978-3-540-01998-5 e-ISBN-13: 978-3-642-87167-2
DOI: 10.1007/978-3-642-87167-2

Softcover reprint of the hardcover 1st edition 1956

DEM ANDENKEN MEINER FRAU

Vorwort

Überall und zu allen Zeiten haben die Menschen gerungen, wie sie sich mit dem Rätsel des Todes abzufinden haben. Die Vorstellungen vom Tode und von den Toten beherrschen das Leben — des Einzelnen wie der Gesamtheit.

Es hat mich oft angezogen, den Wirkungen dieser Einstellung auf das Recht nachzugehen, im Rahmen der Kultur, der Religion und der Politik.[1]

Das vorliegende Buch setzt diese Untersuchungen fort.[2] Es behandelt das kirchlich-soziale Erbrecht, wie es auf die Mahnungen der Kirchenväter zurückgeht, ein Kapitel aus der Geschichte der Patristik in ihren Nachwirkungen auf Spätantike und Mittelalter. Als Führer der Kirche, die die soziale Fürsorge übernommen hatte, empfanden die Väter aufs tiefste die Schärfe des Gegensatzes zwischen Reich und Arm in der sinkenden Wirtschaft des römischen Reiches. In diesem

---

[1] In „Totenteil und Seelgerät im griechischen Recht, eine entwicklungsgeschichtliche Untersuchung zum Verhältnis von Recht und Religion mit Beiträgen zur Geschichte des Eigentums und des Erbrechts", München, 1926; „Kirchlich-soziales Erbrecht in Byzanz, Johannes Chrysostomus und die byzantinischen Kaiser" (Studi in onore die Salvatore Riccobono, Palermo, III, 1933, S. 377—423); Artikel „Totenteil" (Realenzyklopädie der klassischen Altertumswissenschaft, XII, 1937, S. 1913 bis 1928); „Cicero vs. the Scaevolas, re: Law of Inheritance and Decay of Roman Religion (de legibus 19—21)", in der Zeitschrift ‚Seminar', Washington, D. C., III, 1945, S. 1—20; „The Growth of Foundations in Roman Law and Civilization" (ebenda, IV, 1948, S. 1—19); „Foundations for the Deceased in Roman Law, Religion, and Political Thought" (Scritti in onore di Contardo Ferrini, Mailand, 1949, S. 1—42); „Political Ideology, Propaganda, and Public Law of the Romans: Ius imaginum and Consecratio imperatorum" (Seminar, VII, 1949, S. 1—25). — Die vorstehenden in englischer Sprache veröffentlichten Abhandlungen wurden — zusammen mit andern Schriften — umgearbeitet und ins Deutsche übersetzt in dem Buch: „Über römisches Recht im Rahmen der Kulturgeschichte", Berlin, Göttingen, Heidelberg, Springer-Verlag, 1954. — Siehe noch mein Referat „Les facteurs moteurs de l'origine et du développement des fondations grecques et romaines", Revue internationale d'histoire des droits de l'antiquité, 1955, S. 165—172.

[2] Einen kurzen Auszug aus den ersten Kapiteln habe ich auf dem deutschen Rechtshistorikertag in Hamburg am 3. September 1954 vorgetragen (abgedruckt Z. Sav. St., rom. Abt., LXXII, 1955, S. 191—210).

Zusammenhang erhoben verschiedene Väter die Frage nach dem Anteil der Armen an den Gütern dieser Welt. Sie fragten, wieviel der Besitzende geben müsse, um sich das Seelenheil zu sichern. Damit kamen sie auf das Phänomen, das unter dem Namen „Seelteil" berühmt geworden ist.

Die rechtshistorische Forschung, die sich mit dem Seelteil befaßt hat, hat bekanntlich verschiedene Wege eingeschlagen. *Brunner* hielt ihn für eine Fortbildung der germanischen Grabbeigabe,[3] andere Gelehrte,[4] vor allem *Alfred Schultze*,[5] haben ihn auf Augustin zurück-

[3] *Brunner,* Der Totenteil in germanischen Rechten, Z. Sav. St., germ. Abt., XIX, 1898, S. 107 (= Abhandlungen zur Rechtsgeschichte, gesammelte Aufsätze herausgegeben von Karl Rauch, Weimar, II, 1931, S. 279—313), Das rechtliche Fortleben der Toten bei den Germanen, Deutsche Monatsschrift, XII, 1907, S. 18 ff., und Deutsche Rechtgeschichte, 2. Aufl., 1906, S. 39 ff., 108 ff., 127. — *Brunner* fand zunächst viele Anhänger (u. a. *A. Gál,* Totenteil und Seelteil, Z. Sav. St., germ. Abt., XLIV, S. 225 ff.; *von Amira,* Grundriß des germanischen Rechts, 3. Aufl., 1913, S. 177; *Rudolf Hübner,* Grundzüge des deutschen Privatrechts, 4. Aufl., 1922, S. 718 f.; *Schroeder-von Künssberg,* Deutsche Rechtsgeschichte, 6. Aufl., 1922, S. 366, 577, Anm. 54; *Paul Viollet,* Histoire du droit civil francais, 3. Aufl., 1905, S. 880; *Mary Bateson,* Borough Customs, II, Seldon Society, London, 1906, S. XCVI; ein Nachzügler: *Joseph Dainow,* The Dead's Part, Illinois Law Review, XXIX, 1935, S. 1098 ff.). — Aber bald erhob sich auch Widerspruch, so von *Pollock* und *Maitland,* The History of English Law before the time of Edward I, 2. Aufl., II, S. 349, Anm. 1, *Nino Tamassia,* La „melioratio" dei figli, nel antico diritto ereditario germanico, Archivio giuridico LXXXV, 1921, S. 94, 101; *Siegfried Rietschel,* Der Totenteil in germanischen Rechten, Z. Sav. St., germ. Abt., XXXII, 1911, S. 297 ff., und desselben Artikel „Freiteil" und „Totengabe", Reallexikon der germanischen Altertumskunde, II, S. 89 und IV, S. 338; *Alfred Schultze,* Der Einfluß der Kirche auf die Entwicklung des germanischen Erbrechts, Z. Sav. St., germ. Abt., XXXV, 1914, S. 89 ff. — In meinem Buch „Totenteil und Seelgerät" (1926) wurde Brunners Theorie abgelehnt vom Standpunkte des griechisch-hellenistischen Rechts im Vergleich mit dem germanischen Recht. — Brunners Theorie wurde sodann eingehend widerlegt von *Alfred Schultze,* Augustin und der Seelteil des germanischen Rechts, Leipzig, 1928, S. 62—92, wo unter anderen Beweisgründen auch von der griechisch-hellenistischen Parallele Gebrauch gemacht ist (S. 76—78, 217—219).

[4] *Mario Falco,* Le disposizioni „pro anima", Fondamenti dottrinali e forme giuridiche, Torino, 1911, S. 8. Ansätze in dieser Richtung bei *Francesco Brandileone,* Istituto Veneto di Scienze, Lettere ed Arti, Bd. 28 Anm. 7) und *Tamassia* (s. vorige Anm.) S. 106.

[5] *Alfred Schultze,* Augustin und der Seelteil, S. 178 ff., 190 ff., 220 und *passim,* ferner „Nachträge zu Augustin und der Seelteil", Z. Sav. St., germ. Abt., L, 1930, S. 376 ff., und „Der Einfluß der kirchlichen Ideen und des römischen Rechts auf die germanische Hausgemeinschaft" (Atti del Congresso internazionale di diritto romano, Bologna, 1933, Bd. I).

geführt. Seine Ansicht darf jetzt als die herrschende bezeichnet werden.[6] Erwähnt seien noch *Koranyi*'s Hinweise und meine eigenen Untersuchungen über Chrysostomus.[7]

Aber ich denke, das letzte Wort ist noch nicht gesprochen. Wir wollen im folgenden versuchen, Ursprung, Wirkungen und Wandlungen der Idee des Seelteils zu erkennen, die — auf den Kanzeln Kappadoziens zuerst verkündet — in den Kulturen und Rechten vieler Länder des Orients und des Occidents nachgewirkt hat.

Das Eindringen des Seelteils in die einzelnen Rechte darf nicht isoliert betrachtet werden. Es ist vielmehr einzugliedern in die Gesamtgeschichte der Kultur und der kulturellen Zusammenhänge. Wie *Heinrich Mitteis* es ausgesprochen hat: die Darstellung auch eines rechtsgeschichtlichen Spezialproblems muß sich bewußt bleiben, daß sie „ein Stück Weltgeschichte" ist.[8]

Bei der Beantwortung der aufgeworfenen Fragen mußte — ebenso wie bei früheren Arbeiten des Verfassers — gewagt werden, über die

---

[6] *Schultze* stimmten zu u. a. *von Schwerin*, Historische Zeitschrift, CXLII, S. 549 ff.; *E. Wohlhaupter*, Deutsche Literaturzeitung, 1929, S. 1927 ff.; *Mario Falco*, Art. „Disposizioni per l'Anima" in Enciclopedia Italiana, Bd. II; *Joseph Mausbach*, Ethik des H. Augustinus, 2. Aufl., 1929, II, S. 414 ff.; *Heinrich Mitteis*, Die Rechtsgeschichte und das Problem der historischen Kontinuität, Abh. der Berliner Akademie, Berlin, 1947, Phil. hist. Kl., Nr. 1, S. 11; *Alexander Beck*, Christentum und nachklassische Rechtsentwicklung, Atti del Congresso internazionale di diritto romano, Bologna, Bd. II, S. 93 Anm. 1 (der letztere etwas zurückhaltend). — Anderer Ansicht *Franz Beyerle*, Z. Sav. St., germ. Abt., L, S. 398 ff.

[7] *Karol Koranyi*, Podstawy Sredniowiecznego Prawa Spadkowego (Prinzipien des mittelalterlichen Erbrechts), Lwow, 1930, der unter anderen Gebieten in seinem Buch auch den Seelteil behandelt, den er mit zwei Stellen aus Chrysostomus in Verbindung bringt. Er hält Augustin ebenfalls für den Autor der Sohnesquote, aber beeinflußt durch Chrysostomus (s. die Besprechung von *H. F. Schmid*, Z. Sav. St., germ. Abt., LI, S. 779). — In meiner Abhandlung in den Studi Riccobono III (zitiert oben Anm. 1), S. 377—423 habe ich Chrysostomus' Homilien untersucht, wobei zahlreiche andere Aussprüche über den Seelteil zu Tage treten (s. ferner unten § 5).

[8] *Heinrich Mitteis*, Vom Lebenswert der Rechtsgeschichte, Weimar, 1947, S. 19. Vgl. auch dessen Vortrag: Die Rechtsgeschichte und das Problem der historischen Kontinuität (zitiert oben Anm. 4), S. 1 ff., 14 ff. und *Hans Thieme*, Ideengeschichte und Rechtsgeschichte, Festschrift der Göttinger Rechts- und Staatswissenschaftlichen Fakultät für Julius von Gierke, Berlin, 1950, S. 276 ff.; ferner neuestens *Franz Wieacker*, Vulgarismus und Klassizismus im Recht der Spätantike, Heidelberger Akad. Berichte, 1955, S. 8 f. (mit weiterer Literatur) über die Zusammenhänge zwischen Rechts- und Kulturgeschichte, sowie *Erich Genzmer*, Rechtsgeschichte und Rechtsvergleichung, Archiv f. Rechts- und Sozialphilosophie, XLI, 1955, S. 334, über die

Fachschranken hinwegzublicken, die dem antiken Rechtshistoriker gesetzt sind. Der hiermit verbundenen Gefahren bin ich mir bewußt. Aber ich glaubte, sie übernehmen zu müssen, wenn die Untersuchung abgerundet und nicht vorzeitig abgebrochen werden sollte.

Mein aufrichtiger Dank gebührt den Gelehrten, die mich mit ihrem Rat unterstützt haben. Der seit Jahren nicht mehr unter den Lebenden weilende große Keltist, Professor *Rudolf Thurneysen,* hat mich schon während der Vorarbeiten zu diesem Buch, die noch in meine Bonner Zeit zurückgehen, in philologischen Fragen betreffend die irischen Rechtsquellen beraten. Professor *Arthur Darby Nock* hat einen großen Teil des Manuskripts durchgelesen, ich verdanke ihm wertvolle Ratschläge. Rat in Einzelfragen literarischer Natur gewährten die Professoren *Helen Maud Cam, Werner Jaeger* und *Stephan Kuttner.*

Mein Dank gilt weiter der Harvard-Universität für die mir gewährten Arbeitsmöglichkeiten. Ich danke insbesondere den Harvard-Bibliotheken: der College Library, der Law School Library und der Bibliothek der Divinity School, ferner der Verwaltung des „Clark Bequest" und dem von Professor *Sidney B. Fay* geleiteten „Bureau of International Research".

Gedenken will ich endlich derjenigen, die mir in langen, schicksalsvollen Jahren Gefährtin war. Ohne sie wäre dieses Buch nicht geschrieben worden. Ihrem Andenken ist es dargebracht.

Cambridge, Massachusetts, im Juni 1955. *Eberhard F. Bruck*

„inneren, außerrechtlichen Triebkräfte und Hintergründe der Rechtsentwicklung". — Kulturelle Synthese ist heute das Ziel nicht bloß im geschichtlichen Bereich. „No longer can anything exist in isolation", sagt der Architekt *Walter Gropius* mit Bezug auf die Stellung der Architektur im Gesamtbilde der Kultur (The Theory and Organization of the „Bauhaus Weimar", The Museum of Modern Art, New York, 1938, S. 22).

Inhaltsverzeichnis

I. Kapitel

Basilius der Große, Gregor von Nazianz, Gregor von Nyssa, Johannes Chrysostomus und die Entstehung des Anteils für die Seele und die Armen

§ 1. Die Mahnung der Väter zur Quote

Die Idee der Quote für die Armen und zugleich für die eigene Seele des Gebers taucht zuerst bei den kappadozischen Kirchenvätern auf, und zwar gerade bei den Größten. Erschüttert von der Not der Armen und Schwachen, für die allein die Kirche sorgte, sannen sie darüber nach, wie die Schärfe des Gegensatzes zwischen Reich und Arm gemildert werden könnte. Den Besitzern enormer Latifundien, den Bankiers, Reedern und Kaufleuten mit gewaltigen Vermögen stand nahezu unvermittelt ein großstädtisches und agrarisches Proletariat gegenüber in kaum vorstellbarem Elend.[1] Immer wieder behandeln die Väter in ihren Predigten den Gegensatz zwischen Reich und Arm. Ständig kehrt die typische Schilderung der Armen und Kranken wieder, die auf der Straße herumliegen und sich mit den Hunden um die Abfälle balgen.[2]

Verschiedene Väter warfen die Frage auf: *Wieviel* muß der Besitzende geben, um sich das Seelenheil zu sichern? Das war ihre Art, die Frage nach dem Anteil der Armen an den Gütern dieser Welt zu stellen. Sie fragten nicht als Nationalökonomen mit einem festen

---

[1] *P. Vinogradoff*, Social and economic conditions in the Roman Empire in the 4th century (Cambridge Mediaeval History I, 1911), S. 543 ff.; *M. Rostovtzeff*, Gesellschaft und Wirtschaft im römischen Kaiserreich II, S. 235 f., 237; *Ignaz Seipel*, Die wirtschaftlichen Lehren der Kirchenväter (Theologische Studien der Leo-Gesellschaft, 18, Wien, 1907), S. 26 ff.; *O. Schilling*, Reichtum und Eigentum in der altkirchlichen Literatur, Freiburg i. Br., 1908, S. 21—37.

[2] Vgl. u. a. Chrysostomus, Hom. *Περὶ ἐλεημοσύνης* (Migne, P. G., 51, Sp. 261); Gregor von Nyssa, De paup. am. I (Migne, P. G., Bd. 46, Sp. 458), De paup. am. II (Migne, P. G., Bd. 46, Sp. 475 ff.); Gregor von Nazianz, De paup. am. c. 13 (Migne, P. G., 35, Sp. 873).

Wirtschaftsprogramm, auch nicht als Politiker oder als Sozialpolitiker im modernen Sinne. Der Gedanke, die Ursachen der Armut zu bekämpfen, war ihnen fremd, ebenso wie ihrer Zeit. Als tief religiöse Menschen wollten sie die ungeheure soziale Not ihrer Zeit mit Mitteln bekämpfen, die von ihrer religiösen Überzeugung aus ihren Ausgang nahmen.

Die Mahnungen der Väter sind nicht in der scharfgeschliffenen Sprache der römischen Juristen abgefaßt. Sie sind in Bilder eingekleidet, wie sie ihrem religiösen Empfinden und ihrer rhetorischen Schulung entsprachen. Es war gerade diese Art der Fassung, die eine starke propagandistische Wirkung auf die griechisch-orientalische Hörerschaft hervorbrachte. Die „Quote für Christus" und die „Quote für die eigene Seele" und andere Wendungen, denen wir bald begegnen werden, prägten sich ungleich stärker ein als etwa die nüchterne Aufforderung, eine Quote des Vermögens an die Kirche zum Zwecke der Armenfürsorge abzugeben.

Der Kirchenvater, der die Quote für die Seele zuerst gepredigt hat, war der große Basilius. Ihm folgten die beiden anderen großen Kappadozier: Gregor von Nazianz und Gregor von Nyssa — alle drei sind bisher für die Geschichte der Quote unbeachtet geblieben. Sodann folgt Johannes Chrysostomus. Im folgenden Kapitel sollen die Aussprüche dieser vier Männer über die Quote aufgeführt werden.

Basilius der Große, die beiden Gregors und Johannes Chrysostomus weisen eine starke Übereinstimmung in ihrem äußeren Lebensgange wie in ihrer geistigen Haltung auf. Ihr Leben gewährt in mancher Hinsicht den Schlüssel für ihr Werk, auch für das Verständnis der Seelquote.

Alle vier entstammten der sozialen Oberschicht. Alle vier genossen die beste Erziehung, die die Zeit ihnen gewähren konnte. Nach dem Abschluß der Studien trat bei allen vier der Bruch mit ihrer Vergangenheit ein. Alle vier kehrten der Welt den Rücken und begannen ein Leben strenger Askese und tiefer Einsamkeit. Sie wurden Mönche der strengen orientalischen Observanz. Auch das hatten die vier Väter schließlich gemeinsam, daß ihr weiteres Leben von dem Konflikt zwischen dem Drange zum beschaulichen Mönchsleben und dem inneren und äußeren Zwange, der Welt in einem kirchlichen Amt zu dienen, ausgefüllt wurde.

Diese Übereinstimmungen dürfen aber nicht die Unterschiede verdecken, die zwischen den vier Vätern in Lebensführung und Denken bestehen, Unterschiede, die auch wieder in ihrem Verhältnis zu dem Problem des Anteils der Seele und der Armen am Vermögen hervortreten.

§ 2. Basilius der Große

Basilius des Großen Predigt bildet, soweit wir erkennen können, den Ausgangspunkt für die gesamte folgende Entwicklung. Die asketische Strenge seines Vorschlags wird erst verständlich, wenn wir uns das Bild seines Lebens und seiner Persönlichkeit vergegenwärtigen.[1]

I. Basilius (geboren um 330) entstammte einer der vornehmsten und reichsten Familien in Kappadozien. Gregor von Nazianz hebt in seiner Trauerrede für Basilius die Bedeutung der Familie mit Nachdruck hervor:[2] „Anführung des Heeres und Leitung der Gemeinde zu wiederholten Malen, Macht und Ansehen am kaiserlichen Hofe, dazu Wohlhabenheit, hohe Stellung, öffentliche Würden, hervorragende Beredsamkeit — welches Geschlecht besaß sie in größerer Anzahl und in höherem Grade?" Und Basilius' Bruder, Gregor von Nyssa, berichtet von ihrer Mutter, sie „mußte an drei Fürsten Abgaben entrichten, weil ihr Besitztum unter so vielen Völkerschaften verstreut lag."[3]

Basilius studierte in Caesarea, in Konstantinopel und in Athen — dort allein fünf Jahre. Sein Freund und Studiengenosse Gregor von Nazianz hat in seiner Trauerrede auf Basilius eine berühmte kulturhistorisch interessante Schilderung dieser Studienzeit gegeben.[4]

Bald nach der Rückkehr von der Universität verschenkte Basilius sein großes Vermögen an die Armen, und später, als ihm sein mütterlicher Erbteil zugefallen war, auch diesen. Er besuchte die berühm-

---

[1] Vgl. O. *Bardenhewer*, Geschichte der altkirchlichen Literatur, Bd. III (1912), S. 130 ff.; *B. Altaner*, Patrologie, Freiburg i. Br. (1938), S. 180 ff.; *G. A. Jülicher*, Art. Basileios, Realenzyklopädie der klass. Altertumswissenschaft, Bd. III, S. 52 ff. (dort weitere Literatur). — [Neuestens: *Hans Freiherr von Campenhausen*, Die griechischen Kirchenväter (Urban-Bücher, Wissenschaftliche Taschenbücher, Nr. 14), 1955, S. 86 ff.]

[2] Gregor von Nazianz, Trauerrede auf Basilius c. 3 (Migne, P. G., Bd. 36, Sp. 497).

[3] Gregor von Nyssa, Lebensbeschreibung der Makrina (Migne, Bd. 46, Sp. 960 f.).

[4] Migne, P. G., Bd. 36, Sp. 515 ff.

testen Eremiten in Syrien, Palästina, Ägypten und Mesopotamien. Dann gründete er selbst in der Einöde in der Nähe des Schwarzen Meeres ein Coenobium. Das Anachoretentum lehnte er als unsozial ab. Dort verfaßte er, schon damals ein Organisator, — teilweise zusammen mit Gregor von Nazianz — seine zwei Mönchsregeln, die in der Geschichte des orientalischen Mönchstums einen Markstein bilden.[5]

Um 364 wurde er Presbyter im kappadozischen Caesarea, 370 wurde er Bischof und damit Metropolit.

Basilius hat die Forderung der absoluten Vermögenslosigkeit sehr ernst genommen. Gregor von Nazianz sagt von ihm in seiner Trauerrede: „Was besaß dieser je außer einem Leibe und der notwendigen Bedeckung des Fleisches?“[6]. „Er besaß nur *ein* Untergewand und einen ärmlichen Mantel, er schlief auf der nackten Erde, er durchwachte ganze Nächte, er enthielt sich der Bäder ... Seine Speisen waren Brot und Salz.“[7] „Ist nicht Basilius ein offenbares Abbild von des Vorläufers (Johannes des Täufers) asketischem Leben?“[8] Gregor von Nazianz schildert sein „blasses Aussehen, den Bart, den besonderen Gang, ihn, der gern das Reden vermied und meistens in Nachdenken vertieft war und nach innen gekehrt“. Viele hätten ihn nachgeahmt, um sich ein Ansehen zu geben. „Man kann viele Basilius sehen, dem Äußeren nach, aber es sind nur seine Schattenrisse: Wollte ich sie den Nachhall seines Echos nennen, es wäre damit zu viel gesagt.“[9]

Basilius verbot sogar das Lachen. Die Frage: „Ob es überhaupt nicht erlaubt ist zu lachen“ (*Regulae brevius tractatae*, 31. Frage), beantwortete er: „Da der Herr diejenigen, welche jetzt lachen, verdammt (Luc. 6, 25), so ist es offenbar, daß der Gläubige niemals Zeit zum Lachen habe, zumal bei der großen Menge derjenigen, die durch die Übertretung des Gebotes Gott verachten und in der Sünde sterben, über die man trauern und seufzen muß.“[10]

Der Eindruck von Basilius' gewaltiger Persönlichkeit war ungeheuer. Sie erklärt seine Wirkung auch in der Frage der Quote für die Seele. Gregor von Nazianz schildert, wie Basilius vor den tobenden Präfek-

---

[5] Migne, P. G., Bd. 31, Sp. 890 ff., 1051 ff. Vgl. dazu etwa *Bardenhewer*, S. 143.
[6] Migne, P. G., Bd. 36, Sp. 573.
[7] Migne, Bd. 36, St. 576.
[8] Migne, Bd. 36, Sp. 597.
[9] Migne, P. G., Bd. 36, Sp. 600, c. 77.
[10] Migne, P. G., Bd. 31, S. 1103.

ten Modestus gebracht wurde, wie dieser ihn mit Gütereinziehung, Verbannung, Marter und Tod bedrohte, und wie Basilius ihm antwortete: „Von der Gütereinziehung kann der nicht erreicht werden, der nichts besitzt. Du könntest nur meine zerlumpten und abgetragenen Kleider nehmen und meine wenigen Bücher, worin mein ganzer Reichtum besteht ... Verbannung kenne ich nicht ... weil jedes Land Gott gehört ... Der Tod aber ist mir ein Wohltäter; er wird mich ja schneller zu Gott bringen, dem ich lebe und diene und größtenteils gestorben bin, und zu dem ich eile seit langer Zeit.“ [11] Der Präfekt berichtete dem Kaiser: „Kaiser, wir sind überwunden von dem Vorsteher dieser Kirche. Er ist stärker als Drohungen, fester als Worte, kräftiger als Überredung.“ [12]

Als später der arianisch gesinnte Kaiser Valens mit großem Gefolge die Kirche betrat, schildert Gregor „den Basilius in aufrechter Stellung vor dem Volke, wie die Schrift den Samuel schildert, bewegungslos ... wie eine Säule, den Blick auf Gott und den Altar gerichtet, und die um ihn Stehenden in Furcht und Ehrerbietung ...“ „Als die Gaben (des Kaisers) ... auf den göttlichen Tisch gelegt werden sollten und sie niemand in Empfang nahm, wie es Sitte war, da es nicht gewiß war, ob Basilius sie annehmen werde, da offenbarte sich des Kaisers Gemütsbewegung, er wankte und wäre gestürzt, wenn ihn nicht einer von den Altardienern ... am Fallen verhindert hätte.“ [13]

Von Basilius' Bestattung berichtet Gregor: „Die öffentlichen Plätze, die Hallen, die zweiten und dritten Stockwerke waren angefüllt mit Personen, die ihn geleiteten, die vorausgingen, nachfolgten, nebenher gingen, einander drängten ... Der Psalmengesang wurde von Weinen übertönt ... es wetteiferten die Unsrigen mit den Fremden, mit den Heiden und mit den Juden ... der Schmerz überschritt das vernünftige Maß und wurde zuletzt gefahrbringend; infolge des Stoßens und Drängens schieden nicht wenige Seelen mit ihm aus dem Leben ... gleichsam seine Totenopfer.“ [14]

Das war Basilius, der große Mönchsheilige, der für den Orient dieselbe Bedeutung hat wie später der auf ihm fußende Benedikt von Nursia für das Abendland. Ist man auch geneigt, Abstriche von der

---

[11] Migne, P. G., Bd. 36, Sp. 560 (c. 49).
[12] Migne, P. G., Bd. 36, Sp. 561 (c. 51).
[13] Migne, P. G., Bd. 36, Sp. 561 (c. 52).
[14] Migne, P. G., Bd. 36, Sp. 602 (c. 80).

Gregorschen Rhetorik zu machen, finden sich bei der Schilderung der Beerdigung auch Züge, die bei der Beisetzung anderer großer Bischöfe wiederkehren, so bleibt doch noch genug übrig, um es verständlich zu machen, wie dieser gewaltige und strenge Mann auf die Menschen in den chaotischen Zeiten des zusammenbrechenden Reiches wirkte. Man muß dieses persönliche Element bei Basilius — ebenso auch bei Chrysostomus — mit in Betracht ziehen, um zu verstehen, wie die Mahnung solcher Bischöfe von der Kanzel herab ebenso, ja noch stärker als weltliche Gesetze befolgt wurden — ganz abgesehen von den rechtlichen und administrativen Kompetenzen, die den Bischöfen im spätrömischen Reiche zustanden.

II. Wir wenden uns nunmehr den Aussprüchen des Basilius über die Seelquote zu. In den uns erhaltenen Reden hat er sich zweimal über die Quote geäußert.

a) In seiner Homilie „In divites" (Or. 7) empfiehlt er zunächst (c. 1) die *vita perfecta*, wobei er von dem in diesem Zusammenhange immer wieder zitierten Wort bei Matthäus 19, 21 ausgeht: „Wenn du vollkommen (*perfectus*, τέλειος) sein willst, verkaufe alles, was du hast, und gib es den Armen."[15]

Basilius will den Einwand der Eltern, „der Reichtum sei der Kinder wegen notwendig", nicht anerkennen. „Das ist nur ein beschönigender Vorwand der Habsucht", „Mach keinen Unschuldigen verantwortlich!", „Ist denn für die Verheirateten das Evangelium nicht geschrieben?" (wobei wieder an Matth. 19, 21 erinnert wird).[16] Dann heißt es: „Ist dir deine Seele nicht näher als jedes deiner Kinder? Ist sie dir nicht näher als alles?"[17]

Man sollte erwarten, daß Basilius jetzt die Konsequenz ziehen würde, daß man der Seele *Alles* geben müsse. Etwa 60 bis 70 Jahre später hat Salvian auch diesen Schluß in der Tat gezogen.[18]

Aber Basilius fährt fort: „Ihr (d. h. deiner Seele) als der ersten gib auch die πρεσβεῖα τῆς κληρονομίας (wörtlich: was ein Erbe auf Grund höheren Alters, d. h. als Erstgeborener erhält). Spende ihr reichlichen Lebensunterhalt, und dann verteile den Kindern das übrige Ver-

---

[15] Das Wort wird dann noch mehrfach wiederholt (Kap. 3, 4 und 7), Migne, P. G., Bd. 31, Sp. 280, 288, 289, 297. — Vgl. unten § 8, II.

[16] Migne, P. G., Bd. 31, Sp. 298 f. (Kap. 7 und 8).

[17] Migne, P. G., Bd. 31, Sp. 299.

[18] Siehe unten § 16.

mögen." [19] Die Seele soll also vor den Kindern aus dem Nachlaß befriedigt werden, wie ein Erstgeborener.

Basilius darf nicht ausgelegt werden wie ein Pandektenjurist. Immerhin, der Kirchenvater war durch die Schule der Rhetorik gegangen, und die rhetorische Ausbildung umfaßte neben der Kenntnis der Philosophie auch ein Rechtsstudium. Der juristisch gebildete Rhetor trat ja in Griechenland und im hellenistischen Orient vor Gericht als Anwalt auf, der fachmännisch gebildete Jurist war nur sein untergeordneter Assistent.[20] Es unterliegt keinem Zweifel, daß Basilius bei seinem langen Studium in Athen auch „Recht" studiert hat, so wie es die Professoren der Rhetorik vortrugen: Römisches Recht, griechisches Recht und vor allem wohl *jus naturale*, so wie es von den Tagen der griechischen Philosophen her als „richtiges Recht" erschien gegenüber dem historisch gewordenen, wirklich geltenden Recht.[21]

Eine andere Frage ist freilich, ob Basilius hier an ein bestimmtes Recht gedacht hat. Ein altes kappadozisches Erstgeburtsrecht, von dem wir nichts wissen, kommt bei seiner griechischen Schulung schwerlich in Frage. Was ferner das römische und das griechische Recht anlangte, so kannten beide Rechte kein Erstgeburtsrecht kraft Gesetzes.[22]

---

[19] Basilius, In divites, cap. 7, § 39 (Migne, P. G., Bd. 31, Sp. 299): *Πρώτῃ αὐτῇ* (sc. *τῇ ψυχῇ*) *ἀπόδος τὰ πρεσβεῖα τῆς κληρονομίας, πλουσίας αὐτῇ παράσχου τὰς ἀφορμὰς τῆς ζωῆς. καὶ τότε τοῖς παισὶ διαρήσεις τὸν βίον.*

[20] *L. Mitteis*, Reichsrecht und Volksrecht, 1891, S. 191—196. In den Zeiten des Basilius und Libanius begann der im römischen Recht gebildete Fachjurist die Rhetoren allerdings vor den Gerichten zu verdrängen, was Libanius beklagt (l. c. S. 192, N. 5 und 193, N. 1). — Vgl. noch *Friedrich von Woess*, Das römische Erbrecht und die Erbanwärter, Berlin, 1911, S. 180 ff.; *L. Wenger*, Römischer Zivilprozeß (1924), S. 84, 185; *Kroll*, Pauly-Wissowa, Suppl. VII, Art. Rhetorik 33 ff.; *R. Taubenschlag*, The Law of Grecco-Roman Egypt in the Light of the Papyri (New York, 1944), S. 387 f.; *F. Schulz*, History of Roman Legal Science, 1946, S. 268; *W. Kunkel*, Herkunft und soziale Stellung der römischen Juristen, 1952, S. 329, Anm. 692.

[21] Vgl. über das *Jus naturale* bei den Römern *Kunkel*, Römisches Privatrecht, 2. Aufl., Berlin, 1949, S. 60; *Fritz Schulz*, Prinzipien des römischen Rechts, München, 1934, S. 23—25; *Ernst Levy*, Natural Law in Roman Thought, Studia et Documenta Historiae et Iuris, XV, 1949, S. 1 ff.

[22] Nach römischem wie nach griechischem Recht erbten alle Söhne zu gleichen Teilen (Isaeus, VI, 25, S. 58), vgl. *Hermann-Thalheim*, Lehrbuch der griechischen Rechtsaltertümer, 1895, S. 62, n. 2, *L. Beauchet*, Droit privé de la République Athénienne, Bd. 3, S. 450—455.

Aber es stand nichts im Wege, im Testament den Erstgeborenen besser zu stellen. Solche Legate kraft Altersvorzug (πρεσβεῖα) waren üblich.[23] Ein gesetzliches Recht der Erstgeburt begegnete aber bei den Juden sowie in Ägypten.[24] Es ist möglich, daß Basilius an den griechischen oder den jüdischen Brauch gedacht hat, den Erstgeborenen vorweg zu bedenken. Mag aber Basilius an ein bestimmtes Recht gedacht haben oder nicht, er will jedenfalls die Seele des Erblassers wie ein eigenes Kind behandeln, und sie soll obendrein an erster Stelle ihren Anteil aus dem Nachlaß erhalten.

Das Maß des Anteils der Seele ist in dieser Predigt noch nicht ausdrücklich festgesetzt. Die Bedeutung der Stelle liegt aber darin, daß sich *hier m. W. zum ersten Male ein Anteil für die Seele findet, der Sache nach und dem Worte nach*. Die Quote wird hier aber nur denen zugestanden, die Kinder besitzen. Für alle übrigen bleibt es bei der Mahnung, *alles* für die Armen zu hinterlassen.

b) Zum zweitenmal kommt Basilius in seiner Predigt „gehalten zur Zeit einer Hungersnot und Dürre" (or. 8) auf die Seelquote zurück. Basilius fragt nach der Ursache dieser Heimsuchung, und er gibt die Antwort: „Deinetwegen hat Gott dieses Unglück verhängt, weil du hattest und nicht gabest ..."[25] Sodann gibt Basilius an, was gegeben werden müsse, und auch hier empfiehlt er an erster Stelle wieder das Ideal der „*Perfecti*", d. h. er mahnt *alles* für die Armen zu geben.[26]

Interessanterweise belegt Basilius hierbei das Ideal der „Gemeinsamkeit des Tisches" auch mit Beispielen aus den „Liebeswerken der Heiden": „Bei einigen von ihnen gibt es ein menschenfreundliches Gesetz, nach welchem sie nur einen Tisch und die Speisen gemeinschaftlich haben, so daß das zahlreiche Volk eine einzige Familie bildet." Daran schließt sich der bei den Kirchenvätern übliche Hinweis auf die christliche Urgemeinde.

Dann wendet sich Basilius aber an diejenigen, die nicht die *vita perfecta* wählen. Hier ist nicht mehr von Vermögenslosigkeit und

---

[23] Demosthenes, Or. 36, 11, S. 947 und 34, S. 955, ferner Or. 36, 34 und 39, 29. Vgl. *Hermann-Thalheim*, S. 62, N. 2; *Bruck*, Die Schenkung auf den Todesfall im griechischen Recht, Breslau, 1909, S. 100; *H. Kreller*, Erbrechtliche Untersuchungen auf Grund der Gräko-Ägypt. Papyri, Leipzig, 1919, S. 150, 154.

[24] Vgl. *Mitteis*, Reichsrecht und Volksrecht, S. 56, N. 2; *Kreller*, loc. cit.

[25] Migne, P. G., Bd. 31, Sp. 316, cap. 4, § 87.

[26] *Or. in tempore famis et siccitatis*, cap. 8 (Migne, P. G., Bd. 31, Sp. 325). — Cf. unten §§ 8, IV, und 9.

Gemeinsamkeit des Besitzes die Rede, vielmehr wird diesen „Unvollkommenen" nur angeraten, eine *Quote* ihres Vermögens ihrer Seele zu geben. Die Worte lauten: „Wende nicht alles aufs Vergnügen, sondern *gib der Seele auch etwas* (*δός τι καὶ τῇ ψυχῇ*). Denke, du habest zwei Töchter, das Wohlleben in dieser Welt und das Leben im Himmel. Willst du der besseren nicht alles geben (d. h. willst du nicht als „Vollkommener" leben), so *teile wenigstens gleichmäßig* (*μέρισον γοῦν ἐξ ἴσης*), zwischen der unzüchtigen und der keuschen Tochter, damit du das diesseitige Leben nicht in Reichtum verbringst, das andere dagegen ... in Lumpen gehüllt gehen mußt, wenn du vor Christus stehst und vor dem gerechten Richter erscheinen mußt"[27]

Hier gibt Basilius also auch ein *Maß* für den Seelteil. Er bemißt ihn auf die *Hälfte*: Er mahnt, daß wenigstens *gleichmäßig* zwischen der unzüchtigen Tochter (dem Leben in dieser Welt) und der keuschen Tochter (dem Leben im Jenseits) geteilt werden solle. Wieder erfolgt die Mahnung nicht als nüchterne Aufforderung, eine Vermögensquote für die Armenfürsorge herzugeben, sondern es wird ein eindrucksvolles Bild gebraucht.

Es zeigt sich hier deutlich eine Entwicklung in Basilius' Auffassung vom Seelteil. Der strenge Vater des Mönchtums hat sich davon überzeugt, daß er mit seiner Forderung an die Kinderlosen, alles zu verschenken, obendrein zu Lebzeiten, nicht durchkommt. So verzichtete er darauf, er konzedierte jedem, der nicht als „perfectus" leben will, gleichviel, ob er Kinder hat oder nicht, den *Seelteil in Höhe der Hälfte*. Auch Basilius erkennt die Freiheit des Christen an, der selber entscheiden soll, ob er als *„perfectus"* leben und alles dahingeben will, oder ob er als „Unvollkommener" leben will: „*Willst* du der besseren (Welt) nicht alles geben, so teile wenigstens gleichmäßig zwischen dem Leben in dieser Welt und dem Himmel."

Es ist bezeichnend, daß der Gedanke der Quote für die Seele und die Armen zuerst gerade bei Basilius aufgetreten ist. Seine Stärke lag weniger in der theologischen Doktrin als auf organisatorischem Gebiet, oder anders ausgedrückt, in der Regelung und Ausübung praktischen Christentums.[28]

[27] *Basilius, Homilia Dicta tempore famis et siccitatis*, cap. 8 (21), Migne, P. G., Bd. 31, Sp. 325.

[28] S. unten Anm. 31.

III. Was die Datierung der beiden Reden des Basilius anlangt, in denen der Seelteil zuerst erwähnt ist, so wird die Predigt Nr. VIII „Zur Zeit einer Hungersnot und Dürre“ in das Jahr 368 gesetzt, in dem Kappadozien von einer Hungersnot heimgesucht wurde.[29] Diese Predigt zeigt die Quote in einem mehr ausgebildeten Stadium als Nr. VII „In divites“. „In divites“ ist also früher gehalten worden. Allgemeine Erwägungen unterstützen diese Datierungen. Es sei daran erinnert, daß Basilius am 1. Januar 379 gestorben ist. Ferner fallen viele seiner Homilien noch in seine Presbyterzeit, also vor 370.[30] In seiner Bischofszeit wurde er durch eine ausgedehnte Verwaltungstätigkeit in Anspruch genommen. Seine Neigung zog ihn zu praktischer, sozialer Arbeit.[31] Dazu kamen langwierige und „peinliche Erörterungen über die Grenzen seiner Jurisdiktion, über Ehrlichkeit und Rechtgläubigkeit seiner Kollegen, über dogmatische, kirchenrechtliche und ethische Streitfragen, die die letzten acht Jahre seines Lebens fast ausgefüllt haben.“[32]

Dazu kommt weiter, daß sich die Idee der Quote für die Armen bei Basilius als eine Weiterbildung aristotelisch-platonischer Ideen über die gerechte Güterverteilung darstellt.[33] Auch aus diesem Grunde fügen sich die Reden, in denen er zur Seelquote mahnte, besser in seine jüngeren Jahre ein, in denen er noch stärker unter dem Eindrucke seiner Studienzeit und der griechischen Philosophie stand.

Wir werden sehen, daß Gregors von Nazianz Homilie „Von der Liebe zu den Armen“ vom Jahre 373 auf Basilius' Predigt „Zur Zeit einer Hungersnot und Dürre“ aufbaut.[34] Ebenso folgt ihm Gregor von Nyssa.[35]

---

[29] *A. Puech*, Histoire de la Littérature grecque chrétienne, Bd. III, S. 266. *Puech* setzt Or. VII „In divites“ und Or. VIII um das Jahr 368 herum an.

[30] *Bardenhewer* III, S. 134, 148 f.

[31] Gregor von Nazianz, Trauerrede auf Basilius, XLIII, c. 63 Migne, P. G., Bd. 36, Sp. 578). Vgl. unten § 10; ferner neuestens *Lukas Vischer*, Basilius der Große, Basel, 1953, S. 140 ff.

[32] *Jülicher*, Art. Basileios, Pauly-Wissowa, Bd. III, S. 52; *H. Lietzmann*, Geschichte der alten Kirche, IV, 2. Aufl., 1953, S. 9—20.

[33] Cf. unten § 7.

[34] Vgl. unten § 3, II.

[35] Unten § 4, II.

§ 3. Gregor von Nazianz

I. Auch Gregor von Nazianz mahnte zur Seelquote. Art und Inhalt seiner Mahnung unterscheiden sich jedoch von der des Basilius, so wie sich auch beide Männer voneinander unterschieden.

Gregor von Nazianz (329/30 bis ca. 390),[1] eine der merkwürdigsten Erscheinungen im Kreise der großen Väter, war der Sohn des Bischofs von Nazianz. Der Vater war erst mit fünfzig Jahren Christ, aber sofort darauf Bischof geworden — was „schwerlich ganz nach den kanonischen Vorschriften"[2] war, aber auch auf die Bedeutung der Familie schließen läßt. Gregor hatte lange studiert, in Athen allein etwa 10 Jahre. Nach der Heimkehr wurde er (362) zum Presbyter in Nazianz gewählt. Aber dann war sein ganzes Leben „ein eigenartiges, fast peinliches Schwanken zwischen ‚Flucht' und ‚Rückkehr'"[3], der Flucht in die Einsamkeit der Askese und der Rückkehr in die Öffentlichkeit zur vorübergehenden Bekleidung eines geistlichen Amtes. Als Basilius, damals Metropolit, im Jahre 372 neue Bischofssitze gründete, um damit seinen — durch die Teilung der Kirchenprovinz Kappadozien geminderten — Einfluß zu stärken, ernannte er seinen Freund Gregor zum Bischof der kleinen Stadt Sasima. Gregor empfand die Versetzung nach dem „verwunschenen und elenden Flecken" als schwere Kränkung, die sogar noch in seiner Trauerrede auf Basilius nachwirkt,[4] trotz aller dem Freunde gezollten Bewunderung.[5]

Im Jahre 379, nach dem Tode des arianerfreundlichen Kaisers Valens, berief ihn die zusammengeschrumpfte nicaenische Gemeinde zu ihrer Leitung nach Konstantinopel. Er wurde zum Bischof von Konstantinopel gewählt (381), aber schon nach wenigen Tagen sah er sich genötigt, zurückzutreten. Er kehrte nach Nazianz zurück, das er zwei Jahre, ohne Bischof zu sein, verwaltete. Dann zog er sich end-

---

[1] Vgl. *Bardenhewer* III, S. 163 ff., *Altaner*, S. 185—189, *Jülicher*, Art. Gregorios Nr. 4, Realenzyklopädie d. klass. Altertumswissenschaft VII (1912), Sp. 1859 bis 1864.

[2] *Jülicher*, Sp. 1859.

[3] *Bardenhewer* III, S. 163.

[4] *Bardenhewer* III, S. 167.

[5] Vgl. z. B. außer der Trauerrede auf Basilius Gregors Epistola 131 an Basilius: „Ich habe dich von Anfang an verehrt und verehre dich auch heute noch als den Führer des Lebens und den Lehrer des Dogmas." *Bardenhewer* III, S. 162, 172.

gültig in Askese und gelehrte Einsamkeit auf das Familiengut Arianz zurück, wo er 390 starb.

Gregor von Nazianz war ein Meister des rhetorischen Stils; die byzantinischen Gelehrten feierten ihn als den „christlichen Demosthenes“ und stellten ihn hoch über den heidnischen Redner.[6] Er war ein feiner, anmutiger Mensch, hochgebildet in der antik-heidnischen und in der christlichen Wissenschaft. Er war auch ein Dichter. Weise Aussprüche in liebenswürdiger Form beleben seine Schriften.[7]

II. In seiner Homilie „De pauperum amore“ (Nr. 14, cap. 18), die wohl 373 zu Caesarea gehalten wurde,[8] kommt Gregor auf die Seelquote zu sprechen, was bisher unbeachtet geblieben ist.

Zunächst bemerkt er allerdings im Hinblick auf die *Vita perfecta:* „*Alles* fürwahr müssen wir Christus zuliebe weggeben, um das Kreuz auf uns zu nehmen.“ Dann gibt er aber sofort eine zweite Alternative für die „Unvollkommenen“: „*Oder wir müssen mit Christus unser Vermögen teilen,* damit es dadurch selbst geheiligt wird, daß es recht besessen und mit den Armen geteilt wird.“[9]

Gregor spricht also von dem „Teilen des Vermögens *mit Christus*“ —, ähnlich wie später Chrysostomus und Augustin *Christus* als Miterben bezeichnen.

In Kapitel 22 wiederholt Gregor, daß man den Armen einen Teil des Vermögens abgeben solle. In diesem Zusammenhange bezeichnet er den Teil ausdrücklich als „*Teil für die Seele*“ des Gebers (*δός μέριδα τῇ ψυχῇ*).[10] Hier erscheint das berühmte Wort „Seelteil“ — wohl zum ersten Male.

---

[6] *Altaner*, S. 187.

[7] Zwei Beispiele: „Anstrengung spendet Gesundheit und Eifer erweckt Tote, und selbst das Alter hüpft auf, gesalbt vom heiligen Geiste“ (Trauerrede auf Basilius (or. 43), cap. 37, Migne, P. G., 36, Sp. 543). — „Ich wandelte so für mich allein, da schon der Tag sich neigte, am Meeresstrand; denn ich bin es nun einmal gewohnt, meine Sorgen stets durch Erholungen dieser Art zu zerstreuen. Es erträgt ja auch die Sehne nicht eine beständige Spannung, sie bedarf vielmehr zuweilen des Nachlassens an den Enden des Bogens, wenn sie wieder gespannt und für den Schützen nicht unbrauchbar werden soll, gerade wenn er sie braucht“ (Rede nach der Rückkehr von einem Landaufenthalte, cap. 8).

[8] *Bardenhewer* III, S. 174.

[9] Migne, Bd. 35, Sp. 880 f., cap. 18: *ἢ Χριστῷ τὰ ὄντα συμμεμεριστέον, ἵνα πως καὶ τὸ ἔχειν, διὰ τοῦ ἔχειν, ἁγιασθῇ, καὶ τοῦ κοινωνεῖν τοῖς μὴ ἔχουσιν.*

[10] Migne, Bd. 35, Sp. 885, cap. XXII. Die Stelle lautet im Zusammenhange: „*Gib auch der Seele einen Teil,* nicht bloß dem Leibe, gib auch Gott einen Teil,

Schließlich kommt Gregor auch auf das *Maß* des Teiles für die Seele und die Armen zu sprechen. Hier unterscheidet er sich aber deutlich von Basilius. „Gib dem Armen *auch nur ein wenig, denn nicht wenig ist es für den, welcher an allem Not leidet,* und selbst nicht für Gott, wenn es deinen Kräften entspricht (*κατὰ δύναμιν*). Statt einer großen Gabe gib den guten Willen; hast du nichts, so weine, denn ein großes Heilmittel für den Unglücklichen ist Mitleid, aus der Seele ihm entgegengebracht.“ [11]

In demselben Zusammenhange heißt es: „Spende doch wenigstens die kleineren und geringeren Gaben (*τά γε δεύτερα καὶ μικρότερα*) und alle die, welche in deinen Kräften stehen: Gewähre Hilfe, reiche Nahrung, reiche ein abgetragenes Kleid, schaffe Arzeneien ... erkundige dich etwas nach dem Unglück, sprich von Geduld.“ [12]

Gregor steht unter dem Einfluß seines großen Freundes Basilius,[13] aber er folgt ihm nur scheinbar. *Er hat die Seelquote nur dem Namen nach übernommen:* „Gib auch der Seele einen Teil“ (Kap. 22). Aber er empfiehlt keine wirkliche Quote des Vermögens, sondern nur einzelne Almosen, und zwar recht bescheiden bemessene Gaben einzelner Gegenstände, also gerade das nicht, worin Basilius' neuer Vorschlag bestand. Gregor war eben in erster Linie Rhetor. Er drang nicht tief in den Kern der Sache selbst ein, sondern er begnügt sich mit der Übernahme von Worten.[14]

---

nicht bloß der Welt, entziehe dem Bauche etwas und weihe es dem Geiste; entreiße etwas dem Feuer und bewahre es weit von der verheerenden Flamme der Hölle“ (*Δὸς μέριδα καὶ τῇ ψυχῇ, μὴ τῇ σαρκὶ μόνον. δὸς μέριδα καὶ τῷ Θεῷ, μὴ τῷ κόσμῳ μόνον· ὕφελέ τι τῆς γαστρός, τῷ πνεύματι καθιέρωσαν· ἅρπασόν τι τοῦ πυρός, ἀποθὸν μακρὰν τῆς κάτω νεμομένης φλογός· ἅρπασον τοῦ τυράννου, καταπίστευσον τῷ Δεσπότῃ*). — Basilius hatte bereits gesagt: „Gib auch *etwas der Seele* (*δός τι καὶ τῇ ψυχῇ*). Siehe oben bei Anm. 27.

[11] Migne, P. G., Bd. 35, Sp. 895.

[12] Migne, P. G., Bd. 35, Sp. 834, cap. 27 (*περὶ καρτερίας φιλόσοφον*), wörtlich: „philosophiere über standhaftes Ertragen“.)

[13] *Yves Courtonne*, Saint Basile: Homélies sur la richesse, Thèse, Paris, 1935, S. 93, N. 1, weist darauf hin, daß die Predigt Gregor's von Nazianz, de paup. am., in Caesarea zu Lebzeiten des Basilius gehalten worden ist und daß sie stark unter dessen Einfluß stand. „On peut ... se demander s'il (Gregor von Nazianz) parle de lui-même et en toute liberté ou s'il n'est pas plutôt *le porteparole de Basile*, surtout quand on se rappelle le charactère autocrate de celui-ci et l'influence parfois tyrannique qu'il a exercée sur son ami. *Nous ne pouvons donc faire état de ce discours*“ (Sperrungen von mir).

[14] Das zeigt sich z. B. auch bei der Art, wie Gregor Plato benutzt hat. Vgl. die Belege bei *C. Gronau*, De Basilio, Gregorio Nazianzeno Nyssenoque Platonis imi-

III. Zahlreiche Aussprüche Gregor's beleuchten seine Stellung zur Quote. Was er über Reichtum und Armut und über das Eigentum *im allgemeinen* sagt, gibt allerdings keinen Aufschluß. Hierbei handelt es sich um die typischen Schilderungen der Armen und Kranken.[15] Während er ferner auf der einen Seite das Eigentum als gesunde Einrichtung anerkennt, während er den Reichtum als Segen Gottes für die Frommen auffaßt — er stellt ihn auf eine Stufe mit dem Gut der Gesundheit[16] — finden sich fast im gleichen Atemzuge halb poetisch gehaltene Ausführungen über „das oberste Gesetz Gottes, der für alle Wesen auf Erden das freie Land und die Quellen und Flüsse und Wälder ausgebreitet... und alle die ersten Mittel zum Leben in Fülle gespendet habe, aber nicht durch ein Gesetz eingeschränkt oder durch Grenzen geschieden, sondern als allen zugehörig..."[17]

Der große Redner war kein konsequenter Denker. Er hat sich oft widersprochen.[18] Gregor hat auch in seinem eigenen Leben nicht die Konsequenzen aus diesen beiläufigen theoretischen Erörterungen gezogen. Im Gegensatz zu Basilius hat er sein Vermögen zu Lebzeiten nicht an die Armen verteilt. Er verwaltete seinen großen Familien-

---

tatoribus, Dissertatio, Gottingae, 1908, S. 1 („Nazianzenus magis singulis Platonis utitur *verbis* et vocibus quam illius sententiis, quae tamen imprimis in orationibus ... inveniuntur"), S. 16 („Nazianzenus ... cum artem rhetoricam et eloquentiam nimis amaret quam ut in philosophiam alte penetraret, *non tam Platonis quam singulis eorum verbis"*). Cf. noch S. 70 („Nazianzenus ..., ut erat rhetor, et aliis philosophis obtrectat (im Hinblick auf Plato), cum eorum irridet acta et facta").

[15] Z. B. De paup. am., cap. 13 (Migne, P. G., 35, Sp. 873). In der Comparatio vitarum (c. I, 2, 8), V, 116 ff., behandelt er das Thema „Der arme Mann ist stärker als der, der viel hat", wobei er deutlich kynischen Vorbildern folgt, vgl. *Asmus,* Theologische Studien und Kritiken, 1894, S. 314—339. Dazu *Max Pohlenz,* Philosophische Nachklänge in altchristlichen Predigten, Zeitschrift für wissenschaftliche Theologie, Leipzig, Bd. 48 (1905), S. 74. Siehe noch *Th. Sinko,* Studia Nazianzenica I, 41—45 über die Comparatio vitarum (1, 2, 8).

[16] De paup. am. (14), cap. 19 und 34 (Migne, P. G., 35, Sp. 904).

[17] De paup. am. (14), cap. 25 und 26. — *O. Schilling,* Reichtum und Eigentum in der altkirchlichen Literatur, Freiburg i. Br., 1908, S. 101, fragt: „Wie fügen sich in (Gregor's) klare Gedankenreihen, die eine gesunde Wertschätzung von Eigentum und Reichtum verraten, die eigentümlich kommunistisch klingenden Ideen Gregor's in der 14. Rede, cap. 25 und 26, ein?" In Wirklichkeit war Gregor alles andere als „kommunistisch" gesinnt (siehe hierzu den folgenden Text unter IV).

[18] *Bardenhewer* III, S. 162; *Schilling,* S. 97.

besitz weiter, selbst während seines Aufenthaltes in Basilius' coenobium am Iris-Fluß.[19] Er hat auch sein Familiengut Arianz bis zu seinem Tode behalten.[20]

IV. Geben sonach Gregors allgemeine theoretische Ausführungen über sein Verhältnis zum Besitz keine Auskunft, wie er zu seiner Bemessung des Seelteils kam, so lassen sich jedoch Schlüsse aus den mehr persönlichen Bemerkungen seiner Reden ziehen. Gregor spricht viel von sich selbst.[21] Besonders interessieren die zahlreichen, ihm nebenher entschlüpfenden Bemerkungen, die bezeichnende Charakterzüge enthüllen, die auch gerade für unsere Frage von Bedeutung sind. Sie zeigen Gregor als einen Aristokraten, der Distanz von der Menge hielt. Ihm war die leidenschaftliche Liebe zu den Armen fremd, die Basilius und Chrysostomus erfüllte. Es entbehrt nicht des Interesses, dem Aristokraten in dem Kirchenvater Gregor nachzuspüren. Es ist bisher m. W. noch nicht geschehen. Hier liegt aber der Schlüssel für seine Stellung zum Seelteil.

Ein Aristokrat des Geistes nennt Gregor Athen „mir die goldene Stadt und die Spenderin des Guten und Schönen".[22] Er ist stolz auf seine Bildung: „Es ist ... die Bildung nicht zu verachten, wie einige glauben, sondern die sind als töricht und ungebildet zu betrachten, welche diese Ansicht haben, welche wollen, daß alle mit ihnen übereinstimmen, auf daß ihre Unwissenheit bei der allgemeinen Unwissenheit verborgen bleibe und sie dem Bekanntwerden ihrer Unbildung entgehen." [23]

---

[19] *Jülicher*, Pauly-Wissowa, III, Sp. 1859. — Vgl. auch Gregor's Äußerung in seiner Trauerrede auf seinen Bruder Caesarius,cap. 20 (Or. VII, Migne, P. G., 35, Sp. 781): „Er (Caesarius) wird keine Reichtümer mehr aufhäufen ... nicht wird er mehr große Erbschaften machen." Caesarius, der unverheiratet war, hinterließ sein Vermögen übrigens den Armen.

[20] Vgl. *Bardenhewer* III, S. 169. — Erst in seinem Testament hat er sein Vermögen, mit Ausnahme einiger Legate, der katholischen Gemeinde zu Nazianz zum Besten der Armen vermacht (*Bardenhewer* III, S. 169, Anm. 1).

[21] „Etwas allzuviel" sagt *Bardenhewer* III, S. 171.

[22] Trauerrede auf Basilius, Kap. 14 (Migne, P. G., Bd. 36, Sp. 513).

[23] Trauerrede auf Basilius (43), Kap. 11 (Migne, P. G., 36, Sp. 508). Vgl. auch ebenda Kap. 11: „Bildung ist das erste unserer Güter, nicht nur jene hoch erhabene und uns eignende (die christliche) ... sondern auch die heidnische, welche die meisten Christen als schädlich und gefährlich und als von Gott abführend erachten." — Vgl. auch Carmina, 2, 2, 7, und dazu *Bardenhewer* III, S. 166, Anm. 2.

Gregor ist sich aber auch seiner vornehmen Abstammung bewußt. In der Trauerrede auf seinen Bruder Caesarius sagt er: „Seine (des Caesarius) ersten Lebensjahre waren derart, wie sie bei solchen sein sollen, die aus guter Familie stammen und ein Leben in Ehren versprechen.“ [24] In der Trauerrede auf Basilius heißt es: „In Athen haben die ... unverständigeren Jünglinge eine fast unsinnige Zuneigung für ihre Lehrer, *und zwar nicht bloß die aus niedrigem und unbekanntem, sondern auch die aus vornehmem und berühmtem Geschlecht.*“ Dann vergleicht Gregor diese ihm mißfallende Begeisterung für einzelne Lehrer mit der sportlichen Begeisterung der Studenten für einzelne Pferde und Wagenlenker bei den Pferderennen, wie „sie aufspringen, schreien, den Staub aufwirbeln ... in die Luft schlagen ... die Pferde an- und umspannen“, und dann folgt wieder der charakteristische Zusatz: „*Und wer sind die, welche das tun? Häufig die Armen und Unbemittelten, die nicht für einen einzigen Tag hinreichende Nahrung besitzen.*“ [25]

Der junge Gregor bewegte sich in Athen in anderen Kreisen. Zu seinem Verkehr gehörte ein kaiserlicher Prinz, der dort studierte — der nachmalige Kaiser Julianus Apostata, wie Gregor in der Trauerrede auf seinen Bruder Caesarius zu erwähnen nicht vergißt,[26] obwohl er ihn später scharf bekämpft hat.

Charakteristisch für den Adligen aus altem Geschlecht ist eine Bemerkung Gregors über den neuen Adel, den der Staat eben erst verliehen hat: „Den Adel, der auf Diplom und Eintrag in die Matrikel beruht, werde ich (nur) dann schätzen, wenn ich (einmal) Buntfarbigkeit als Schönheit gelten lasse und vor einem Affen mich fürchte, weil man will, daß er für einen Löwen angesehen werden soll.“ [27] So könnte ein „Junker“ sprechen.

Gregors aristokratische Gefühle kommen sogar zum Ausdruck, wenn er das asketische Leben gegen den Vorwurf verteidigt, es sei „eitle Träumerei“: „Es tut hierbei der Neid das Seine, sowie der böse Pöbel (*οἱ πολλοί*), für den das Schlimme immer größeren Reiz

---

[24] Or. 7, c. 5 (Migne, 35, Sp. 759).

[25] Migne, P. G., 35, Sp. 516, Kap. 15.

[26] Migne, P. G., 35, Sp. 772, Kap. 13.

[27] Gregor von Nazianz, Rede nach der Rückkehr von einem Landaufenthalte (Or. 26), Kap. 10 (Migne, 35, Sp. 1241). — Man vergleiche hiermit Basilius, der es gering schätzt, wenn man seine Vorfahren durch sieben Generationen verfolgen kann.

hat.“[28] Bald darauf sagt er: „Ich schämte mich für und über so manche, die um nichts besser sind als die Masse“ (wieder *οἱ πολλοί*).[29] *Οἱ πολλοί*, die „vielen“, war von altersher die Bezeichnung, die die griechischen Aristokraten auf die Masse anwenden.

Von seinem Freunde Basilius sagt Gregor in der Trauerrede (Kap. 63): „Der Edle und Sprößling eines edlen Geschlechts ... verschmähte es nicht, ... die armen Kranken wie seine Brüder zu umarmen.[30] Man vergleiche damit wieder Basilius' Standpunkt: „Redest du mit einem Geringeren als du, oder wirst du von ihm gefragt, so antworte ihm nicht träge und zögernd, als ob du deinen Bruder, Gott zum Hohn, verachtest. Denn ‚wer den Armen verachtet, der schmäht den Schöpfer desselben‘, sagt das Sprichwort.“[31]

Im Hinblick auf Flüchtlinge und andere Hilfsbedürftige sagt Gregor: „Unter diesen verdienen mehr das Mitleid diejenigen, deren Unglück zu ihren früheren Verhältnissen im Gegensatze steht, als jene, welche das Unglück gewohnt sind.“[32] Das paßt zu der Bemessung des Seelteils: „Gib dem Armen auch nur ein wenig, denn nicht wenig ist es für den, welcher an allem notleidet.“

Ein charakteristischer Zug für den Kavalier Gregor ist sein Interesse für das edle Pferd und die Reiterei. Er preist:[33] „mein Heimatland, das ehrwürdige Kappadozien, ebenso verdient wegen seiner herrlichen Söhne als seiner ausgezeichneten Pferde“.[34] In seinen Homilien verwendet Gregor mit Vorliebe Bilder aus der Reiterei. Er spricht von dem, der „aufs geschickteste Fohlen bändigt, wobei er durch das junge Pferd selbst im Reiten geübt wird“.[35] Oder es heißt: „Wie wir bei Fohlen ... sehen, daß sie gleich nach der Geburt hinspringen, so lief auch er (Basilius der Große!) ganz nahe neben seinem Vater her mit dem Mut und Feuer eines jungen Pferdes.“[36] In der „Rede über seine Flucht“ (Kap. 30) sagt Gregor, wie der Priester

[28] Rede über seine Flucht (Or. 2), Kap. 7, Migne, 35, Sp. 416.

[29] Ebenda Kap. 8.

[30] Migne, 36, Sp. 580.

[31] *Basilius*, Drei vorläufige asketische Unterweisungen, 2. Unterweisung „Über die Entsagung der Welt und die geistige Vollkommenheit“, Kap. 8 (Migne, Bd. 31, Sp. 644).

[32] De Paup. Am., Kap. 6 (Migne, P. G., Bd. 35, Sp. 865).

[33] Trauerrede für Basilius, Kap. 3 (Migne, P. G., 36, Sp. 497).

[34] „Kappadocia“ ist das persische „Katpatuka“, d. h. das „Land der schönen Pferde“. Vgl. *Ruge*, Art. Kappadokia, Realenc. d. klass. Altertumswiss. X, Sp. 1911.

[35] Trauerrede auf Basilius, Kap. 12 (Migne, P. G., 36, Sp. 509).

[36] Ebenda (Migne, 36, Sp. 509, 511).

die ihm anvertrauten Menschen zu führen hat: „Bei den einen muß der Sporn und bei den andern der Zügel angewendet werden ...", andere aber sind zu hitzig ... und in ihrem Ungestüm schwer aufzuhalten wie ein edles und feuriges Roß, das weit vom Ziele hinweg eilt; diese wird eine Belehrung bessern, die gleichsam Zaum und Zügel anwendet." [37]

Bei Basilius oder Augustin wird man nach Gleichnissen aus der Reiterei vergeblich suchen. Die heilige Barbara hat es zur Schutzheiligen der Artillerie gebracht. Gregor von Nazianz würde zum Schutzheiligen der Kavallerie gepaßt haben.

In Gregor's Brust lebten zwei Seelen: der Asket und der Kavalier. Wir finden ähnliche Züge später bei manchen gallisch-französischen Bischöfen aus hochadligen Häusern, die sich ihrer vornehmen Abstammung zeitlebens bewußt blieben, trotz aller Demut und Askese. [38] So wird es auch verständlich, daß Gregor auf die Dauer mit seiner Gemeinde keine Fühlung gehalten hat. Aus seiner Predigt „An diejenigen, die ihn riefen und ihm nicht entgegen kamen" geht hervor, daß der Eifer im Besuch seiner Predigten erkaltete, eine gewisse Gleichgültigkeit gegen seine Person trat ein.[39] Die künstliche Rhetorik Gregors,[40] aber auch die kühle Distanz des Aristokraten wird der Menge nicht unbemerkt geblieben sein.

Der immer wieder hervorbrechende aristokratische Zug in Gregor von Nazianz erklärt es, daß er in einem anderen Verhältnis zu den Armen stand wie Basilius oder wie Chrysostomus, er besaß nicht ihre soziale Gesinnung. Hier liegt der Grund, weshalb er den Seelteil *nur dem Namen nach* angenommen hat.

§ 4. Gregor von Nyssa

Ebenso wie Gregor von Nazianz stand auch Gregor von Nyssa (ca. 340 bis ca. 394)[1] unter dem Einfluß der überragenden Persönlich-

[37] Migne, P. G., 35, Sp. 440.

[38] Z. B. Hilarius von Arles (*Arnold*, Caesarius von Arles, S. 37). — Über aristokratische Abstammung und Mentalität des Episkopats im 5. und 6. Jahrhundert siehe *H. E. Feine*, Kirche und Kirchenrecht in den Germanenreichen auf Römerboden, Festschrift für Karl Haff, Innsbruck, 1950, S. 67.

[39] (Or. 3) Migne, P. G., 35, Sp. 512 ff. Vgl. *Joh. Röhm*, Vorbemerkung zu dieser Predigt, Bibliothek der Kirchenväter: Gregor von Nazianz II, S. 99.

[40] *Bardenhewer* III, S. 173.

[1] Über sein Leben s. *Bardenhewer*, Geschichte der altkirchlichen Literatur III,

keit seines älteren Bruders Basilius, der auch sein Lehrer gewesen war. Ebenso wie Gregor von Nazianz hat auch Gregor von Nyssa den Seelteil von Basilius übernommen, aber Gregor von Nyssa hat ihn weiter ausgebildet.

I. Gregor von Nyssa besaß nicht die dynamische Persönlichkeit seines Bruders. Basilius ernannte Gregor gegen dessen Willen zum Bischof von Nyssa (um 371). Den Schwierigkeiten des bischöflichen Amts war er nicht gewachsen, aber er hat viele Synoden besucht, z. B. in Antiochia (379) und in Konstantinopel (381, 382, 383, 394). Er wurde auch einige Male an den kaiserlichen Hof gebeten, um Trauerreden für Mitglieder des Kaiserhauses zu halten. Im Gesetz vom 30. Juli 381 (*Cod. Theod.* XVI, 1, 3) wird er unter den Säulen der Orthodoxie aufgezählt. Einen Grundzug seines Wesens bildete der Hang zur Askese, wenngleich er hierin nicht so weit ging wie Basilius.[2]

II. Der Seelteil begegnet in Gregor's Predigt *De pauperum amore*, Or. 1.[3] Dort heißt es: „Nicht alles ist für Euch, sondern *ein Teil auch für die Armen,* die Lieblinge Gottes.[4] Denn alles gehört Gott, dem gemeinsamen Vater. Wir aber sind *Brüder einer Familie. Für Brüder* aber ist es am besten und das gerechtere, sich *zu gleichen Teilen* in die Erbschaft zu teilen.[5] In *zweiter* Linie sollen, wenn einer oder der andere (Bruder) sich den größeren Teil zugeeignet hat, die übrigen

S. 188 ff., *Altaner,* S. 189 f., *Jülicher,* Art. Gregor von Nyssa, Realenzyklopädie der klass. Altertumswissenschaft VII, Sp. 1863 f., [*von Campenhausen,* S. 114 ff.].

[2] Ein kleiner, aber charakteristischer Zug illustriert dies: Basilius „enthielt sich der Bäder", „er besaß nur *ein* Untergewand und einen ärmlichen Mantel", „seine Speisen waren Brot und Salz" (Gregor von Nazianz, Trauerrede auf Basilius, Kap. 61, Migne, 36, Sp. 576). Dagegen kennzeichnet Gregor von Nyssa in seiner Rede gegen die Wucherer (Migne, 46, Sp. 450) einen besonders schlimmen Wucherer mit den Worten: „Er war auch im eigenen Aufwande karg, wie es eben die Habsüchtigen sind. Er hielt weder einen hinlänglichen Tisch, noch wechselte er regelmäßig seinen Anzug ..., nicht leicht gebrauchte er ein Bad, weil er die Ausgabe von drei Obolen scheute." — Den Geist einer mehr mäßigen Askese zeigt auch Gregor von Nyssa's Lebensbeschreibung seiner Schwester Makrina, die trotz ihres nonnenhaften Lebens eine große Dame blieb.

[3] Migne, P. G., 46, Sp. 466 B.

[4] *Μὴ πάντα ὑμέτερα· ἀλλὰ μέρος ἔστω τῶν πενήτων τῶν ἀγαπητῶν τοῦ Θεοῦ.*

[5] *κατ' ἰσομοιρίαν λαγχάνειν τοῦ κλήρου.*

(d. h. die Armen) wenigstens den (restlichen) Teil bekommen.[6] Will ein (Bruder) aber geradezu des *Ganzen* sich bemächtigen und *selbst vom dritten oder fünften Teil seine Brüder* (d. h. die Armen) *verdrängen,*[7] so ist ein solcher ... ein unersättliches Tier, das gierig allein den Fraß verschlingt, oder vielmehr wilder als die wilden Tiere; denn ein Wolf läßt den andern am Fraß teilnehmen.

Gregor von Nyssa hält also einen *„Teil für die Armen"* für notwendig. Was die *Höhe* dieses Teiles anlangt, so empfiehlt er in erster Linie Teilung der Erbschaft zu gleichen Teilen (*κατ' ἰσομοιρίαν*), denn Gott gehört alles, wir sind „Brüder einer Familie". Er empfiehlt also *für die Armen den gleichen Anteil wie für einen Bruder.* Geschieht dies aber nicht, so ermahnt Gregor *wenigstens den dritten oder fünften Teil als Anteil der Armen* zu geben.

Gregor ist von Basilius angeregt worden, aber er hat dessen Anforderungen gemäßigt. Er unterscheidet nicht mehr zwischen Verheirateten und Unverheirateten, wie dies Basilius ursprünglich tat. Gregor's erster Vorschlag — ein gleicher Teil für die Armen wie unter Brüdern — bildet Basilius' ursprüngliche Mahnung[8] fort, die Armen wie ein erstgeborenes Kind zu behandeln. Gregor will die Armen ebenfalls wie ein Kind des Erblassers behandeln; er verzichtet jedoch auf ihre Bevorzugung als Erstgeborene.

Gregor's Mahnungen sind von großer Bedeutung. Hier tritt zum ersten Mal eine Idee auf, die später das Recht des Seelteils im Abendlande stark beeinflußt hat. Soweit Gregor von Nyssa — in erster Linie — gleiche Teilung wie unter Brüdern, den Söhnen eines Vaters, mit den Armen verlangt, ähnelt sein Vorschlag den späteren Vorschlägen von Hieronymus und Augustin, die für Christus (d. h. für die Armen) den Kopfteil eines Sohnes forderten.[9] Es ist von großem Interesse festzustellen, daß Augustin für seinen berühmten Vorschlag der „Sohnesquote" Vorläufer gehabt hat.

Soweit Gregor von Nyssa — in zweiter Linie — ein Drittel oder ein Fünftel als Anteil der Armen fordert, nähert sich sein Vorschlag

---

[6] *ἐν δὲ τάξει δευτέρᾳ κἂν τὸ πλέον εἷς ἢ δεύτερος σφετερίσηται τὸ γοῦν μέρος κερδανέτωσαν οἱ λοιποί.*

[7] *καὶ αὐτῆς τῆς τρίτης ἢ πέμπτης μοίρας ἐξείργων τοὺς ἀδελφούς.*

[8] Basilius, In divites, Kap. 7, § 39, s. oben S. 6 f., Anm. 19.

[9] Vgl. unten Kap. III, § 11, III d, und § 12.

dem des Chrysostomus,[10] und den Bestimmungen späterer syrischer Kirchenrechte.[11]

Wann Gregor's Rede *De paup. amandis* No. 1 gehalten worden ist, ist nicht bekannt.[12] Aber gerade die Erwähnung und Behandlung des Seelteils gewährt einen Anhalt. Da Gregor sich hier deutlich auf Basilius stützt, muß die Predigt später als Basilius' einschlägige Homilien gehalten worden sein, also nach 368.[13]

§ 5. Johannes Chrysostomus

Johannes Chrysostomus folgte ebenfalls den Anregungen des Basilius. Aber auch er hat sie weiter ausgebildet. Vor allem ist er aber zum Propagator des Seelteils geworden.

In Chrysostomus' Predigten ist die Quote häufig nachzuweisen, häufiger als bei den drei Kappadoziern.[1] Allerdings sind die Predigten der Kappadozier, insbesondere die des Basilius, nicht so vollständig erhalten wie die des Chrysostomus.

I. Chrysostomus' Kampf für die Quote wächst heraus aus dem Leben dieses unbeugsamen Vorkämpfers für die Armen. Sein leidenschaftliches Mitgefühl hat den großen Redner manchmal dazu geführt, Forderungen aufzustellen, die über das Maß der Quote hinausgingen, Forderungen, deren Radikalismus ihm scharfe Kritik bis in unsere Tage eingebracht hat. Aber immer wieder kehrte er zur Mahnung der Quote zurück. Sie ist eines seiner „Leitmotive".[2]

Chrysostomus wurde in Antiochia, der zweiten Hauptstadt des griechischen Orients, als Sohn des kommandierenden Generals (*magister militum*) von Syrien geboren,[3] in demselben Jahre 354 wie

---

[10] Vgl. unten § 5, II.

[11] Vgl. unten § 19, I, b.

[12] Laut Mitteilung von Professor *Werner Jaeger*, der die neue große Ausgabe von Gregor von Nyssa vorbereitet.

[13] Vgl. oben S. 10.

[1] Chrysostomus' Stellung zur Quote ist eingehend behandelt in meinem Artikel „Kirchlich-soziales Erbrecht in Byzanz, Johannes Chrysostomus und die Mazedonischen Kaiser" (Studi Riccobono III, Palermo, 1933, S. 377—423).

[2] In seiner Homilie 88 (89) ad Matth. (Migne, P. G., 58, Sp. 779, vgl. unten S. 25) entschuldigt er sich, daß er so oft über die Quote predigt.

[3] Über Chrysostomus' Leben s. *H. Lietzmann*, Art. „Joannes Chrysostomus", Realenzyklopädie der klass. Altertumswissensch., Bd. 9, S. 1811 ff., *Chr. Baur*, Der

Augustinus. Nach seinem Übertritt zum Christentum (372) verließ Chrysostomus das väterliche Haus und seinen berühmten Lehrer Libanius, den Vorkämpfer des untergehenden Heidentums, um als Einsiedler zu leben, aber sein schwacher Körper zwang ihn bald zur Rückkehr in die Welt, doch blieb er in seiner Gesinnung immer Mönch und Asket.[4] Er wurde Priester in Antiochia (386). Dort legte er die Grundlage zu seinem Weltruhm. Es war ein Ereignis, wenn er die Kanzel bestieg. Seine zahlreichen Predigten, vorwiegend exegetische Homilien, füllen fast 18 Bände der Ausgabe von Migne. Wie der Kirchenhistoriker Sokrates (VI, 4) berichtet, gehen viele der überlieferten Predigten auf Stenogramme zurück. Das wird auch durch lebendige Improvisationen dargetan,[5] etwa wenn er die Gemeinde anfährt, weil sie in Beifall ausbricht oder wenn in der Kirche gelacht wurde. Der temperamentvolle Redner eifert: „Hier ist kein Theater, ihr sitzt nicht hier, um Komödianten zu sehen."[6] Oder er tadelt die Hörerschaft, daß sie mehr auf das Anzünden der Lampen aufpasse als auf seine Worte.

Zwölf Jahre wirkte er in Antiochia. 397 wurde er Bischof von Konstantinopel, Patriarch und damit der höchste Würdenträger der Kirche im Ostreich. Aber Streitigkeiten mit dem Hofe, mit der Kaiserin Eudoxia und dem Patriarchen Theophil führten zu seiner Absetzung durch die „Eichen-Synode", so genannt nach ihrem Tagungsort, dem Landgut „Drys" (Eiche) bei Chalcedon. Sein Sturz rief ungeheure Aufregung in Konstantinopel hervor, die durch ein Erdbeben noch gesteigert wurde. Schon nach wenigen Tagen wurde Chrysostomus zurückberufen. Unter tosendem Beifall betrat er seine Kirche wieder. Der Historiker Sokrates berichtet: „Die Ausdrücke der Sympathie der Bevölkerung überstiegen alle Erwartungen und ließen sogar trotz der gleichzeitigen Pferderennen nicht nach." Aber bald entstanden neue Meinungsverschiedenheiten mit dem kaiserlichen Hof und der Kaiserin, als ihre silberne Statue enthüllt wurde und Chrysostomus auf Herodias und das wiederum bedrohte Haupt

---

heilige Chrysostomus und seine Zeit, 2 Bde. (1929), *B. Altaner*, Patrologie, S. 202 ff., *Bruck*, in der Zeitschrift „Traditio" II, New York, 1944, S. 108 f., [*von Campenhausen*, S. 137 ff.].

[4] Vgl. unten § 8, IV.

[5] *Bardenhewer* III, S. 330, Anm. 3, *Lietzmann*, S. 184.

[6] Chrysostomus, *Ad populum Antiochenum*, Hom. II, Migne, P. G., 49, Sp. 38.

des Johannes hinwies.[7] Im Jahre 404 wurde er endgültig abgesetzt und nach Armenien verbannt. Aber „die gesamte Kirche von Antiochia begann nach Armenien zu wallfahrten",[8] um den großen Prediger zu hören. Deshalb befahl der Kaiser (407), daß Chrysostomus nach Pythias am Schwarzen Meere gebracht werden solle. Schwer krank trat er die Reise an, um bereits am 14. September 407 zu sterben. Soviel in Kürze über sein Leben, über die „Tragödie des Heiligen Johannes", wie es genannt worden ist.

Johannes Chrysostomus war der am meisten gefeierte unter den griechischen Vätern der Kirche. Der Beiname „Goldmund" — Chrysostomus —, der zuerst dem Rhetor Dion Chrysostomus von Prusa beigelegt worden war, wurde ihm erst im 6. Jahrhundert, lange nach seinem Tode verliehen.

Seine Predigten behandeln meist praktisches Christentum.[9]

Diesen Zug teilt er mit Basilius, der insofern ebenfalls im Gegensatz zu den meisten, vorwiegend spekulativ interessierten griechischen Kirchenvätern stand.[10] Es ist bezeichnend, daß beide Männer den Seelteil empfohlen haben, der trotz seiner religiösen Begründung in erster Linie eine für die Praxis, für soziales Christentum bestimmte Maßnahme war.[11]

II. Grundsätzlich empfiehlt allerdings auch Chrysostomus das *ganze* Vermögen den Armen zu übertragen.[12] Es ist die Mahnung,

---

[7] Matth. 14, 1—3, Socrates 6, 18; vgl. *Ehrhard*, Byzantinische Zeitschrift, 1934, S. 98 f.

[8] *Sokrates*, a. a. O.

[9] *Bardenhewer* III, S. 340, *Christ-Schmid*, Geschichte der griechischen Literatur, 6. Aufl., II, 2, S. 1466.

[10] Vgl. *Schilling*, S. 109, *Altaner*, S. 181. — Dagegen lagen *Athanasius*' (295 bis 373) Interessen auf dogmatischem Gebiet. Gleich Cyrillus von Jerusalem (gest. 386) stand er zeitlebens im Kampfe gegen den Arianismus (*Ignaz Seipel*, Die wirtschafts-ethischen Lehren der Kirchenväter, S. 277). Er zeigt nur gelegentlich „gewisse weltflüchtige Ansichten über den Reichtum und die irdischen Güter" (*Schilling*, S. 82). Wie die meisten Väter mahnt er auch zum Almosen. Dabei sagt er einmal in Auslegung von Matthäus 6, 19 und 20: „Gib dem Armen, dem Dürftigen, *was er nötig hat*, in Hoffnung auf den ewigen Lohn" (Epistola 17, Migne, P. G., 26, Sp. 1422). Aber ein *Maß* für das Geben gibt er nicht.

[11] Vgl. unten § 10.

[12] Vgl. Chrysostomus Hom. 57 ad Matth., Migne, P. G., 58, Sp. 708. — Ähnlich Hom. 35 ad Matth. γ′ (Migne, P. G., 57, Sp. 409); Ecloga de eleemosyna et hospitalitate. Hom. XXII (Migne, P. G., 63, Sp 719).

die für diejenigen bestimmt ist, die ein „vollkommenes Leben" führen wollen.

Daneben mahnt Chrysostomus aber häufig, Christus, d. h. der Kirche freiwillig eine Quote des Vermögens zur Armenfürsorge zu übertragen.[13]

Ausführlich behandelt Chrysostomus die Frage, wieviel Almosen man geben müsse, um ins Himmelreich zu kommen.[14] In der 64. Homilie zu Matthaeus behandelt Chrysostomus, in Verbindung mit Matthaeus 5, 20, ausführlich das Maß für Almosen, das erforderlich ist, um das Himmelreich zu erlangen. Chrysostomus mahnt, man müsse mindestens soviel Almosen geben wie die Pharisäer. Nach seinen Berechnungen gaben die Pharisäer

1. von allem den Zehnten (Luc. 18, 12),
2. dann noch einen zweiten und dritten Zehnten,[15]

so daß sie fast *ein Drittel* ihres ganzen Vermögens hergaben. Dazu traten noch verschiedene andere Gaben mit Almosencharakter.[16] Auf Grund seiner Schätzung der von den Pharisäern dargebrachten Almosen kommt Chrysostomus sonach zu dem Ergebnis, daß die *Hälfte* oder *wenigstens ein Drittes des Vermögens* gespendet werden müsse. Die Forderung, daß „wenigstens ein Drittel" gegeben werden müsse, hat dann Jahrhunderte hindurch in vielen Ländern weiter gewirkt.

Chrysostomus wiederholt diese Mahnung immer wieder. In Hom. 45 ad Matth. 2 (Migne, P. G. 58, Sp. 799) sagt er: „*Teile mit Christus das Vermögen,* Du willst ihm nicht *das ganze* gewähren? Gib ihm wenigstens *die Hälfte,* gib ihm *wenigstens den dritten Teil.* Er ist Dein Bruder und Miterbe. Mache ihn auch hier zu Deinem Miterben. Was Du jenem gibst, wirst Du auch Dir geben."[17] Ebenso mahnt er

---

[13] Näheres bei *Bruck,* Studi Riccobono III, S. 398—404.

[14] 4 (Migne, P. G., 58, Sp. 615), vgl. *Bruck,* a. a. O., S. 400, Anm. 106.

[15] Chrysostomus' Annahme eines dreifachen Zehnten beruht wohl auf Amos 4, 4: „an drei Tagen werdet Ihr Eure Zehnten bringen" (vgl. *Herzog Max von Sachsen,* Des Heil. Johannes Chrysostomus' Homilien über das Evangelium des Heil. Matthäus, II, 1911, S. 273, Anm. 4).

[16] Wie die Erstlinge, die Opfer für die Erstgeburt, ferner u. a. Reinigungsopfer (Leviticus, Kap. 14 und 15), Festopfer (Leviticus, Kap. 23), Jubiläumsopfer (Leviticus, Kap. 25), Erlassung der Schulden, Freilassung der Sklaven und Geldleihung ohne Zinsen (Leviticus, Kap. 25, 35—37). Vgl. *Herzog Max von Sachsen,* a. a. O., S. 273, Anm. 5—11. Weiteres bei *Bruck,* a. a. O., S. 414, Anm. 169.

[17] In der *Ecloga de eleem. et hosp.,* Hom. XXIII (Migne, P. G., 63, Sp. 725), deren Echtheit zweifelhaft ist (*S. Haidacker,* Zeitschrift für Katholische Theo-

in Hom. 88 (89) ad Matth. (Migne, P. G., Sp. 779) die *Hälfte* oder ein *Drittel* des Vermögens für Zwecke der Wohltätigkeit (*Eleemosyne*) zu hinterlassen. Aus dem dort von Chrysostomus zurückgewiesenen Vorwurf, er wiederhole sich, geht hervor, wie oft er diese Mahnung ausgesprochen haben muß.

Vereinzelt ist Chrysostomus bereit, auch unter die Drittelquote herunterzugehen. Offenbar ist er in seiner Gemeinde zuweilen auf Widerstand gestoßen.[18] In der 66. Homilie ad Matth. δ' (Migne, P. G. 68, Sp. 630) bemerkt er: „Allein, was würden denn unsere Kinder erben?, wendet man ein. Sie behielten das Kapital, und ihre Einkünfte würden noch größer werden, weil im Himmel Schätze für sie hinterlegt würden. Ihr wollt das nicht? *Nun, dann gebt wenigstens die Hälfte oder den dritten oder vierten oder fünften oder zehnten Teil. Es könnte dann unsere Stadt mit Gottes Gnade die Armen von zehn Städten ernähren.*"

Chrysostomus spricht mit Vorliebe von der Quote für Christus", oder von der „Einsetzung Christi zum Miterben". Damit verbindet er zuweilen auch die Empfehlung, Christus zum Testamentsvollstrecker zu ernennen. In der antiken Welt war es üblich, einflußreiche Persönlichkeiten, z. B. den römischen Kaiser, neben den Kinder zum Erben einzusetzen[19] oder zum Testamentsvollstrecker zu ernennen, damit die Kinder an den auf solche Weise am Nachlaß interessierten Mächtigen eine Stütze haben sollten. Chrysostomus

logie, XXV, 1901, S. 365 ff.) empfiehlt Chrysostomus die *Hälfte* des Vermögens zu geben.

[18] Vgl. unten § 8.

[19] Der Kaiser wurde häufig ganz oder *auf eine Quote* zum Erben eingesetzt. Schon Augustus hat, wie er selbst angibt, in den letzten zwei Jahrzehnten seines Lebens nicht weniger als 1400 Millionen Sesterzen geerbt, davon aber den überwiegenden Teil für Staatszwecke verwandt und seinen Erben nur 150 Millionen Sesterzen hinterlassen (*Sueton,* Augustus 101). Dabei blieb es auch bei seinen Nachfolgern (*Tacitus,* ann. 6, 14; *Dio Cass.* 58, 4). Vgl. zu dem Brauch den Kaiser auf eine Quote einzusetzen, *Zonaras* 12, 1, S. 593 d., und *Malalas,* XI, S. 281, und hierzu *Hirschfeld,* die kaiserlichen Verwaltungsbeamten bis auf Diokletian, 2. Aufl. 1905, S. 111. — Aristoteles ernannte in seinem Testament den Antipater zum Testamentsvollstrecker (*von Wilamowitz-Moellendorff,* Hermes, Bd. 33, S. 531). Siehe weiteres über diesen Brauch bei *Mitteis,* Römisches Privatrecht I, S. 107, Anm. 30, I. c.; *Kreller,* Erbrechtliche Untersuchungen auf Grund der Gräko-Aegyptischen Papyrusurkunden, S. 375 ff.; *Bruck,* Totenteil und Seelgerät, S. 321, Anm. 1b und Studi Riccobono, III, S. 403; *R. S. Rogers,* Transactions of the American Philological Association, LVIII.

vergleicht mit diesem verbreiteten Brauch die Miteinsetzung Christi zum Erben, der dann ebenfalls den Kindern helfen würde.[20]

Die Entscheidung, ob und in welcher Höhe man Almosen geben will, überläßt Chrysostomus allerdings dem freien Willen des Gebers.[21] Aber er tat alles, was in seinen Kräften stand, um diesen Willen hervorzurufen. Denn er war durchdrungen von der Notwendigkeit des Almosens für das Seelenheil und zugleich zur Linderung der Not der Armen. In diesem Sinne ermahnte er seine Gemeinde immer wieder, bald unter Hinweis auf die Höllenstrafen, bald unter Ausmalung der Bedeutung für die Seligkeit des Gebers und seiner Kinder.[22]

III. Wie psychologisch Chrysostomus sich in die Mentalität seiner Gemeinde einfühlte, zeigt seine Propaganda für die Gaben für die Armen und für das Seelenheil. Er verstand sich auf die Grundprinzipien aller Propaganda: Anpassung und Wiederholung.

Wenn Chrysostomus, der Asket und Altruist, den Kaufleuten und Bankiers in Antiochia — und später in Konstantinopel — von der Kanzel herab ins Gewissen redet, dann spricht er den Jargon der Händler, obwohl er selbst die Jagd nach Gewinn verabscheut. Chrysostomus' Hörer waren versiert im Zivil- und im Handelsrecht. Deshalb bedient sich seine Propaganda auch juristischer Argumente.[23] Andere Väter, vor und nach ihm, taten das gleiche.[24] Aber die juristische Phantasie, die Chrysostomus entfaltet, muß Staunen erregen.

Chrysostomus spricht nicht nur ständig von der Vergeltung des guten Werks. Er benutzt auch den juristischen Begriff der *Gegenleistung* (ἀμοιβή), die der Geber für sein gutes Werk zu erwarten

[20] Chrysostomus, *de verbis apostoli,* III, 9 (Migne, P. G., 51, Sp. 289 f.): „Siehst Du nicht, daß viele Reiche und Mächtige ... in ihren Testamenten einsetzen und sie zu Miterben ihrer Kinder machen, aus keinem andern Grunde als damit sie die Sicherheit für ihre Kinder vermehren ... und Du willst nicht ihn (Christus) zum Miterben Deiner Kinder machen?" Ähnlich Chrysostomus, *Ecloga de eleem. et hosp.,* Hom. XXIII (Migne, P. G., 63, Sp. 730), ferner in Epist. ad Rom.. Hom. XVIII (Migne, P. G., 60, Sp. 581 und hierzu *Bruck,* Studi Riccobono, III, S. 403).

[21] Siehe die Zitate unten § 16, Anm. 23.

[22] *Bruck,* Studi Riccobono, III, S. 193, bei Anm. 78.

[23] *Bruck,* Studi Riccobono, III, S. 393—398.

[24] Z. B. schon vor ihm Tertullian und Cyprian (vgl. *A. Beck,* Römisches Recht bei Tertullian und Cyprian, Halle an der Saale, 1930), ferner Augustin (*A. Schultze,* Augustin und der Seelteil, S. 184).

hat. Häufig sagt er: Wer Almosen gibt, schließt einen *Kauf* mit Gott ab. Das Almosen ist der Kaufpreis, Kaufgegenstand ist das Paradies.[25] In der Homilie *de poenitentia* VII, 6 geht Chrysostomus vom Markt aus, der gerade unweit der Kirche stattfindet. Ganz im Sinne dieser Kaufleute sagt er: „Hier auf dem Markt will jeder möglichst billig einkaufen und möglichst teuer verkaufen. Die Almosen werden für wenig eingekauft, um dann im Jenseits teuer verkauft zu werden.[26]

An einer anderen Stelle vergleicht Chrysostomus Christus mit einem Bankier, er benützt die juristische Konstruktion des *Verwahrungsvertrages (depositum irregulare)*. Er sagt: Christus nimmt das Almosengeld in Verwahrung. Aber er verwahrt es nicht nur sicher, sondern er verzinst es sogar.[27]

Vor allem verwendet Chrysostomus den Rechtsbegriff des *Darlehns*. Häufig begegnet auch bei ihm der Gedanke, daß das gute Werk Zinsen trägt. Dies geschieht, obwohl Chrysostomus, gleich andern Vätern das Zinsennehmen mißbilligt.[28] Die Anschauung, daß das gute Werk Zinsen trägt, findet sich bereits im Alten Testament (Sprüche Salomos 19, 17), ferner auch bei Matthäus 19, 21. Sie kehrt wieder bei Tertullian und Cyprian und später bei Augustin.[29] Aber Chrysostomus gestaltet den Gedanken in origineller Weise aus.

Den Höhepunkt erreicht diese Art der Propaganda in Chrysostomus' 66. Homilie zu Matthäus, cap. 5.[30] Hier wird der Vergleich des Almosens mit dem Darlehen an Gott bis zu den letzten Konsequenzen durchgeführt, bis zur *Kostenlosigkeit der Valuta-Überweisung:*

---

25 Belege bei *Bruck*, Studi Riccobono, III, S. 398.

26 *Bruck*, a. a. O., S. 398.

27 Z. B. Chrysostomus, Ad populum Antiochenum, Hom. II, 5 (Migne, P. G., 49, Sp. 41), und anderwärts. — Vgl. *Bruck*, a. a. O., S. 397.

28 *F. X. Funk*, Geschichte des kirchlichen Zinsverbots, Tübingen, 1876, S. 5; *O. Schilling*, Reichtum und Eigentum in der altkirchlichen Literatur, S. 116; *Robert von Pöhlmann*, Geschichte der sozialen Frage und des Sozialismus in der antiken Welt, II, 3. Aufl., 1925, S. 475; *Bruck*, Studi Riccobono, III, S. 413 und 396, Anm. 40.

29 Bei Behandlung der Almosen verwendet *Augustin* häufig die verwandte Rechtsfigur des Seedarlehens (*foenus nauticum* oder *pecunia traiecticia*). Vgl. *M. Falco*, Art. Disposizioni per l'anima, in Enciclopedia Italiana, ferner *A. Schultze*, S. 184. — Das Seedarlehen braucht erst zurückgezahlt zu werden, wenn das Geld oder die dafür angeschafften Waren am Bestimmungsort eingetroffen sind. Bei *Chrysostomus* fehlt dieser Vergleich.

30 Migne, P. G., 58, Sp. 651.

„Wir haben nicht nötig, für die Überweisung der Almosen an ihren Bestimmungsort Unkosten zu zahlen ... Wenn Du sie gibst, überträgt der Herr sie selbst in den Himmel, er selbst betreibt das ganze Geschäft, das dadurch um so gewinnbringender wird. Du brauchst keinen Giro-Bankier für das Eingezahlte zu suchen. Zahle nur ein, und es steigt sogleich hinauf."

Bei Basilius fehlen solche Hinweise auf das Geschäftsleben. Diese Art der Sprache ging wohl gegen seine Natur. Auch predigte er vor agrarischen Gemeinden. Dafür heißt es bei ihm: „Die Belohnungen der guten Werke fallen auf die Geber zurück ... Denn wie das Getreide, welches in die Erde fällt, dem Sämann Gewinn bringt, ebenso wird Dir das Brot, welches Du dem Hungrigen reichst, für die Zukunft großen Nutzen bringen." [31]

IV. Chrysostomus' Homilien zu Matthäus, in denen er besonders den Seelteil empfohlen hat, sind in Antiochia vor dem 20. November 393 gehalten worden.[32] 386 war er dort Priester geworden. Basilius, der 379 gestorben ist, hat zum Seelteil wahrscheinlich bereits vor 370 gemahnt.[33] Chrysostomus hat den Seelteil also etwa 20 Jahre nach Basilius aufgenommen und weitergebildet.

Ebenso wie Basilius[34] empfahl Chrysostomus in erster Linie die Hingabe des ganzen Vermögens, ebenso wie er in zweiter Linie zunächst die Hälfte. Wenn Chrysostomus dann häufig das Drittel — ausnahmsweise ein Viertel, ein Fünftel und ein Zehntel — zuläßt, so nähert er sich insofern Gregor von Nyssa.[35]

Chrysostomus bevorzugt übrigens Almosen *zu Lebzeiten* vor Zuwendungen im Testament. Das Testament kommt für ihn erst subsidiär in Betracht.[36] Auch hier berührt er sich mit Basilius, der das Testament aber noch schärfer ablehnt.[37] Die Mißbilligung des Testa-

---

[31] Basilius, In illud „Destruam horream" (auch: *in avaritiam*), Kap. 3 (Migne, 31, Sp. 265).

[32] *H. Lietzmann,* Art. Johannes Chrysostomus, Realenzyklopädie, IX, 2, Sp. 1877. — Vgl. auch *M. von Bonsdorf,* Zur Predigttätigkeit des Johannes Chrysostomus, Helsingfors, 1922, S. 14 ff.

[33] Vgl. oben § 2, III.

[34] Vgl. oben S. 6, 9.

[35] Vgl. oben S. 20.

[36] Chrysostomus, In Epist. ad Rom. Hom. XVIII (Migne, P. G., 60, Sp. 631), wiederholt in Ecloga de eleem. et hosp. Hom. XXIII (Migne, P. G., 63, Sp. 730).

[37] Basilius, Sermones XXIV *de moribus* (per Symeonem selecti), sermo XI *de*

ments ist — ebenso wie die der Verwandtenerbfolge — ein charakteristischer Zug im Verhältnis der beiden griechischen Väter zum Erbrecht. Augustins Einstellung war eine andere.[38]

V. Es sei noch auf einen *Unterschied in der Bezeichnung der Quote* hingewiesen. Basilius[39] und Gregor von Nazianz[40] nennen die Quote: „die Quote für die *Seele*". Gregor von Nyssa nennt sie: „den Anteil *für die Armen*",[41] Chrysostomus nennt sie die „*Quote für Christus*".[42] Sachlich umfaßt dieser Name beides: den Anteil der Seele des Gebers und den Anteil der Armen, der Empfänger. Aber Christus ist der Repräsentant der Armen und mit der Bezeichnung „*Quote für Christus*" hatte Chrysostomus das eindrucksvollste Wort gefunden.[43] Er verstand es, wie kaum ein anderer der griechischen Väter, die Worte zu finden, die der breiten Masse, ebenso wie der Kulturschicht die christlichen Ideen und Forderungen nahebrachten und einhämmerten.

---

morte 535 (Migne, P. G., Bd. 32, appendix, Sp. 1263 ff.). Vgl. noch stärker Basilius' Hom. *In divites* (Nr. 7), Migne, P. G., 31, Sp. 303, ebenfalls mit Bezug auf das Testament: „Man bringt nicht einen Cadaver zum Altar des Opfers. Bringe ein lebendiges Opfer ... Wenn Du nicht wagst Deine Ehrengäste mit den Resten des Tisches zu empfangen, wie wagst Du Gott mit den Resten günstig zu stimmen?"

38 Augustin bevorzugte das Testament (s. unten § 15, III).

39 Basilius Hom. *Dicta tempore famis et siccitatis,* Kap. 8 (21), Migne, P. G., 31, Sp 325 (s. oben S. 9, Anm. 27) spricht vom „Geben für die Seele".

40 Gregor von Nazianz, *De paup. amore* (Nr. 14), Kap. 22 (s. oben Anm. 44).

41 Gregor von Nyssa, *De paup. amore,* Or. 1, Migne, P. G., 46, Sp. 466 B (s. oben S. 9).

42 Hom. 45 *ad Matth.* 2 (Migne, P. G., 58, Sp. 799), *de verbis apostoli,* III, 1 (Migne, 51, Sp. 289 f.), und anderwärts. — Der Gedanke, *Christus als Teilhaber und Miterben* am Vermögen anzunehmen, findet sich bereits bei *Cyprian* (De opere et eleemosynis c. 13 i. f. Corpus Scriptorum ecclesiasticorum Latinorum, III, 1, S. 383): „Fac tibi possessionum terrestrium *Christum participem,* ut et ille te sibi faciat regnorum caelestium coheredem." Aber bei Cyprian fehlt noch das *Maß* für die Almosen *(A. Schultze,* Augustin und der Seelteil, S. 189). Der Seelteil, die Quote des Vermögens als Minimalmaß für die Zuwendung, fand sich bei Cyprian noch nicht.

43 Sogar der Kaiser *Justinian* übernahm die Bezeichnung „Quote für Christus" (Cod. Just. 1, 2, 25 (26). S. unten § 18). — Ähnlich wurden später im Fränkischen Reich Vermächtnisse zugunsten der Heiligen und nicht der Kirche gemacht. Auch dort trat die Kirche hinter den mächtigen Heiligen und ihren Reliquien zurück, denen die Gaben unmittelbar zugewendet wurden. (Vgl. *A. Bernoulli,* Die Heiligen der Merowinger, Tübingen, 1900, S. 1; *H. Schreuer,* Das Recht der Toten, Zeitschrift für vergleichende Rechtswissenschaft, XXX, 1916, S. 349; *Henrici,* Über Schenkungen an die Kirche, 1916, S. 13 und 47, Anm. 46 und 46a).

II. Kapitel

Geschichtliche Grundlagen und treibende Faktoren für die Quote für die Seele und die Armen bei den kappadozischen Vätern und bei Johannes Chrysostomus

Die griechischen Väter haben die Seelquote nicht aus dem Nichts erschaffen. Die Quote der Väter steht vielmehr im Schnittpunkt von verschiedenen geschichtlichen Entwicklungslinien.[1]

1. Die eine geht aus von den Anfängen der Menschheit. Sie betrifft die Geschichte des *Totenkults*, die Sorge für das „after-life". Es handelt sich hierbei um ein Urphänomen, das bei den meisten Völkern wiederkehrt. Aber die Väter haben die Sorge für den Kult des Toten im christlichen Sinne umgestaltet. Dies geschah, indem sie die Grundidee des Christentums, die *Caritas*, mit der Belohnung des guten Werkes im Jenseits verbanden.

2. Die andere Linie nimmt ihren Ausgang von der griechischen Sozialphilosophie. Sie betrifft *die Idee der gerechten Güterverteilung* im Diesseits.

Die Vorstellungen vom Tode und vom Jenseits einerseits, von der gerechten Güterverteilung andererseits haben von Haus aus gar nichts miteinander zu tun. Die Väter haben diese beiden Ideengänge aber zu einer Synthese verschmolzen.

3. Ein wichtiges Motiv der Kirchenväter bei der Schaffung der Quote entsprang spezifisch christlichen Gedankengängen. Die Väter suchten nach einem *Ausgleich* zwischen dem christlichen Lebensideal

---

[1] Soweit die geschichtlichen Grundlagen der Seelquote überhaupt untersucht worden sind, besteht Übereinstimmung, daß sie auf der christlichen *Caritas* und der Belohnung des guten Werkes beruht (*Mario Falco*, Art. Disposizioni per l'anima, Enciclopedia per l'anima; *Alfred Schultze*, Augustin und der Seelteil des germanischen Erbrechts, S. 184; Der Einfluß der christlichen Ideen und des römischen Rechts auf die germanische Hausgemeinschaft, Atti del Congresso Internazionale di Diritto Romano, Pavia, I, 1934, S. 202). Das ist zutreffend, aber es ist nur *ein* Element in der Geschichte dieses komplizierten Phänomens.

der Askese, welches Verzicht auf das gesamte Vermögen umschloß, und der Realität des Besitzes. Die Väter, voran Basilius, schufen die Quote für die Armen und für die Seele als eine *Konzession* für die große Masse derer, die nicht als „perfecti“ leben wollten und konnten.

Diese geschichtlichen Hintergründe und Motive der Seelquote sollen nunmehr untersucht werden.

§ 6. Die spiritualisierte Ernährung der Toten und ihre Umbildung durch die Ideen der Caritas und der Belohnung des guten Werks. — Die Gaben ohne Maß und das Maß der Seelquote

I. Seit die Menschen zu denken begonnen haben, hat sie die Frage nach dem Jenseits, das Problem der Unsterblichkeit, beschäftigt, und im Zusammenhang damit die Frage, was sie zu Lebzeiten tun könnten, um das Schicksal nach dem Tode günstig zu gestalten, für sich selbst und für ihre verstorbenen Angehörigen, besonders für die Vorfahren.[1]

Auf der ältesten Stufe findet sich der primitive Mensch mit dem ihm unbegreiflichen Tode in der Weise ab, daß er ihn negiert. Er betrachtet den Toten als fortexistierend, und zwar zunächst rein körperlich. Das ist die Idee des „lebenden Leichnams“. Daraus folgt die Überzeugung, daß der Tote wie ein Lebender zu behandeln ist. Er ist mit allem, was er zu Lebzeiten gebraucht hat, im Grabe auszustatten; ferner ist der Leichnam periodisch zu ernähren. Bei der Bestattung oder Verbrennung werden dem Toten Waffen, Tiere, Leibroß und Hunde, Kleidungsstücke, Vasen und Salbgefäße, Schmuck und Spiegel, Speisen, ursprünglich auch Sklaven, Frauen und Konkubinen mitgegeben. Diese Grabbeigabe steht im Zusammenhange mit der Geschichte wichtiger Rechtsinstitutionen, insbesondere mit der Entstehung des Individualeigentums und des Erbrechts.

Aber die einmalige Ausstattung des Toten beim Begräbnis genügt noch nicht. Auch nach der Beisetzung bedarf der Tote im Grabe

---

[1] Über die Geschichte des Totenkults und seine Ausstrahlungen in Recht, Sitte und Religion, die hier nur skizziert werden, s. eingehend „Totenteil und Seelgerät“; ferner Artikel „*Totenteil*“, R. E. für die klass. Altertumswissenschaft, XII, S. 1813—1828, sowie Über römisches Recht im Rahmen der Kulturgeschichte, S. 24 ff., 46 ff.

dauernder Pflege, *periodischer Ernährung. Hier liegt der Ausgangspunkt für die Entwicklungslinie, die zum Seelteil führt.* In bestimmten Zwischenräumen werden dem Toten blutige Opfer (*ἐναγίσματα*), regelmäßig Schafe und Rinder geopfert, bald sind es Trankspenden (*χοαί*), häufig aus Honig, Wasser, Milch und Wein gemischt. Auf den Gräbern werden oft Vorkehrungen getroffen, um die Opferspenden unmittelbar ins Grab zu leiten. Altäre mit runder Öffnung in Brunnenform auf mykenischen Gräbern, Opferröhren, Amphoren mit offenem Fuß, z. B. auf dem Diplyonfriedhof in Athen oder ähnlichen Gefäßen auf den Gräbern der Nekropole *del Fusco* bei Syrakus.

Überall in der Welt begegnen wir der Furcht vor dem Hunger im Grabe, in trocknen Gegenden verbunden mit der Furcht vor dem Durst.[2] Wir finden die Ernährung der Toten u. a. bei Hindus und Chinesen,[3] bei Griechen und Römern, ebenso bei den germanischen Völkern.

Die Griechen nennen diese Totenopfer am Grabe, die an bestimmten Terminen zu erfolgen hatten, „das, was sich nach Recht gebührt" (*νομιζόμενα*, *νόμιμα*, auch *πάτρια*), die Römer bezeichnen sie als *sacra*. Dieser Totenkult wird von den Nachkommen, in erster Linie vom Sohne, nach Religion und Sitte geschuldet. Wer keinen Sohn hat, adoptiert sich einen Sohn, um sich den periodischen Totenkult zu sichern.

II. Die hellenistische Epoche veränderte die wirtschaftliche, politische und religiöse Struktur der griechischen Welt von Grund aus. Ihre Nachwirkungen zeigten sich später auch in Rom. Auf dem Gebiete des Totenkults änderten sich in der hellenistischen Epoche

1. die Anschauungen über das Fortleben nach dem Tode,
2. entsprechend auch über die Art des Totenkults.
3. Ferner werden Vorkehrungen zur Sicherung des Totenkults geschaffen.

1. Der alte Glaube vom „lebenden Leichnam", der im Grabe mit denselben Bedürfnissen wie auf Erden weiterlebt, beginnt, wenn auch langsam, zu schwinden. An seine Stelle tritt vielfach die Vorstellung vom Fortleben der „Seele" (*ψυχή*). Die antike Seelenvorstel-

---

[2] Siehe meine Besprechung, Z. Sav. St., rom. Abt., 50 (1930), S. 668 ff.

[3] Ein interessantes Beispiel von periodischer Totenernährung am Grabe, die ein hochgebildeter Chinese erst kürzlich in Cambridge, Massachusetts, ausübte, siehe Über Römisches Recht im Rahmen der Kulturgeschichte, S. 34.

lung beruht noch nicht auf dem scharfen Dualismus zwischen Leib und Seele im christlichen Sinne. Unter „Psyche" verstanden Griechen und Römer, wie erst in neuerer Zeit erkannt worden ist, ursprünglich den ins Schattenhafte umgesetzten entmaterialisierten Leib des Toten, das schemenhafte Abbild des Leibes (*εἴδωλον*), den „Astralleib".[4]

Aber der alte Glaube vom Fortleben des Toten schwindet nur langsam. Die Vorstellung vom lebenden Leichnam und die jüngere Vorstellung vom Schemen des Verstorbenen sowie die noch spätere von der spiritualisierten „Seele" stehen noch lange nebeneinander.

2. In der hellenistischen Epoche ändern sich auch *Art und Inhalt des Totenkults.* Entsprechend der vergeistigten Auffassung vom Fortleben nach dem Tode vergeistigt sich auch der Totenkult. An die Stelle periodischer Ernährung des Toten treten periodische Erinnerungsfeiern, tritt die Pflege des Gedächtnisses (der *memoria, μνήμη*) des Toten. Trotzdem verschwinden die alten periodischen Totenopfer mit dem Ernährungsgedanken, auch die Mahle am Grabe, bei denen dem Toten sein Teil aufs Grab gestellt wird, noch nicht. Der alte materielle Totenkult wird in seinen traditionsgemäßen Formen häufig weiter ausgeübt. Die theoretischen Vorstellungen vom Fortleben nur der „Psyche" interessieren die führenden Geister, die Philosophen, aber die Masse des Volkes denkt wenig oder gar nicht über sie nach. Das Volksbewußtsein hält am althergebrachten Totenkult fest. Glaube und Kult führen auch sonst häufig ein getrenntes Dasein.[5]

3. Ursprünglich leisteten die Abkömmlinge (oder der Adoptivsohn) den Totenkult ohne Rechtszwang. Es ist die Furcht vor dem Toten, dem *revenant,* die ihn sichert. Werden dem Toten die peri-

---

[4] *Walter F. Otto,* Die Manen, 1923, S. 24 ff., 29 ff., 41 ff., *L. Malten,* Mitteilungen des deutschen archäologischen Instituts, Römische Abt., Bd. 38, 39 (1923/24), S. 324, Anm. 1. *Bruck,* Totenteil und Seelgerät, S. 146, besonders Anm. 4.

[5] Vgl. etwa *Ernst Troeltsch,* Soziallehren der christlichen Kirche, S. 209, Anm. 98 (im Hinblick auf die dogmatische Entwicklung des 12. und 13. Jahrhunderts, besonders beim Hl. Thomas): „Die Bedeutung der Glaubensvorstellungen in ihrer Logik rein für sich ist überhaupt sehr viel geringer als man denkt; in Kult und Recht liegen ihre Hauptwurzeln. Gerade eine soziologische Betrachtung der Kirchen zeigt im *Kultus* das eigentliche Bindemittel und im *Recht* ihre Bindeform; es ist nur natürlich, daß die rein logisch-theoretisch-spekulativen Elemente mehr daneben hergehen als Interessen der obersten Theologenschicht". (In der antiken Welt, insbesondere der griechischen, vertraten die Philosophen die Stelle der Theologen).

odischen Opfer versagt, deren er zur Fortsetzung seines Daseins im Grabe bedarf, so steigt er aus dem Grabe hervor, um sich das Versagte zu holen. Er kehrt als blutsaugendes Gespenst (Vampyrgedanke) zurück, um sich an den zur Totenpflege verpflichteten Lebenden zu rächen.[6]

Das ändert sich bei den Griechen der hellenistischen Epoche (etwa vom Ausgange des 4. Jahrhunderts v. Chr. ab), bei den Römern erst erheblich später (um die Wende des 1. Jahrhunderts n. Chr.).[7] Die Furcht vor dem Wiedergänger schwand. Die immer stärker werdende Skepsis der hellenistischen Zeit gefährdete die Vollziehung des Totenkults. Die Nachkommen begannen ihn zu vernachlässigen.

Aber der Totenkult verschwindet deshalb nicht. Da die Gleichgültigkeit der Nachkommen ihn gefährdet, sorgen die Erblasser nunmehr selber für ihren eigenen Totenkult. Dabei gewährt ein neues Moment, geboren aus dem Geiste der hellenistischen Epoche, starken Antrieb: der *Individualismus*. Es ist der Wunsch nach Pflege des eben erst entdeckten „Ich" (*ὁ ἐγώ*), das nicht nur zu Lebzeiten, sondern auch nach dem Tode Pflege erheischt, ein Gedanke, dem u. a. Plato (Phaedo 107 c) Ausdruck verliehen hat. Die uralten Vorstellungen von der Notwendigkeit der periodischen Totenpflege kreuzen sich hier mit den Ideen des hellenistischen Individualismus. So entsteht das Bedürfnis nach *rechtlicher Sicherung des Totenkults*, da die Nachkommen zu versagen beginnen. Die Erblasser übertragen nunmehr Grundstücke, Geld oder andere Vermögensobjekte, durch Schenkung oder Testament an Tempelverwaltungen, an politische Gemeinden oder an Vereine verschiedenster Art mit der Auflage (*modus*), daß der Empfänger der Zuwendung den periodischen Totenkult für den Zuwendenden vollziehen solle. Mit diesen Schenkungen oder testamentarischen Zuwendungen, die mit der Auflage des Totenkults verbunden sind, entsteht der juristische Mechanismus, der „Stiftung ohne selbständige juristische Persönlichkeit" oder „unselbständige Stiftung" genannt wird.[8]

---

[6] *Rohde*, Psyche, II, 7. und 8 ed., S. 33 ff.; *Schreuer*, Das Recht der Toten, Zeitschrift für vergleichende Rechtswissenschaft, 33, S. 373 ff.; *Bruck*, Totenteil, S. 37 und passim; *A. D. Nock*, Tertullian and the Ahori, Vigiliae Christianae, IV, 1950, S. 132 ff.

[7] *Bruck*, Über römisches Recht im Rahmen der Kulturgeschichte, S. 44, Anm. 69.

[8] Vgl. für den *griechischen* Rechtskreis Totenteil und Seelgerät, S. 210 f., und für den *römischen* Über Römisches Recht, S. 46 ff., 50 ff., 57 ff.

Trotz innerer Zweifel, ja trotz völligen Unglaubens, hielt die heidnische Antike am periodischen Totenkult fest. Das galt nicht bloß für die Massen. Auch die großen Denker waren nicht konsequent, wenn es um den eigenen Totenkult ging. Epikur (gest. 270 v. Chr.) lehnte den Glauben an die Unsterblichkeit ab. Trotzdem traf er bekanntlich in seinem Testament eingehende Bestimmungen für den Kult seiner eigenen Seele sowie verschiedener Angehöriger und Schüler,[9] ein Widerspruch, der schon Ciceros Erstaunen erregte.[10]

III. Das Christentum übernahm den Gedanken der spiritualisierten Totenernährung vom Hellenismus. Entsprechend der christlichen Auffassung von der unkörperlichen Seele vergeistigte die Kirche die Totenspeisungen zur Seelenpflege durch die Seelenmesse. In der Toten- oder Seelenmesse, in den periodischen kirchlichen Feierlichkeiten nach der Bestattung, pflanzt sich der alte periodische Kult für den Toten fort, und zwar sowohl die ältere materialistische Form der Opfer- und Totenmahle am Grabe wie die abgeschwächte vergeistigte Form der Gedächtnisfeiern, der *commemorationes* (*μνημόσυνα*).[11]

Der Zusammenhang zwischen heidnischem und christlichem Totenkult zeigt sich u. a. darin, daß die festen Termine des alten heidnischen Totenkults (der 3., 9. und 30. Tag) mit geringen Veränderungen wiederkehren, nur im christlichen Sinne umgedeutet.[12] So wird z. B. in den *Constitutiones Apostolorum* VIII, 42 (Ende des 4. Jahrhunderts)[13] der uralte Totenkult am dritten Tage mit der Auferstehung des Herrn am dritten Tage gerechtfertigt. Zuweilen werden in christlichen Urkunden bei der Anordnung der Totenmessen sogar dieselben Worte gebraucht, mit denen in alten heidnischen (attischen) Urkunden der Totenkult angeordnet wurde.[14]

---

[9] Diogenes Laërtius, X, 18.

[10] Cicero, *de finibus*, II, c. 31, 101. — Vgl. Tertullian, de resurrectione carnis, c. 1 (Migne, P. L., 2, Sp. 795).

[11] Vgl. über die entwicklungsgeschichtlichen Zusammenhänge zwischen dem heidnischen und christlichen Seelgerät: *Bruck*, Totenteil und Seelgerät, S. 280—330, sowie neuerdings *Johannes Quasten*, Vetus superstitio et nova religio, the Problem of „Refrigerium" in the Ancient Church of Northafrica (Harvard Theological Review, Bd. 33, 1940, S. 256 ff.).

[12] Weitere Fälle siehe Totenteil und Seelgerät, S. 299—302.

[13] Abgedruckt in *Didaskalia et Constitutiones*, ed. *F. X. Funk*.

[14] Vgl. z. B. P. Mon. 8, Z. 5 (Byzantinische Papyri zu München, ed. *Heisenberg* und *Wenger*, Berlin und Leipzig, 1914, S. 92) und dazu Totenkult und Seelgerät, S. 304.

Zuweilen hat sich der Brauch der materiellen Totenernährung im Grabe neben dem spiritualisierten christlichen Totenkult bis tief in die christliche Zeit erhalten, so in den Agapen-Tischen und in den Behältern oder Röhren über christlichen Gräbern in Nord-Afrika[15] oder im Rheinlande.[16] Auf dem Balkan finden noch bis in die Gegenwart alljährliche Mahle auf den Gräbern statt, an denen der Tote seinen Teil miterhält.[17] Die Kirche hat diese Überbleibsel des materiellen Totenkults von je bekämpft,[18] aber auch notgedrungen geduldet.[19] Kaiser Konstantin[20] rechtfertigte diese anstößigen Mahle am Grabe mit der Begründung, daß sie dazu dienten, die Armen mit zu beköstigen. Hier mengt sich das christliche Moment der Caritas sogar in den materiellen Totenkult ein.[21]

IV. Vor allem hat die Kirche aber die Opfer für die Toten *in Gaben für die Armen und die Kirche verwandelt.*[22] Statt dem Toten Speise und Trankopfer am Grabe darzubringen, sollen die dafür erforderlichen Beträge der Kirche und den Armen dargebracht werden, zugleich im Interesse des Seelenheils des Toten. Dabei sind zwei Gedanken von Bedeutung: Die Caritas-Idee sowie der Gedanke, daß das gute Werk im Diesseits der eigenen Seele des Verstorbenen oder ihm Nahestehender im Jenseits zugute komme.[23] Die Kirche brachte die Sorge für das Leben nach dem Tode, die stärkste Sorge des antiken wie des mittelalterlichen Menschen, in Zusammenhang mit ihrem höchsten sittlichen Gebot, mit dem Gebote der Nächstenliebe,

---

[15] Vgl. *Fr. Jos. Dölger,* Der heilige Fisch in den antiken Religionen und im Christentum, 1922, S. 295 ff., *Bruck,* Totenteil, S. 275—302, 317 ff., *Quasten,* a. a. O. (s. oben Anm. 11).

[16] *W. Neuß,* Die Anfänge des Christentums im Rheinlande, 2. Aufl., 1933.

[17] *Murko,* Das Grab als Tisch, in „Wörter und Sachen", 2, 1910, S. 110 ff.

[18] Z. B. Augustinus, Confessiones, VI, c. 2 (Migne, P. G., Bd. 32, S. 719).

[19] So dulden z. B. die *Constitutiones Apostolorum* VIII, c. 44 (ed. F. X. Funk I, S. 554) vom Ende des 4. Jahrh. die Gedächtnismahle an den Gräbern; sie warnen nur vor allzu reichlichem Weingenuß bei diesen Gelegenheiten (*ἵνα μὴ παροινῶσιν*). Weiteres bei *Bruck,* a. a. O., S. 295 f.

[20] Konstantin, in seiner Rede an den Heiligen Sylogus, c. 12 (vgl. *Harnack,* Mission und Ausbreitung des Christentums, I, S. 181).

[21] S. unten.

[22] *Zahn,* in Hauck's Realenzyklopädie v. Agape (Bd. 1, S. 236), *Lucius,* Die Anfänge des Heiligenkults in der christlichen Kirche, S. 27, *Bruck,* Totenteil und Seelgerät, S. 280 ff., 296 ff.

[23] Vgl. *M. Falco* und *A. Schultze* (oben Anm. 1).

der Caritas. „Selig sind die Barmherzigen." Dies ist die Idee der verdienenden Kraft des guten Werkes.

Die Ausübung der Caritas wuchs sich immer mehr zu einem großartigen *sozialen Hilfswerk* der Kirche aus. Es ist bekannt, was die Kirche für die Armen und Kranken, für die Witwen und die Alten, für die Gefangenen und für die Fremden getan hat.

V. Der Gedanke der sozialen Fürsorge mit der Vergeltung des guten Werks im Jenseits zu verbinden, hat Vorläufer bereits im antiken Heidentum und im Orient.

a) Der Ersatz der Speiseopfer für den Toten durch Gaben an Lebende begegnet in Ansätzen bereits in den heidnisch-hellenistischen Geld- oder Getreideverteilungen (*διανομαί*) am Geburtstage des Toten vor seinem Standbilde.[24] Bei den Kynikern finden sich auch Anklänge, die den Gedanken, daß das gute Werk den Segen der Götter herbeiführt, als bekannt vorauszusetzen scheinen.[25] Auch die Römer kannten bereits Geldverteilungen und Speisungen bei den Totenfeiern.[26] Bei diesen Verteilungen fehlte auch nicht das soziale Element.[27]

Aber es muß betont werden: An erster Stelle steht bei den griechischen wie bei den römischen Stiftungen der Zweck, die Erinnerung (*memoria, μνήμη*) an den verstorbenen Stifter aufrecht zu erhalten, also die vergeistigte Form des Totenkults. Zu *diesem* Zwecke erfolgten die Verteilungen von Geld und Lebensmitteln und die Bewirtungen. Ausübung der Barmherzigkeit (*ἐλεημοσύνη*) um ihrer selbst willen kennt das abendländische Heidentum kaum.[28]

---

[24] Z. B. in zwei Stiftungen im griechischen Philadelphia, abgedruckt bei *B. Laum*, Stiftungen in der griechischen und römischen Antike, Bd. II, 1914, Urkunden Nr. 83 und Nr. 85 (aus der Wende des 2. und 3. Jahrh. n. Chr.). Weitere Belege bei *Bruck*, Totenteil, S. 203, Anm. 4, und S. 314, und Über römisches Recht, S. 61 f.

[25] Gegen diesen Glauben wendet sich z. B. der Kyniker Kerkidas (3. Jahrh. v. Chr.). Siehe unten S. 52, Anm. 55.

[26] *Friedlaender*, Darstellungen aus der Sittengeschichte Roms, III, S. 131 ff.

[27] *H. Bolkestein*, Wohltätigkeit und Armenpflege im vorchristlichen Altertum, S. 473 und passim. — Über den sozialen Charakter der römischen Stiftungen siehe Scritti Ferrini, IV, S. 15 f., und „Über römisches Recht im Rahmen der Kulturgeschichte", S. 61, Anm. 14. Manchmal sind jedoch gerade die Wohlhabenden in diesen Stiftungen begünstigt.

[28] Einige schwache Ansätze führt *Bolkestein* (S. 473 f.) an. Als „das älteste abendländische Beispiel für die orientalische Anschauung, wonach ἐλεημοσύνη, Mitleid, in erster Reihe in Erbarmen mit den Armen besteht und sich im Geben von

b) Dagegen wurde soziales Denken von altersher mit der Idee der Vergeltung im Orient verbunden, im Alten Testament[29] sowie in Babylon und Ägypten.[30] Vom Orient aus ist auch das Christentum beeinflußt worden.[31]

Almosen äußert", bezeichnet er die Grabschrift des C. Atilius, eines Juweliers in Rom, vom Ende der Republik (Pauly-Wissowa, Art. Atilius Nr. 65), wo es heißt (Dessau 7602): „homo bonus, misericors, *amans pauperis*". Siehe ferner *M. R. P. McGuire*, Epigraphical evidence for social charity in the Roman West (American Journal of Philology, LXVII, 1946, S. 129—149).

[29] Z. B. bei Ezechiel (597 v. Chr. nach Babylon deportiert) 18, 7—9 (dazu *Joh. Herrmann*, Die soziale Predigt der Propheten, Biblische Zeit- und Streitfragen, herausgegeben von F. Kropatschek, 6. Serie, XII, 1911, S. 23); Jesaias 1, 17; 10, 2 und 58, 7—10 (hierzu *Herrmann*, S. 25 ff., *Joh. Nikel*, Das Alte Testament und die Nächstenliebe, Biblische Zeitfragen, XI und XII, herausgegeben von P. Heinisch und J. Rohr, 1913), und Daniel 14, 24. Vgl. auch Sprüche Salomonis 28, 27. — S. auch Ecclesiasticus, III, 30; Tobias, IV, 7—11, XII, 8—9. (*Bruck*, Studi Riccobono, III, S. 414. Über die „Richtung aufs Soziale" im Alten Testament vgl. *R. von Pöhlmann*, Geschichte der sozialen Frage und des Sozialismus in der antiken Welt, II, 3. Aufl., S. 465 f.)

[30] Belege aus der *Babylonischen* Religion finden sich in der Surpu-Serie (*Greßmann*, Altorientalische Texte zum Alten Testament, 2. Aufl., Berlin, 1926, S. 324 ff.). — In babylonischen „Weisheitssprüchen" bei *Greßmann*, a. a. O., S. 291 heißt es Zeile 35: „Gib Brot zu essen, gib Wein zu trinken, wer um Almosen bittet, den bekleide und ehre. Darüber freut sich sein Gott über ihn, das gefällt Samas, *er vergilt es ihm mit Gutem.*" Hier ist der Vergeltungsgedanke deutlich erkennbar. Weitere Belege in sumerischen Fragmenten des Berliner Museums (*A. Jeremias*, Altorientalische Geisteskultur, 2. Aufl., 1929, S. 470, 473), ferner im altägyptischen Totenbuch, Kap. 125 (*Roeder*, Urkunden zur Religion des alten Ägypten in „Religiöse Stimmen der Völker", herausgegeben von W. F. Otto, 1915, S. 277 f. Siehe auch *Greßmann*, Altorientalische Texte zum Alten Testament, S. 12). Bei der „Versicherung der Sündlosigkeit" vor den Totenrichtern, die Fürsprecher bei Osiris sein sollen, heißt es Zeile 10 ff.: „Ich habe getan ... womit die Götter zufrieden sind. Ich habe den Gott erfreut mit dem, was er liebt. Ich habe Brot dem Hungernden gegeben, Wasser dem Durstenden, Kleider dem Nackten und eine Fähre dem Schifflosen" usw. — In den Sprüchen des Amen(em)ope (mitgeteilt bei *Budge*, Egyptian Hieratic Papyri in the British Museum, 2. Serie, London, 1923, Tafel 1—4, ebenda S. 9 ff., 41 ff., übersetzt von *Erman*, Orientalische Literatur-Zeitung, 27, 1924, Spalte 241, vgl. *Erman*, Eine ägyptische Quelle der Sprüche Salomonis, Sitzungsberichte der Berliner Akademie, 1924, S. 86 ff.) ist der Vergeltungsgedanke ebenfalls deutlich erkennbar. Nach *Erman*, a. a. O., haben diese Sprüche den Sprüchen Salomos als Quelle gedient.

[31] Andrer Ansicht *Alfred Schultze*, Atti del Congresso Internazionale di diritto Romano, S. 203, Anm. 15. Siehe aber *Paul Koschaker*, Europa und das römische Recht, München, 1947, S. 32: „... soziales ... Denken (ist) erst durch das Christentum in die klassische Welt gekommen ... das seine orientalische Herkunft auch in

c) Der Gedanke der sühnenden Kraft des Almosen kehrt in den *Evangelien* immer wieder. Jesus lehrt — im Anschluß an das vollkommene Leben — daß die Gabe an die Armen einen Schatz im Himmel bedeutet.[32] Er stellt das Himmelreich als eine Belohnung für Handlungen der Barmherzigkeit dar.[33] Die Kirchenväter und kirchlichen Schriftsteller haben den Gedanken der sühnenden Kraft des guten Werks übernommen und verbreitet.[34]

In gleichem Sinne predigten die griechischen Väter. „Das Geld", sagt Basilius, „soll ein Lösegeld für die Seele sein, nicht die Ursache für Verderbnis."[35] Mahnungen, für das Seelenheil zu sorgen sowie zum Mitleid (*ἐλεημοσύνη*), bilden, wie bemerkt, das ständig wiederkehrende Leitmotiv in Chrysostomus' zahlreichen Predigten.[36] „Eleemosyne" bezeichnet nicht nur die „Caritas", sondern auch die entsprechende Handlung, den Vollzug der Caritas.

VI. Später sicherten Rechtsgeschäfte die dauernde Fürsorge für die Armen und gleichzeitig für das Seelenheil. Sie wurden nach dem Vorbild der heidnischen Stiftungen für die Toten gestaltet.[37] Geld

---

diesem Punkt nicht verleugnet. Denn der soziale Gedanke in der Gestalt des Schutzes der Schwachen ist im alten Orient zu Hause."

[32] Matth. XIX, 21.

[33] Matth. XXV, 31 ff.

[34] *Mario Falco*, Le disposizioni „pro anima", Turin, 1911; *Francesco Brandileone*, I lasciti per l'anima e la loro transformazione (Memorie del R. Istituto Veneto di Scienze, Lettere ed Arti, XXVIII, Nr. 7); *A. Schultze*, Augustin und der Seelteil, S. 184; *Benigni*, Storia sociale della Chiesa, II, 2 (1915).

[35] Basilius, In div. 7 (Migne, P. G., 31, Sp. 297).

[36] Vgl. z. B. Chrysostomus, Hom. 66 ad Matth. (Migne, P. G., 57, Sp. 629 ff.); Hom. 85 ad Matth. 4 (Migne, P. G., 58, Sp. 759 ff., Sp. 762); Hom. III de Eleemosyna 2 (Migne, P. G., Suppl. ad Chrysost. Opera, 64, Sp. 436, die Echtheit dieser Homilie ist zweifelhaft); Hom. 21 ad epist. I ad Corinth. (Migne, P. G., 61, Sp. 178 ff.); De verbis apostoli habentes eundem Spiritum II (Migne, P. G., 51, Sp. 278). — Häufig fügt Chrysostomus auch Predigten, die andern Themen gewidmet sind, am Schlusse noch die Mahnung zum Almosen bei, z. B. Hom. 23 in Joann. (Migne, P. G., 59, Sp. 142); In acta apostol. 48 i. f. (Migne, P. G., 60, Sp. 338); In epist. ad Rom., Hom. 19 (Migne, 60, Sp. 549); In epist. ad Rom. (Migne, 60, Sp. 547) und anderwärts. — In der 66. Homilie ad Matth. (Migne, P. G., 57, Sp. 629 ff.) sagt Chrysostomus: „Ich schäme mich fast, daß ich über die Pflicht zum Almosengeben schon so oft gesprochen habe, weil meine Ermahnung noch nichts Gutes ausgerichtet hat." Vgl. *Bruck*, Studi Riccobono, III, S. 391 ff., 398 ff.

[37] Siehe oben S. 34 und ausführlich *Bruck*, Totenteil und Seelgerät, S. 277 bis

und Grundeigentum wurden Kirchen, Klöstern oder mildtätigen Stiftungen übertragen, wiederum mit der Auflage der Sorge für den Seelenkult des Stifters durch Totenmessen. Das sind die *dispositones pro anima (pro remedio animae, pro animae redemptione* oder *ad pias causas).* Die byzantinischen Griechen nannten sie *μνημόσυνα εἰς ψυχικόν*, im germanischen Mittelalter hießen sie *Seelgeräte,* d. h. „Gaben, die der Seele dienen".[38]

Eine fortlaufende Kette führt von der uralten periodischen Ernährung der Toten im Grabe über den vergeistigten Totenkult der hellenistischen Zeit hinweg zum spiritualisierten Totenkult des Christentums durch die Seelenmessen, hier wie dort durch rechtliche Maßnahmen — die Stiftungen — gesichert.

VII. Wir wenden uns wieder den vier griechischen Vätern zu, die in diesem Zusammenhang für uns von besonderer Bedeutung sind. Basilius, die beiden Gregors und Chrysostomus haben die Mahnung für Gaben für die Armen und die Seele übernommen. *Aber sie haben etwas Neues hinzugefügt.*

Basilius und nach ihm die drei andern forderten zum ersten Male[39] ein *Maß* für die Gaben pro *anima,* ein Maß im Verhältnis zum Vermögen des Gebers. *Es ist ein neuer Gedanke, daß ein Teil des Vermögens als Anteil der Armen betrachtet* und auch bezeichnet wird — als *„Anteil der Armen und Lieblinge Gottes"*, als *„Anteil der Seele"* oder *„als Anteil Christi"*.[40]

Die Väter vor Basilius haben immer nur allgemein zum Almosen gemahnt, zu *donationes pro anima,* zu möglichst vielen. Als besonders verdienstvoll haben sie, wie bemerkt, die Hingabe des gesamten Vermögens an die Armen bezeichnet.[41] Der Gedanke, daß die Gaben für die Armen in einer *Quote des Vermögens* bestehen sollen, ist das *Novum* in den Forderungen der Kappadozier und des Chrysostomus. Die Quote lediglich als einen Ausfluß der Caritas zu betrachten, wird

329, und insbesondere über die römischen Stiftungen für die Toten, „Über römisches Recht im Rahmen der Kulturgeschichte", S. 46—100.

[38] *Grimm,* Rechtswörterbuch, Art. „Seelgerät", *A. Schultze,* Zeitschrift der Savigny-Stiftung, Germ. Abt. 35 (1914), S. 2, Anm. 82.

[39] Über *A. Schultze's* Ansicht (Augustin und der Seelteil, S. 189), daß die Quote für die Seele auf Augustin zurückgeht, s. oben S. III, Anm. 5, und unten S. 77, Anm. 2.

[40] S. oben § 5, V.

[41] Über Andeutungen bereits bei *Clemens Alexandrinus* s. unten § 61 ff.

dem komplizierten Problem nicht gerecht, das auch auf andere treibende Faktoren zurückzuführen ist.[42]

Was die Bemessung dieser Quote anlangt, so haben sich die Väter noch nicht sofort für einen ein für allemal bestimmten Bruchteil entschieden. Die Festsetzung der Höhe eines Teils des Vermögens für fromme Zwecke ist ein außerordentlich verwickeltes Problem, das die verschiedenartigsten Interessen berührt, vor allem die Erben des Gebers. Die Väter dachten nur an eine Teilung der vorhandenen Güter, nicht an ihre Vermehrung durch eine vergrößerte Produktion. Dieser Gedanke lag ihrer Zeit noch fern.[43]

Im folgenden wenden wir uns den *Motiven* zu, die die kappadozischen Väter und Chrysostomus bei der Forderung der Quote beeinflußt haben.

§ 7. Die gerechte Güterverteilung der griechischen Philosophie und die Seelquote der griechischen Patristik

I. Die griechischen Philosophen und die Väter der Kirche sahen sich einer analogen wirtschaftlichen und sozialen Situation gegenüber. In den griechischen Stadtstaaten, besonders in Athen, stand ähnlich wie im sinkenden römischen Weltreich der kleinen Zahl der Besitzenden mit ungeheurem Vermögen eine enorme Majorität besitzlosen oder nahezu besitzlosen Proletariats gegenüber. Der Gedanke einer gerechten Güterverteilung hat die griechische Sozialphilosophie immer wieder beschäftigt, vor allem Plato und Aristoteles. Und ebenso predigten die Väter, wie wir sahen, immer wieder über den Gegensatz zwischen arm und reich. Es lag nahe, daß die Väter, die im griechischen Geiste aufgewachsen waren, sich nach geistigem Rüstzeug bei den griechischen Denkern umsahen.

Das Problem, ob die sozial- und wirtschaftspolitischen Anschauungen der Väter von der griechischen Philosophie beeinflußt worden sind, hat die Wissenschaft oft beschäftigt.[1] Aber die Frage, ob die

---

[42] S. oben S. 30, Anm. 1.

[43] S. oben S. 2.

[1] Vgl. u. a. *R. von Pöhlmann*, Geschichte der sozialen Frage und des Sozialismus in der antiken Welt, 3. Aufl., München, 1925, I, S. 440 ff., 464 ff. (dazu den Nachtrag von *F. Oertel*, ebenda, S. 567 ff.), *I. Seipel*, Die wirtschaftsethischen Lehren der Kirchenväter (Theologische Studien der Leogesellschaft Nr. 18), Wien, 1907, S. 319 (Index); *Otto Schilling*, Reichtum und Eigentum in der altkirchlichen Literatur, S. 88 f., 92, 95, 98 (er allein hat die Frage des Maßes des Vermögens bei den

Quote für die Armen und die Seele der griechischen Väter mit der griechischen Philosophie im Zusammenhang steht, ist bisher noch nicht aufgeworfen worden.

Der Seelteil der Väter hat bis tief ins Mittelalter hinein Recht und Wirtschaft der westlichen Welt aufs Stärkste beeinflußt. Es ist von Interesse festzustellen, ob die Ansätze hierzu über die Patristik hinaus bis in die griechische Philosophie verfolgt werden können, mit anderen Worten, ob es auch hier wieder einmal die Griechen waren, die das Denken der abendländischen Welt beeinflußt haben.

II. Die griechischen Väter haben bekanntlich zu allen Zeiten die Schriften der griechisch-heidnischen Philosophen benützt. Besonders im Platonismus fanden die Väter Gedanken, die sich mit dem Christentum berührten, mochten sie die heidnischen Philosophen auch kritisieren und bekämpfen, bevor sie sie dem christlichen Denken anpaßten. An der dogmatischen Ausgestaltung des Christentums ist die griechische Philosophie daher in hervorragender Weise beteiligt.[2] Häufig entlehnten die Väter allerdings aus der sekundären Literatur, die im Anschluß an die großen Philosophen erwachsen war. Doch waren Plato und Aristoteles den Vätern auch im Original bekannt, wie u. a. nahezu wörtliche Entlehnungen, mit und ohne Nennung ihres Namens beweisen.[3] Das gilt besonders von Basilius dem Gro-

---

Philosophen und den Vätern behandelt, aber den Seelteil erwähnt auch er nicht); *Karl Joël*, Geschichte der antiken Philosophie, I, S. 20 ff.

[2] Siehe u. a. *Bernhard Geyer*, Überwegs Grundriß der Geschichte der patristischen und scholastischen Philosophie, 11. Aufl., Berlin, 1928, passim.

[3] Übereinstimmungen der Patristik mit der griechischen Philosophie behandeln u. a. *Max Pohlenz*, Philosophische Nachklänge in altchristlichen Predigten, Zeitschrift für wissenschaftliche Theologie, Bd. 48, Leipzig, 1905, S. 72—95; *Fialon*, Étude littéraire et historique sur Saint Basile, Paris, 1869, S. 169 und passim; *Meridier*, L'Influence de la seconde sophistique sur l'oeuvre de Grégoire de Nysse, Paris, 1906; *Theodore Leslie Shear*, The Influence of Plato on Saint Basil, Baltimore, 1906; *Carolus Gronau*, De Basilio Gregorio Nazianzeno Nyssenoque Platonis imitatoribus, Diss. Gottingae, 1908; *Augustinus Dirking*, S. Basilii Magni de divitiis et paupertate sententiae quam habeant rationem cum veterum philosophorum doctrina (Diss.), Münster, Westf., 1911; *P. R. Coleman-Norton*, St. Chrysostom and the Greek Philosophers, Classical Philology, Chicago, 1930, S. 305 bis 317; *Yves Courtonne*, Saint Basile et l'Hellénisme, Thèse, Paris, 1934; *Derselbe*, Saint Basile, Homélies sur la richesse, Thèse, Paris, 1935. — *J. Schäfer*, Basilius des Großen Beziehungen zum Abendlande, Diss., Münster, Westf., 1909, war mir

ßen, dem ersten, der den Gedanken des Seelteils ausgesprochen hat, sowie von den beiden Gregors.[3a]

Besonders deutlich sind die Übereinstimmungen des Basilius mit Plato. Er hat ihn von Jugend auf studiert. Basilius' Lehrer an der Universität Athen war u. a. der Rhetor *Himerios,*[4] der damals als eine der Leuchten dieser Universität angesehen wurde.[5] Der große Libanius hat sich freilich über ihn lustig gemacht, aber wann haben Kollegen das nicht getan? Aus den Reden des Himerios,[6] besonders aus Oratio 14 an den Prokonsul Hermogenes von Griechenland (356 bis 359), in der Himerios seine Erziehungsprinzipien darlegt, geht hervor, daß er ein Eklektiker im Stile seiner Zeit war. Aber seine großen Meister blieben immer Plato und Aristoteles. Plato betrachtet er als den „Philosophen *par excellence*".[7]

Basilius, ebenso die beiden Gregors, loben ausdrücklich Platos schöne und elegante Sprache,[8] was gleichfalls dafür spricht, daß sie Plato im Original gelesen haben. Auch finden sich neben häufigen Anspielungen auch zwei unmittelbare Zitate mit Namensnennung

---

nicht zugänglich. — Basilius' Kritik der Astrologie wird mit der griechischen Philosophie in Verbindung gebracht von Dom *David Armand,* Fatalisme et Liberté dans l'antiquité Grecque: Recherches sur la survivance de l'argumentation morale antifataliste de Carnéade chez les philosophes Grecs et les Theologiens Chrétiens des quatre premiers siècles, Louvain, 1945 (besprochen von *A. D. Nock,* American Historical Review, LII, Nr. 2, 1947, S. 300 f.).

[3a] *Hieronymus* (Epist. 70, Kap. 4, Migne, P. L., 22, 667) lobt die Kappadozischen Väter wegen ihrer Kenntnis der griechischen Philosophie (s. unten § 14, Anm. 1).

[4] *Socrates,* Historia ecclesiastica, IV, 26 (Migne, P. G., 67, Sp. 528), vgl. *Courtonne,* Saint Basile et l'Hellénisme, S. 5, Anm. 1.

[5] *Sozomenos,* Historia ecclesiastica, VI, 17 (Migne, P. G., 67, Sp. 1334). — Siehe über Himerios und die Universität Athen zur Zeit von Basilius' Studien: *Petit de Julleville,* l'école d'Athènes au IVe siècle après Jésus Christ, Thèse, Paris, 1868, S. 68 ff., *F. Schemmel,* Die Hochschule von Athen im IV. und V. Jahrhundert n. Chr., in „Neue Jahrbücher für das klassische Altertum", XXII (1908), S. 498 ff.

[6] Ed. Duebner, Bibl. Didot.

[7] Ein typischer Zeitgenosse des Himerios war der Philosoph *Themistios* (etwa 320—390), der zu den bedeutendsten Männern der Zeit gehört. Als echter Eklektiker findet er, daß alle Philosophen demselben Ziele zustreben. Aber auch für ihn bleiben Plato und Aristoteles „die großen Heroen aller Weisheit" (*Überweg-Geyer,* 11. Aufl., S. 683).

[8] Belege bei *Gronau,* S. 71; Shear, S. 39.

aus Plato in Basilius' Rede „An die Jünglinge", wie sie aus den griechischen Schriftstellern Nutzen ziehen können.[9]

III. Der Quote für die Armen und die Seele, wie die Kirchenväter sie entwickelt haben, liegt die Idee des *Maßes* zugrunde, das für die Zuwendungen an die Armen gelten soll. Es ist von Bedeutung, daß bereits die Philosophen, in ihrem Bestreben, eine gerechte Güterverteilung herbeizuführen, ebenfalls nach einem Maß für die Begrenzung des Reichtums gesucht haben. In der Art, wie die Philosophen und die Väter das Problem der gerechten Güterverteilung unter dem Gesichtspunkte des Maßes behandeln, zeigen sich Ähnlichkeiten und Übereinstimmungen.[10]

Sie zeigen sich bereits im Ausgangspunkt, in der allgemeinen Einstellung der Väter zu Besitz und Reichtum. Bei der Charakterisierung von Reichtum und Armut liegen viele nahezu wörtliche Übereinstimmungen zwischen Basilius' Predigten, besonders mit Plato, vor.[11]

Allerdings waren die Väter bei ihrer Stellungnahme zum Reichtum auch von speziell christlichen Gesichtspunkten geleitet, die der heidnischen Antike fremd waren. Vor allem erblickten sie im wirtschaftlichen Moment nicht die alleinige Ursache der sozialen Übelstände, wie es Plato getan hatte.[12] Aber in einem wichtigen Punkte stimmten die Philosophen und die Väter bei der Beurteilung des Reichtums überein, nämlich in der Bekämpfung des *Übermaßes* des Besitzes, des ständigen „Mehr-haben-wollens" (der *„Pleonexia"*)[13],

---

[9] Belege bei *Shear,* S. 37. — Auffällig ist Plato's Wirkung auf Basilius auch im „Hexaemeron" (*Shear,* S. 59), sein Einfluß erstreckt sich aber auch auf andere Werke des Basilius (*Shear,* S. 5—60; *Gronau,* S. 49 f., 56, 58).

[10] Vgl. auch *Schilling,* S. 88 f., 91, 95.

[11] Besonders in den Predigten VI, VII und XXI (Belege bei *Dirking, passim,* Ergebnis, S. 71).

[12] Vgl. *Pöhlmann,* I, 3. Aufl., S. 449, ferner unten § 8.

[13] Nach *Aristoteles,* Politik II, 4, 1, war der Philosoph Phaleas der erste, der gegen die Ungleichheit des Besitzes auftrat. In Eth. Nik. V, c. 6, 1134 a, 3.3, erblickt Aristoteles in diesem „Mehr-haben-wollen" (*πλέον αὑτῷ νέμειν*) das wesentliche Kriterium der Ungerechtigkeit. Gegen das „Mehr-haben-wollen" richtet sich z. B. Basilius' VI. Homilie „Über das Wort ‚Ich werde meine Scheunen niederreißen und größere bauen'" (Luc. XII, 18) oder über das „Mehr-haben-wollen" (*περὶ πλεονεξίας*).

weiter in der Verurteilung des Luxus,[14] der aus dem Übermaße des Besitzes folgt. Dabei ziehen sowohl die Philosophen als die Väter die Grenze für die Güter, die sie zum Luxus rechneten, sehr weit.[15] In den detaillierten Aufzählungen der Luxusartikel bei den Vätern glaubt man manchmal geradezu die Stimmen der alten Philosophen wiederzuhören.

IV. Gleich den Philosophen gedenken die Väter bereits bei der Definition des *Begriffs der Gerechtigkeit* der gerechten Verteilung der Güter. Zugleich suchen sie nach einem Maßstabe, der einer solchen Verteilung entspricht. „Die Gerechtigkeit", sagt Basilius, „besteht darin, jedem nach Verdienst (*κατ' ἀξίαν*) zuzuteilen."[16] „Gerechtigkeit, die unter uns existiert, ist die gleiche Verteilung. Erreichen wir diese auch nicht ganz genau, handeln aber nach der Ansicht, die wir für die gerechteste halten, so werden wir das Ziel nicht verfehlen."[17]

Mit dem ersten Teile dieses Ausspruches deckt sich die bei Plato gegebene Definition: „Gerechtigkeit ist, jedem das zu geben, was sich für ihn gebührt."[18] Basilius' Definition stimmt hier auch mit dem Verteilungsprinzip überein, das Aristoteles in der Nikomachischen Ethik aufstellt.[19] Allerdings sind die Definitionen der Gerechtigkeit bei Plato und Aristoteles auch von der späteren philosophischen Literatur übernommen worden. Sie waren weit verbreitet, so daß Basilius sie nicht notwendig, direkt aus Plato oder aus Aristoteles entnommen zu haben braucht.[20]

---

[14] Über die Behandlung des Luxus bei den Vätern vgl. *Bigelmaier,* Festschrift für Ehrhardt (1922), S. 231—244.

[15] Vgl. einerseits *Plato,* Republik, 373a ff., wo er neben Salben, Räucherwerk, Leckereien und Lustdirnen auch die Werke der Bildhauer, Maler, Musiker und Dichter aufführt, andererseits z. B. Chrysostomus, „Stellen über den Luxus" bei *Montfauçon,* Bd. XIII (Synopsis).

[16] *Basilius,* „Über den Anfang der Sprüche", Hom. XII, Kap. 8 (Migne, P. G., 31, 401).

[17] Ebenda, 31, Sp. 402/404.

[18] *Plato,* Rep., 332 C.

[19] Nik. Eth. V, 3, § 7 (1131 a, 1.24 ff.): *τὸ γὰρ δίκαιον ἐν ταῖς διανομαῖς ὁμολογοῦσι πάντες κατ' ἀξίαν τινὰ δεῖν εἶναι.* — Vgl. *A. H. Chroust* und *D. L. Osborn,* Aristotles' Conception of Justice, Notre Dame Law Review XVII, 1942, S. 129 bis 143. Basilius und Aristoteles gebrauchen sogar dieselben Worte.

[20] Vgl. *Shear,* S. 18, *Dirking,* S. 71 und passim.

Basilius fährt in dem angeführten Ausspruch fort: „Eine Gerechtigkeit, die unter uns existiert, ist die *gleiche* Verteilung." Mit den Worten „unter uns", meinte Basilius natürlich nicht die spätrömische Welt, in der er lebte, die Welt des Gegensatzes zwischen *potentiores* und *humiliores*,[21] sondern die Welt der Väter. *Gleiche* Verteilung begegnet bekanntlich bereits in Platos Vorschlag der Gütergemeinschaft zu gleichen Teilen.[22]

Basilius könnte hier auch an Aristoteles' Definition gedacht haben, wonach es bei der Gerechtigkeit nicht auf *absolute* Gleichheit ankommt, vielmehr ist „Gerechtigkeit diejenige Eigenschaft in der Tugend, vermöge deren ein Mann geneigt ist, auf Grund wohl überlegter Ansicht das rechte zu tun (*κατὰ προαίρεσιν τοῦ δικαίου*), und wenn er Vermögen zwischen sich und einem andern teilt, oder zwischen zwei andern, einem jeden (zu geben) . . ., was *verhältnismäßig* gleich ist (*τοῦ ἴσου κατ' ἀναλογίαν*)".[23] An das „tun nach wohl überlegter Ansicht" erinnern auch Basilius' Worte im zweiten Teil seines Ausspruchs: „Erreichen wir diese Gerechtigkeit auch nicht ganz genau, handeln wir aber nach der Ansicht, die wir für die gerechteste halten . . ." [24]

Jedenfalls stimmt Basilius mit Plato und Aristoteles bereits in der Definition der Gerechtigkeit überein, daß jedem nach Verdienst zu geben ist, daß eine möglichst gleiche Verteilung der Güter stattfinden soll, daß also ein *Maß* für das Vermögen eingehalten werden müsse.

Es zeigt sich immer wieder: Wenn Basilius nicht die Sprache der Bibel spricht, spricht er die Sprache der griechischen Philosophen.[25] Sie muß ihm zur zweiten Natur geworden sein. Wie oft mag er während seiner Studienzeit in dem Hörsaal der Rhetoren in Konstantinopel und Athen an Diskussionen über das Thema „Gerechtigkeit" teilgenommen haben, er, der ja in einer Welt lebte, in der es nicht nach der Gerechtigkeit zuging.

---

[21] Vgl. z. B. Valentinians I. Verordnung von 364 (Cod. Theod. I, 29, 1).

[22] *Plato*, Rep., 416d ff., 457c ff., 464c und d, 739c (vgl. unten S. 48).

[23] Siehe oben Anm. 17.

[24] Vgl. auch Nik. Eth. V, 3 § 8.

[25] Ähnlich *Fialon*, a. a. O., S. 169: „Basile était nourri des lettres grecques et se délassait dans leur commerce . . . Quand il parlait à son peuple, ces souvenirs profanes se pressent dans son imagination à coté de ceux de la Bible, ces pensées d'emprunt se mêlaient aux siennes, se fondaient avec elles et lui devenaient propres." Zustimmend *Dirking*, S. 71, vgl. *Shear*, S. 59.

V. In ihrem Suchen nach einem Maß für die gerechte Besitzverteilung zeigen Basilius und die Philosophen auch noch weitere Übereinstimmungen. Plato und Basilius stimmen in dem überein, was sie als die Ursache allen Übels betrachten, nämlich die *Begierde nach maßlosem Besitz.* Es ist die Grenzenlosigkeit der Begierde nach Besitz, gegen die beide sich wenden. So sagt Plato: „Als wichtigster Beweggrund stellt sich dar die *Begierde,* die über eine durch selbständige Wünsche verwilderte Seele die Herrschaft gewinnt.[26] Dieses Übel hat seine Wurzel vor allem in dem Verlangen, das für die meisten Menschen das überwiegend und stärkste ist, dem Verlangen nämlich, das durch die Macht des Geldes geweckt wird: diese ist es, welche die zahllosen leidenschaftlichen und unersättlichen *Wünsche nach immer größerem und unbegrenztem Besitz hervorruft.*“ [27] Plato fährt fort:[28]

„Nur ein kleiner ... Teil der Menschen ... hat gegenüber den Bedürfnissen und Begierden Selbstbeherrschung genug, um das rechte Maß einzuhalten,[29] ... und gibt den Vorzug vor der Anhäufung des Vielen dem mäßigen Besitz.[30] Die große Masse der Menschen dagegen ... ist in ihren Bedürfnissen maßlos,[31] und wenn sich Gelegenheit dazu bietet, das Mäßige[32] zu gewinnen, wächst bei ihr die Gier ins Unermeßliche ...“

Damit stimmt Basilius voll überein, teilweise nahezu in den gewählten Worten.[33] Daß Basilius Stellen aus Plato mit seinen eigenen Worten verwebt, ohne Plato zu zitieren, begegnet nicht selten bei ihm.[34]

---

26 *Plato,* Leges IX, 1870a: *ἐπιθυμία κρατοῦσα ψυχῆς ἐξηργιωμένης ὑπὸ πόθων.*

27 *ἀπείρου κτήσεως.*

28 *Plato,* Leges, XI, 918d.

29 *καρτερεῖν πρὸς τὸ μέτρον.*

30 *τὸ τοῦ μέτρου.*

31 *ἀμέτρως.*

32 *τὰ μέτρια.*

33 Basilius, *In divites* (or. 7), cap. 5 (Migne, P. G., 31, Sp. 292): „... Daß Ihr vieler Dinge bedürft, bewirkt die Unersättlichkeit der Begierde (*τῆς ἐπιθυμίας ἀκόρεστον*). Zu den zehn Talenten suchst Du noch zehn andere hinzuzufügen; sind es dann noch zwanzig geworden, so suchst Du dazu noch ebensoviel andere und soviel Du immer hinzulegst, Du stillst die Begierde nicht, sondern entflammst sie noch mehr ... der Habsüchtige scheut keine Zeit, *er erkennt keine Grenze*“ (*Ὁ δὲ πλεονέκτης ... οὐ γνωρίζει ὅρον*).

34 *Shear,* S. 38.

VI. Auf der Suche nach seinem richtigen Mittelmaß für die Zuteilung der materiellen Güter kommt Aristoteles dazu als *„wahren Reichtum“* die „für das Leben *notwendigen und nützlichen Güter*“ zu bezeichnen. „Das zu einem angenehmen Leben genügende Maß dieser Art von Besitz ist nicht unbegrenzt.“ [35] Ganz ähnlich bemerkt Basilius: [36] „Würde *jeder soviel nehmen, als er nötig hat,* und das Überflüssige dem Dürftigen überlassen, so wäre niemand reich und niemand arm.“

VII. Basilius stimmt mit Plato auch insofern überein, daß er die Liebe zu den eigenen Kindern als Entschuldigung für übermäßiges Vermögen nicht zuläßt. Gegenüber der Pflicht, das über das Maß hinausgehende den Armen zu geben, sagt er, darf man sich nicht auf die Kinder berufen.[37]

So viel über die allgemeine Einstellung des Basilius und der Philosophen zum Problem der gerechten Besitzverteilung, zum Suchen nach einem Maßstabe für den Besitz.

VIII. Wir wenden uns nunmehr zu den *positiven Vorschlägen,* die die Philosophen und Basilius gemacht haben, um das Übermaß des Besitzes auszuschließen.

Plato hat hier bekanntlich seine Stellung geändert. In Platos „erstem Staat“, wie er ihn in der *Politeia* geplant hatte, sollte „alles gemeinsam sein“. „Weiber, Kinder und alles Hab und Gut.“ „Und das sogenannte Eigentum (*τὸ λεγόμενον ἴδιον*) sollte durch alle Mittel mit Stumpf und Stiel ausgerottet werden.“ [38] Aber in seinem Alterswerk, den *Leges,* hat Plato seine radikalen Forderungen aufgegeben. Für den „an Rang zweiten“ Staat soll der Kommunismus nicht mehr gelten. Man soll vielmehr „Land und Wohnstätten *verteilen,* und den Acker-

---

[35] *Aristoteles,* Politica, I, 3, 8 f., 1256b.

[36] *Basilius,* In Luc. 12, 18: 7 (Migne, P. G., 31, Sp. 276); In div. 2 (Migne, P. G., 31, Sp. 284). Vgl. *Schilling,* S. 91, Anm. 3. — *Clemens Alexandrinus,* Paedagogus 2, 12 (Migne, P. G., 8, Sp. 541 ff.): „Gott hat den Gebrauch aller Güter gestattet, aber er hat als Maß die Notwendigkeit hinzugefügt“ (Clemens kennt aber noch nicht die Quote).

[37] Vgl. *Basilius,* In div. 7 (Migne, P. G., 31, Sp. 297), mit *Plato,* Leges 728e und 729a. Siehe hierzu *Pöhlmann,* I, S. 192 f., *Schilling,* S. 91, *Shear,* S. 15.

[38] So faßt Plato seine Vorschläge für den „ersten Staat“ in dem Rückblick (Leges 739c) zusammen. Über die Originalvorschläge Platos siehe Rep. 416d ff., 457c ff., 464c und d.

bau *nicht gemeinschaftlich* betreiben, denn eine solche Forderung würde sich nicht vertragen mit der jetzigen Menschenwelt und ihrer Erziehung und Bildung".[39] Aber Plato suchte das Eigentum doch möglichst einzuschränken. Der Grundeigentümer soll „das ihm durchs Los zugefallene Stück Land als einen Teil des Gemeinguts des ganzen Staates" betrachten.[40] Die Zahl der bei der Stadtgründung erteilten Landlose soll immer gleich bleiben.[41] Das Landlos (*kleros*) wird für unteilbar im Erbgang erklärt. Der Eigentümer darf immer nur *einen* seiner Söhne zum Erben auf den *kleros* einsetzen.[42] Der Verkauf von Grundeigentum wird verboten und unter strenge Strafen gestellt.[43]

Das Mobiliareigentum wird ebenfalls eingeschränkt. Kein „Privatmann darf Gold oder Silber besitzen, sondern nur eine Münze für den täglichen Geschäftsverkehr, ... die aber nur in der Heimat ihren Wert besitzt, in der übrigen Welt aber wertlos ist".[44] Bei der Verheiratung der Töchter dürfen Mitgiften weder gegeben noch angenommen werden.[45]

Als wichtigstes Ziel betrachtete Plato aber die Festsetzung des *Maßes* (*μέτρον, ὅρος*) für den Besitz. Das Maß soll sich sowohl auf Grundstücke als auch auf Mobilien beziehen; denn Plato betrachtete, wie oben gezeigt, als größte Gefahr für den Staat den Gegensatz zwischen zu großer Armut und zu großem Reichtum, die die „schwerste aller Krankheiten, Aufruhr und Zwietracht" erzeugen. Um dies zu verhindern, gab Plato einen detaillierten *Gesetzentwurf*.[46] Dort heißt es: „Es muß also der Gesetzgeber nun für beides (d. h. für Armut und für Reichtum) *eine bestimmte Grenze* (*ὅρος*) festsetzen." „Es soll sein die *Grenze für die Armut* die Einschätzung nach dem Landlos (*kleros*), das in seinem Bestande erhalten bleiben muß,[47] *und dessen Verringerung kein Beamter wie überhaupt niemand, der auf sittliche Tüchtigkeit hält, bei irgend jemand* zulassen darf."[48] Kein Vermögen soll also unter den Wert des Landloses sinken.

[39] Plato, Leges 739e.
[40] Leges 740 A.
[41] Es sollen immer 5040 Landlose bleiben (Leges 740 B).
[42] Leges 740 B, C.
[43] Leges 741 B.
[44] Leges 742 A.
[45] Leges 742 C.
[46] *νόμου σχῆμα*, Plato, Leges, 744 D, E, 745 A.
[47] Leges 744 D.
[48] Leges 744 E.

Hat Plato so gewissermaßen das Existenzminimum festgesetzt, so wendet er sich nunmehr zur Festsetzung des Existenzmaximums, der Grenze für den Reichtum. Er fährt fort: „Hat aber der Gesetzgeber die Grenze in dieser Weise so nach unten bestimmt, so wird er *nach oben hin* den Erwerb des *Doppelten* und *Dreifachen,* ja *Vierfachen* freigeben.“ Dann folgt die wichtige Bestimmung: „Erhöht aber einer seinen Besitz über diese Grenze hinaus, sei es durch einen glücklichen Fund oder eine Schenkung oder durch Geschäftserwerb oder sonst einen günstigen Umstand, *so soll er diesen Überschuß über das Maß* (*τὰ περιγιγνόμενα τοῦ μέτρου*) *an den Staat* und *die denselben beschützenden Götter abgeben* und sich dadurch seinen guten Ruf sowie Straflosigkeit sichern.“ [49] Hier liegt, wie alsbald auszuführen sein wird, ein ähnlicher Gedanke vor wie bei der Quote für die Armen und die Seele.

Plato sichert sein Gesetz durch strenge Strafen: „Wenn aber einer diesem Gesetz zuwider handelt, so soll jeder, der dies zur Anzeige bringt, die Hälfte (der überschießenden Summe) erhalten, die andere Hälfte soll den Göttern zufallen, der Schuldige selbst aber soll außerdem als Buße dieselbe Summe noch einmal aus seinem Vermögen bezahlen.“ [50] Am Schluß folgt eine Bestimmung zur Kontrolle der Höhe des Mobiliarvermögens: „Von allem aber, was irgend einer außer seinem Landlos besitzt, soll ein Verzeichnis an öffentlicher Stelle zur Überwachung bei derjenigen Behörde niedergelegt werden, die das Gesetz damit betraut hat, damit die Rechtsstreitigkeiten über alles, was sich auf Geldangelegenheiten bezieht, sich leichter und in völlig klarer Weise abwickeln.“ [51]

Zwischen Platos Gesetzentwurf einerseits und der Quote für die Armen und die Seele in den Mahnungen von Basilius, Gregor von Nyssa und Chrysostomus andererseits zeigt sich trotz aller Unterschiede im einzelnen eine deutliche Übereinstimmung in der Grundauffassung. Plato setzt für das Vermögen ein *Maß* fest, ein Minimum und ein Maximum. Das Minimum ist der Wert des Landloses, das Maximum bildet „der Erwerb des Doppelten und Dreifachen, ja Vierfachen“ des Landloses. Plato ist also noch nicht zu einer endgültigen Festsetzung gelangt. Aber darüber ist er sich durchaus klar: er will unter allen Umständen zu große Unterschiede zwischen Arm und

---

[49] Ebenda.

[50] Leges 745 A.

[51] Ebenda.

Reich verhindern. Und daher ordnet er an: Ein Überschuß über das Maximalmaß soll „an den Staat und die ihn beschützenden Götter" *abgegeben* werden. Der Empfänger der Abgabe Platos entspricht der Kirche, die die Zuwendungen für die Armen erhebt.[52] Die heidnische Antike kannte bekanntlich keinen Gegensatz zwischen Staat und Kirche. Staat und Tempelverwaltungen waren identisch, oder sie standen in engen Beziehungen zueinander.[53]

Die Seelquote der Väter besteht ebenfalls in der Festsetzung eines *Maßes*, hier aber nicht für das Vermögen selbst, sondern für die *Zuwendungen*, die aus dem Vermögen an die Armen und die Kirche gemacht werden sollen. Dieses Minimalmaß besteht in einer Quote des Vermögens, wobei die Väter über die Höhe der Quote ebenfalls noch nicht zu einer endgültigen Festsetzung gelangt sind. Sie machen verschiedene Vorschläge. Platos Worte: Der Gesetzgeber „wird nach oben hin den Erwerb des Doppelten und Dreifachen, ja Vierfachen freigeben", erinnern z. B. an Chrysostomus: „Nun, dann gebt wenigstens die Hälfte, oder den dritten oder den vierten oder fünften oder zehnten Teil".[54]

Durch die Festsetzung einer Quote für die Vermögens*abgabe* wird aber *indirekt* auch die Höhe des Vermögens bestimmt, das der Christ *behalten* darf. Es besteht in dem Überschuß über die Seelquote, die abzugeben ist. Plato hat also das Maß des Vermögens festgesetzt, das *behalten* werden darf. Der Überschuß ist „an Staat und Götter" abzuliefern. Die Väter haben das Maß für die *Abgabe* an die Kirche für die Armen festgesetzt. Der Überschuß darf behalten werden.

Besteht ein Zusammenhang zwischen beiden Vorschlägen? Erinnern wir uns, daß Basilius ebenso wie die beiden Gregors und Chrysostomus im griechischen Geiste aufgewachsen waren. In ihren Homilien, besonders in denen des Basilius, der die Quote zuerst empfohlen hat, finden sich zahlreiche Übereinstimmungen. Platos ausführlicher Gesetzentwurf steht ferner an auffälliger Stelle in den *Leges*. Er bildet dort den Abschluß und zugleich den Höhepunkt von Platos Vorschlägen über eine gerechte Besitzverteilung. Dieser Vorschlag konnte

[52] Plato nennt diese Abgabe Opfer für das Edle und Gute (κατὰ ἀναλώματα). *Leges*, 743 A; vgl. *Pöhlmann*, I, 3. Aufl., S. 451, Anm. 8.

[53] Vgl. die Belege bei *E. F. Bruck*, Die Schenkung auf den Todesfall im griechischen Recht, Breslau, 1909, S. 144, Anm. 1 und 2.

[54] Chrysostomus, 66. Hom. ad. Matth. (Migne, P. G., 58, Sp. 630.) Vgl. oben S. 25 und unten S. 69.

schwerlich übersehen werden, besonders von einem Leser, der soviel über den Unterschied von arm und reich nachgedacht hatte wie Basilius, der der Sohn einer der reichsten Familien Kappadoziens war und sein ganzes Vermögen an die Armen verschenkt hatte.

Alle diese Umstände sprechen zum mindesten für die Möglichkeit, daß Basilius eine Anregung zur Quote durch die Empfehlungen des Maßes für den Besitz bei Plato und Aristoteles (und ihren Nachfolgern) erhalten hat, vor allem aber durch Platos Gesetzentwurf.[55] Basilius hat diese Anregung aber selbständig ausgestaltet.

IX. Von den Philosophen, die Basilius vermutlich beeinflußt haben, kommt Aristoteles erst in zweiter Linie in Betracht. Basilius hat ihn zwar bei anderer Gelegenheit nachweislich benutzt.[56] Auch tritt Aristoteles ebenfalls für ein Maß ein, das übermäßigen Reichtum und krasse Armut begrenzen soll. *Aber wie er sich die Durchführung dachte, sagt er nicht.*[57] Insbesondere kennt er keine Vermögensabgabe. Statt eines detaillierten Gesetzesvorschlags wie ihn Plato vorgelegt hatte, meint Aristoteles: „Man müsse versuchen, durch Gesetze die Zustände so *ins Gleichmaß zu bringen* („in einen Rhythmus", ῥυθμίζειν), daß dieselben niemand ein erhebliches *Machtübergewicht* gestatten, weder an Freunden noch an *Vermögen*; hat man dies aber nicht verhindern können, so muß man dergleichen Leute durch Entfernung ins Ausland

---

[55] Es ist richtig, daß Plato's *Leges* nicht so gut bekannt waren wie seine *Politeia* (*Werner Jaeger*, Paideia, III, S. 213). Basilius hatte jedoch fünf Jahre hindurch in Athen, dem Zentrum der griechischen Philosophie studiert (s. oben S. 3); über Übereinstimmungen zwischen Basilius und Plato s. z. B. S. 42 ff., 45 ff. Für die im Text geäußerte Ansicht macht es keinen Unterschied, ob Basilius Platonische Ideen unmittelbar oder durch Vermittlung späterer übernommen hat. — Die Frage der Güterverteilung und das Maß des Vermögens hat z. B. die *Kyniker* stark beschäftigt. Vgl. u. a. die „Meliamben" (Gedichte für Gesang unter Musikbegleitung) des Kynikers *Kerkidas* (2. Hälfte des 3. Jahrh. v. Chr.), der „nicht bloß ein Bettelphilosoph war, sondern ein verantwortlicher Staatsmann, Feldherr und Gesetzgeber seiner Vaterstadt Megalopolis"; ein besonders lebendiger Passus behandelt die Ungerechtigkeit der Güterverteilung (Oxyrhynchos Papyri, VIII, London, 1911, Nr. 1082). Vgl. *Überweg-Praechter,* Grundriß, I, S. 459; *H. von Arnim,* Zu den Gedichten des Kerkydas, Wiener Studien 34 (1912), S. 20 ff.; bei Basilius finden sich auch Anklänge an die Kyniker (*Schilling,* S. 96, *Joël,* Geschichte der alten Philosophie, S. 21).

[56] In seinen Homilien zum Hexaemeron (vgl. *H. Müllenhoff,* Hermes, II, 1867), S. 252 ff., *Plass,* De Basilii et Ambrosii excerptis ad historiam animalium pertinentibus, Marburg, 1905; *Überweg-Geyer,* Grundriß, S. 81, 92; *Shear,* S. 24 ff.

[57] *Pöhlmann,* I³, S. 470.

beseitigen." [58] Von diesem Vorschlag findet sich nichts bei Basilius und bei den übrigen Vätern.

X. Gregor von Nyssa hat den Seelteil erst nach Basilius und unter seinem Einfluß empfohlen, aber er hat ihn, wie wir sahen, selbständig ausgestaltet.[59] Dabei, so könnte man denken, ist auch er durch Reminiscenzen aus Plato beeinflußt worden, direkt oder indirekt, wie er auch sonst von Plato und dem Platonismus stark beeindruckt war.[60]

Gregor empfahl als „Teil für die Armen" in erster Linie Teilung der Erbschaft zu gleichen Teilen;[61] denn „wir sind *Brüder* eines Stammes. *Für Brüder* aber ist es am besten und das gerechtere, sich zu gleichen Teilen in die Erbschaft zu teilen".[62] Zum Vergleich könnte man Platos Ausspruch heranziehen, daß alle Bürger als Kinder ein und derselben Erde untereinander Brüder sind.[63] Andererseits hat die Ermahnung zur Brüderlichkeit von je den Kern der christlichen Predigt gebildet. „Einer ist Meister, ihr alle aber seid Brüder." [64] Daher läßt sich nicht mit Sicherheit feststellen, ob Gregor von Nyssa bei seiner Ausgestaltung des Seelteils von Plato angeregt worden ist.

XI. Chrysostomus stand zur griechischen Philosophie, und besonders zu Plato, in einem anderen Verhältnis als die Kappadozischen Väter. Während die Kappadozier bei aller Reserve und Kritik die Philosophen und gerade Plato hoch schätzten, war Chrysostomus in seiner ablehnenden Kritik Platos schärfer.[65] Von seinem Lehrer Libanius, der ihm die griechische Philosophie vermittelt hatte, hat er sich schon früh abgewandt. Er behandelte ihn mit außerordentlicher Schärfe.[66]

Auch begründet Chrysostomus seine Quote von einem Drittel, an der Stelle, wo er sie besonders eingehend behandelt, mit Hinweisen

---

[58] Aristoteles, *Politica,* VIII, 7, 7 (1308 B).

[59] Vgl. oben S. 19 f.

[60] Vgl. u. a. *Bardenhewer,* III, S. 203, *Überweg-Geyer,* S. 85, 88, *Schilling,* S. 105, *Gronau,* S. 45 ff., 50 f., 67, ferner *H. F. Cherniss,* The Platonism of Gregor of Nyssa, Berkeley, 1930.

[61] Vgl. oben S. 19 f.

[62] *De Pauperibus amandis,* Or. I, Migne, P. G., 46, S. 466 B.

[63] Rep., III, 414e.

[64] Vgl. *Lucian,* De morte Peregrini, 10: „Ihr erster Gesetzgeber hat ihnen die Überzeugung beigebracht, daß sie alle untereinander Brüder seien" (vgl. *A. Harnack,* Mission und Ausbreitung des Christentums, I, 1924, S. 174).

[65] Vgl. die Stellen bei *Coleman-Norton,* a. a. O., S. 305 ff.

[66] Chrysostomus nennt ihn: „diesen meinen Sophisten, der mehr abergläubisch

auf das Alte Testament, nämlich auf die Pharisäer, deren Abgaben für die Armen er im einzelnen aufzählt. Man müsse wenigstens soviel geben wie die Pharisäer, und diese hätten ungefähr ein Drittel gegeben.[67] Reminiscenzen an die griechischen Philosophen lassen sich im Zusammenhange mit der Seelquote bei Chrysostomus nicht erkennen.

XII. Zwischen Platos Gesetzentwurf und den Mahnungen der Väter zur Quote für die Armen und die Seele besteht außer den bereits angegebenen Unterschieden noch eine weitere Differenz. Plato ordnete seine Vermögensabgabe in einem Gesetzentwurf an. Er wollte zwingendes Recht schaffen, das durch Strafandrohungen gesichert war. Bei den Vätern handelte es sich nur um Mahnungen, deren Erfüllung dem freien Willen des Christen überlassen blieb.[68] Aber die Mahnungen der Väter waren stärker als Platos Gesetz, das nur auf dem Papier stand. Der große Philosoph konnte keine Gesetze geben. Seine Sehnsucht, als wirklicher Gesetzgeber die Herrscher von Syrakus zu beraten, war nicht in Erfüllung gegangen. Die griechischen Väter besaßen zwar ebenfalls kein formales Gesetzgebungsrecht. Aber hinter diesen Mahnungen stand die Autorität der großen Väter und Bischöfe. Überdies verstanden sie es, die Gefahren für das Seelenheil anschaulich zu schildern, wenn ihre Mahnungen unbefolgt blieben.[69]

Der tiefste Unterschied zwischen den Vätern und Plato besteht aber darin, daß die Quote der Väter aus christlichen Gedankengängen er-

---

(δεισιδαιμονέστερος) als irgend jemand sonst war" (Liber ad viduam iuniorem I, 2, Migne, P. G., 48, Sp. 60).

[67] Siehe oben S. 24.

[68] Vgl. unten § 10, S. 62, 74, 125.

[69] *Basilius,* Predigt zur Zeit einer Hungersnot, Kap. 7 (Migne, P. G., 31, Sp. 324): „... beim letzten Gericht, wenn der Herr die Gerechten zu sich ruft, nimmt der Mildtätige die erste Stelle ein; der Vater der Armen ist der erste unter denen, die belohnt werden ... Wer nicht freigebig war, sondern geizig, wird vor allen Sündern dem Feuer übergeben. Die Zeitverhältnisse erinnern Dich an dieses Hauptgebot." — *Chrysostomus,* 66. Hom. ad Matth. (Migne, P. G., 58, Sp. 631): „Denn wenn Du hier eifrig Steuern zahlst, weil Dir im Falle der Nichtzahlung schwerste Strafen angedroht sind, so bedenke auch, daß das Unterlassen des Almosengebens weit schrecklicher bestraft wird. Allerdings wirst Du dann nicht gebunden oder ins Gefängnis gestürzt werden, vielmehr wird es eine Strafe sein, die kein Ende nehmen wird." Ähnlich Hom. 64 *ad Matth.* (Migne, P. G., 58, Sp. 614); *de verbis Apostoli, habentes eundem spiritum,* I, 8 (Migne, P. G., 51, Sp. 278); Hom. VII, *de poenitentia* (Migne, 49, Sp. 332 f.); *de Lazaro concio,* 4 (Migne, 48, Sp. 988); Hom. *ad populum Antiochenum,* II, 7 (Migne, P. G., 49, Sp. 42); *in epist. ad Titum,* Kap. 3, Hom. VI (Migne, P. G., 62, Sp. 698) u. a. —

wächst, die den heidnischen Philosophen fremd waren. Die Umwandlung von der Kirche übernommenen heidnischen Kulturguts ist ja eine Erscheinung, die immer wieder bestätigt wird.[70] Auf diesen spezifisch christlichen Faktor bei der Entstehung der Seelquote wird im folgenden Abschnitt eingegangen werden.

§ 8. Askese und Kompromiß mit dem Besitz: der Seelteil — eine Konzession

I. Der Seelteil der griechischen Väter steht im Zusammenhang mit dem christlichen Lebensideal der Askese.[1] Der Seelteil erwächst aus dem Bestreben, das Ideal der Askese mit der Realität des Besitzes in Einklang zu bringen. In der Literatur über den Seelteil ist seiner Beziehungen zur Askese bisher noch nicht gedacht worden, aber sie sind, wie ich glaube, grundlegend für das Verständnis der Entstehung der Seelquote.

Die ungeheure Wucht, mit der die Idee der Askese besonders den Orient ergriff, ist für Menschen des 20. Jahrhunderts nicht leicht verständlich. Aus diesem Mangel an Verständnis erklären sich manche der

---

Charakteristisch ist *Gregor von Nyssa's* realistische Schilderung in der zweiten Rede, über die Liebe zu den Armen (Migne, P. G., 46, Sp. 460 f.), wo er über den in der Hölle durstenden Reichen sagt: Er „sehnte sich sogar, mit der Zunge die Feuchtigkeit am Finger des Bettlers abzulecken". — Über Propaganda mit juristischen Argumenten s. oben § 5, III, S. 26 ff.

[70] Vgl. für die griechische Philosophie im allgemeinen *Überweg-Geyer,* S. 431, auch S. 10, 61 ff.

[1] Als die Christenverfolgungen aufhörten, ersetzte das asketische Ideal des Mönchtums nach und nach das alte christliche Ideal des Märtyrertums (*Edward E. Malone,* The Monk and the Martyr, Washington, 1950; Besprechung von *B. Altaner,* Theologische Literaturzeitung, 1952, S. 738; *Norman H. Baynes,* The Thought-World of East Rome, London, 1947, S. 7 und 39, Anm. 7). — Das Wort „Askese" bedeutet bekanntlich Übung, von *askesis* („Übung"), besonders des Athleten, abgeleitet. In der philosophischen Sprache bezeichnet es das Studium oder die sittliche Übung und Zucht. In diesem Sinne haben die Kirchenväter das Wort in den christlichen Sprachschatz eingeführt. Vgl. *Edwin Hatch,* The Influence of Greek Ideas and Usages upon the Christian Church, Edinburgh, 1890, S. 148 ff.; *R. Seeberg,* Art. „Askese" in Herzog-Hauck's Realenzyklopädie für protestantische Theologie und Kirche, 3. Aufl., II, S. 134; *Th. Hopfner,* Art. „Askese", Pauly-Wissowa, Suppl. Bd. VII, 1940, S. 50 ff.

modernen rationalistischen Deutungen, die der Forderung der Vermögenslosigkeit, des Verschenkens aller Habe an die Armen, gegeben worden sind. Mit Wirtschaftsprogrammen haben diese Forderungen nichts zu tun, mit sozial-politischen Forderungen erst in zweiter Linie. Das Lebensideal der Väter war in erster Linie ein religiöses.[2]

Es ist ein merkwürdiges Phänomen, daß die Kirche, je mehr sie sich mit der Welt einließ, „ein christliches Lebensideal entwarf, welches nicht in ihr, sondern nur neben ihr realisiert werden konnte“, das Ideal der „Weltflucht“.[3] Diese asketische Lebensstrenge war der stärkste Eindruck, den die heidnische Antike vom Christentum empfing. Sie wirkte aufs stärkste auf den jungen Augustin.[4]

Das Lebensideal der Askese geht weit zurück. Schon das Neue Testament hatte gemahnt, daß der Christ das „Fleisch“ zu überwinden, daß er den Leib und alle Güter diesem Zwecke dienstbar machen müsse.[5] Der Osten, voran Syrien und Ägypten, waren fruchtbarer Boden für die asketische Lehre. Durch die Religionsgeschichte des Orients geht dauernd der immer wiederkehrende Zug der Askese.[6] Dort nahm sie immer schärfere Formen an, verstärkt durch die rigorosen Forderungen überasketischer Sekten, wie der Montanisten[7] und Marcioniten,[8] mochten diese auch von der offiziellen Kirche bekämpft werden.[9] Auch außerhalb des Christentums tritt der Hang zur Askese auf. Ein so vornehmer Mann wie der Syrer Bardesanes (gest. 222), der am Hofe des Fürsten von Edessa lebte und in ritterlichen Künsten wohl bewandert war — er war ein Meister im „noble jeu de l'arc“ —,

---

[2] Vgl. unten S. 73.

[3] *Ad. Harnack,* Das Mönchtum, seine Ideale und seine Geschichte, 2. Aufl., Gießen, 1882, S. 22.

[4] *E. Troeltsch,* Augustin, die christliche Antike und das Mittelalter, 1915, S. 82.

[5] *Seeberg,* S. 136. — *A. Kranich,* Die Asketik in ihrer dogmatischen Grundlage bei Basilius dem Großen, Paderborn, 1896, S. 1. — Über asketische Tendenzen schon bei Griechen und Römern s. *Clifford Harschel Moore,* Greek and Roman Ascetic Tendencies, Harvard Essays on Classical Subjects, herausgegeben von H. W. Smyth, 1912.

[6] *Franz Cumont,* Die orientalischen Religionen im römischen Heidentum, 3. Aufl. (nach der 4. französischen), Leipzig, 1931, S. 219, Anm. 39.

[7] *Wilhelm Schepelern,* Der Montanismus und die phrygischen Kulte, übersetzt von W. Baur, Tübingen, 1929.

[8] Über Marcion siehe *Altaner,* S. 74 f., *Lietzmann,* Geschichte der alten Kirche, II (1936), S. 270.

[9] *Lietzmann,* II, S. 267.

war der Begründer einer gnostischen Sekte, mit stark asketischen Anschauungen.[10]

Gefördert wurde der Drang zur Weltflucht wieder durch die allgemeine Stimmung der Zeit, die Zeit des Zusammenbruchs des Reichs. Die Welt war voll von Gewalt, Elend, Unsicherheit und Ungerechtigkeit, von Zerrüttung und Hoffnungslosigkeit. Erfüllt von Ekel und Abscheu verließen gerade edle und bedeutende Menschen die Welt,[11] um in der Einsamkeit der Wüste Gott zu schauen. Ihnen folgten in Scharen die Kleinen.[12] Schon im 3. Jahrhundert waren einzelne Eremiten in die Wüste gegangen. Ihre Zahl wuchs beim Anbruch des 4. Jahrhunderts ständig weiter. Nunmehr traten die beiden Formen des asketischen Lebens auf: Eremitenkolonien und wirkliche Klöster.

Das vollkommen asketische Leben verlangte absoluten Verzicht auf alle Güter des Lebens: Keuschheit, Fasten, Vernachlässigung des Körpers, Aufgabe der Beziehungen zur Familie, zur Frau, zu den Kindern und Verwandten. Die Freude, selbst das Lachen waren untersagt.[13] Im Mittelpunkt stand die Armut, die Aufgabe des gesamten Besitzes zugunsten der Armen. Hier verbindet sich die Mahnung zur Caritas, das Liebesmotiv, mit der Askese. Das körperliche Dasein sollte bis zur Grenze des Todes ertötet werden, um aufzugehen in der Beschauung des Ewigen. „Uns aber ist das Ziel, wegen dessen wir alles tun und zu dem wir eilen, das selige Leben in der zukünftigen Welt", predigte Basilius.[14]

---

[10] *Lietzmann*, II, S. 267.

[11] Unter analogen Verhältnissen hatten bereits die griechischen Philosophen aller Schulen, besonders die Neuplatoniker, gemahnt, indem sie versuchten, den Menschen von der äußeren Wirklichkeit zur Einkehr in sich selbst zu führen, ihn in erster Linie für das Leben seiner Seele zu interessieren (vgl. etwa *Wendland*, Hellenistisch-römische Kultur, S. 21, *Rudolf Hirzel*, Die Person, Begriff und Namen derselben im Altertum, Sitzungsberichte der Bayer. Akad. d. Wissenschaften, Phil. hist. Klasse, Jahrgang 1914, S. 30 ff., auch *Zeller*, Philosophie der Griechen, 3. Aufl., III, 1 (1880), S. 346 ff.). Schon damals war ein wichtiges Motiv für die Weltflucht der Zusammenbruch der äußeren Welt gewesen, das an politischen, wirtschaftlichen und sozialen Katastrophen reiche Zeitalter.

[12] *Harnack*, Mönchstum, S. 17, der den Zug zur Askese allerdings mehr auf die Ermüdung der alten Kultur zurückführt. Vgl. noch *Troeltsch*, Soziallehren, S. 99.

[13] *Basilius*, Regulae brevius tractatae, 31. Frage (oben S. 4). — Die westliche Kirche ging nicht so weit. Sie verbot Klerikern und Mönchen nicht die Freude, nur ihren Mißbrauch. Vgl. *von Schubert*, Geschichte der christlichen Kirche im Frühmittelalter, 1917, S. 278.

[14] *Basilius*, Hom. in Psalm. 148, ferner Regulae fusius tractatae, 32. Frage,

Andrerseits gewährte das Leben der Asketen in der Wüste mystische Freuden eigener Art. Mit dichterischem Schwunge beschreibt sie *Hieronymus'* Brief an seinen Freund Heliodorus, der ganz im Geiste des griechischen Mönchtums geschrieben ist.[15] Bei *Cassian,* dem Freunde des Chrysostomus und begeisterten Schilderer der ägyptischen und syrischen Einsiedler, findet sich die Beschreibung eines *„Diner" in der Wüste* bei dem Abt Serenus, dem sogar eine gewisse Behaglichkeit nicht abgeht. Cassian unterläßt es nicht, die einzelnen Gänge aufzuzählen.[16]

II. Das asketische Ideal blieb, besonders im Orient, nicht auf das Mönchstum beschränkt. Auch der *weltlichen* Kirche schwebte als höchstes Ideal das asketische Leben und damit der Verzicht auf den Besitz

Kap. 1 (Migne, P. G., 31, Sp. 993 ff.): „Den einmal in die Brüderschaft Aufgenommenen darf von den Vorgesetzten nicht gestattet werden, sich zu zerstreuen, oder unter dem Vorwande, die Verwandten zu besuchen, sich von den Brüdern zu trennen ... oder sich Sorgen zu machen, um die fleischlichen Verwandten zu unterhalten ... Überhaupt darf man weder einem Verwandten noch einem Fremden erlauben, sich mit den Brüdern in ein Gespräch einzulassen, wenn wir von ihm nicht die Überzeugung haben, daß die Unterredungen Erbauung und Vervollkommnung der Seelen bewirken." — Vgl. *Justinians* Novelle, 133, Kap. 3: „Die Mönche haben keine Verwandten mehr auf der Erde, da sie ja ein dem Himmel geweihtes Leben führen."

[15] *Hieronymus,* Epist., XIV, Kap. 10 (Migne, P. G., 22, Sp. 353 f.): „O Wüste, frühlingsduftig von den Blumen Christi! O Einsamkeit, in der die Steine ausgeboren und gestaltet werden, aus welcher in der geheimen Offenbarung die Stadt des großen Königs erbaut wird! O Einsamkeit, wo man sich vertrauter an Gott erfreut. Was treibst Du dort, Bruder, in der Welt, der Du größer bist als die Welt? Wie lange sollen Dich die Schatten der Häuser festhalten? Wie lange die Kerker rauchiger Städte einschließen? Glaube mir: Ich weiß nicht, wo ich mehr Licht erblicke! Hier kann man der Bürde des Körpers sich entledigen und zum reinen Glanze des Äthers sich emporschwingen! Du fürchtest die *Armut?* Aber Christus preist die Armen selig! ... Du denkst an die knappe Nahrung? Aber der Glaube fürchtet nicht den Hunger! Du scheust Dich, auf die bloße Erde die vom Fasten ausgehungerten Glieder zu strecken? Aber es schläft der Herr bei Dir! ... So lustwandle im Geist durchs Paradies! ... Die rauhe Haut schrumpft ohne Bäder zusammen, aber wer *in Christo* einmal gewaschen ist, hat nicht nötig, sich abermals zu waschen! Kurz, auf alle Einwendungen höre schon den Apostel antworten: Die Leiden dieser Zeit sind nicht zu vergleichen mit der Herrlichkeit, die an uns soll offenbar werden (Römer 8, 18)."

[16] *Cassianus,* Collationes Patrum, VIII, 1 (Migne, P. G., 49, Sp. 353 f.): „Nach Entlassung der in der Kirche Versammelten kehrten wir in die Zelle des Greises zurück und wurden ... auf das trefflichste bewirtet. Denn zu dem Salzwasser, das mit einem Tropfen Öl übergossen, zur täglichen Labung vorgesetzt zu werden

vor. Die biblische Grundlage für die Vermögenslosigkeit bilden die Worte Christi an den reichen Jüngling bei Matthäus 19, 21: „Wenn Du vollkommen sein willst, so gehe hin, verkaufe alles und gib es den Armen, und Du wirst einen Schatz im Himmel haben, und dann folge mir." Die Väter wiederholen diese Worte ungezählte Male.[17]

Christus hatte seine Mahnung an den reichen Jüngling allerdings nur für den Fall ausgesprochen, daß er „vollkommen sein *wolle*", er hatte ihm also die Wahl gelassen. In der Folge wurde aber nicht immer so klar unterschieden. Die Mahnungen, den gesamten Besitz aufzugeben, richteten sich nicht bloß an diejenigen, die das vollkommne Leben wählen wollten oder gewählt hatten. Denen, die ihr Vermögen nicht aufgeben wollten, war nicht klar, welches Geschick ihrer im Jenseits harrte. Darüber erhob sich große Beunruhigung in den Gemeinden.

Solange das Christentum die Religion der Armen und Unterdrückten gewesen war, war es den kleinen Leuten, die wenig oder nichts besaßen, leicht gefallen, den Grundsatz der Vermögenslosigkeit anzunehmen. Die wenigen Vermögenden in den frühchristlichen Gemeinden waren begeisterte Anhänger der Lehre, die bereit waren, ihren gesamten Besitz hinzugeben, um ihren armen Glaubensgenossen zu helfen.

Das änderte sich seit dem 3. und 4. Jahrhundert, als immer mehr Anhänger aus den besitzenden und gebildeten Schichten zum Christentum übertraten.[18] Gewiß gab es auch jetzt noch in der vermögenden Oberschicht Männer, die bereit waren, alles wegzugeben. Ein Beispiel bietet Basilius selbst.[19] Aber jetzt war das eine Ausnahme, wie Gregor von Nazianz in seiner Trauerrede auf Basilius ausdrücklich hervorhebt.[20]

pflegte, nahm er nur wenig Salzsaft und goß etwas mehr Öl als gewöhnlich darüber ... dann setzte er geriebenes Salz vor und drei Oliven, worauf er noch ein Körbchen brachte, das gedörrte Kichererbsen enthielt, was jene ‚Trogalia' nennen. Davon nahmen wir ein jeder fünf Körner, je zwei Pflaumen und eine Feige. Denn in jener Wüste gilt es für einen *faux pas*, diese Zahl zu überschreiten."

[17] Vgl. oben S. 6, Anm. 15.

[18] Über die Verbreitung des Christentums in den oberen Ständen siehe *S. Achelis*, Das Christentum in den ersten drei Jahrhunderten, 1912, II, S. 382 ff., *A. Harnack*, Die Mission und Ausbreitung des Christentums in den ersten drei Jahrhunderten, II³, 1915, S. 30 ff., ferner *Lietzmann*, Geschichte der alten Kirche, II, S. 295 (mit Bezug auf Clemens Alexandrinus), *Troeltsch*, Soziallehren, I, S. 112 ff.

[19] Vgl. oben S. 3 und unten S. 123 f. für das Zeitalter Justinians.

[20] *Gregor von Nazianz*, Trauerrede auf Basilius, c. 9 (Migne, P. G., 36, Sp. 504 f).

Jetzt gab es Christen, die Handel trieben, große Kaufleute, Bankiers, Rheeder, Fabrikanten, weiter Großgrundbesitzer, hohe Offiziere, Beamte und Gelehrte. Diese wohlhabenden Kreise bestanden nicht nur aus Menschen, die ein Leben üppigen und sinnlosen Genusses führten, wie es in den Predigten häufig gegeißelt wird.[21] Zu diesen Kreisen gehörten auch die Gebildeten, die einen erheblichen Teil der dünnen Kulturschicht ausmachten, die der Osten des Reiches besaß. Das leuchtet selbst aus den Worten der Kirchenväter hervor, die den Luxus aufs schärfste tadeln.[22] Wer Geld für silberne Tische mit kunstvollen historischen Darstellungen ausgab oder für Mosaik und Gemälde, wer Steinschneider und Musivarbeiter, Bildhauer und Maler beschäftigte, ließ Werke schaffen, die heute die Zierde unserer Museen bilden. Diese Kreise wollten und konnten nicht Mahnungen erfüllen, die ihren kulturellen Lebensstandard vernichteten. Sie wollten ihn auch für ihre Kinder erhalten. Aber wenn sie auch ebenso wenig wie der reiche Jüngling alles verkaufen und an die Armen verschenken wollten, so wollten sie doch Christus nachfolgen. Diese frommen Menschen verbrachten ihr Leben dauernd in fürchterlicher Angst vor ihrem Geschick im Jenseits. Sie waren entsetzt durch das Wort bei Matthäus 19, 24, daß „leichter ein Kamel durch ein Nadelöhr hindurchgehen werde als ein Reicher ins Himmelreich".[23] Es war diesen *imperfecti* eben nicht klar, was ihrer wartete, wenn sie nicht vollkommen sein wollten. Schon vor Basilius finden sich Versuche, das Problem zu lösen, das das Gesamtverhältnis zwischen Kultur und Christentum betraf. *Aber vor Basilius ist man auf die Quote noch nicht verfallen.*

III. Die Einstellung der Schriftsteller und Prediger gegenüber denen, die Christus folgen, aber nicht ein Leben in Armut führen wollten, war verschieden.

---

[21] Z. B. *Gregor von Nyssa,* De paup. am., I (Migne, P. G., 46, Sp. 463): „Drinnen ... in der Werkstätte des Mammon speien die einen wie überladene Schiffe die Nahrung aus, andere schlafen am Tische ein, während noch die Becher vor ihnen stehen."

[22] Z. B. *Gregor von Nyssa,* De paup. amandis, I (Migne, P. G., 46, Sp. 468 A, B): „Sie ... lassen sich zur Aufführung großartiger Gebäude hinreißen und verwenden ihren Wohlstand auf große und geschmückte Häuser ... aus vielen Talenten lassen sie silberne Tische vom Silberarbeiter verfertigen, die einen glatt gearbeitet, die anderen mit künstlich getriebener Arbeit versehen, so daß zugleich mit dem Schlunde auch das Auge an den geschichtlichen Darstellungen sich ergötzen kann." Vgl. auch oben S. 66 f.

Die Väter des 2. und 3. Jahrhunderts nahmen wenig oder keine Rücksicht auf die Besitzenden. Sie waren Rigoristen und priesen das asketische Ideal als *martyrium cotidianum*, wie schon Bischof *Ignatius* von Antiochia, der um 110[24] in der römischen Arena von wilden Tieren zerrissen wurde.

Im gleichen Sinne predigte *Origenes* (um 185—253/254) sein Ideal der Nachfolge Christi. Den Zentralpunkt seiner Vollkommenheitslehre bildete gerade die „Forderung uneingeschränktester Armut", neben der die beiden anderen Tugenden Keuschheit und Gehorsam in den Hintergrund traten. Jesu Worte an den reichen Jüngling (Matth. 19, 21) und die Bergpredigt mit ihrer Forderung, nicht einmal zwei Röcke zu besitzen, dienten Origenes „als Beweis, daß der Vollkommene gar nichts sein eigen nennen dürfe... und gerade in den Homilien hält er den Hörern dieses Ideal deutlich vor Augen, ein Beweis dafür, wie wenig er sich als Prediger dem Niveau seiner Gemeinden angepaßt hat".[25] Wie rigoros mögen erst die kleinen Prediger und die wandernden Mönche gepredigt haben, die Origenes eifrig studierten,[26] wenn selbst so hervorragende Männer wie Lactantius oder Origenes das Problem von Besitz und Bildung ignorierten.

Auf der anderen Seite finden sich bereits früh wenigstens Versuche, einen Ausgleich zwischen Christentum und Besitz herbeizuführen. Schon die *Didaché* (in Ägypten oder mehr wahrscheinlich in Palästina abgefaßt) enthält die tröstlichen Worte: „Wenn Du das ganze Joch des Herrn auf Dich nehmen kannst, wirst Du vollkommen sein, *wenn Du das aber nicht kannst, so tue soviel als du kannst.*" [27]

Das Problem, den Reichen die christliche Forderung der Mißachtung materieller Güter nahezubringen, beschäftigte besonders *Clemens Alexandrinus*, der (um 200) die Katechetenschule in der großen Handelstadt Alexandria leitete. Bei Clemens findet sich manche Idee im Keime, die später von den griechischen Vätern aufgenommen wor-

---

[23] Vgl. *Lietzmann*, II, S. 296; *Harnack*, Mission, I, S. 175, Anm. 2.

[24] *Walther Völker*, Das Vollkommenheitsideal des Origenes (Beiträge zur historischen Theologie, Bd. 7), Tübingen, 1931, S. 227, cf. *Altaner*, S. 54, 55, ferner unten § 9, Anm. 1.

[25] *Völker*, S. 220 (mit Belegstellen).

[26] *Völker*, S. 228.

[27] *Didaché*, VI, 2, siehe hierzu *Lietzmann*, I, S. 214. Sie war nach 180 n. Chr. geschrieben, enthält aber Material aus früherer Zeit (*Telfer*, Journal of Theological Studies, vol. 40, 1939. Ich verdanke dieses Zitat Professor *A. D. Nock*).

den ist. Seine Homilie „Quis dives salvetur"? bemühte sich die Reichen zu beruhigen, die erschreckt waren durch das Wort vom Kamel und vom Nadelöhr (Matth. 19, 24). Clemens suchte nach einem Ausweg für diese Kreise, und er fand ihn, in Übereinstimmung mit Paulus und den Stoikern, in dem inneren Verhältnis der Reichen zu ihrem Besitz und besonders in der geistigen Haltung des Schenkers beim Geben.[28] Er sagt: „Deshalb muß an den Reichen, der unter Schwierigkeiten in das Reich Gottes kommen will, verständnisvoll herangetreten werden, nicht ungeschickt, plump und körperlich. Denn ... das Heil ruht nicht auf äußerlichen Dingen... die Stärke und Größe des Leibes schafft nicht das Leben, sondern allein die Seele."[29] Clemens predigte: „Der Heiland nimmt mit Freuden diejenigen auf, die den Willen besitzen." Er zeigt ihnen, auf Grund welcher Taten und Geisteshaltungen sie wieder Hoffnung schöpfen dürfen.[30] „Die bloße Weggabe weltlicher Güter genügt noch nicht, einen Christen zu schaffen, wesentlich ist das *Motiv*, das den Schenker beim Geben leitet."[31]

Es ist interessant, daß bereits bei Clemens, wenngleich erst schwach entwickelt, die Idee eines *Maßes* für die Gaben an die Armen und für den Besitz, der behalten werden darf, auftritt. Im *Paedagogus* 2, 12[32] sagt er: „Gott hat unser Geschlecht auf Gemeinsamkeit hingewiesen. Und zwar hat er grade deswegen alle Güter den Menschen gemeinsam gemacht, damit nicht die Reichen für sich mehr in Anspruch nehmen als die anderen."[33] Daran schließt er aber die Worte: „Gott hat freilich den Gebrauch aller Güter gestattet, aber er hat *als Maß das Bedürfnis, die Notwendigkeit* hinzugefügt ... höchst ungereimt ist es daher und schändlich, wenn einer im Überflusse lebt und viele andere darben läßt."[34]

---

[28] Näheres bei *Bruck*, Ethics vs. Law: St. Paul, the Fathers of the Church and the „cheerful giver" in Roman Law, Traditio, Bd. II, 1944, S. 106 f., und „Über römisches Recht im Rahmen der Kulturgeschichte", S. 114 f.

[29] *Clemens Alexandrinus*, Quis dives salv., c. 18 (Migne, P. G., 9, Sp. 621).

[30] *Clemens Alexandrinus*, ebenda, c. 3 (Migne, P. G., 9, Sp. 605 ff.).

[31] Näheres bei *Bruck*, a. a. O. Das Thema von der Gesinnung des Schenkers ist später besonders von *Chrysostomus* vertieft worden. Vgl. auch unten S. 125.

[32] Migne, P. G., 8, Sp. 541 ff.

[33] Siehe hierzu *Seipel*, Die wirtschaftsethischen Lehren der Kirchenväter, S. 86.

[34] Ein Vorläufer der Idee der Seelquote kann auch in Clemens' Auslegung (*Clemens Alexandrinus*, Quis dives salv., Kap. 13, Migne, P. G., 9, Sp. 617) von Lukas 19, 8 gefunden werden. Dort sagt Zachäus, der Zöllner: „Die Hälfte meines Besitzes gebe ich den Armen, und so ich jemanden betrogen habe, erstatte ich es

In der Bekämpfung der Pleonexie und der Beschränkung des Maßes auf die für das Leben notwendigen Güter zeigen sich auch bei Clemens Berührungen mit der griechischen Philosophie. Clemens, der wahrscheinlich aus Athen stammte, war mit der griechischen Philosophie eng vertraut,[35] ebenso wie die späteren großen griechischen Väter, denen wir uns jetzt wieder zuwenden.

IV. *Basilius* und *Chrysostomus* waren ihrem innersten Wesen nach Mönche, tief durchdrungen vom Lebensideal der Nachfolge Christi in absoluter Armut, unter Hingabe des gesamten Besitzes an die Armen.[36] Darum richteten sich ihre Mahnungen zunächst an diejenigen, die das vollkommene Leben gewählt hatten, also an die Mönche. In seinen Klosterregeln verpflichtet Basilius sie zur absoluten Askese und Vermögenslosigkeit.[37]

Einen charakteristischen Fall aus der Praxis des Basilius berichtet Cassian:[38] „Man erzählt sich ein Wort des Heiligen Basilius, Bischof von Caesarea, das er an einen gewissen Synkleticus richtete ... ob-

---

vierfach." Clemens nimmt hier an, daß Christus dem Zachäus befohlen hätte, die Hälfte seines Besitzes den Armen zu geben. Clemens nennt die Hälfte, die Zachäus behalten darf, den „gerechten Anteil" (dikaia, „Krisis", wörtlich: „Scheidung", „Teilung", d. h. das Resultat derselben: „den Anteil"). Die andere Hälfte, die Zachäus weggeben muß, nennt er „den ungerechten Anteil". Aber hier handelt es sich nur um die Interpretation eines Einzelfalles. Eine allgemeine Regel gibt Clemens nicht.

[35] Insbesondere mit Aristoteles, Eth. Nik., V, c. 6, 1134a, 33, und Politica, I, 3, 8 f., 1256b, s. oben § 7, Anm. 13 und 35. — Vgl. auch *Altaner*, S. 115; *Schilling*, S. 40.

[36] Vgl. *A. Kranich*, Die Asketik in ihrer dogmatischen Grundlage bei Basilius dem Großen, Paderborn, 1896.

[37] *Basilius, Regulae fusius tractatae*, 17. Frage, Kap. 2 (Migne, P. G., 31, Sp. 964): „Die Enthaltsamkeit ist ... Abtötung des Körpers bis selbst auf die natürlichen Regungen und Begierden" ..., ferner *Regulae brevius tractatae*, 85. Frage (Migne, P. G., 31, Sp. 1143). „Wer also sagt, daß etwas sein sei, der sondert sich von der Kirche Gottes und von der Liebe des Herrn, der durch Wort und Tat gelehrt hat, daß man für seine Freunde sein Leben einsetzen müsse, *geschweige die zeitlichen Güter*." — Ebenso heißt es in Basilius' Brief an Gregor von Nazianz (Mauriner-Ausgabe, Nr. 2), Kap. 2 (Migne, 29, Sp. 225): „Die Lostrennung von der Welt besteht darin, daß man die Seele losreißt von der Anhänglichkeit an den Körper und daß man wird ohne Stadt, ohne Haus, *ohne Eigentum*, ohne Freunde, *ohne Besitz*, ohne Lebensunterhalt, ohne Geschäft, ohne Verkehr, ohne menschliche Wissenschaft, bereit, die Unterweisungen aufzunehmen, die von der göttlichen Seele ausgehen."

[38] *Cassianus*, De institutis coenobiorum, VII, c. 19.

wohl dieser behauptete, der Welt entsagt zu haben, behielt er doch einiges von seinem Vermögen zurück; denn er wollte sich nicht durch seiner Hände Arbeit nähren... Der Bischof sagte zu ihm: ‚Den Senator hast Du ausgezogen, den Mönch aber nicht angezogen.'"

Aber auch in den Homilien, die er außerhalb des klösterlichen Kreises gehalten hat, mahnte Basilius die gesamte Gemeinde, also auch die „Unvollkommnen", zur Aufgabe des Vermögens. In der Homilie *In illud „Attende tibi ipsi"*, Kap. 3 [39] heißt es: „Habe nicht acht auf den Leib... noch bewundere Geld und Gut... noch schätze das hoch, was Dir überhaupt zum zeitlichen Leben dient, damit Du nicht durch die Sorge für diese Dinge Dein vorzügliches Leben vernachlässigst, sondern habe acht auf Dich, d. h. auf Deine Seele." In der Homilie *In divites,* Kap. 1 mahnt Basilius die Unvollkommnen unter Berufung auf Matth. 19, 21: „Wäre wahr, was Du behauptest, Du habest von Jugend auf die Gebote der Liebe beachtet und jedem soviel wie Dir selbst gegeben, woher hättest Du denn diese ungeheuren Reichtümer? Wer daher den Nächsten wie sich selbst liebt, besitzt nicht mehr als sein Nächster." Dann heißt es (Kap. 3) im Hinblick auf den reichen Jüngling des Evangeliums: „Solche wollen zwar die übrigen Gebote erfüllen, weigern sich aber, auf ihren Reichtum zu verzichten." [40] An anderer Stelle [41] heißt es: „Geben wir uns daher selbst den menschenfreundlichen Rat, die Last des Reichtums, wenn wir überhaupt Gewinn daraus ziehen wollen, unter viele zu verteilen. Diese werden ihn ohne Mühe tragen... Geben wir doch dem Reichtum, der es ja will, die Erlaubnis, sich über die Dürftigen zu ergießen." Im *Sermo asceticus* Nr. 2, Kap. 2 [42], dessen Echtheit allerdings zuweilen bestritten ist, der aber ganz in seiner Richtung liegt,[43] predigt Basilius: „Dir scheinen doch wohl auch die Evangelien für die Verheirateten gegeben zu sein? Es steht ja bei Dir fest, daß *von uns Menschen ohne Ausnahme, mögen wir Mönche oder verheiratet sein, der Gehorsam gegen das Evangelium gefordert wird.* Genug, wenn dem Verheirateten seine Unent-

---

[39] Migne, 31, Sp. 204.

[40] Migne, P. G., 31, Sp. 281.

[41] *Basilius,* „Über die Verachtung der irdischen Dinge", Or. XIX, Kap. 8 am Anfang, Sp. 554.

[42] Migne, P. G., 31, Sp. 629.

[43] Vgl. *Bardenhewer,* III, S. 142. — *Kranich,* a. a. O., S. 6, 70 f., hegt keine Zweifel an der Echtheit und verwendet die Homilie vielfach zum Beweise von Basilius' Lehre.

haltsamkeit, seine Begierde nach dem weiblichen Geschlecht und sein Umgang mit demselben nachgesehen wird, dann werden aber die übrigen Gebote (d. h. in erster Linie der Verzicht auf das Vermögen), *die für alle ohne Unterschied gegeben sind,* nicht ohne Gefahr übertreten. Denn als Christus die Gebote seines Vaters verkündete, sprach er zu denen, die in der Welt waren; trat aber manchmal der Fall ein, daß er besonders gefragt seinen Jüngern antwortete, so sprach er sich offen aus, und sagte: ‚Was ich aber Euch sage, das sage ich Allen.‘ “

Ebenso mahnte auch *Chrysostomus* in erster Linie zu totaler Askese, einschließlich Vermögenslosigkeit. In verschiedenen Abhandlungen empfahl und verteidigte er das Mönchtum.[44] Aber es heißt auch in seinen Predigten vor der *gesamten Gemeinde in Antiochia*: „Dazu hat Dir Gott größeren Besitz verliehen, nicht daß Du ihn zur Unlauterkeit und Trunkenheit und Gefräßigkeit, zu kostbarer Kleidung und andrer Reichlichkeit vergeudest, sondern *daß Du den Dürftigen mitteilst*“.[45] „Du besitzt nicht Dein Eigentum. Das Gut der Armen ist Dir anvertraut worden, auch wenn Du es aus gerechter Arbeit, auch wenn Du es aus dem väterlichen Erbteil erworben hast.“ [46]

Basilius und Chrysostomus mußten sich erst durchringen zum Verständnis derer, die Christus nachfolgen und trotzdem ihren Besitz behalten wollten. Ihre Predigten lassen erkennen, daß gerade diese Schöpfer der Quote für die Armen und die Seele durch die Opposition, auf die sie in ihren Gemeinden stießen, zur Revision ihrer radikalen asketischen Forderungen veranlaßt worden sind. Das führt zu einer Prüfung der *Zusammensetzung ihrer Gemeinden.*

IV. Wer saß in der Kirche bei Basilius, bei den Gregors und bei Chrysostomus?

Ihre Mahnung, reichlich für die Armen zu geben, richtete sich in erster Linie an die Besitzenden, in der Sprache der Väter, an die „Reichen“. Gewiß mahnten sie auch die Kleinen. Ihre Gaben wurden voller Anerkennung angenommen. Das Scherflein und das Ölkrüglein

---

[44] *Chrysostomus, Adversus oppugnatores vitae monasticae* (Migne, P. G., 47, Sp. 319 ff.) und *Paraeneses ad Theodorum Lapsum* (Migne, P. G., 47, Sp. 277 ff.).

[45] *De Lazaro,* Hom. 2, 4 (Migne, P. G., 48, Sp. 988).

[46] Hom. *ad Matth.* (57), Migne, P. G., 58, Sp. 708. — Ähnlich u. a. in Hom. 35 *ad Matth.* 3 (Migne, P. G., 57, Sp. 409). *Ecloga de eleemosyna et hospitalitate,* Hom. XII (Migne, P. G., 63, Sp. 790). — Basilius' und Chrysostomus' radikale Forderungen, daß das gesamte Vermögen den Armen zu geben ist, wachsen nicht aus ökonomisch-materialistischen Auffassungen heraus, sondern aus ihrer asketischen Einstellung.

der Witwe (Marc. 12, 42) wurden oft gepriesen.[47] Aber für die großen Gaben, die für die Erhaltung der zahllosen Armen, für die Witwen und Waisen, die Alten und Kranken, nötig waren, kamen in erster Linie die „Reichen" in Betracht.

Die Oberschicht, zu der die Kappadozischen Väter sprachen, war verschieden von den Reichen in Antiochia. Kappadozien war das Land der großen Grundbesitzer und Züchter edler Pferde.[48] Daneben gab es auch vermögende Leute in den wenigen reichen Städten, aber der agrarische Charakter überwog bei weitem.[49]

Anschaulich schildert Basilius den Lebenszuschnitt dieser Oberschicht in der Homilie „In divites":[50] „Man hat unzählige Wagen, ... man hält eine Menge Pferde und führt von ihnen nach dem Adel ihrer Väter, wie von Menschen, besondere Geschlechtsregister ... Die einen tragen sie zu ihrem Vergnügen *in der Stadt* herum, die andern gehen zur Jagd, andere sind für das Reisen bestimmt. Zäume und Halsbehänge sind von Silber mit Gold verbrämt. Purpurdecken schmücken die Pferde wie Bräute ... Man hält eine Menge Maultiere von verschiedener Farbe; dazu Bereiter, Stallknechte, Vor- und Hinterreiter ... Aufseher, Verwalter, Gärtner, verschiedene andere, welche sowohl das, was zum Leben notwendig ist, als auch was zum Vergnügen und Wohlleben gehört, besorgen, wie Köche, Bäcker, Mundschenke, Jäger, Bildhauer, Maler und wer sonst noch zum Vergnügen beitragen kann. Man hat Herden von Kamelen ... von Pferden und Rindern, von Schafen und Schweinen, ... man hat Bäder in der Stadt, Bäder auf dem Lande. Häuser glänzen in verschiedenem Marmor von phrygischen, lakonischen, thessalischen Steinen ... der Fußboden besteht aus buntem Mosaik, die Decke ist mit Gold umzogen. Was von den Mauern nicht getäfelt ist, das ist mit gemalten Blumen geschmückt."

---

[47] Vgl. z. B. *Chrysostomus*, Epist. ad Rom., Hom. XXI, 2 (Migne, P. G., 60, Sp. 603—605); De petitione filiorum Zebedaei, contra Anomoeos, VII, 2 (Migne, P. G., 48, Sp. 770). Vgl. *E. F. Bruck*, Die Gesinnung des Schenkers bei Johannes Chrysostomus (Mnemosyna Pappoulias, Athen, 1934), S. 68, 70.

[48] Vgl. oben S. 17.

[49] *M. Rostovtzew*, Studien zur Geschichte des römischen Kolonates (1. Beiheft zum Archiv für Papyrusforschung), 1910, S. 253, 255 f.; ferner Gesellschaft und Wirtschaft im römischen Kaiserreich, Bd. II, S. 3, 281, Anm. 7, 282. Vgl. noch *Honigmann*, Art. „Cappadocia" in Pauly-Wissowa, R. E. Suppl. IV (1924), Sp. 978 ff.

[50] Or. 6, Kap. 2 (Migne, P. G., 31, Sp. 284 f.).

Basilius' Schilderung zeigt deutlich, daß die Landaristokratie zugleich auch ein Stadtleben führte. Sie saß in seiner Kirche und hörte seine Homilien.

Ein kleiner aber bezeichnender Zug, der die Lebensgewohnheiten dieser Kreise beleuchtet, findet sich bei *Gregor von Nazianz:*[51] „Von den Weinen wollen wir den einen verschmähen, den andern uns wählen wegen seiner Blume, über einen andern philosophieren wir." Die Bemerkung zeigt, daß sich diese kappadozischen Kavaliere als wirkliche Connoisseurs nicht roh betranken, sondern bei kleinen Schlucken mit Gleichgestimmten über die Blume eines edlen Weins zu „philosophieren" verstanden. Übrigens ist diese feine Beobachtung auch charakteristisch für Gregor.[52] Basilius oder Chrysostomus hätten sie schwerlich ausgesprochen.

Konnte Basilius diesem reichen Landadel mit seinem großzügigen und kultivierten Lebenszuschnitt zumuten, sein ganzes Vermögen zu verschenken?

Chrysostomus predigte in Antiochia, einer der größten Handelsstädte des Reichs, vor reichen Kaufleuten, Bankiers, Reedern und Fabrikanten. Von Antiochia aus gingen die Karawanenstraßen nach Persien, Indien und China. Die Waren des Ostens und die Fabrikate der Antiochenischen Industrie, Seide und andere Luxusartikel und die Artikel der Levante wurden dann nach dem Westen und nach Nordafrika weiter exportiert. Enorme Vermögen entstanden in Antiochia. Was Hieronymus in seinem Kommentar zu Ezechiel 27, 16[53] über die Einwohner von Tyrus sagt, gilt auch für die Einwohner von Antiochia, die ja ebenfalls Syrer waren: Sie haben „einen angeborenen Sinn für den Handel. Noch heute verbreiten sie ihre Liebe zum Gewinn über die ganze Welt, und sie besitzen eine solche Sucht für's Geschäft, daß sie trotz der Invasionen des römischen Reichs, inmitten der Heere und elender Morde, Reichtümer zu erwerben suchen, um der Armut unter Gefahren zu entfliehen".

[51] *De paup. am.* (Or. 14, Kap. 17) (Migne, P. G., 35, Sp. 880); vgl. auch Gregor von Nyssa, *De paup. am.*, I (Migne, P. G., 46, Sp. 468 A, B), oben S. 60, Anm. 22.

[52] Vgl. oben § 3, IV.

[53] Migne, P. L., 25, Sp. 267; vgl. Hieronymus, Epist. 7 (Migne, P. L., 130, Sp. 983): *negotiatoribus et avidissimis mortalium Syris, nobilium puellarum nuptius vendere* (s. unten § 24, I). — Über die Syrer und ihre Beziehungen zum Handel s. *P. Scheffer-Boichorst*, Zur Geschichte der Syrer im Abendlande, Gesammelte Schriften, II, S. 295 ff., *Charles Diehl*, Justinien et la civilisation Byzantine au sixième siècle, S. 580, 571.

Wieder fragen wir: konnte Chrysostomus diesen lebenslustigen Menschen, deren Lebenselement das Geschäft war, zumuten, ihr ganzes Vermögen den Armen zu schenken?

Als ein Ausweg und zugleich als ein Kompromiß kam Basilius der Gedanke der Seelquote, der ihm wohl — wenn auch in anderer Ausgestaltung — von der griechischen Philosophie her bekannt gewesen sein dürfte.[54] Er konzedierte den „Unvollkommenen", daß sie sich nicht von ihrem ganzen Vermögen zu trennen brauchten, daß sie aber *wenigstens einen Teil, eine Quote für die Armen und zugleich für ihr Seelenheil geben müßten.* Chrysostomus griff den Gedanken auf. Daß es sich für Basilius bei der Quote in der Tat um eine *Konzession* handelte, zu der er sich nur mühsam verstand, zeigt die Homilie „In divites" Kap. 5, wo er (unter Berufung auf Matth. 19, 21) sogar den Verheirateten mit Kindern gegenüber — erst recht also gegenüber den Kinderlosen und den Unverheirateten — predigt: „Ist denn für die Verheirateten das Evangelium nicht geschrieben?" d. h. eigentlich müßten auch sie allen Besitz aufgeben. Erst im Anschluß hieran konzediert Basilius, und zwar lediglich den Verheirateten mit Kindern, die Quote in Höhe eines Erstgeburtsanteils.[55] Ebenso wird in der Predigt „Zur Zeit einer Hungersnot und Dürre" (Or. 8), in der Basilius die Quote zum zweiten Mal in Höhe der Hälfte konzediert, zunächst wieder die *vita perfecta* empfohlen.[56]

Besonders deutlich zeigt es sich bei *Chrysostomus,* daß die Quote auch für ihn nur eine Konzession darstellt, obwohl gerade er, nachdem er sich zu ihr durchgerungen hatte, am häufigsten und nachdrücklichsten für sie eingetreten ist. In der Predigt In Ep. 1 ad Cor. Hom. 15, 6[57] sagt er voller Resignation: „Ich weiß nicht, wie ich dazu gekommen bin, eine so hohe Vollkommenheit von Menschen zu fordern, die schon viel zu tun meinen, wenn sie von ihrem Vermögen auch nur ein wenig Almosen geben. Darum sollen meine Worte nur den Vollkommenen (πρὸς τοὺς τελείους) gelten. Den Mindervollkommenen

---

[54] Vgl. oben § 7.

[55] Vgl. oben S. 6 f.

[56] Vgl. oben S. 8. Im gleichen Sinne predigt Gregor von Nyssa gegen die „harten Tyrannen" und „rohen Barbaren ... wilder als die wilden Tiere", die „*sogar* vom dritten oder fünften Teil ihre Brüder verdrängen" wollen; „denn ein Wolf läßt den andern am Fraße teilnehmen" (De paup. am., Or. 1, Migne, 46, Sp. 466). Vgl. oben § 4, II, S. 20. Die Einschränkung läßt die Konzession erkennen.

[57] Migne, 61, Sp. 130 (vgl. *Schilling,* S. 122 f., *Pöhlmann,* II, S. 490, *Seipel,* S. 107, Anm. 120).

(*πρὸς τοὺς ἀτελεστέρους*) aber sage ich, teilet den Armen von Euren Gütern mit ...“ An anderer Stelle fragt Chrysostomus: „Allein was würden denn unsere Kinder erben? wendet man ein.“ (Offenbar war die Frage in der Gemeinde oft aufgeworfen worden.) „*Ihr wollt das nicht?* Nun, dann gebt *wenigstens* die Hälfte oder den dritten oder vierten oder fünften oder zehnten Teil.“ [58]

Hier liegt der wichtigste Grund vor für die Entstehung der Quote für die Armen und für die Seele, die die spätere Entwicklung durch die Jahrhunderte hindurch beeinflußt hat. Die Quote war ursprünglich eine *Konzession* für alle diejenigen, die die absolute Vermögenslosigkeit der Vollkommenen nicht auf sich nehmen wollten. Sie bedeutete den *Versuch einer Synthese zwischen dem Lebensideal der Askese und der Realität des Besitzes.*

Die Forderung der Väter, das gesamte Vermögen der Seele und den Armen zu überlassen, hatte die Ablehnung des Verwandtenerbrechts bedeutet. *Mit der Konzession der Quote erkannten sie dieses Erbrecht an.*

§ 9. Die „doppelte Moral“

Die Erkenntnis, daß die Seelquote ihrem Wesen nach eine Konzession bedeutete, trägt dazu bei, das Verständnis für die sogenannte „*doppelte Moral*“ zu erschließen.

Das christliche Lebensideal forderte Abkehr vom Leben, Askese. Nach und nach werden aber Konzessionen gemacht für diejenigen, die nicht als Vollkommene leben wollen. Hierher gehören z. B. auch die Konzessionen, die das eheliche Leben betreffen. Ebenso werden nach Basilius' Vorgang auf dem Gebiete des Vermögens Konzessionen gemacht. Moderne Schriftsteller haben an dieser „doppelten Moral“ Anstoß genommen. Sie haben sie als Abkehr von der reinen Moral des frühen Christentums bezeichnet.[1]

Die Differenzierung der Anforderungen entspringt der Erkenntnis, daß das christliche Lebensideal der vollen Askese nur von einem ver-

---

[58] *Chrysostomus*, Hom. 66 ad Matth. 4 (Migne, P. G., 58, Sp. 630).

[1] Z. B. *von Schubert*, Geschichte der christlichen Kirche im Frühmittelalter, S. 62 und *passim*, der von den „Tugendvirtuosen“ spricht. Anderer Meinung *Troeltsch*, Soziallehren, S. 105, 232 f., vgl. S. 203, und mit anderen Gründen, *Grabmann*, Das christliche Lebensideal nach Thomas, Historisch-Politische Blätter, 1906, S. 99 (mir unzugänglich); *N. H. Baynes*, The Thought-World of East Rome, London, 1947, S. 7, 38, Anm. 7—9.

hältnismäßig kleinen Kreise erfüllt werden kann. Das religionsgemäße Verhalten der Christen soll nach ihrer Leistungsfähigkeit abgestuft werden.

Die Unterscheidung zwischen den Pflichten der Vollkommnen und Unvollkommnen begegnet bereits in der *stoischen Ethik.*[2] Auch die Stoiker hatten ethische Forderungen aufgestellt, die nur von einer Elite erfüllt werden konnten. Die Stoa unterschied eine höhere und eine niedere Moral, eine vollkommne und eine mittlere Tugend.[3] Als der Stoiker Panaitios von Rhodos (180—110 oder 109 v. Chr.) nach Rom kam und die jungen römischen Aristokraten in den Stoizismus einzuführen begann, milderte er die Härten der stoischen Lehre. Für die Weisen forderte er die Vollendung der Vernunft als Ziel, für die gewöhnlichen Menschen begnügte er sich mit der vernunftgemäßen Vollendung ihrer individuellen Natur.[4] Die Stoiker wandten sich jedoch an verhältnismäßig kleine Kreise. Die Massen blieben im wesentlichen unberührt von Stoizismus.[5] Anders das Christentum, das daran ging, die gesamte Menschheit zu erobern. Die großen Massen, die die an die Elite gestellten Forderungen nicht erfüllen konnten, sollten nicht ausgeschlossen werden. Daher mußten hier mehr Konzessionen gemacht werden.

Die Spaltung der Christen in Vollkommene und Unvollkommene entspricht der „ständischen Atmosphäre",[6] die in der Spätantike und dann im Mittelalter herrschend geworden ist. Diese Auffassung von den „zwei Ständen" im christlichen Leben läßt sich bereits bei *Basilius*[7] erkennen: „Der gütige Gott, für unser Heil besorgt, hat das

---

[2] *Ed. Zeller,* Die Philosophie der Griechen in ihrer geschichtlichen Entwicklung, Leipzig, Bd. III, 12. Aufl., 1880, S. 265; *Seipel,* Die wirtschaftsethischen Lehren der Kirchenväter, S. 107, Anm. 121.

[3] Die Unterscheidung ist bereits übernommen bei *Clemens Alexandrinus,* III, 11 (*Troeltsch,* a. a. O., S. 105, Anm. 53). Vgl. auch oben S. 61 f. — *Ambrosius* (*Officia,* I, 36 und 37) hat den stoischen Begriff der vollkommenen und mittleren Pflichten auf die *consilia* und *praecepta* angewendet (vgl. *Chr. E. Luthardt,* Geschichte der christlichen Ethik, I, Leipzig, 1888, S. 177; *Seipel,* S. 107, Anm. 121; *Troeltsch,* S. 105, Anm. 53).

[4] *Schmekel,* Die Philosophie der mittleren Stoa (Berlin, 1892), S. 212, *Überweg-Praechter,* Grundzüge der Philosophie des Altertums, S. 502.

[5] *J. B. Lightfoot,* St. Paul's Epistle to the Philippians, S. 309; *M. S. Enslin,* The Ethics of Paul (New York, 1930), S. 33; *Bruck,* Traditio, II, S. 112, Anm. 109, und Über römisches Recht, S. 109.

[6] *Troeltsch,* S. 203, 232 (im Hinblick auf das Mittelalter).

[7] *Basilius,* Sermo asceticus, de renuntiatione saeculi, 2 (Migne, P. G., 31, Sp. 628).

Leben der Menschen in zwei Lebensweisen geteilt (*εἰς δύο διεῖλε βίους*), nämlich in den Ehestand und in die Jungfräulichkeit, auf daß derjenige, der den Kampf der Jungfräulichkeit nicht zu bestehen vermag, sich mit einem Weibe verbindet." [8]

Basilius, der Praktiker und Organisator, „ein Römer unter den Griechen", wie er genannt worden ist, organisierte auf der einen Seite das Leben der Vollkommenen, der Mönche, durch seine „Regeln", die den Übertreibungen der ägyptischen Wüste entgegentraten und das Leben der Eremiten und Cenobiten auf eine geordnete Basis stellten. Damit wies er den Weg für Benedikt, der dann für die Geschichte der abendländischen Klöster und damit der westlichen Kultur von größter Bedeutung geworden ist. Auf der anderen Seite hat Basilius als erster zum Seelteil gemahnt und damit zugleich eine praktische Lösung für die Gewissensnöte der *imperfecti* gefunden.[9] Für ungezählte Tausende, die keinen Ausweg aus dem Dilemma Armut oder ewige Verdammnis sahen, bedeutete Basilius' Vorschlag eine Erlösung. Die Folgen seiner Anregung gehen durch die Jahrhunderte.

Der Konzession des Seelteils wie überhaupt dem Herablassen vom strengen asketischen Ideal liegt der Gedanke der *Mäßigung* (*μεσότης*) zugrunde. Hier bestehen wieder Zusammenhänge zwischen den Stoikern und der Patristik.[10] So spricht Chrysostomus — wenn auch in anderem Zusammenhange — es aus, daß Maßhalten (*μετριάζειν*) in allen Dingen sein Ideal sei.[11]

Es handelt sich um ein immer wiederkehrendes soziologisches Phänomen. Neue Bewegungen verschiedenster Art, idealistische und materialistische, hehre und niedrige, finden häufig zuerst Eingang bei den unteren Schichten, bei den Nichtbesitzenden, bei den Enttäuschten, die

---

Ähnlich im Anschluß an ihn *Gregor von Nazianz*, Trauerrede auf Gorgonia, Kap. 8 (Migne, P. G., 35, Sp. 798).

[8] Siehe hierzu *Karl Holl*, Enthusiasmus und Bußgewalt beim griechischen Mönchtum, Leipzig, 1898, S. 167; *Baynes*, a. a. O., S. 38, Anm. 7.

[9] Vgl. oben S. 60 und unten S. 83 f.

[10] Vgl. *W. Herrmann*, Über den Begriff der Mäßigung in der patristischen und scholastischen Ethik, Bonner Diss., 1913; *H. Kalchreuter*, Die Mesotes bei und vor Aristoteles, Tübinger Diss., 1911, auch *Michael Wittmann*, Die Ethik des Aristoteles, Regensburg, 1920, die allerdings die Quote nicht erwähnen.

[11] *Chrysostomus*, Ad pop. Ant., Hom. 2, 5 (II, 26), vgl. *Schilling*, Reichtum und Eigentum in der altkirchlichen Literatur, S. 111 und S. 45. — Schon bei *Clemens Alexandrinus* findet sich der Grundsatz bez. des Genusses: *ἀγαθὴ ἡ μέση κατάστασις* (Paedagogus 2, 1). Vgl. *Schilling*, S. 45.

nichts anderes als die Hoffnung und den Wunsch besitzen, daß es anders werden möge. Dann tritt der Moment ein, wo auch die oberen Schichten, die Saturierten, die Träger der Kultur, gewonnen werden müssen.

Die Geschichte zeigt verschiedene Wege und Lösungen, wie die neue Bewegung sich mit ihnen abfindet. Man kann sie überreden, man kann ihnen Konzessionen machen, dann kommt es zu einem Kompromiß. Dies war der Standpunkt des Basilius und des Chrysostomus. Oder aber die neue Bewegung ist intransigent. Sie hält die Oberschicht von ihrem Standpunkte aus für inkorrigibel und vernichtet sie. Es bedarf keiner Aufzählung von Beispielen. Sie sind bekannt.

§ 10. Der Anteil der Seele und der Armen — ein Ausgangspunkt für kirchlich-soziales Erbrecht

Der Seelteil der Kappadozischen Väter und des Chrysostomus bezweckte in erster Linie der Kirche die Mittel zur Erfüllung ihrer sozialen Aufgaben zu verschaffen, und zwar Mittel, die im rechten Verhältnis zum Vermögen ihrer Anhänger standen, nicht bloß vereinzelte Gaben nach Belieben des Gebers. Basilius, der große Organisator, hatte erkannt, daß die Kirche nicht von der Hand in den Mund leben könne.

Vor den Toren von Caesarea entstand eine ganze „neue Stadt"[1] von Hospitälern und Hospizen. Hier zeigt sich, wie sich die Seelgaben im Leben auswirkten. Es ist bezeichnend, daß Basilius seine bescheidene Residenz im Zentrum dieser sozialen Siedlung begründete.[2] Damit brachte er zum Ausdruck, daß er das soziale Werk für die Armen als eine der wichtigsten Aufgaben der Kirche ansah. Andere Armenhäuser in der Provinz, wohl von kleinerem Ausmaß, werden in Basilius' Briefen erwähnt.[3]

---

[1] Gregor von Nazianz, Trauerrede auf Basilius, Or. XLIII, 63 (Migne, P. G., 36, Sp. 577). Siehe *Lukas Vischer*, Basilius der Große, Theol. Diss., Basel, 1953, S. 140 ff. — Auch Chrysostomus erbaute Krankenhäuser (Palladei dialogus de vita S. Joh. Chrysostomi, c. 5 ed. P. R. Coleman-Norton, Cambridge, 1928), vgl. *Hans-Rudolf Hagemann*, Die Stellung der Piae Causae nach Justinianischem Rechte, Basel, 1953, S. 42.

[2] Gregor von Nyssa, *or. in laudem fratris Basilii* (Migne, 46, 809c); vgl. *Vischer*, a. a. O.

[3] *Epist.*, 142, 143.

Die griechischen Väter betrachteten das Kirchenvermögen vorwiegend als Vermögen der Armen. Die Fürsorge für die Armen ist der wesentliche Grund, der die Existenz des Kirchenvermögens rechtfertigt, erklärte Chrysostomus.[4] „Wenn Ihr die Größe des Vermögens (der Kirche) seht, dann erinnert Euch der Scharen der eingeschriebenen Armen (*τῶν ἐγγεγραμμένων πενήτων τὰς ἀγέλας*), der Massen der Kranken, des Bedarfs für zahllose Auslagen."[5] Die Armenfürsorge umfaßte zahlreiche soziale Leistungen. Chrysostomus betonte: „Wie viele Witwen, wie viele Jungfrauen muß die Kirche täglich speisen ..." „Die Liste der Unterstützungsempfänger der Kirche erreicht die Zahl Dreitausend. Dazu kommt die Hilfe für die Gefangenen, weiter für die Kranken in den Xenodochien ..., für arme Reisende, für Krüppel."[6]

Die sonstigen Ausgaben der Kirche, für Bischof und Geistlichkeit, für Gebäude und Gottesdienst, werden von den Kappadozischen Vätern und von Chrysostomus kaum erwähnt. Besser ist es, den Armen zu geben als heilige Gefäße der Kirche darzubringen oder die Wände oder den Boden der Kirche mit Ornamenten zu bedecken, sagt Chrysostomus.[7]

Ein *Recht* der Armen auf Fürsorge ist ebensowenig erwähnt wie ein *Recht* der Kirche auf den Anteil Christi und der Armen. Hier besteht, wie gezeigt, ein wesentlicher Unterschied zwischen den griechischen Vätern und Platos Gesetzentwurf zur Erzwingung seines Maßes — trotz ihrer Übereinstimmung über die Notwendigkeit dieser Fürsorge.[8] Chryso-

---

[4] So mehrfach in Hom. 85 *ad Matth.* (Migne, P. G., 58, Sp. 759 ff.) und Hom. 21 *ad Epist. I ad Corinth.* (Migne, P. G., 61, Sp. 178 ff.). Vgl. *Bruck*, Kirchlich-soziales Erbrecht in Byzanz, Chrysostomus und die Mazedonischen Kaiser, Studi Riccobono, III, S. 392 ff. — Über Chrysostomus' sozialpolitische Ideen s. *Oertel*, Appendix zu Pöhlmann, 2. Aufl., 1925, S. 568. — Die Bedeutung des sozialen Werks der Kirche wird auch von den lateinischen Vätern immer wieder betont. Vgl. u. a. *J. Seipel*, Die wirtschaftsethischen Lehren der Kirchenväter, 1907; *Georg Ratzinger*, Geschichte der kirchlichen Armenpflege, 2. Aufl., Freiburg i. Br., 1884; *O. Schilling*, Reichtum und Eigentum in der altkirchlichen Literatur; *Joh. Leipoldt*, Der soziale Gedanke in der altchristlichen Kirche, Leipzig, 1952; *Stanislas Giet*, Les idées et l'action sociales de Saint Basile, Thèse, Paris, 1941; *Lukas Vischer* (a. a. O.).

[5] Hom. 21, *in epist. I ad Cor. 7*, 190 (Migne, P. G., LXI, Sp. 179).

[6] Hom. 66 *ad Matth.* 3 (Migne, P. G., LVIII, Sp. 630). Ähnlich Hom. 21, *in epist. I ad Cor.* (Migne, P. G., LXI, Sp. 180).

[7] Hom. 80 in Matth. (Migne, P. G., LVIII, Sp. 726). Ebenso Hom. 51, 4 (Migne, P. G., LVIII, Sp. 509 ff.).

[8] Siehe oben § 7, XII. — Die Idee, daß niemand gezwungen ist zu geben,

stomus überließ die Entscheidung, ob man geben will oder nicht, dem freien Willen des Gebers, seinem „fröhlichen Willen“ (ἱλαρῶς), gemäß der Zweiten Epistel an die Korinther, Cap. 9, Vers 7: „Gott liebt einen fröhlichen Geber.“[9] Tief religiösen Männern wie Basilius und Chrysostomus war der Gedanke, die Armut durch Mittel des weltlichen Rechts zu lindern, fremd. Den Armen wurde durch Caritas geholfen. Chrysostomus charakterisiert ihr Wesen, wie das des Christentums überhaupt, mit den wunderbaren Worten: „Gleich wie es unmöglich ist, das Meer zu befahren, wenn Häfen und Landungsplätze verschlossen wären, so kann auch dieses Leben nicht fortbestehen, wenn Du Mitgefühl, Vergebung und Menschenliebe wegnimmst . . ., denn es lebt von Natur aus etwas in uns, was uns zum Mitleid antreibt. Deshalb ereifern wir uns, wenn jemand Unrecht geschieht, deshalb sind wir erschüttert, wenn wir jemand ermordet sehen . . . Indem wir dies bedenken, wollen wir uns selbst, unsere Kinder und Angehörigen in die Schule des Almosengebens führen . . . Groß ist der Mann und ehrenwert, der Mitleid empfindet; aber der, der kein Erbarmen hat, hat aufgehört ein Mensch zu sein. Erbarmen macht weise. Und wunderst Du Dich, wenn ich sage, daß Erbarmen der Mensch sei? Ich sage, es ist Gott. ‚Seid barmherzig‘, heißt es, ‚wie Euer Vater‘ (Luc. 6, 36).“[10]

Der Vollzug der Armenfürsorge lag in den Händen des Bischofs, der von den Diakonen unterstützt wurde. In den kleinen Stadtbistümern des Ostens verteilte der Bischof, der Verwalter des Kirchenvermögens, das Einkommen nach freiem Ermessen.[11]

---

begegnete schon bei den älteren Vätern. Nur so ist die „Reinheit der Gaben“ gesichert. Diese Lehre wurde z. B. von *Irenaeus* von Lyon, Adv. haer. 4, 2, 4 (Stieren, 563), und *Cyprianus*, De Op. et eleemos., c. 25 (herausgegeben von Haertel, I, 393 ff.) gepredigt. Vgl. *G. Uhlhorn*, Die christliche Liebestätigkeit der alten Kirche, Stuttgart, 1882, I, S. 142; *Schilling*, a. a. O., S. 56, 60 ff.

[9] Siehe unten § 18, II, S. 125. — Andererseits bemühen sich die Väter die Gaben für den Armen durch die Androhung von Strafen im Jenseits zu sichern, z. B. Chrysostomus, Hom. 58 *ad Matth.* (Migne, P. G., 58, 614 und 631), Hom. IV *ad Matth.* (Migne, 57, Sp. 50), *de verbis Apostoli habentes eundem spiritum*, I (Migne, 51, Sp. 278), *de Lazaro concio* (Migne, 48, Sp. 988).

[10] Hom. *ad Matth.* 4, 5 (Migne, P. G., 58, Sp. 524).

[11] *Loening*, Geschichte des deutschen Kirchenrechts, I, 1878, S. 234 f. (Versuche, die bischöfliche Verwaltung des Kirchenvermögens unter Kontrolle zu stellen, gemäß dem Beschluß der Synode von Antiochia von 341 n. Chr., wurden nicht durchgeführt); *Ulrich Stutz*, Geschichte des kirchlichen Benefizialwesens, 1895, S. 5 ff.; *Hagemann*, S. 6 f., 34 f.

Der Seelteil der griechischen Väter war noch kein soziales Recht, aber er war ein Ausgangspunkt in dieser Richtung. Die Mahnungen der großen Väter und Bischöfe, eine Quote des Vermögens den Armen zu geben, wurden durch ihr enormes Ansehen und durch religiöse Mittel unterstützt, die zum mindesten ebenso wirksam waren wie staatliche Gesetze. Wir werden sehen, wie sich lokale Gebräuche und Vulgarrechte entwickelten, wie — auf dieser Grundlage — später von den Kirchen Syriens und Kleinasiens erbrechtliche Vorschriften erlassen wurden, die ein bestimmtes Maß für die Seelgaben festsetzten. Gleiches geschah im Byzantinischen Kaiserrecht und in andern orientalischen Rechten. Die griechischen Väter hatten die Grundlage geschaffen für ein sich immer weiter ausbreitendes soziales Erbrecht.

III. Kapitel

Hieronymus und Augustinus und der Anteil eines Sohnes für Christus

Vorbemerkung

Neben den bisher behandelten Quoten der griechischen Väter tritt einige Jahrzehnte später im Kreise der lateinischen Väter eine andere Gestalt der Quote auf. Die neue Quote für Christus wird nicht bestimmt in zahlenmäßig festgesetzten Bruchteilen — 1/2, 1/3, 1/4 usw. — vielmehr soll sie unter Berücksichtigung der jeweiligen Zahl der Kinder, in der Regel der Söhne des Erblassers, festgesetzt werden. Sie soll *in einem Erbteil stehen, wie er einem leiblichen Sohne des Erblassers zustehen würde.* Der Erblasser soll seinen Söhnen Christus als Sohn hinzurechnen und nach der Gesamtzahl dieser Söhne dann die Quote bemessen. Das ist die *Sohnesquote für Christus.*

Auf den ersten Blick scheint es wenig auszumachen, ob die Quote auf die eine oder die andere Weise berechnet wird. In Wirklichkeit geht die Unterscheidung tief. Sie zeigt sich zunächst im *Ausgangspunkt.* Die bewegliche Sohnesquote berücksichtigt das Interesse der Kinder und damit der Familie in höherem Grade als die Quote der griechischen Väter, indem sie die Kinder in kinderreichen Ehen günstiger stellt. Der Kinderquote liegt eine stärkere Einschätzung der Bedeutung der Familie zugrunde als der festen Quote der griechischen Väter, in deren orientalisch-mönchlichem Denken die Werte der Welt und damit auch der Familie zurücktreten.[1]

Der Unterschied zeigt sich aber auch in der *späteren Entwicklung* im Laufe der Jahrhunderte, als die Quote in den verschiedenen Rechten des Abendlandes Aufnahme fand. Von nun an sind zwei Entwicklungslinien erkennbar im Zuge der Quote durch die abendländische Welt, die der griechischen Quote und die der lateinischen Sohnesquote.

Augustin hat die Sohnesquote für Christus häufig empfohlen. Er,

---

[1] Siehe oben S. 6, Anm. 16 und 17, S. 58 f., Anm. 14.

der größte Theologe der alten Kirche, der ihr die Bahn im Mittelalter und weit darüber hinaus gewiesen hat, ist bisher als Vater der Sohnesquote, ja darüber hinaus sogar als Vater der Seelquote überhaupt, angesprochen worden.[2]

Das vorliegende Buch vertritt eine andere Ansicht. In den vorausgegangenen Kapiteln ist dargelegt worden, daß die Seelquote in der Gestalt fester Bruchteile auf die griechischen Väter zurückgeht, nicht auf Augustin. Augustin ist aber auch nicht der erste gewesen, der die Sohnesquote empfohlen hat. So gut wie gar nicht ist in dieser Hinsicht bisher *Hieronymus* in Betracht gezogen worden.[3] Ihm kommt aber große Bedeutung bei der Entstehung der Sohnesquote zu. Wir wenden uns zunächst Hieronymus zu.

§ 11. Hieronymus

I. Der Hl. Hieronymus gehört sowohl der abendländischen wie der morgenländischen Patristik an. Viele Jahre seines langen Lebens hat er im Orient zugebracht.[1]

Geboren zwischen 340—350 in Dalmatien, kam er als Knabe nach Rom, wo er Grammatik, Rhetorik und Philosophie studierte. Dann hielt er sich kurze Zeit in der Mönchskolonie in Trier auf. Um 373 ging er zum ersten Male nach dem Orient. In Antiochia erwarb er sich eine vollendete Kenntnis des Griechischen. Dann lebte er drei Jahre lang als Einsiedler mit den Mönchen der Wüste Chalcis bei Antiochia.

---

[2] Siehe oben S. VI f., Anm. 4—7. Vor allem sind die Schriften von *Alfred Schultze* zu nennen, der in Augustin den Schöpfer der Sohnesquote wie des Seelteils überhaupt erblickt (siehe oben S. VI f., Anm. 5). Er betont das „Ureigene des hier wirkenden Gedankens" (Augustin und der Seelteil, S. 220).

[3] Hieronymus epist. 120 *ad Hedibiam* (Migne, P. L., 22, Sp. 984 ff.), ist kurz erwähnt bei *Pitzorno*, l'adozione privata, 1914, S. 44, Anm. 1, und bei *A. Schultze*, Atti del Congr. internat. di diritto Romano, Bd. I, S. 203. Siehe über diesen Brief unten S. 83 f.

[1] Über die Einzelheiten seines Lebens siehe *Bardenhewer*, Geschichte der altkirchlichen Literatur, III, S. 605—608; *Lietzmann*, Art. Hieronymus, in Realenzyklopädie der klass. Altertumswissenschaft, VIII, Sp. 1565—1581; *Altaner*, Patrologie, 1938, S. 251—253, und die bei diesen angeführte Literatur. Am umfangreichsten ist *G. Grützmacher*, Hieronymus, 3 Bände, 1901—1908, „mehr in die Breite als in die Tiefe gehend" (*Lietzmann*, a. a. O., S. 1580). Wichtig ist *F. Cavallera*, St. Jerome, Louvain, 1932. Siehe auch *denselben* in F. X. Murphy, A Monument to St. Jerome, New York, 1952 (besprochen von *A. D. Nock*, American Historical Review, 58, 1953, S. 593 ff.).

Dort lernte er hebräisch, dort wurde der Drang zur literarischen Produktivität in ihm erweckt, dort empfing seine wissenschaftliche Richtung, den bleibenden Stempel der griechischen Gelehrsamkeit[2] und zugleich des griechischen Mönchtums. Er genoß die mystischen Freuden des asketischen Lebens in der Wüste,[3] aber es kam auch zu leidenschaftlichen Streitigkeiten mit den Mitmönchen.[4] Solche Fehden blieben ebenfalls charakteristisch für sein späteres Leben. Er verließ die Wüste und ging nach Konstantinopel (380—381). Dort hörte er exegetische Vorlesungen bei Gregor von Nazianz. Auch zu Gregor von Nyssa trat er in Beziehungen. Dann folgte er einer Einladung des greisen Papstes Damasus, dessen Freund und Sekretär er wurde, nach Rom (382—385). Hier begannen seine Arbeiten am Bibeltext. Eine Zeitlang schien es sogar, als ob er Damasus' Nachfolger werden sollte. Aber seine scharfe Kritik am römischen Klerus und die Bekehrung adliger Damen zu strenger Askese hatten ihm viele Feinde gemacht und längeres Verweilen in Rom wurde unmöglich. Wieder zog er in den Orient (385). Vorübergehend war er in Antiochia, in Alexandrien und in den Mönchstationen der Nitrischen Wüste. 386 ließ er sich dauernd in Bethlehem nieder. Seine Freundin, die Hl. Paula, eine reiche römische Aristokratin, ließ ihm ein Kloster erbauen, das er selbst leitete. Sie baute auch drei Frauenklöster, deren Leitung sie übernahm.

34 Jahre arbeitete Hieronymus in Bethlehem in seiner großartigen Bibliothek. Seine schriftstellerische Tätigkeit war gewaltig und man-

---

[2] *Lietzmann*, a. a. O., S. 1569.

[3] Vgl. Hieronymus' Epist. 14, Kap. 10 (oben § 8, Anm. 15).

[4] Die Streitigkeiten hingen mit dem Meletianischen Schisma zusammen. Hieronymus schreibt darüber an den Priester Markus (epist. 22) im Winter 378/9 kurz vor seinem Weggang aus der Wüste. Der Brief ist bezeichnend für den leidenschaftlichen und hochgebildeten Mann. „Bevor ich mit Dir über meinen Dir wohlbekannten Glauben rede, muß ich zuvor gegen die Schrecklichkeit meines Aufenthaltsorts mit den wohlbekannten Versen laut aufschreien: ‚Was für ein Schlag von Menschen ist dies? Welch' Land von Barbaren huldiget solcherlei Brauch? Man treibt uns vom gastlichen Ufer; Krieg beginnt man, gestattet uns nicht, den Strand zu betreten' (Aeneis I v. 599 ff.). ... Man muß sich schämen, es auszusprechen: Aus unsern löcherähnlichen Zellen verdammen wir den ganzen Erdkreis! In Sack und Asche uns wälzend sprechen wir über die Bischöfe das Urteil! ... Man gönnt mir nicht einmal einen verborgenen Winkel in der Wüste. Täglich werde ich über meinen Glauben ausgefragt. ... Lege ich mein Glaubensbekenntnis ab, wie sie es fordern, so gefällt es ihnen nicht; unterschreibe ich, so glauben sie es nicht. Eins nur findet Billigung, daß ich von hier fortgehe."

nigfaltig. Postumianus, ein Augenzeuge, schildert seine Lebensweise mit den Worten: „Er ist beständig ganz ins Studium, ganz in die Bücher vertieft; nicht bei Tag und nicht bei Nacht gönnt er sich Ruhe; beständig ist er entweder mit Lesen oder mit Schreiben beschäftigt.“ [5]

Die Völkerwanderung machte sich bis nach Palästina fühlbar. Hunnen (402), isaurische Bergvölker (405) und Sarazenen (410/12) plünderten in der Nähe von Bethlehem und zwangen Hieronymus vorübergehend zur Flucht. Als der Pelagianische Streit auch nach Palästina hinübergriff, steckte eine Schar von Pelagianern sein Kloster in Brand (416). 419 oder 420 ist er gestorben.[6]

Hieronymus' Mittlerstellung zwischen Abendland und Morgenland tritt auch bei seiner Stellung zum Seelteil hervor.

II. Von seinem Kloster in Bethlehem aus führte Hieronymus eine ausgedehnte Korrespondenz. Die Liste der Adressaten von Hieronymus' Briefen illustriert schlagend, daß das Christentum aufgehört hatte, die Religion nur der Armen und Enterbten zu sein. Die Welt der hohen Beamten und Offiziere des Kaisers und der Besitzer großer Latifundien, war im Zusammenbrechen. Jetzt suchten auch sie Rat und Hilfe bei den großen Vätern der Kirche. Gerade Hieronymus wurde als Ratgeber oft gesucht. Bei den Damen der römischen Gesellschaft war der gelehrte und dynamische Asket schon lange fashionable gewesen. Hieronymus' Briefe waren von vornherein zur Veröffentlichung bestimmt, sie wurden in Abschriften weit verbreitet und waren hoch geschätzt. Charakteristisch ist, daß die römische Aristokratin Fabiola Hieronymus' langen Brief an Heliodor über das asketische Leben (epist. XIV, geschr. vor Ende 375) auswendig wußte.[7]

Ein häufig wiederkehrendes Thema dieser Korrespondenz ist das asketische Lebensideal, und dabei vor allem die Fragen der Virginität, der keuschen Witwenschaft und besonders der Armut. Gleich den griechischen Vätern empfiehlt Hieronymus als Anhänger strenger Askese in erster Linie die *vita perfecta* und zugleich den Verzicht auf den gesamten Besitz. Auch er geht meist von dem Matthäuswort 19,

---

[5] Postumianus, bei Sulp. Sev., Dial. 1, 9, 5, *Bardenhewer,* III, S. 608.

[6] Nach Prosper's Chronik (Mon. Chron. min., I, 2, S. 469) am 30. September 420 (*Lietzmann,* Pauly-Wissowa, VIII, 1567).

[7] Es ist für Hieronymus bezeichnend, daß er dies selber berichtet in Epist. 77 ad Oceanum (vom Jahre 399), Kap. 9 (Migne, P. L., 22, Sp. 696): „Librum quo Heliodorum quondam iuvenis ad eremum cohortatus sum, tenebat memoriter.“

21 aus: „Wenn Du vollkommen sein willst, dann verkaufe alles und gib es den Armen.“ [8]

III. Hieronymus hat aber auch die *Seelquote* in der Form der Sohnesquote für Christus empfohlen. Seine Briefe lassen erkennen, daß das Problem ihn jahrelang beschäftigt hat. Auch bei ihm hat sich der Vorschlag der Seelquote erst nach und nach zu einer festen Gestalt kristallisiert, ähnlich wie bei Basilius und Chrysostomus.

a) Der Gedanke, Christus zum Erben einzusetzen, findet sich bei Hieronymus, soweit ich sehe, zum ersten Male im Jahre 395 in seinem Brief Nr. 54 an die kinderlose, junge Witwe *Furia,* die Angehörige eines patrizischen Geschlechts in Rom. Hieronymus fordert sie zur Bewahrung der Witwenschaft auf. Im Zusammenhang hiermit heißt es (Kap. 4): „Wem sollst Du Deinen großen Reichtum hinterlassen? Christo, der nicht sterben kann. Wer wird Dein Erbe sein? Er, der auch Dein Herr ist.“ Hier soll die Einsetzung Christi also noch nicht auf eine Quote erfolgen, vielmehr auf den ganzen Nachlaß. Sie ist verknüpft mit dem vollkommenen Leben, das Hieronymus der Witwe anrät.

b) Eine wirkliche Seelquote erwähnt Hieronymus zum ersten Male in einer bisher unbeachtet gebliebenen Stelle in Brief 118. Der Brief ist an einen Dalmatiner *Julianus* gerichtet, der kurz vorher bei einem der vielen Plünderungszüge von seinen drei Töchtern zwei durch den Tod verloren hatte. Der reiche Großgrundbesitzer, dessen Geschick in der Zeit der Völkerwanderung und des allgemeinen Zusammenbruchs an manches europäische Schicksal unserer eigenen Tage erinnert, hatte sich an Hieronymus um Trost gewandt. Der Trost, der ihm zuteil wird, ist — der Seelteil! Hier sehen wir deutlich, was der Seelteil dem Menschen dieser Zeit bedeutete. Wahrscheinlich ist Hieronymus' Antwort in den Jahren 399—400 geschrieben worden.[9]

[8] So heißt es z. B. in Epist. XIV (an Heliodorus) vom Jahre 375, Kap. 6: „Man muß sich vollkommen an Gott hingeben und die Welt fliehen ... wenn Du auf ein weltliches Erbe harrest, kannst Du nicht Miterbe Christi sein ... wenn Du vollkommen bist, warum begehrst Du noch nach den väterlichen Gütern.“ — An Paulinus von Nola (Epist. LVIII) schreibt Hieronymus: „Wir aber folgen, mit Gold vollgestopft, dem armen Christus nach und halten fest an den alten Schätzen, unter dem Vorwande, sie als Almosen verteilen zu können ... Besteht Dein Vermögen in Ländereien, so verkaufe sie; wenn nicht (d. h. es besteht in Mobilien), so wirf es von Dir!“ In Epist. LXXI an Lucinius (von 397/8) heißt es: „Das Geld wegwerfen müssen die Anfänger im geistlichen Leben, nicht (bloß) die Vollkommenen.“

[9] Die Datierung dieses Briefs ist erheblich. *Vallarsi* hatte ihn in das Jahr 406

Wieder rät Hieronymus in erster Linie, Julian möge sein *ganzes* Vermögen verkaufen und alles den Armen geben, wenn er vollkommen sein wolle.[10] Wenn er aber nicht so weit gehen wolle, macht Hieronymus ihm die Konzession: „*Teile Deinen Kindern, welche Dir zum Herrn vorangegangen* sind (d. h. *den beiden vorverstorbenen Töchtern*) *ihre Güter zu*, so daß ihre Anteile nicht zur Bereicherung der (überlebenden) Schwester gedeihen, *sondern zur Erlösung Deiner eigenen Seele und zur Unterstützung der Unglücklichen*. Solche Halsgeschmeide fordern Deine Töchter von Dir; mit diesen Edelsteinen wollen sie ihre Häupter geziert sehen." [11] Hier findet sich also ein Vorstadium des späteren Vorschlages der Einsetzung Christi auf eine Kinder- oder Sohnesquote, die dann nach den *lebenden* Kindern berechnet wird.[12] Wir werden dasselbe Vorstadium auch bei Augustin antreffen.[13]

Der Brief an Julian ist in großer Eile geschrieben,[14] aber — und das ist bezeichnend — auch in diesem in aller Hast diktierten Briefe spricht Hieronymus wieder über die Verteilung des ganzen Vermögens an die Armen bei der *vita perfecta*, dann aber sogleich auch über den Ersatz,

---

gesetzt, weil er in dem in Kap. 2 erwähnten Einfall der Barbaren den Einfall des germanischen Heerführers Radagais v. Jahr 405 nach Dalmatien erblickte. Hierzu bemerkt *N. Pronberger*, Beiträge zur Chronologie der Briefe des Hl. Hieronymus, Diss. der Universität München, 1913, S. 73: „Wahrscheinlicher ist es, da Hieronymus den Namen dieses berühmten germanischen Heerführers nicht nennt und auch sonst die ganze Bewegung mit wenigen Worten abtut, in jenem Einfall einen der vielen Plünderungszüge zu vermuten, die seit 395 den Osten wie den Westen unausgesetzt beunruhigten . . ." Auch ist Hieronymus z. Z. des Briefes an Julian noch eng befreundet mit Paulinus von Nola, den er auf's höchste preist. Diese Freundschaft hatte aber, wie es bei Hieronymus' Freundschaften so oft vorkam, schon seit dem Briefe 85 (vom Jahre 400/401) ihr Ende gefunden. Daher nimmt *Pronberger* an, daß das wahrscheinlichste Datum des Briefes 118 an Julianus das Jahr 399/400 ist. — Dieses Datum wird, wie ich hinzufügen möchte, auch durch die Haltung bestätigt, die Hieronymus dort gegenüber dem *Seelteil* einnimmt. Der Brief empfiehlt die Einsetzung Christi auf den Erbteil *bereits verstorbener* Kinder.

[10] Epist. 118, Kap. 4 (Migne, P. L., 22, Sp. 963).

[11] Ebenda.

[12] Vgl. unten Brief 120 vom Jahre 406/7, S. 83 f.

[13] Vgl. unten S. 85.

[14] Hieronymus schildert dies am Anfang Kap. 1 (Migne, P. L., 22, Sp. 960) sehr anschaulich in einer auch kulturhistorisch interessanten Stelle: „Mein Sohn, Dein Bruder Ausonius, hatte mir seine Ankunft zu spät angekündigt, gewissermaßen gleichzeitig ‚guten Tag' und ‚auf Wiedersehen' gesagt; er war der Meinung, daß er mit leeren Händen zurückkehren würde, wenn er nicht etwas von meinen Einfällen

d. h. über den Seelteil. Das zeigt wiederum, wie stark dieses Problem Hieronymus beschäftigt haben muß.

c) Die Konzession eines Teils des Vermögens, als Ersatzleistung statt der *vita perfecta,* findet sich auch in Hieronymus' Brief an die reiche Witwe *Salvina* (Brief 79),[15] die ebenfalls der römischen Aristokratie angehörte.

Im Hinblick auf Salvina's verstorbenen Gatten, Nebridius, sagt Hieronymus:[16] „Was er auch immer im Dienst des Kaisers ... erworben hatte, verwandte er im Dienste der Armen", wobei wieder auf Matthäus 19, 21 verwiesen wird. Sodann folgt der Hinweis auf die Ersatzleistung für die *imperfecti:* „Und weil er diesen Satz nicht erfüllen konnte, da er eine Gattin und kleine Kinder und großes Hausgesinde (*familia*) hatte, ... warf er nicht auf einmal die Last (seines ganzen Vermögens) ab, auf einmal, wie es die Apostel getan haben, ... sondern zu gleichen Teilen *(ex aequalitate)* teilte er seinen Überfluß ihrer Bedürftigkeit mit ..."

Hier handelt es sich nicht um eine Mahnung des Hieronymus, die das zukünftige Verhalten der Adressatin des Briefes beeinflussen soll. Vielmehr gibt er, beiläufig, einen Rückblick auf das Leben ihres verstorbenen Gatten, und in diesem Zusammenhange erklärt er es für genügend, daß der Verstorbene sein halbes Vermögen den Armen zugeteilt hatte. Wesentlich ist, daß Hieronymus hier anerkennt, daß die

---

(*nugarum*) mit sich brächte. Der Postschein war schon herabgeschickt (*jam demisso synthemate*), das Postpferd war schon gesattelt, und den vornehmen, jungen Mann, angetan mit Punischer *tunica,* umgab schon der Reisegürtel (*balteus*). Dennoch zwang er mich, nachdem ein Stenograph herbeigeholt worden war, zu reden, was schnell ausgesprochen, die schnelle Hand mitnahm, ... daher breche ich mein langes Schweigen an Dich nicht mit der Sorgfalt eines Briefschreibers, sondern mit der Verwegenheit des Diktierenden. Es ist ein Brief aus dem Stegreife, ohne Ordnung der Gedanken, *ohne Komposition der Worte* (*extemporalis est epistola, absque ordine sensuum, sine lenocinio et compositione verborum*)." — Daß der Brief schnell diktiert war, bleibt bestehen, auch wenn man berücksichtigt, daß Hieronymus solche Einleitungen in seinen Briefen liebte, um zu zeigen, wie schön er auch trotz großer Eile zu schreiben verstand (vgl. z. B. die Einleitung in seinem Briefe 112 an Augustin und hierzu *de Bruyne,* Zeitschrift für Neutestamentliche Wissenschaft, Bd. 31, 1932, S. 240).

[15] Migne, P. L., 22, Sp. 724 ff. Der Brief ist um 400, spätestens 403 geschrieben (*L. Schade,* Ausgewählte Briefe des Hieronymus, Bd. I, 1936, S. 313). Nach *Pronberger,* a. a. O., S. 61, war das Datum wohl 405.

[16] Hieronymus, Epist. 79, Kap. 4 (Migne, P. L., 22, Sp. 726).

Rücksicht auf die Familie vom Verzicht auf das gesamte Vermögen befreit.

d) Es ist interessant, daß eine Dame der gallo-römischen Aristokratie, *Hedibia,* sogar vom fernen Gallien aus an Hieronymus die Anfrage richtete, wie sie es mit der Seelquote halten sollte. Hieronymus hat ihr in seinem Briefe Nr. 120 v. J. 406 oder 407 geantwortet.[17]

Hedibias Anfrage betraf zunächst eine Reihe theologischer Fragen, besonders über Auslegung von Stellen des Neuen Testaments, aber der Kern ihres Briefes war, wie die Antwort deutlich erkennen läßt, die Frage: wie muß eine Witwe leben, die ohne Kinder zurückgeblieben ist? Wieder handelt es sich um das, reiche Damen aufs Höchste interessierende Problem: *wieviel* muß ich der Kirche und den Armen von meinem Vermögen abgeben? Die Dame findet nicht den geeigneten Experten in ihrer Heimat. An St. Martin von Tours (gest. 397) berühmtes Kloster in Marmoutier denkt sie nicht, oder es genügt ihr nicht. Das später so berühmte Kloster Lérins existierte damals noch nicht. Sie schreibt auch nicht an den Bischof Augustinus in Hippo, obwohl er ihr näher wohnte. Augustin, der 395 Bischof geworden war, stand damals erst an der Schwelle seiner Laufbahn. Vielmehr sendet sie ihre Anfrage — dies mußte natürlich durch besonderen Boten geschehen — an den, den auch sie für den größten christlichen Gelehrten ihrer Zeit hielt, an den hl. Hieronymus im fernen Bethlehem. Hieronymus, der solche ehrende Anfragen schätzte, vergaß nicht, dies auch ausdrücklich am Eingang seiner Antwort an die „ihm von Angesicht unbekannte" (*ignota vultu*) zu erwähnen: „Und von den fernen Grenzen Galliens ersuchst Du den, der sich im Bethlehemitischen Lande verborgen hält, um Antwort." [18]

Hedibias Brief enthielt theologische Fragen an einen großen Theologen, war aber auch gleichzeitig, was heute etwa der Konsultation eines großen Anwalts in einer wichtigen Erbschaftssteuerangelegenheit entsprechen würde. Hieronymus antwortete: „Du fragst, wie jemand *vollkommen* sein könne, und wie eine Witwe leben müsse, die ohne Kinder zurückgelassen ist." [19] Wieder empfiehlt er in erster Linie die

[17] Nach *Pronberger,* S. 75, vom Jahre 408/9.

[18] Migne, P. L., 22, Sp. 981. — Der Vorgang steht nicht vereinzelt da. Hieronymus verweist am Schlusse des Briefes auf ähnliche Antworten, die er an zwei andere vornehme Witwen, *Furia* und *Salvina,* geschrieben hat (epist. 120, Kap. 1, am Ende, Migne, a. a. O., Sp. 985). Ein dritter Brief (epist. 123, an *Ageruchia*) war im Jahre 409 geschrieben.

[19] Epist. 120, Kap. 1 (Migne, P. L., 22, Sp. 982).

vita perfecta, unter Hinweis auf Matt. 19, 21. Aber er macht eine Konzession — ebenso wie die griechischen Väter.[20] Er unterscheidet zwischen der Witwe mit Kindern und der kinderlosen Witwe.

„Wenn aber eine Witwe Kinder hat, und besonders, wenn sie aus vornehmer Familie ist, möge sie ihre Söhne nicht in Dürftigkeit zurücklassen, sondern gleichmäßig möge sie sie lieben, und *sie möge hierbei zuerst ihre eigene Seele bedenken, und sie möge diese selbst* (ihre Seele) *als einen ihrer Söhne ansehen, und sie möchte lieber mit ihren Kindern teilen, als alles ihren Söhnen hinterlassen; vielmehr möge sie Christus zum Miterben ihrer Kinder machen.*"[21] Hier spricht Hieronymus also mit aller Deutlichkeit die Mahnung aus, *Christus wie einen Sohn auf eine Sohnesquote einzusetzen, zusammen mit den noch lebenden Kindern.*[22]

Das sind Hieronymus Äußerungen über die Sohnesquote für Christus! Er konzedierte sie solchen, die Kinder besitzen.

§ 12. Augustinus

Bekanntlich hat Augustin (354—430)[1] häufig die Mahnung ausgesprochen, Christus eine Quote des Vermögens zu hinterlassen, und

---

[20] Vgl. oben § 8.

[21] „Si qua autem vidua habet liberos, et maximae si nobilis familiae est, egentes filios non dimittat, sed ex aequalitate eos amet, et ut meminerit primum animae suae et ipsam putet esse de filiis, et partiatur potius cum liberis, quam omnia filiis derelinquat; immo Christum liberorum suorum faciat coheredem" (Migne, P. L., 22, Sp. 984 f.).

[22] Im Falle einer *kinderlosen* Witwe kann die Sohnesquote nicht in Betracht kommen. Hier mahnt Hieronymus: „Wenn Du mehr hast, als Dir zum Lebensunterhalt notwendig ist, das gib weg, und bezüglich dieses betrachte Dich als Schuldnerin."

[1] Das Leben Augustin's, des größten unter den Vätern, ist so bekannt, daß hier von seiner Darstellung abgesehen wird. Vgl. etwa die Biographien von *C. Bindemann*, 3 Bände (1844—69), *F. Böhringer* (2. Aufl., 1877/78), *G. von Hertling* (2. Aufl., 1904), *P. Guilloux* (Paris, 1921), *B. Legewie* (1925), *E. Krebs* (1930), *G. Papini* (Florence, 1930), *E. McDougall* (London, 1930), *P. Gorla* (Turin, 1936), *Labriolle* (Dictionnaire d'histoire et de géographie ecclésiastiques, Paris, Bd. 5, S. 440—473). — Kurzer Abriß bei *Bardenhewer*, IV, S. 438 ff., *Altaner*, S. 265 bis 288. — *Pierre Courcelle*, Recherche sur les confessions de Saint Augustin, Paris, 1950 (Bespr. von *A. D. Nock*, Journal of Ecclesiastical History, II, 2, S. 225 ff.).

zwar in der Höhe, wie sie einem leiblichen Sohne gebührt. „*Quod saepe hortatus sum*“, sagt er selbst in Sermo 355.[2] Deshalb ist er, wie bemerkt, für den Vater der Sohnesquote für Christus, wie der Seelquote überhaupt, erklärt worden.[3]

Die Reihenfolge von Augustins *Sermones*, in denen er die Sohnesquote für Christus behandelt, ist erst in neuerer Zeit geprüft worden. Die erste Andeutung befindet sich in Sermo 9 *De decem chordis*, cap. XII, Nr. 19 und 20.[5] Augustin predigt hier für die Almosen und gegen die Habsucht, und er wendet sich gegen den Einwand des Erblassers, der den Armen nichts hinterlassen will: „Ich diene meinen Söhnen“ (*filiis meis servo*). Dabei unterstellt Augustin den Fall, daß der Vater einen seiner Söhne vor Errichtung seines Testaments durch den Tod verloren hat. Dann, meint Augustin, wird der Anteil des verstorbenen Sohnes den Armen geschuldet (*pars ipsius pauperibus debetur*). Hier fordert Augustin den Anteil eines Sohnes als Teil der Armen, aber es handelt sich hierbei um den Kopfteil eines bereits weggefallenen, eines *vorverstorbenen* Sohnes.[6] Das genaue Datum von Sermo 9 steht nicht fest. Die Predigt ist während oder nach dem Jahre 403 gehalten worden, jedenfalls nicht früher.[7]

Augustin hat den Vorschlag der Sohnesquote für Christus dann in vier weiteren Sermones ausgearbeitet, die etwa in die Jahre von 404

---

[2] Vgl. unten S. 87.

[3] Siehe oben S. 77. Anm. 2.

[4] Besonders von *Alfred Schultze*, Nachträge zu „Augustin und der Seelteil“, Z. Sav. St., Germ. Abt. 50, 1930, S. 376—385.

[5] Migne, P. L., 38, S. 89 ff.

[6] So *A. Schultze*, Augustin und der Seelteil des germanischen Erbrechts, S. 86.

[7] Zu diesem Ergebnis gelangt *Alfred Schultze*, Nachträge, Z. Sav. St. 50, S. 380, auf Grund der Vergleichung von Sermo 9 mit Sermo 32 (Migne, P. L., 38, Sp. 196 ff), der allerdings nichts über den Seelteil enthält. Sermo 32 ist in Karthago i. J. 403 gehalten worden (*P. Ad. Wilh. Kunzelmann*, Die zeitliche Festlegung der Sermones des Hl. Augustinus, S. 72, 80). Beide Sermones stehen nach Schultze „einander inhaltlich und wohl auch zeitlich nahe“ (S. 379). Auch ist es nach Schultze wahrscheinlich, daß Augustin in Karthago anläßlich des Festes des Hl. Cyprian mehrere Predigten über Psalm 143, der in beiden Predigten behandelt ist, gehalten hat. Schultze (S. 380) hält es daher für „wohl nicht zu gewagt, auch Sermo 9 dem Jahre 403 zuzuweisen“. — *A. Degert*, Quid ad mores ingeniaque Afrorum cognoscenda conferant Scti. Augustini Sermones, Thèse, Bordeaux, 1894, S. 24, setzt Sermo 9 auf „ante 415“ an. — *Kunzelmann*, a. a. O., gibt keine Zeitbestimmung für Sermo 9 (zit. bei Schultze, S. 380, Anm. 2).

bis 426 fallen.[8] Der Stil dieser vier Predigten zum Seelteil ist plastisch und populär,[9] was Augustins *späterem* Predigtstil entspricht.[10] Dies zeigt sich auch gerade bei seiner Propaganda für den Sohneskopfteil für Christus.

a) In der *Enarratio in Psalmum* 38, zu Vers 7, Nr. 12 i. f.[11] behandelt Augustin — ebenso wie in Sermo 9 — die *excusatio* des Vaters: „ich diene meinen Söhnen (*filiis meis servo*). Dann empfiehlt er die Gabe an die *pauperes* in die Hut des Himmels zu legen. Er schließt: „Du hast Söhne: zähle einen mehr hinzu, gib *etwas* auch Christus" (*Filios habes: unum plus numera, et da aliquid et Christo*).[12] Hier wird also, was in Sermo 9 noch fehlt, Christus zu den Söhnen hinzugezählt und gefordert: *Gib etwas auch* für Christus. Was den Zeitpunkt dieser Predigt anlangt, so muß sie später als Sermo 9[13] gehalten worden sein, da dort die Sohnesquote für Christus noch nicht ausgebildet war.[14]

b) Im Sermo *De disciplina christiana*, cap. VIII, Nr. 8 am Ende,[15] behandelt Augustin die Lehre vom *bene vivere*, d. h. christlich gesprochen, vom *diligere Deum, diligere proximum*. In diesem Zusammenhang fordert er zur Gabe an die Armen auf. Dabei heißt es: „Schließlich zähle Deine Söhne, füge einen zu ihnen hinzu, Deinen Herrn. Hast Du einen Sohn, so sei jener der Zweite, hast Du zwei Söhne, so sei jener der Dritte; hast Du drei Söhne, so sei jener der Vierte."[16]

---

[8] So *Schultze*, Nachträge, Z. Sav. St. 50, S. 376 ff., insbesondere S. 382. — Siehe auch unten bei den einzelnen *sermones*.

[9] Augustin's Argumente sind praktisch und auch für den Ungebildeten leicht zu erfassen (*Hermann Henrici*, Über Schenkungen an die Kirche, Weimar, 1916, S. 9).

[10] *Bardenhewer*, IV, S. 447. — Vgl. ferner *D. Germain-Morin* in einer Mitteilung an A. Schultze, abgedruckt Nachträge, Z. Sav. St. 50, S. 381, über Augustin's Stil in seinen späteren Jahren.

[11] Migne, P. L., 26, S. 424.

[12] *A. Schultze*, Nachträge, S. 377.

[13] S. oben S. 85, Anm. 7.

[14] So richtig *Schultze*, Nachträge, S. 381. Der nähere Zeitpunkt der Predigt läßt sich mit Sicherheit nicht feststellen. Fest steht nur der *terminus ad quem*, nämlich 416/17 (*Schultze*, Nachträge, S. 378). Was den *terminus a quo* anlangt, so ist sie zwar nach sermo 9 gehalten worden, aber der Zeitpunkt von sermo 9 ist ebenfalls nur annähernd feststellbar (403—415). (Vgl. oben S. 85, Anm. 7.)

[15] Migne, P. L., 40, S. 674.

[16] Vgl. *Schultze*, Nachträge, S. 377 f.

Diese Predigt ist sicher nach der *Enarratio in psalmum* gehalten worden.[17]

c) Noch ausführlicher behandelt Sermo 86, cap. X—XII, Nr. 11 bis 14[18] die Sohnesquote für Christus: „Schaffe einen Platz für Christus mit Deinen Söhnen; zu Deiner Familie soll Dein Herr hinzutreten, Dein Schöpfer soll zu Deiner Nachkommenschaft hinzutreten; es soll hinzutreten zur Zahl Deiner Söhne Dein Bruder... und da er der einzige Sohn des (himmlischen) Vaters ist, hat er gewollt, sie (Deine Söhne) zu Miterben zu haben... Du hast zwei Söhne, rechne ihn als Dritten hinzu: Du hast drei Söhne, er soll als Vierter hinzugerechnet werden: Du hast einen fünften Sohn, er werde als der sechste genannt: Du hast zehn Söhne, er sei der elfte. Ich will nicht mehr sagen: erhalte den Platz eines Deiner Söhne Deinem Herrn... Du wirst aber einen Anteil geben, den Du als den eines Sohnes bestimmt hast, halte dafür, daß Du einen mehr gezeugt hast."[19] Dieser Sermo 86 ist sicher *nach* dem unter (b) besprochenen Sermo *De disciplina christiana* und sicher *vor* dem alsbald zu behandelnden Sermo 355 gehalten worden. Näher läßt er sich zeitlich nicht bestimmen.[20]

(d) Ein Aufsehen erregender Fall veranlaßt Augustin in sermo 355 auf die Sohnesquote zurückzukommen.[21] Diese Predigt ist sicher kurz vor Epiphanias 426, also Ende Dezember 425 oder Anfang Januar 426 gehalten worden.[22] Augustin übt hier scharfe Kritik daran, daß die Kirche zur *Alleinerbin* eingesetzt wird.

Der Presbyter Januarius hatte in seinem Testament Augustins eigene Kirche als Erbin eingesetzt. Zugleich hatte er seine beiden minderjährigen Kinder, Tochter und Sohn, die beide Novizen in

---

[17] Siehe oben (a) und *Schultze*, S. 378 und 382.

[18] Migne, P. L., 38, Sp. 528 ff.

[19] *„Fac locum Christo cum filiis tuis,* accedat familiae tuae Dominus tuus, *accedat ad prolem Creator tuus,* accedat ad numerum filiorum tuorum frater tuus... Et cum sit Patri unicus, voluit habere coheredes... Duos filios habes, tertium illum computa: tres habes, quartus numeretur: quintum habes, sextus dicatur: decem habes, undecimus sit. Nolo amplicus dicere: *unius filii tui serva locum Domino tuo... Dabis autem portionem unam, quam unius filii deputasti.* Deputa te unum amplius genuisse."

[20] *Schultze,* Nachträge, S. 381 f.

[21] Migne, P. L., 32, Sp. 532 ff. Vgl. *A. Schultze,* Augustin und der Seelteil, S. 185 f.

[22] *A. Kunzelmann,* Die Chronologie der Sermones des Hl. Augustinus, in „Miscellanea Agostiniana", Rom, 1931, S. 509, ferner *A. Schultze,* Nachträge, S. 382.

Klöstern waren, ausdrücklich enterbt. Augustin lehnte die Erbschaft für seine Kirche ab, was scharfe Kritik hervorrief, um so mehr als die Ablehnung Novizen zugute kam. In seiner Predigt rechtfertigte Augustin sein Verhalten. Wenn jemand, der Kinder habe, Christus einen Sohneskopfteil hinterlasse, dann heiße er dies gut, dann nehme er als Bischof das Erbteil an. So habe er sich *in quibusdam rebus* verhalten. Es sei ihm vorgeworfen worden, daß er auf diese Weise der Kirche Oblationen entgehen gelassen und andere abgeschreckt habe. Diese Vorwürfe weise er zurück. Die Erbschaft eines kinderlos Verstorbenen habe er dagegen angenommen. Aber „Wer immer einen Sohn enterbt und dafür die Kirche als Erben einsetzen will, suche einen andern, der das annimmt, nicht Augustinus. So Gott will, soll er keinen finden".[23]

In diesem sermo kommt Augustins gemäßigter Standpunkt zum Ausdruck.[24] Die Bedeutung, die Augustin der Familie und ihrer Erhaltung beimaß, steht in deutlichem Gegensatz zu den Anschauungen des griechischen Mönchtums.[25]

§ 13. Wem gebührt die Priorität der „Sohnesquote für Christus?" Hieronymus oder Augustin? (Das „Mißverständnis" und der Briefwechsel der beiden Väter)

Blicken wir auf Augustins und Hieronymus' übereinstimmende Empfehlungen der Seelquote in Gestalt der Sohnesquote für Christus zurück, so erhebt sich die Frage: von wem ging die Anregung zur Sohnesquote aus? Von Augustin oder von Hieronymus? Oder wurden beide von dritter Seite her beeinflußt? In Betracht kämen Anregungen der griechischen Väter.

Im folgenden wird die These vertreten werden: Augustins Vorschlag geht auf *Hieronymus* zurück.

Zunächst soll das *zeitliche Verhältnis* untersucht werden, in dem die Vorschläge beider Väter zueinander stehen. Sodann sollen die *beson-*

[23] Sermo 355, 5.

[24] *Schultze*, Augustin, S. 185 ff. Vgl. *Joseph Mausbach*, Die Ethik des Hl. Augustinus, II, 2. Aufl., S. 294 ff. — Augustin tadelte auch eine Ehefrau, die aus übertriebener Frömmigkeit einen großen Teil ihres Vermögens zwei durchreisenden Mönchen geschenkt hatte (Epist. 262, 8).

[25] S. unten § 14.

deren Umstände festgestellt werden, die für Hieronymus' Priorität und gegen seine Beeinflussung durch Augustin sprechen. Dabei wird auf den berühmten Gelehrtenstreit zwischen Hieronymus und Augustin einzugehen sein, der gerade in die entscheidende Zeit fällt, in der sie die Quote empfahlen.

I. Wenn wir Hieronymus' und Augustins Äußerungen zur Sohnesquote einander gegenüberstellen, so zeigt sich, daß bei beiden übereinstimmend zunächst das *erste Stadium* der Sohnesquote für Christus auftritt: Christus soll den Anteil *vorverstorbener* Kinder erhalten.

(1) Bei Hieronymus begegnet dies zum ersten Male in der epist. 118 an Julian, der ermahnt wird, den Anteil von zwei vorverstorbenen Töchtern für sein Seelenheil und die Armen zu verwenden.[1] Dieser Brief ist nach gut begründeter Ansicht[2] i. J. 399/400 geschrieben worden.

Bei Augustin begegnet die Mahnung zur Quote in Höhe des Kopfteils eines verstorbenen Sohnes zum ersten Male in sermo 9 *de decem chordis.*[3] Das genaue Datum dieser Predigt steht nicht fest. Sie ist aber jedenfalls *nicht vor* 403 gehalten worden, wahrscheinlich einige Jahre später.[4] Hiernach hat *Hieronymus das erste Stadium der Sohnesquote,* den Anteil *vorverstorbener* Kinder, *zuerst* empfohlen, mehrere Jahre vor Augustin.

(2) Im *ausgebildeten* Zustand erscheint die Sohnesquote bei Hieronymus zum ersten Male in seinem Briefe 120 an Hedibia: Eine Witwe möge ihre Seele als einen ihrer (lebenden) Söhne ansehen, und Christus zum Miterben ihrer Kinder machen. Dieser Brief stammt v. J. 406 oder 407.[5]

Bei Augustin erscheint der Vorschlag, Christus den lebenden Kindern zuzurechnen und ihn dann mit einem Sohnesanteil zu bedenken, zum ersten Mal in der Predigt *Enarratio in psalm.* 38. Hier steht aber nur der Terminus *ad quem* fest: vor 416/417. Der Terminus *a quo* ist unsicher,[6] jedenfalls nach Sermo 9 *De decem chordis.*

Aber abgesehen von rein chronologischen Erwägungen, besitzen wir noch andere Argumente, aus denen hervorgeht, daß Hieronymus, als

[1] Vgl. oben S. 80 f.
[2] Vgl. oben S. 81, Anm. 9.
[3] Vgl. oben S. 85.
[4] Vgl. oben S. 85, Anm. 7.
[5] Vgl. oben S. 83, Anm. 17.
[6] Vgl. oben S. 86, Anm. 14.

er i. J. 406/407 die Sohnesquote empfahl, von Augustin nicht beeinflußt worden sein kann.

II. Hieronymus' Mahnungen zum Seelteil in der Gestalt der Kinderquote in den Briefen an Julianus (Nr. 118) und an Hedibia (Nr. 120) fallen in die Jahre 399/400 bzw. 406/407. In dieser Zeit war aber das Verhältnis zwischen Hieronymus und Augustin so gespannt, daß es bei Hieronymus' eigenartigem Charakter ausgeschlossen erscheint, daß er einen Vorschlag Augustins übernommen und obendrein propagiert haben sollte. Um dies zu beweisen, muß in Kürze auf den berühmten Briefwechsel zwischen den beiden Vätern während der entscheidenden Jahre eingegangen werden.[7] Die Briefe sind psychologische Dokumente ersten Ranges. Hier werden die beiden überragenden Persönlichkeiten, die das religiöse Denken des Abendlandes führend gestaltet haben, wieder lebendig — als Theologen und Gelehrte sowie als Menschen.

(1) Bis etwa gegen Ende der neunziger Jahre des vierten Jahrhunderts waren die brieflichen Beziehungen zwischen Hieronymus und Augustin korrekt und höflich. Persönlich kennengelernt haben sie sich nie. Als Hieronymus i. J. 392 seinen Katalog der kirchlichen Schriftsteller (*de viris illustribus*) veröffentlichte, war ihm der junge Presbyter Augustinus in Hippo Regius noch unbekannt. Er erwähnt ihn jedenfalls nicht. Dann hat sich der junge Augustin in einem Begrüßungsschreiben an den gelehrten Einsiedler in Bethlehem gewandt und Hieronymus hat ihm dafür gedankt. Beide Briefe sind nicht erhalten. Sie werden aber in dem ersten uns erhaltenen Brief des Hieronymus etwa v. J. 397[8] erwähnt. Augustin war inzwischen (i. J. 395) Bischof geworden. In dem kurzen höflichen Brief empfiehlt Hieronymus den Überbringer des Briefes, den Diakon Asterius, dem Bischof

---

[7] Hieronymus' und Augustins Briefe sind im Wiener *Corpus scriptorum ecclesiasticorum latinorum* sowohl in der Ausgabe des Hieronymus (ed. Hilberg) als auch in der Augustins (ed. Goldbacher) abgedruckt, und zwar unter verschiedenen Nummern. Da sie in der Literatur bald nach den Nummern der einen, bald der anderen Ausgabe zitiert sind, werden hier die Nummern aus beiden Ausgaben nebeneinander angegeben. — Aus dem umfangreichen Schrifttum über den Briefwechsel seien genannt: *H. Lietzmann,* Zur Entstehungsgeschichte des Briefwechsels Augustins (Sitzungsberichte der Akademie der Wissenschaften Berlin, Philosophisch-Hist. Klasse, 1930), S. 356—388; *De Bruyne,* La correspondence échangée entre Augustin et Jérôme, Zeitschrift für die neutestamentliche Wissenschaft, Bd. 31 (1932), S. 233—248; *L. Schade,* Art. „Hieronymus" im Lexikon „Theologie und Kirche", V, 1913 ff.

[8] Epist. 103 (Ausgabe von Hieronymus' Briefen) = Nr. 39 (Ausgabe von Augustin's Briefen).

von Hippo Regius. Dabei weist Hieronymus kurz auf sein kampferfülltes Dasein hin, das er trotz seines Klosterlebens führen müsse. „Ich, der ich ans Kloster gebunden bin, werde von allerhand Sturmfluten hin- und hergeworfen und muß die Beschwerden der irdischen Pilgerschaft ertragen." Es folgen Grüße an Augustins Freund Alypius, der einige Jahre vorher gelegentlich einer Pilgerfahrt nach Jerusalem die Beziehungen zwischen Augustin und Hieronymus angebahnt hatte.

Bis hierher bestand tiefer Friede, dann aber setzte der Sturm ein.

(2) Augustin hatte nämlich noch als Presbyter — etwa 394 oder 395 — einen Brief[9] an Hieronymus geschrieben.[10] Er spricht darin seine Freude aus, durch Alypius über Hieronymus unterrichtet worden zu sein. Er bittet Hieronymus, in seinen Übersetzungsarbeiten fortzufahren, er spricht anerkennend über die Übertragung der Septuaginta ins Lateinische. Aber der Brief enthielt auch eine Kritik des Hieronymus, und zwar in zwei wichtigen Punkten:

(a) Augustin hatte starke Bedenken *gegen eine Übersetzung des Alten Testaments aus dem Hebräischen*, statt aus der *Septuaginta*. Er befürchtete, daß daraus Mißhelligkeiten entstehen könnten. Man bedenke: die Übersetzung des Alten Testaments gehörte zu Hieronymus Lebenswerken. Er hatte, um sie zu ermöglichen, hebräisch gelernt.

(b) Noch schwerer wog der zweite Punkt. Augustin, der sich gerade mit dem Problem der Lüge befaßte,[11] nahm Stellung gegen Hieronymus' Auslegung von Gal. 2, 11 ff., in dessen Kommentar zum Galater-Brief. Hieronymus sah in dem Streit zwischen den Aposteln Petrus und Paulus „nur ein *Scheingefecht zur Beruhigung der Gemeinde*, während sie in Wirklichkeit einverstanden gewesen wären". Augustin hält diese Exegese für gefährlich, da sie den Glauben an die Wahrhaftigkeit der Schrift zerstören müsse.[12]

Dieser Brief ist aber bei Hieronymus nicht eingetroffen. Augustin hat später erklärt, daß ein gewisser Profuturus ihn nach Bethlehem

---

[9] Epist. 28, Ausgabe von Augustins Briefen = epist. 56 von Hieronymus' Briefen.

[10] Vgl. *De Bruyne*, a. a. O. (s. oben S. 82, Anm. 14), S. 234.

[11] Augustin, *De mendacio*, Migne, P. L., 50, Sp. 517 ff. (um 395). — Vgl. hierzu *Ludwig Schade*, Ausgewählte Briefe des Hl. Hieronymus, Bibliothek der Kirchenväter, 2. Reihe, XVIII, 1937, S. 421 f.

[12] *De Bruyne*, S. 238: „Augustin voulait une réponse et ne pouvait pas abandonner la discussion: il ne s'agissait pas tant de la licéité du mensonge officieux — question déjà trés grave — que de la licéité de ce mensonge chez un auteur inspiré, et par conséquent, de la véracité de la Bible."

bringen sollte, aber vor der Abreise zum Bischof gewählt und bald darauf gestorben sei.

Augustin schrieb noch einen zweiten Brief ähnlichen Inhalts an Hieronymus.[13] Er ist 397 oder zwischen 397/399 verfaßt worden.[14] Merkwürdigerweise kam auch dieser Brief Augustins nicht bei Hieronymus in Bethlehem an. Aber er tauchte in Rom in Kreisen von Hieronymus' Gegnern auf. Ein Freund des Hieronymus, der Diakon Sisinnius, entdeckte eine Abschrift des Briefes sogar auf einer Insel im Adriatischen Meere. Er brachte Hieronymus eine Abschrift, die keine Unterschrift des Absenders enthielt, nach Bethlehem mit. Später wurde dies damit aufgeklärt, daß der Kleriker Paulus, der den Brief an Hieronymus überbringen sollte, ohne Wissen Augustins statt nach Jerusalem nach Rom gereist sei und dort den Brief verbreitet hätte. So entstand das Gerücht, Augustin habe eine Schrift gegen Hieronymus verfaßt. Das Gerücht gelangte auch nach Hippo, und Augustin erfuhr hiervon.

Augustin schrieb alsbald einen weiteren Brief an Hieronymus.[15] Darin versicherte Augustin, niemals hinter Hieronymus' Rücken eine Schrift gegen ihn nach Rom geschickt zu haben.

(3) Inzwischen war das Unglück aber bereits geschehen. Der Löwe von Bethlehem war gereizt worden. Als der Diakon Sisinnius die Abschrift von Augustins Brief[16] von der Insel in der Adria mitbrachte und als Hieronymus von dem Gerüchte in Rom hörte, geriet er in größte Erregung. Augustins aufklärender Brief beruhigte ihn nicht im geringsten. Er antwortete Augustin in einem Briefe[17] von ca. 402.[18] Hieronymus ging hier auf die sachlichen Bemerkungen in Augustins Brief Nr. 67 überhaupt nicht ein. Er läßt dafür durchblicken, daß er an der Erklärung Augustins, dieser hätte nicht hinter Hieronymus' Rücken nach Rom geschrieben, Zweifel hege.[19]

[13] Epist. 40 der Briefe Augustins = Epist. 67 der Briefe des Hieronymus.

[14] Für ersteres Datum *L. Schade*, a. a. O., S. 422; für letzteres *Cavallera*, St. Jerome, II, Louvain, 1922, S. 48.

[15] Epist. 67 der Briefe Augustins = 101 der des Hieronymus. Dieser Brief Augustins stammt etwa v. J. 402 (*De Bruyne*, S. 237).

[16] Epist. 40 der Briefe Augustins = Epist. 67 der Briefe des Hieronymus.

[17] Epist. 102 der Hieronymusbriefe = Epist. 68 der Augustinusbriefe.

[18] *De Bruyne*, S. 237, und *Pronberger*, Beiträge zur Chronologie der Briefe des Hl. Hieronymus, Diss., München, 1913, S. 90, nehmen übereinstimmend dieses Jahr an.

[19] *De Bruyne*, S. 237.

Hieronymus bemerkt zwar: „Aus dem Briefe geht zur Genüge hervor, daß Du keine gegen meine Wenigkeit gerichtete Schrift nach Rom gesandt hast." Dann heißt es: „Es war mir zwar nicht erzählt worden, daß dies geschehen sei. Aber es gelangte hierher durch unsern Bruder, den Diakon Sisinnius, irgend ein scheinbar an mich gerichteter Brief. In diesem Briefe forderst Du mich zum Widerruf (*palinodia*) auf bezüglich einer Stelle beim Apostel Paulus, so daß ich gleichsam ein zweiter Stesichorus werden sollte, der nicht wußte, ob er Helena zu tadeln oder zu loben hätte. Ich gestehe Deiner Heiligkeit offen, daß ich der Abschrift dieses Briefes nicht voreilig Glauben schenken wollte, *wenn auch der Stil und die ganze Art zu schreiben, auf Dich als Verfasser hinwiesen* ... Zur Verzögerung trug dann noch die Erkrankung der Hl. Paula bei. Während die Pflege der Kranken viel Zeit in Anspruch nahm, habe ich beinahe Deinen Brief oder den Brief dessen, der unter Mißbrauch Deines Namens geschrieben hatte, vergessen ..." [20]

In Kap. 2 des Briefes meint Hieronymus weiter: „Es liegt mir fern, etwas aus den Schriften Deiner Heiligkeit angreifen zu wollen" ... Dann aber heißt es: „Es ist knabenhafte Ruhmsucht, wie sie einst bei jungen Leuten Sitte war, hervorragende Männer anzugreifen, um sich selbst einen Namen zu machen ... Im übrigen liebe den, der Dich liebt und Du, auf dem Felde der Schriftstellerei noch ein junger Mann, *mögest den Greis nicht herausfordern.*" An diese Warnung schließen sich verhüllte Drohungen in klassischem Gewande. Hieronymus erinnert Augustin an Vergil Aen. V 369 ff., an den jugendlichen Dares, der den alten Entellus herausforderte, aber eine schmähliche Niederlage erlitt. In diesem Tone geht es weiter: „Ein müder Ochse tritt schwerer auf."

Schließlich weist Hieronymus (in Kap. 3) — und das ist der einzige scheinbar sachliche Inhalt des Briefes — auf eine Erwiderung hin, die er soeben gegen eine andere Schrift verfaßt hätte, in der er angegriffen worden sei.[21] Hieronymus zeigt also deutlich, was dem bevorsteht, der ihn angreift. Zum Überflusse fügt Hieronymus noch eine Abschrift seiner Kampfschrift gegen Rufinus bei, offenbar wieder, „um Augustin

---

[20] Nach *Schade*, Bibliothek der Kirchenväter, 2. Reihe, XVIII, S. 324, ist „die Bemerkung, daß Hieronymus den Brief infolge anderer Ablenkungen schließlich vergessen habe, nur der Form nach eine Entschuldigung, in Wirklichkeit eine kleine Bosheit" — nicht die kleinste in diesem Briefe!

[21] „Mit gewohnter Dreistigkeit hat mir Calpurnius Lanarius seine Schmähschrift zugeschickt (Apologia in Hieronymum, Migne, P. L., 21, Sp. 541, geschrieben

vorfühlen zu lassen, wie es ihm ergehen werde, wenn Hieronymus sein Gegner sei".[22]

Noch vor Empfang dieser Antwort des Hieronymus hatte Augustin ihm noch einen weiteren Brief geschrieben.[23] Augustin lag offenbar viel daran, den großen Gelehrten in Bethlehem zu versöhnen. Augustin bemühte sich, das Mißgeschick aufzudecken, das über seinen beiden, bei Hieronymus nicht eingetroffenen Briefen gelegen hatte, und er fügte sie in Abschrift bei. Aber in der Sache selbst konnte er nicht nachgeben.[24] Er kam noch einmal auf Hieronymus' Übersetzung des Alten Testaments aus dem Hebräischen zurück statt aus der Septuaginta. Augustin befürchtete eine Entzweiung in der Christenheit. Bedenken über die eine oder andere Lesart könnten entstehen. Das hätte sich im Falle des Bischofs von Oea (Tripolis) sogar in einem Nebenpunkte erwiesen. Der Bischof hätte das Buch Jonas in der neuen Übersetzung vorlesen lassen, dort hätte Hieronymus die gewohnte Kürbisstaude durch einen Efeustrauch ersetzt, was zu einem gewaltigen Tumult im Gotteshause führte. Schließlich hätte der Bischof nachgeben müssen, da ihn sonst die Gemeinde verlassen hätte.[25]

Im Jahre 403 antwortete Hieronymus in einem Briefe,[26] in dem seine Erbitterung erst richtig hervorbricht. Hieronymus bezweifelt die Aufklärung Augustins.[27] Dieser Brief gehört zu dem Schärfsten, was Hieronymus' scharfer Feder entflossen ist. Er schreibt:

> „Du richtest Brief auf Brief an mich, mit der ständigen Bitte um Antwort auf einen Deiner Briefe, von dem ich Dir bereits mitteilte, daß mir der Diakon Sisinnius hiervon eine Abschrift mitgebracht hat, in der Deine Unterschrift fehlt.

---

400) ... Von dieser Erwiderung habe ich Dir eine Abschrift zugehen lassen. Eine ausführlichere Abhandlung werde ich Dir in der nächsten Zeit ... zusenden. In dieser Schrift habe ich mich sehr bemüht, seinen Ruf als Christ nicht zu verletzen. *Ich habe mich darauf beschränkt,* Lüge und unsinnige Behauptungen eines wahnwitzigen und unverständigen Menschen zu widerlegen ..."

[22] *Möhler,* Gesammelte Schriften und Aufsätze, herausgegeben von Döllinger, Regensburg, 1839, S. 6, zustimmend zitiert von *P. Asslaber,* Die persönlichen Beziehungen der drei großen Kirchenlehrer Ambrosius, Hieronymus und Augustinus, Wien, 1909, S. 87.

[23] Epist. 71 der Augustinusbriefe = 104 der Hieronymusbriefe.

[24] *De Bruyne,* S. 238.

[25] *L. Schade,* Bibliothek der Kirchenväter, 2. Reihe (1937), S. 426.

[26] Epist. 105 der Hieronymusbriefe = Epist. 72 der Augustinusbriefe. — *Pronberger,* S. 30, und *De Bruyne,* S. 239, stimmen bezüglich des Jahres 403 überein.

[27] *Ferdinand Cavallera,* Saint Jérôme, Sa vie et son oeuvre, Louvain, I (1922), S. 302: „Il répondit ... insistant plus durement sur le soupçon que le jeune écrivain

Wie Du bemerkst, hast Du ihn zuerst dem Bruder Profuturus, dann einem andern für mich ausgehändigt; denn inzwischen habe Profuturus, der zum Bischof eingesetzt wurde, von der Reise Abstand genommen, um bald darauf zu sterben. Der andere aber, dessen Namen Du verschweigst, habe aus Furcht vor den Gefahren des Meeres die Reisepläne aufgegeben. Unter diesen Umständen kann ich mich nicht genug darüber wundern, daß bewußter Brief, wie man mir erzählt, in Rom und in Italien in aller Hände ist; *einzig bei mir, dem eigentlichen Empfänger, ist er nicht eingetroffen.* Ich bin umsomehr erstaunt, als der erwähnte Bruder Sisinnius mir erzählte, daß er den Brief nicht in Afrika, nicht etwa bei Dir, sondern auf einer kleinen Insel der Adria, zusammen mit einer Reihe anderer Arbeiten von Dir, vor etwa fünf Jahren gefunden habe." (Kap. 2) ... „Einige meiner Vertrauten, wahre Diener Christi, von denen es in Jerusalem und an den heiligen Stätten eine sehr große Zahl gibt, suchten mir einzureden, Du habest nicht in lauterer Absicht, sondern auf der Suche nach Ruhm und nach dem Beifall des Volkes über mich hinauswachsen wollen. Viele sollten sehen, wie Du mich angreifst, während ich mich furchtsam verkrieche, wie Du, der Gelehrte, aus dem Vollen schöpfest, während ich, der Unwissende, nichts zu sagen wisse. Du solltest als der erscheinen, der meiner Geschwätzigkeit Schweigen gebot und die nötigen Zügel anlegte. Ich will Deiner Gnaden ganz schlicht gestehen, daß ich vor allem deshalb nicht erwidern wollte, weil es für mich nicht einwandfrei feststand, daß der Brief von Dir herrührte und ich Dich nicht für fähig hielt ... mich mit einem mit Honig bestrichenen Schwerte anzugreifen ... Höre auf, einen Greis zu reizen, der einsam und still in seiner Zelle lebt. Willst Du aber Deine Gelehrsamkeit ausspielen und Dein Licht leuchten lassen, dann wende Dich an Gelehrte und vornehme jüngere Leute, an denen ja in Rom kein Mangel sein soll!"

Dann folgt eine ähnliche Drohung wie in dem vorausgegangenen Briefe — wieder im klassischen Gewande:

„Wenn Du mich aber immer wieder zum Schreiben anregst, dann möchte ich Dich an den jugendlichen Hannibal erinnern, dessen Übermut der alte Quintus Maximus (*Cunctator*) durch seine Geduld zerbrochen hat ... Wie kann ganz Italien im Besitze dessen sein, was Du nicht geschrieben hast?

Lebe wohl, geliebtester Freund, der Du dem Alter nach mein Sohn sein könntest, der Würde nach mein Vater bist! Eines aber bitte ich zu beachten: schreibst du wieder mal an mich, dann trage Sorge, daß ich das für mich bestimmte Schreiben auch zuerst erhalte."

Augustin antwortete im folgenden Jahre (404)[28] in einem Briefe, der Augustins Größe und Überlegenheit deutlich erkennen läßt. Den Ausbruch des großen Gelehrten beantwortet er besänftigend, Hiero-

songeait peut-être à se faire valoir à ses dépens." — Noch schärfer *De Bruyne*, S. 237: „Jérôme a-t-il réellement douté de l'authenticité de l'ép. 40? Je ne le pense pas."

[28] Epist. 73 der Briefe Augustins = Epist. 110 der Briefe des Hieronymus. Über das Jahr 404 siehe *De Bruyne*, S. 240.

nymus' Invectiven ignoriert er vollständig, auch läßt er die sachlichen Differenzen unerwähnt, um ihn nicht weiter zu reizen. Inzwischen hatte er Hieronymus' furchtbare Streitschrift gegen Rufinus erhalten. Augustin gibt seinem Schmerze darüber Ausdruck, daß zwei alte Freunde so weit auseinanderkommen könnten. Dann folgt eine besondere Finesse: Augustin zeigt dem gekränkten Gelehrten, dessen Bibelübersetzung er kritisiert hatte, an, er beabsichtige einen jungen Kleriker aus seinem Kreise (*aliquem nostrorum in Domino filiorum*) zu ihm zu schicken, um bei ihm seine biblischen Studien abzuschließen.[29] Wie vorsichtig Augustin vorging, zeigt sich auch darin, daß er seinen Brief nicht unmittelbar an Hieronymus sandte, sondern als Anlage zu einem Briefe an den Bischof Praesidius,[30] wohl denselben, der ihm einst einen Brief aus Bethlehem überbracht hatte. Praesidius solle den Brief an Hieronymus nur aushändigen, wenn er nichts darin vorfände, was den Empfänger verletzen könne.

Erst Ende 404 fand sich Hieronymus bereit, Augustin sachlich zu antworten,[31] und das geschah auch nur auf das Drängen Cyprians, eines gemeinsamen Bekannten hin.[32] In dem Briefe verteidigte Hieronymus seine Auslegung des Apostelstreits[33] sowie seine Übersetzung des Alten Testaments. Formal ist der Brief *„un vrai chef d'oeuvre de style et d'érudition"*,[34] sachlich bedeutete er ein Rückzugsgefecht.

Es folgten dann nur noch ein kurzes Schreiben des Hieronymus[35] und eine Antwort Augustins,[36] beide vom Jahre 405. Auf diesen Brief antwortete Hieronymus nicht mehr, er fühlte sich geschlagen.[37] Und damit war i. J. 405 — und das fällt für unsere Frage ins Gewicht — der Briefwechsel zwischen den beiden Großen zum Abschluß gekommen — *für zehn lange Jahre.*

[29] Hierzu *De Bruyne,* S. 240.

[30] Epist. 74 (Augustins Briefe), Epist. 111 (Hieronymusbriefe).

[31] Epist. 112 der Hieronymusbriefe = Epist. 75 der Briefe Augustins. Was das Jahr anlangt, siehe *Pronberger,* S. 90, und *De Bruyne,* S. 240.

[32] Hierzu *De Bruyne,* S. 240.

[33] *De Bruyne,* S. 240.

[34] *De Bruyne,* S. 240.

[35] Epist. 115 der Hieronymusbriefe = Epist. 81 der Briefe Augustins.

[36] Epist. 82 der Briefe Augustins = Epist. 116 der Hieronymusbriefe. — „Avec moins de brilliance et de verve que Jérôme, mais avec plus de gravité et de mesure, Augustin discute la prétendue simulation de Paul" (*De Bruyne,* S. 244). Vgl. auch *Pronberger,* S. 90.

[37] „Aussi son (Augustin's) triomphe est complet et Jérôme ne répondra plus" (*De Bruyne,* S. 241).

Erst der Kampf gegen den Pelagianismus führte zu einer Aufnahme formeller Beziehungen zwischen Augustin und Hieronymus, und es war Augustin, der die Beziehungen zuerst wieder aufnahm.[38]

In diese Zeit, in das Jahr 406/407, also unmittelbar nach Abschluß der schweren Fehde zwischen beiden Vätern, fällt Hieronymus' Brief an Hedibia, in dem er die Sohnesquote für Christus empfiehlt. Es ist undenkbar, daß Hieronymus unter dem unmittelbaren Eindruck des Streits und der Niederlage einen Vorschlag Augustins übernommen und empfohlen haben sollte.

Weitere Umstände bestätigen diesen Schluß.

III. Hieronymus waren Verärgerung und Parteilichkeit auch sonst nicht fremd. Das zeigt bereits sein Schriftstellerkatalog.[39] Das zeigt auch sein Verhältnis zu anderen Vätern — wieder zu den größten — zu *Ambrosius* und zu *Chrysostomus*. Im ersteren Fall handelte es sich um eine Anfrage des Priesters Oceanus im Hinblick auf einen aktuellen Fall: „Soll ein Priester, der schon vor der Taufe verheiratet gewesen und nach dieser eine zweite Ehe eingegangen war, als Bigamist gelten und aus diesem Grunde nicht zum Bischof gewählt werden?" Hieronymus' Standpunkt zur Frage der Wiederverheiratung von Witwern und Witwen war bekannt. Immer wieder hat er in seinen Briefen die zweite Ehe bekämpft. Oceanus rechnete bestimmt damit, daß Hieronymus einen zum zweiten Male Verheirateten nicht zur Bischofswürde zulassen würde.

Wider alles Erwarten lautete die Antwort anders.[40] Warum? Hieronymus stand in schärfstem Gegensatz zu Ambrosius.[41] *Ambrosius*

---

[38] Augustin schrieb in dieser Angelegenheit zwei Briefe an Hieronymus vor Juli 415 (Epist. 166 und 167 der Briefe Augustins = Epist. 131 und 132 der Hieronymusbriefe). Hieronymus antwortete 416 mit Epist. 134 ed. Hier. (Epist. 172 ed. Aug.). Vgl. *L. Schade*, Bibl. der Kirchenväter, 2. Serie, XVIII, 1937, S. 432 f. Als Augustin den Priester Orosius als Ankläger des Pelagius nach Jerusalem zur Synode sandte (415), gab er ihm die beiden an Hieronymus gerichteten Briefe mit. Hieronymus bestätigte den Empfang der Schreiben mit der Mitteilung, daß er Augustinus Auffassung über den Pelagianismus teile.

[39] *Altaner*, S. 7.

[40] Epist. 69 des Hieronymus (v. J. 396/397), vgl. *Pronberger*, S. 56.

[41] Hieronymus nennt Ambrosius gelegentlich „eine häßliche Krähe, welche sich mit fremden Federn schmückt" oder „einen laut krächzenden Raben, welcher gar sehr lachen muß über die Farben aller anderen Vögel, während er doch selbst ganz finster ist". Siehe das Vorwort der Übersetzung der Schrift des Didymus, *„De spiritu Sancto"* und das Vorwort der Übersetzung der Homilien des Origines (zitiert bei *Bardenhewer*, III, S. 650, Anm. 1).

hatte sich einmal gegen die Ordination eines zweimal Verheirateten zum Bischof ausgesprochen. Deshalb formulierte Hieronymus seine Antwort auch im Gegensatz und unter Ausfällen gegen den Mailänder Bischof. Wenn dies bei einer Frage geschah, die Hieronymus so sehr am Herzen lag wie die Unterlassung der zweiten Ehe, obendrein im Hinblick auf einen Kandidaten für die bischöfliche Würde, um wieviel weniger wird Hieronymus unmittelbar nach seinem Kampfe mit Augustin geneigt gewesen sein, für einen Vorschlag seines Gegners in der Frage des Seelteils einzutreten, für den er ungleich weniger interessiert war als für das Verbot der zweiten Ehe.

Es sei auch an Hieronymus' Verhalten gegenüber *Chrysostomus* erinnert, mit dem er wegen des Streits um Origines zerfallen war. Hieronymus stand auf seiten des Theophilus von Alexandria und seines Verbündeten Epiphanius, die auch den Sturz Chrysostomus' und seine Verbannung herbeigeführt haben. Bei der Datierung von Hieronymus' Brief an Salvina (ep. 79), der Freundin und Gönnerin des Chrysostomus, hat schon Vallarsi darauf aufmerksam gemacht, daß dieser Brief vor dem Jahre 401, dem Jahre des Ausbruchs des Streits mit Chrysostomus, geschrieben sein müsse. Nachdem Hieronymus mit ihm wegen seiner Haltung im Origenistenstreit zerfallen gewesen sei, würde er mit Salvina, der Freundin des Chrysostomus, nicht mehr korrespondiert haben.[42]

Hieronymus' Charakterbild schwankt seit Jahrhunderten. Bei einem Manne von so leidenschaftlicher Streitlust, bei der Fülle erbitterter Fehden mit den Größten, von Kleineren nicht zu reden, ist es nicht verwunderlich, daß Hieronymus' Charakter Gegenstand scharfer Kritik geworden ist.[43] Aber man wird Hieronymus nicht gerecht, wenn man ihn als „fragwürdigen Charakter" bezeichnet,[44] freilich ebensowenig, wenn man seine Fehler sanft verschleiert.[45]

---

[42] *Vallarsi* stimmt zu *Pronberger:* S. 61. Vgl. schon *P. Leipelt,* Bibliothek der Kirchenväter, I (1872), S. 432. — Als Theophilus von Alexandria und Epiphanius den Chrysostomus im Juni 404 gestürzt und in die Verbannung getrieben hatten, übersetzte Hieronymus eine Schrift des Theophilus „voll Bosheit und niedriger Schmähungen" gegen den gestürzten Gegner (*Pronberger,* S. 71).

[43] Vgl. *Grützmacher,* Hieronymus, I, Leipzig, 1901, S. 275 ff., 281 ff.; auch *Lietzmann,* Art. Hieronymus, Realenzyklopädie der klassischen Altertumswissenschaft, VIII, S. 1579.

[44] So *Grützmacher,* a. a. O., vgl. auch *Lietzmann,* a. a. O.

[45] So z. B. *Peter Asslaber,* Die persönlichen Beziehungen der drei großen Kirchenlehrer Ambrosius, Hieronymus und Augustinus, Wien, 1908, S. 88—118.

Hieronymus repräsentiert einen Gelehrtentyp, wie er nicht selten vorgekommen ist. Wissenschaftlichen Persönlichkeiten großen Formats fehlt bei ihrem gesteigerten Selbstbewußtsein häufig die Fähigkeit, Kritik zu ertragen, und ihre persönliche Gereiztheit steigert sich bis zum Haß gegenüber dem wissenschaftlichen Gegner. Zur Illustration seien einige Sätze aus dem Nachruf herausgegriffen, der für einen großen Rechtshistoriker von internationalem Ruf, *Karl von Amira*, von einem anhänglichen Schüler, selbst einem Gelehrten von Rang, geschrieben worden ist.[46] Es könnte auch manches andere Beispiel gewählt werden. In dem Nachruf heißt es:

„Kaum bedurfte es eines öfteren Zusammenseins, um den Reichtum seiner geistigen Persönlichkeit zu erkennen ..., überwältigend war die Fülle seines Wissens und die Sicherheit seines Urteils, ... seine Sprach- und Literaturkenntnisse von den Nordgermanischen Sprachen bis zum Hebräischen." Amira „zog ... keine Grenzen ... innerhalb des kulturellen Lebens. Durchdrungen von der Funktion des Rechts als eines von den ‚Faktoren des Kulturlebens', von seinem Wesen als einer Seite der Kultur, hat er das Recht auch nur im Gesamtbild der Kultur sehen können ... im Zusammenhange mit Folklore, mit der Religion, der Völkerpsychologie und besonders mit der Kunst."

Dann heißt es vorsichtig weiter: „Ein solcher Geist war auf sich selbst gestellt ... Das Wissen um den eigenen Wert beherrscht seinen Briefwechsel" ... „Hatte man Amira fürs Erste gewonnen, so war ... damit noch nicht alles gewonnen. Je enger die Berührungspunkte waren, desto größer war auch die Gefahr, daß zunächst gute Beziehungen ... gradezu ins Gegenteil umschlugen ... So mußten sich Meinungsverschiedenheiten mit Notwendigkeit da ergeben, wo ein Zusammenarbeiten nach der Sachlage erforderlich war ..., sie wären Meinungsverschiedenheiten geblieben, wenn Amira hätte einsehen können, daß für den, dem seinen entgegengesetzten, Standpunkt ehrliche, sachliche Gründe maßgebend sein konnten ... (aber) es konnte seiner Annahme nach nur auf bösem Willen oder böser Absicht beruhen. Demgegenüber aber antwortete er mit empörter Ablehnung. Und so ergab sich zu häufig das tragische Bild des plötzlichen Abbruchs guter, auch langjähriger Beziehungen".

Diese Zeilen hätten ebensogut in einem Nachruf für Hieronymus stehen können, obwohl niemand bestreiten wird, daß zwischen dem Hl. Hieronymus und Professor von Amira erhebliche Verschiedenheiten bestehen. Aber bei beiden zeigt sich derselbe Gelehrtentyp. Von diesem Standpunkt aus wird man Hieronymus erst gerecht, erst von

[46] *Claudius von Schwerin*, Zeitschrift der Savigny Stiftung, Germ. Abt., 51, 1931, S. XI—XLV. — Amira's Urgroßvater war übrigens ein Grieche aus Lesbos; der Großvater, in Konstantinopel geboren, diente unter Napoleon im französischen Heer und wurde von diesem als *chevalier de l'empire* geadelt. Der berühmte Enkel, Karl von Amira (1848—1930) war bekanntlich Professor in München.

ihm aus begreift man auch Hieronymus' Verhalten in seinem Konflikt mit Augustin.

Augustin war anders gesinnt. Er hat zeitlebens — und so auch bei dem Konflikt mit Hieronymus — abgeklärte Ruhe und Objektivität bewahrt. Empfindlichkeiten, die Übertragung persönlicher Differenzen in sachliche Erwägungen hinein, sind bei Augustin undenkbar. Augustin hat selbst in den Zeiten des schärfsten Konflikts in Hieronymus den großen Gelehrten verehrt. Er interessierte sich für alles, was Hieronymus schrieb.

Wir kommen somit zu dem *Ergebnis:* die auffallende Übereinstimmung von Augustins und Hieronymus' Empfehlung der Quote eines Sohnes für Christus — sowohl im vorbereitenden wie im endgültigen Stadium — erklärt sich daraus, daß Augustin von Hieronymus' Briefen an Julian v. J. 399/400 und an Hedibia von 406/407 Kenntnis erhalten hat. Diese Briefe waren ja, wie erwähnt,[47] zugleich Abhandlungen, die weit verbreitet und eifrig gelesen wurden. Augustin hat die ihm billig erscheinenden Vorschläge übernommen.

§ 14. Hieronymus als Vermittler zwischen Orient und Occident. Sein Verhältnis zu den griechischen Vätern

Im Verhältnis zu Augustin gebührt Hieronymus die Priorität der Sohnesquote für Christus. Das schließt aber nicht aus, daß Hieronymus selbst Anregungen für die Sohnesquote von anderer Seite empfangen haben kann. Wenn er aber Anregungen empfangen hat, so kommen dafür die griechischen Väter in Betracht.

Hieronymus lebte in Bethlehem in der Umwelt des griechischen Orients. Begierig las er alles, was er sich nur irgend verschaffen konnte. Immer wieder begegnet in seinen Briefen die Bitte, man möge ihm neu erschienene Bücher schicken. Hieronymus zitiert die griechischen Väter mit höchstem Lobe.[1] Von seinem Aufenthalte in Konstantinopel her (380/381) stand er in Beziehungen zu Gregor von Nazianz, der dort sein Lehrer gewesen war,[2] sowie zu Gregor von Nyssa.[3]

---

[47] Vgl. oben S. 79.

[1] Z. B. Epist. 70 an den Rhetor Magnus (Migne, P. L., 22, Sp. 667), Kap. 4: „Von den Kappadoziern Basilius, Gregorius, Amphilochius, die sämtlich ihre Bücher so sehr mit den Lehrmeinungen und Sätzen der Philosophen anfüllen, daß man nicht weiß, was man an ihnen zuerst bewundern soll, ihre heidnische Gelehrsamkeit oder ihre Kenntnis der heiligen Schriften."

Chrysostomus kommt für Anregungen auf Hieronymus kaum in Betracht. Abgesehen davon, daß Chrysostomus nicht die Sohnesquote, sondern die zahlenmäßig festgesetzte Quote empfohlen hatte, war Hieronymus zu der Zeit, als er die Sohnesquote zuerst empfahl, mit Chrysostomus bitter verfeindet.[4]

Bei der Bemessung der Quote hat bereits Basilius an einen Sohn gedacht, als er mahnte, die Armen wie ein erstgeborenes Kind zu behandeln.[5] Gregor von Nyssa hat dann als „Teil für die Armen" den gleichen Anteil wie unter Brüdern vorgeschlagen, den Söhnen eines Vaters.[6] Im Ergebnis deckt sich Gregors Vorschlag mit dem des Hieronymus. In Gregors Mahnung wird man einen Vorläufer und vielleicht eine Anregung für Hieronymus Sohnesquote für Christus erblicken dürfen.

Hieronymus hat dann, wie wir sahen, Augustin dazu angeregt, die Sohnesquote für Christus zu empfehlen.[7] Hieronymus war der große Vermittler zwischen der orientalischen und der abendländischen Patristik. Das tritt auch in der Frage der Sohnesquote für Christus zutage.

---

[2] Vgl. Hieronymus, *De viris illustribus,* 117, wo er von Gregor von Nazianz, dem *vir eloquentissimus* als seinem Lehrer spricht. Ferner Epist. 52 an Nepotian (Migne, P. L., 22, Sp. 534).

[3] Vgl. oben S. 78.

[4] Vgl. oben S. 98.

[5] Basilius, *In divites,* Kap. 7, § 39 (oben S. 6).

[6] Gregor von Nyssa, *De paup. am.,* Migne, P. G., 46, Sp. 466 B (vgl. oben S. 19)

[7] Augustin hatte schwerlich unmittelbare Kenntnis von Gregor von Nyssa's Vorschlag. Seine Kenntnis der griechischen Väter beruhte größtenteils auf lateinischen Übersetzungen, namentlich denen des Rufinus (*Jülicher,* Pauly-Wissowa, VII, Sp. 1861, Art. Gregor von Nazianz, *Überweg-Geyer,* Grundriß der Geschichte der Philosophie, II[11], S. 100, und die dort Zitierten). Unter den von Rufinus übersetzten Reden befinden sich die Homilien Gregors von Nyssa nicht. Von den platonischen Dialogen kannte er nur den von Cicero übersetzten Timaeus (vgl. *W. S. Teuffel,* Geschichte der römischen Literatur, I[5], Leipzig, 1890, S. 1129 ff., *A. Ebert,* Geschichte der christlich-lateinischen Literatur, Leipzig, 1874, S. 203 ff., *Bardenhewer,* IV, S. 416 ff.).

Für Augustins Kenntnis der griechischen Väter in der entscheidenden Zeit, in der Hieronymus die Sohnesquote empfahl, kommt wieder der Briefwechsel zwischen beiden in Betracht. Hieronymus hatte in seiner Epist. 112 (ed. Hieron. = Epist. 75 ed. Aug.) vom Jahre 404 sieben griechische Väter zitiert (vgl. oben S. 96, Anm. 3). Aus Augustins Antwort (Epist. 82 ed. Aug. = Epist. 116 ed. Hieron.) geht hervor, daß er keinen von ihnen gelesen hatte; er zitiert nur die beiden *lateinischen* Väter Ambrosius und Cyprian (vgl. *De Bruyne,* S. 241).

§ 15. Augustins Originalität und Propaganda. — Ambrosius' Stellung zur Quote

Mag Augustin auch die Sohnesquote Anregungen des Hieronymus und indirekt vielleicht auch Gregor von Nyssa verdanken, so hat er die „Quote für Christus wie für einen Sohn" doch weiter ausgebaut, und vor allem ist er immer und immer wieder für sie eingetreten.[1] Insofern steht Augustin in Parallele zu Chrysostomus, der ebenfalls erst von Basilius, vielleicht auch von Gregor von Nyssa zu der rein zahlenmäßig festgesetzten Quote angeregt worden ist, dann aber gleichfalls starke Propaganda für diese Art der Quote entwickelt hat.[2] Über der Propaganda Augustins und Chrysostomus' sind die ersten Urheber der Quote sogar vergessen worden.

Für Augustins Propaganda für die Sohnesquote kommt in Betracht, was Prälat *Mausbach* in seinem großen Werke „Die Ethik des Hl. Augustinus"[3] über Augustins Originalität im allgemeinen ausführt: „Augustin (war) weder als Philosoph noch als Christ genial im Sinne vollkommen originaler Erzeugung einer Weltauffassung."[4] Er bekundet vielmehr seine Genialität in der Art und Weise, wie er die schon gefundene Wahrheit zu verkündigen, spekulativ zu erfassen und allseitig fruchtbar zu machen wußte. Sein Einfluß auf das christliche Kulturleben ist universeller wie der jedes anderen Kirchenlehrers, aber „die Kirche würde auf seine Empfindungen und Ideen nicht eingegangen sein, vor allem nicht mit der schon im Urteil gleichzeitiger Päpste und Bischöfe hervortretenden Begeisterung, wenn sie in denselben etwas Neues, ihrem Wesen Fremdartiges erkannt hätte".[5]

Bei den griechischen Vätern, und ebenso bei Hieronymus, bedeutet der Seelteil, wie gezeigt, die Konzession eines Minimums, im Gegensatze zu der primär geforderten totalen Armut der *vita perfecta.* Nicht so bei Augustin, obwohl auch ihm das Kloster als Ideal vorschwebt; das Kloster ist ihm die eigentliche *res publica* oder *civitas* im christlichen Sinne.[6] Augustin betrachtet seine Sohnesquote nicht als

---

[1] Vgl. oben § 12.

[2] Vgl. oben S. 26 ff.

[3] Bd. I, 2. Aufl., 1929, S. 33 ff. (Hinsichtlich der Quote folgt *Mausbach,* II, 415 f. allerdings *A. Schultze,* jedoch ohne nähere Begründung).

[4] S. 33.

[5] S. 37.

[6] *E. Troeltsch,* Augustin, die christliche Antike und das Mittelalter, München, 1915, S. 46 f.

Konzession, vor allem nicht als ein Minimalmaß. Augustin hat, wie wir sahen, Widerspruch gegen zu hohe Gaben an die Kirche erhoben. Augustin warnt, seinen Sohn im Zorn zu enterben und dafür Christus als Erben einzusetzen, dies sei kein Gott wohlgefälliges Werk.[7] Bei ihm bedeutet die Quote zugleich auch ein *Maximal*maß für die Zuwendungen an die Kirche. Er will die Kinder, die Familie davor schützen, daß sie infolge zu großer Vergabungen an die Kirche in Armut verfallen. Er begnügt sich nicht damit — gleich den griechischen Vätern und Hieronymus — die Kinder mit dem Hinweis auf die Vögel im Himmel zu trösten, die nicht säen und nicht ernten.

Augustinus Einstellung zum Erbrecht entspringt seinem Verständnis und seiner Hochschätzung der Ehe und der Familie. „Wir aber zweifeln durchaus nicht, daß das Wachsen und Mehren und die Erde Erfüllen gemäß dem Segen Gottes eine Gabe der Ehe sei, und daß Gott die Ehe vor der Sünde der Menschen von Anfang an eingesetzt habe, indem er Mann und Weib schuf.“ [8] Augustin würdigt auch — wohl als einer der Ersten — das geistige Band der Ehe. Er nennt die Ehe „den Anfang oder ein Teilchen des staatlichen Organismus“.[9]

II. Augustin verhält sich zu den Zuwendungen für die Kirche ähnlich wie *Ambrosius,* dessen Schüler er in Mailand gewesen war (384 bis 387).[10] In Brief 82 schlichtete Ambrosius einen Streit, der dadurch entstanden war, daß ein Bischof zu seinen Lebzeiten die Nutznießung seines Vermögens seiner Schwester übertragen hatte mit der Bestimmung, daß dieses Vermögen bei ihrem Tode der Kirche anfallen solle. Diese Anordnung focht der Bruder des Bischofs an. Ambrosius entschied ebenfalls zum Schaden der Kirche. Die Kirche verliert niemals, wenn die Liebe gewinnt, so begründete er seine Entscheidung.

Mit Augustin teilt Ambrosius die Hochschätzung der Familie und die Verpflichtung, sie zu erhalten.[11] Dagegen ist Ambrosius noch nicht

---

[7] Vgl. oben S. 88.

[8] *De civ. Dei,* XIV, c. 22.

[9] *De civ. Dei,* XIX, c. 16. — Vgl. *Gustav Schnürer,* Kirche und Kultur im Mittelalter, I (1924), Paderborn, S. 66, *Ernst Troeltsch,* Augustin, die christliche Antike und das Mittelalter, S. 127, vgl. S. 110.

[10] Vgl. *Andreas Schäfer,* Römer und Germanen bei Salvian, Phil. Diss., 1930, Breslau, S. 24.

[11] Ambrosius, *de off.,* I, c. 30: „Est illa probanda liberalitas, ut proximos seminis tui non despicias, si egere cognoscas. Melius est enim ut *ipse subvenias tuis,* quibus pudor est ab aliis sumptum deposcere“ etc. — Vgl. *Alexander Beck,* Chri-

dazu gelangt, eine bestimmte Quote für die Kirche zu verlangen. Er empfiehlt nur allgemein neben den Verwandten auch die Armen und die Geistlichen zu bedenken.[12]

III. Bei Augustin tritt auch noch ein anderer — für sein Verhältnis zum Erbrecht bezeichnender — Unterschied gegenüber den griechischen Vätern hervor. Basilius und Chrysostomus mißbilligten Zuwendungen an die Kirche durch Testament, sie mahnten zu Gaben bereits zu Lebzeiten des Gebers.[13] Nicht so Augustin. Augustin erhebt keine Einwendungen gegen das Testament — insofern empfindet er echt römisch — nur zieht er Vermächtnisse der Erbeinsetzung vor.[14] Es sei für die Kirche sicherer, mit Legaten bedacht zu werden, da mit Erbeinsetzungen leicht Schwierigkeiten und Prozesse verbunden wären.

Augustins Stellungnahme zum Seelteil als einem Maximum für Gaben an die Kirche ist bereits zu seinen Lebzeiten auf Opposition gestoßen.[15] Diese Opposition setzte sich auch nach seinem Tode fort. Wir werden ihr in den folgenden Jahrhunderten immer wieder begegnen. Es liegt durchaus nicht so, daß Augustins Quote einen Siegeszug durch die Welt angetreten hat.[16] Im Orient werden wir überhaupt keine Spuren seiner Mahnung finden, im Abendlande geringere als die Nachwirkungen der Quote der griechischen Väter.

---

stentum und nachklassische Rechtsentwicklung, Atti del Congr. Int. di dir. Rom., Pavia, 1935, S. 101, Anm. 2.

[12] Ambrosius, *In Evang. S. Lucae,* lib., XIII, c. 79 (Corpus Script. Lat., Vindobonae, 32, S. 432): „Da ergo prius parenti, da etiam pauperi, da illi presbytero quod tibi abundat terrenum." Vgl. *Pitzorno,* L'adozione privata (1914), S. 44, Anm. 1; *A. Schultze,* Atti del Congr. Int. di dir. Romano, Bologna, 1934, S. 203, Anm. 14.

[13] Siehe oben § 5, IV, am Ende.

[14] *Possidius, Vita Augustini,* c. 24: „frequentius quoque dicebat, securius ac tutius ecclesiam legata a defunctis dimissa debere suscipere, quam hereditates forte sollicitas et damnosas"; doch fügt er hinzu, „ipsaque legata magis offerenda esse, quam exigenda" (Augustini, Opera, XV, 780). Vgl. *Loening,* Geschichte des Kirchenrechts, I, S. 224, Anm. 3.

[15] Vgl. oben S. 88.

[16] Anders *A. Schultze,* der seine letzte Publikation in dieser Frage (siehe oben, Anm. 12) mit den Worten schließt: „Die Fernwirkung Augustins auf diesem Gebiete (des Seelteils) kann nicht hoch genug eingeschätzt werden." Vgl. unten §§ 37 und 38.

IV. Kapitel

Die Forderung des gesamten Vermögens für die Seele und die Armen

§ 16. Salvians „Iusta Patrimonii Portio"

I. Unter den Vätern der Kirche, die sich mit dem für das Seelenheil und die Armen notwendigen Teil des Vermögens beschäftigt haben, nimmt der Priester Salvian von Marseille eine besondere Stellung ein. Salvian hat die viel diskutierte Forderung aufgestellt, daß alle Christen unterschiedslos verpflichtet sind, ihr *gesamtes* Vermögen der Kirche zu übertragen, unbekümmert um die Folgen für sich selbst und für ihre Familien.

Bei Salvian zeigt sich deutlich, wie seine Stellung zu den Gaben für die Kirche aus dem Leben und Charakter des merkwürdigen Mannes herauswächst. Er war um 400 geboren,[1] wahrscheinlich in Trier. Die Schriften des hochgebildeten Mannes zeigen deutlich seine rhetorische Schulung. *Humana et divina literatura instructus,* nennt ihn der Kirchenhistoriker Gennadius.[2] Seine Rechtskenntnisse übersteigen das übliche Maß der Kenntnisse der Rhetoren und begründen die Vermutung, daß er ursprünglich Jurist war.

Salvians Leben steht ganz unter dem Eindruck des Zusammenbruchs der römischen Herrschaft in Gallien. Was er beim Einbruch der Franken in Trier an fürchterlichen Szenen erlebte, bricht noch nach Jahren in erschütternden Schilderungen hervor.[3] Salvian verließ Trier und

---

[1] Über Salvians Leben siehe *Lietzmann,* Art. Salvianus in Realenzyklopädie der klassischen Altertumswissenschaft, Nr. 3, I, 1920, Sp. 2017 f.; *W. Zschimmer,* Salvianus, Halle, 1875, S. 7; *A. Hauck,* Art. Salvianus, in Herzog-Hauck, Realenzyklopädie für protestantische Theologie und Kirche, XVII, S. 403; *A. Hämmerle,* Studia Salviana, Programm, Landshut, 1893, Neuburg a. D., 1897, 1899; *Altaner,* S. 293; *Andreas Schäfer,* Römer und Germanen bei Salvian, Phil. Diss., Breslau, 1930, S. 5 ff.

[2] *De viris illustribus,* Cap. LXVIII (E. C. Richardson, S. 84).

[3] *De gubernatione Dei,* VI, cap. 13—15 (ed. Pauly, corp. script. eccl. Lat., VIII, Vindobonae, S. 135 f.). — Trier wurde mehrfach von den Franken erstürmt

begab sich um 425 nach der kleinen Insel Lérins bei Cannes. Dort hatte fünfzehn Jahre vorher Honoratus das später so berühmt gewordene Kloster nach griechisch-orientalischem Muster gegründet. Viele Männer der gallisch-römischen Aristokratie der Geburt und des Geistes suchten dort Zuflucht aus dem unerträglich gewordenen Weltleben. Lérins wurde zur Pflanzschule für viele große Bischöfe der gallischen Kirche. Bis gegen 439 blieb Salvian in Lérins. Später lebte er als Presbyter in Marseille, wo er in hohem Alter nach 480 gestorben ist.[4]

Salvian war Asket strengster Richtung. Ein Grundzug seines Wesens war der Hang zum Extremen, womit sich Schroffheit und Empfindlichkeit verbanden.[5] Für das Verständnis Salvians, nicht zuletzt auch seiner Stellung zu Erbrecht und Quote, ist sein Eheleben von Bedeutung. Salvian war zunächst glücklich verheiratet gewesen. Seine Tochter hatte er, nach Art mancher Intellektueller bis zum heutigen Tage, mit einem kapriziösen Namen — *Auspiciola* — belastet. Nach der Geburt des Kindes führte er seine Ehe nur noch in einem geschwisterlichen Verhältnis weiter, gleich anderen Asketen der Zeit.[6] Dann trennte er sich von Frau und Kind, und beide verschwanden aus seinem Leben.

Charakteristisch für Salvian ist der Brief,[7] den er an seine Schwiegereltern geschrieben hat, die zwar Christen geworden, aber von der

---

und geplündert. Salvian verließ Trier wahrscheinlich nach der dritten Plünderung um 420. Vgl. *Hämmerle*, Studia Salviana, I, S. 22 f., und *Eva M. Sanford*, On the Government of God, New York, 1930, S. 183, Anm. 53.

[4] Gennadius, de viris illustribus, 67 (geschr. um 480): *vivit usque hodie in senectute bona.*

[5] Dies zeigt z. B. Salvians Epist. II (Pauly, S. 204), geschr. um 429/30. Sein Freund in Lérins, Eucherius, war Bischof von Lyon geworden und hatte ihm Grüße übersandt, die er nicht persönlich geschrieben hatte. Salvian antwortete pikiert, es sei doch wohl nur ein Versehen von Eucherius, daß er die Grüße durch einen Diener habe übermitteln lassen und nicht durch einen eigenhändig geschriebenen Brief. Überhebung, wie sie meist mit einer neuen Bürde verbunden sei, könne er doch bei ihm nicht annehmen. Salvians Epist. VII (Pauly, S. 214 f.), ein weitschweifiger Brief, ist geschrieben, weil die Adressaten nicht zuerst an Salvian geschrieben hatten. Auch hier ist er wieder gekränkt. — Vgl. auch Epist. I (Pauly, S. 201), in der Salvian nach seinem Ausscheiden aus Lérins einen jungen Verwandten dorthin empfiehlt und hinzufügt: „*sed ego insinuationem meam minus gratam fore quibusdam timens* (§ 3); *ne ego quibusdam forte dispiceam*“ (§ 4).

[6] Vgl. z. B. *Cassian*, Collationes Patrum, ed. Petschenig, Corp. script. eccl. Lat., XXI, cap. 8 u. 9.

[7] Epist. IV (Pauly, S. 205 ff.).

ihnen unverständlichen Askese und Auflösung der glücklichen Ehe erschüttert waren. Wie diese Eltern empfanden, geht aus Salvians Briefen hervor, wo er die Eltern, deren Versöhnung er herbeiführen will, an die Schmeichelnamen erinnert, die sie ihrer Tochter einst gegeben hatten: „Euer Dohlchen (*gracula*), Eure kleine Dame (*domnula*), Mutter (*mater*), Vögelchen (*avicula*), Herrin des Hauses (*domina*)." Diesen warmherzigen Menschen schrieb Salvian einen Brief, der von rhetorischem Prunk und gelehrten Zitaten strotzt. Livius I, 13 wird zitiert („vorbereitet wurde, wie Livius sagt, zwischen den Römern und Sabinern der Krieg" [8]). Servius Galba wird erwähnt, der sich auf dem Forum in Rom verteidigen mußte.[9] Dann führt er seine Frau, Palladia als redend ein, und zwar als seine „Schwester" (*dilectissima et venerabilissima soror*).[10] Die Worte der Frau stammen natürlich von Salvian selbst, und erst recht die gespreizten Worte, die er der Enkeltochter in den Mund legt.[11] Das alles geschieht, um die Eltern zu überzeugen, daß sie das Asketenleben ihrer Kinder billigen sollen. „So laßt Euch denn", heißt es, „ich bitte Euch, nicht schwer auf die Seele fallen, daß ich Gott einen Bruchteil der Schuld abtrage, dem ich die ganze Schuld ja doch nicht begleichen kann." [12]

II. In seinem ersten größeren Werk, der pseudonymen Schrift *„Timothei ad ecclesiam libri IV"*, die er noch im Kloster Lérins (zwischen 435 und 439) geschrieben hatte,[13] vertritt Salvian mit größtem Nachdruck die Forderung: jeder Christ ist als Schuldner Gottes verpflichtet, sein gesamtes Vermögen der Kirche zu übertragen.[14] „Gott will, daß man ihm alles zum Opfer bringe. Wir verlangen nur, daß man wenigstens in der letzten Stunde sich durch sein Vermögen ein gutes Reisegeld für die andere Welt erwerbe." „Ich verlange nicht ..., daß Du

[8] ebenda § 17 (S. 208).

[9] ebenda § 24 (S. 210).

[10] ebenda § 9 (S. 207.

[11] ebenda § 17 (S. 208 f.).

[12] ebenda § 14 (S. 208).

[13] Vgl. *Schäfer*, S. 20, *Altaner*, S. 293. — Über den Grund der anonymen Veröffentlichung sagt Salvian, daß es seinen asketischen Grundsätzen widerspräche, mit seinem Namen zu prunken (Epist. IX, 5 f.). — Gennadius zitiert die Schrift in seinem Schriftstellerkatalog unter dem Titel *„Adversus avaritiam"*.

[14] Ad eccl. I, cap. 10 und 11 (Pauly, S. 241 f.); I, 21 f. (S. 230 f.); 37, 348 (S. 236) und passim.

alles Gott übergibst, was Du besitzest; nein, gib nur das zurück, was Du schuldest", d. h. eben alles.[15]

Salvian richtete die stärksten Angriffe gegen diejenigen, welche keine Kinder besitzen, gegen Kleriker und Mönche sowohl wie gegen Laien, die ihr Vermögen lieber Verwandten oder Fremden hinterlassen statt der Kirche. Für diese gibt es keine Entschuldigung, sie werden mit den schwersten Verbrechern auf eine Stufe gestellt.[16] Salvian hält aber auch diejenigen für sündhaft, die ihr Vermögen ihren Kindern hinterlassen, statt es der Kirche zu hinterlassen. Wer das tue, der handle nicht nur gegen den Willen Gottes, sondern auch gegen sein eigenes Interesse. Er sorge für die irdische Wohlfahrt seiner Kinder, bringe sich aber um seine eigene Wohlfahrt im Himmel. Deine eigene Seele steht Dir näher als Deine Kinder.[17]

Nachdrücklich behandelt Salvian die Einsetzung der Kinder, die Geistliche oder Mönche geworden wären. Diese dürften gegenüber den anderen Kindern im Vermögen nicht verkürzt werden. Im Gegenteil, es müsse ihnen mehr hinterlassen werden, damit „etwas aus Eurem Vermögen wenigstens auf diesem Umwege über Eure Kinder zu Gott gelange".[18] Auch hier wieder appelliert Salvian an das eigene Interesse der Eltern. Wenn die Eltern fragten: „Wem sollten wohl die Söhne, die sich Gott geweiht haben, ihren Vermögensanteil hinterlassen?", so antwortete Salvian: Euch selbst! Für Salvian ist die Elternliebe nur „der Schatten einer armseligen Entschuldigung, die gar nichts entschul-

---

[15] Ad eccl. I, cap. 12, § 61 (Pauly, S. 244): *„non quaero, ut pro peccatis tuis totum Deo tradas quod habes: hoc solum redde quod debes"*.

[16] Ad eccl. III, 1 ff., 12 ff.; II, 22; III, 6 ff.

[17] Ad eccl. III, § 17)Pauly, S. 274): „hoc specialiter dico et peculiari admonitione commoneo, ne ullam omnino aliquis *quamvis carissimum pignus animae suae preferat,* neque enim iniquum est, ut quilibet Christianorum etiam *legitimis heredibus* in hoc saeculo minus congerat, dummodo *sibimet* in eternitate succurrat multis modis, quia et facilius est hic deesse *filiis* quippiam parentibus in futuro, et multo levior praesens tenuitas quam aeterna paupertas". — *M. Falco,* Le disposizioni „pro anima", 1911, S. 35 ff., 40, nennt diese Argumentation einen *„schietto e crudo egoismo"*, zustimmend *A. Schultze,* Augustin und der Seelteil, S. 191. — Vgl. auch III, § 38 (S. 280 f.): „pios vos esse dicitis, qui filios diligatis? nihil plane durius vobis, nihil inhumanius, nihil tam ferum, nihil tam impium dici potest, a quibus impetrari omnino non potest *ut vos ipsos ametis . . . dilectissimam esse animam suam homini etiam diabolus non negavit"*.

[18] Ad eccl. III, § 26 (Pauly, S. 276): *ut aliquid ad Deum ex facultatibus vestris saltim per filios perveniret.*

digt" (*umbra excusatiunculae non excusans*).[19] Den Ermahnungen folgen Drohungen: Wenn Du nicht alles der Kirche gibst, was Du hast, dann wirst Du im Jenseits „in der äußersten Finsternis hingemartert" (*torquearis certe tenebris exterioribus*) und „in unauslöschlichem Feuer gebraten werden" (*ardentibus sine fine flammis ... decoquaris*).[20]

III. Dies ist der wesentliche Inhalt der „fast einzigartigen und in mancher Hinsicht rätselhaften Schrift".[21] Auch der letzte Schriftsteller,[22] der sie behandelt hat, sagt: „Salvians Schrift *ad ecclesiam* ist noch allen, die sich mit ihr beschäftigen, ein Rätsel gewesen. Verschiedene Lösungen hat man versucht. Die einen legen sie zu seinem Ruhm aus, die andern verdächtigen ihn damit."

Man hat Salvian häufig als „klerikalen Erbschleicher" bezeichnet. „In der Form einer Schrift gegen die Habsucht erteilte er eine Anweisung zur Erbschleicherei, die für alle künftigen Zeiten als Muster gelten kann. Kein Argument, das auf das Gemüt einwirken könnte, um eine Freigebigkeit gegen die Kirche herbeizuführen, wird außer acht gelassen."[23]

Andere haben Salvians Schrift für eine rhetorische Übertreibung erklärt, die er aufstellt, „um wenigstens *etwas* zu erreichen und um alle Entschuldigungen von vornherein abzuschneiden".[24] Wieder andere halten Salvians Forderungen für so unmöglich, daß sie in seiner Schrift eine „Ironie" oder „Satire" erblicken. „*Voilà l'ironie de Salvien, mais discrète et charitable*", rief der Abbé de la Rue in einer

---

[19] Ad eccl. III, § 8 (S. 271).

[20] Ad eccl. III, § 78 (S. 295).

[21] *Zschimmer*, Salvianus, S. 76.

[22] *Schäfer*, Römer und Germanen bei Salvian, S. 22.

[23] So *Edgar Loening*, Geschichte des deutschen Kirchenrechts, I, 1878, Straßburg, S. 225. — *Zschimmer*, S. 76: „In der Tat erscheint hier Salvian in dem Gewande eines Rabulisten der geriebensten Art, ... jedes nur erdenkbare Mittel der Anlokkung oder Drohung wird angewendet und Himmel und Hölle in Bewegung gesetzt, um seine Leser zur Erfüllung seiner Forderung anzutreiben. Besonders abstoßend ist dabei ... die Art und Weise, in welcher er das Leiden Christi für seinen Zweck verwendet, als handle es sich bei demselben nur um äußerliche Leistung und Gegenleistung."

[24] O. *Schilling*, Reichtum und Eigentum in der altkirchlichen Literatur, Freiburg i. Br., 1908, S. 204. — Ähnlich *Mario Falco*, Le disposizione pro anima, S. 34: „Ma se si tien conto del colorito fortemente retorico dello scritto ..., si vedrà certo in esso il documento più significativo tra le inumerevoli esortazioni a donare alla Chiesa ..."

seiner Lenten Predigten aus.[25] Von einer „Satire auf die Habsucht des damaligen Klerus“ sprach der Kirchenhistoriker von Hase.[26] Andere haben geltend gemacht, daß Salvians Vorschlag, alles der Kirche zu vermachen, seiner asketischen Anschauung entspricht.[27] Wieder andere halten Salvian für einen radikalen Sozialreformer,[28] für einen Kommunisten.[29] Man hat auch „sozialrevolutionäre Neuerungen des gallischen Klerus“ hinter Salvian vermutet.[30]

IV. Zwei Motive kommen für Salvians Forderung, das ganze Vermögen der Kirche zu übertragen, in Betracht: ein sozialpolitisches und ein religiöses.

Salvian zeigt Verständnis für die sozialen Schwächen des ausgehenden römischen Reiches: für die Ansammlung ungeheurer Güter in den Händen weniger, für die Vernichtung des freien Bauernstandes,[31] für die Korruption der römischen Provinzialverwaltung,[32] und für die Ungerechtigkeit des Steuersystems.[33] Die Darstellung der sozialen Verhältnisse, insbesondere der Lage der Kleinbauern, bei Salvian bildet bekanntlich eine wichtige Quelle für das Verständnis des Colonats.[34] Salvian wird in dieser Beziehung häufig neben Chrysostomus genannt. Trotzdem ist es fraglich, ob gerade die uns hier interessierende radikale Forderung Salvians sozialen Motiven entspringt. *Denn in Sal-*

---

[25] *De la Rue,* Carème II, 418, zitiert bei *Eva M. Sanford,* On the Government of God, Introduction, S. 27.

[26] *Karl von Hase,* Kirchengeschichte, 10. Aufl., S. 168.

[27] So *Zschimmer,* a. a. O., S. 80 f., der aber auch andere Motive angibt; ferner *Hauck,* Art. „Salvianus“, in Herzog-Hauck, Realenzyklopädie für prot. Theologie und Kirche, XVII, S. 404 (siehe aber auch unten Anm. 29), *Andreas Schaefer,* a. a. O., S. 25 f.

[28] *Zschimmer,* S. 85.

[29] *A. Hauck,* Kirchengeschichte Deutschlands, I, 1922, S. 73: „Salvian wollte keine Reform, sondern völligen Umsturz.“ — *Altaner,* S. 293: „Salvian wollte durch Einführung einer Art Pflichtkommunismus dem ungeheuern Elend seiner Zeit entgegenwirken.“ — *A. Mayer-Pfannholz,* Art. „Salvian“, Lexikon für Theologie und Kirche, IX, S. 138 f., spricht von seinen „extremen kommunistischen Forderungen“.

[30] *Ernst Stein,* Geschichte des spätrömischen Reichs, I, 1928, S. 511.

[31] Salvian, *De gubernatione Dei,* V, 43—45; V, 37. Vgl. hierzu *Zschimmer,* S. 52 f., *Schaefer,* S. 79 f.

[32] *De gub. Dei,* V, 17; VII, 91 ff.

[33] *De gub. Dei,* IV, 31; V, 34. Vgl. *Schaefer,* S. 74. — *Hauck,* Kirchengeschichte Deutschlands, I, 1922, S. 66, *Schaefer,* S. 72 f.

[34] *Rostovtzeff,* Gesellschaft und Wirtschaft im römischen Kaiserreich, II, S. 209, 229, 236, 373. Vgl. *E. Stein,* S. 511.

vians erster Schrift ad ecclesiam, in der er diese Forderung erhebt, finden sich diese sozialpolitischen Erwägungen nicht.[35]

Sie finden sich erst in seinem Hauptwerk *de gubernatione Dei*, das erst mehrere Jahre später (440) verfaßt worden ist, nachdem Salvian aus dem Kloster ausgetreten und wieder mit der Welt in Berührung gekommen war.

In der ersten Schrift *ad ecclesiam* wird die Forderung des gesamten Vermögens für die Kirche so gut wie ausschließlich religiös begründet. Nur einmal ist dort eine sozialpolitische Begründung angedeutet, aber auch sie ist gleichzeitig mit der religiösen Begründung verknüpft.[36] Auf die Frage, was denn die Mönche mit den ihnen zugewandten Vermögen machen sollen, antwortet er: „damit sie wirken im Dienst der Religion, damit die Religion bereichert werde durch die Taten der Mönche, damit sie geben, damit sie austeilen (*largiantur*), damit, indem jene besitzen, alle besitzen, die nichts haben." [37]

Von dieser kurzen Bemerkung abgesehen, begründet Salvian seine Forderung immer wieder vom *asketischen* Standpunkte aus. Sein Ziel ist die *vita perfecta*, die Nachfolge Christi für *alle* Christen.[38] Auf der Ehelosigkeit besteht er nicht. Aber er verlangt die Besitzlosigkeit.[39] Er fordert die Vermögensentäußerung wegen ihres „sittlichen Wertes".[40] Er ist der Überzeugung, daß das Festhalten am Besitz die Verwirklichung des christlichen Ideals verhindert.

Was Salvian zu seiner Schrift *ad ecclesiam* veranlaßt hat, spricht er in seiner epistola IX an den Bischof Salonius[41] aus. Dort heißt es, daß viele „statt durch Werke der Barmherzigkeit ihre Sünden zu sühnen, ihre großen Schätze den Erben, zuweilen Fremden vermachten". Gott dürfe nach seiner Meinung nichts vorgezogen werden, gemäß dem Worte unseres Herrn, welcher sagt: „wer Sohn oder Tochter mehr

---

[35] *A. Schaefer*, S. 25.

[36] Salvian, ad. eccl. III, § 23 (Pauly, S. 276). — In der späteren Schrift *De gub. Dei* wird die Forderung der Vermögensübertragung nicht mehr behandelt.

[37] ad eccl. III, cap. 5, § 23 (Pauly, S. 276).

[38] Ad eccl. II, 12, 13 (S. 248 f.).

[39] Mit der Besitzlosigkeit ist ihm identisch die Gütergemeinschaft der christlichen Urgemeinde. Vgl. *Hauck*, Art. *Salvianus*, Realenzyklopädie für protestantische Theologie, Bd. XVII, S. 404; siehe auch *denselben*, Kirchengeschichte Deutschlands, 2. Aufl., 1898, S. 72 und 77.

[40] *Hauck*, Art. Salvianus, S. 404.

[41] Pauly, S. 217—223.

liebt als mich, ist meiner nicht wert.“ [42] Im Herzen des Verfassers sei der Eifer des Herrn „wie ein brennendes Feuer erwacht...“ „Das also war der Beweggrund und die treibende Kraft, daß die Schrift ‚an die Kirche‘ gesandt wurde.“ [43]

V. Auf Salvians merkwürdigen Vorschlag fällt Licht, wenn er den Forderungen der *griechischen Väter* gegenübergestellt wird, nicht bloß den abendländischen Vätern, insbesondere Augustin, wie es bisher geschehen ist.[44]

Zwischen Augustin und Salvian bestehen allerdings die schärfsten Gegensätze. Dort die mäßige Sohnesquote und das Bestreben, die Familienangehörigen zu schützen, hier die radikale Forderung des ganzen Vermögens ohne jede Rücksicht auf die Familie. Dagegen bestehen starke Übereinstimmungen zwischen Salvian und den *griechischen* Vätern, besonders mit Basilius und Chrysostomus. Allerdings begnügten diese sich ebenfalls mit einer Quote. Aber von Haus aus hatten sie die Quote noch nicht empfohlen. Sie haben sich, wie wir sahen,[45] erst widerstrebend zu dieser Konzession durchgerungen. Salvian ist bei ihrer ursprünglichen Stellung stehengeblieben. Das Erbrecht der Verwandten hat er immer abgelehnt.

Salvian teilt mit Basilius und Chrysostomus die Grundeinstellung, das Lebensideal des griechisch-orientalischen Mönchtums, die Nach-

[42] § 6 (S. 218).

[43] § 12 (S. 120). — Noch deutlicher tritt die asketische Einstellung in epistola V auf (Pauly, S. 212 f.): „Reich Gottes und Welt, Geist und Fleisch stehen in schroffem, unvermitteltem Gegensatz einander gegenüber.“ „Das Fleisch muß durch Fasten und Kasteien gedämpft werden, damit der Geist seine Fesseln los werde.“ „Glücklich ist daher der zu preisen, dessen Körper durch Krankheit und Entbehrung geschwächt wird, denn bei ihm hört der Kampf zwischen Geist und Fleisch auf, der irdische Feind liegt am Boden und der siegende Geist kann sich zu höherer Tugend aufschwingen.“ (Siehe hierzu *Zschimmer*, S. 80 f.)

[44] So von *M. Falco*, Le disposizioni „pro anima“, S. 34 und von *A. Schultze*, Augustin und der Seelteil, S. 191 f. *Schultze* (Atti del Congresso Internazionale di Diritto Romano, Bologna (Pavia, 1934, S. 202) stellt Salvian auf eine Stufe mit Cyprian (200/210—258). Die Quote kannte Cyprian (*De opere et eleemosynis*, c. XVII, corp. script. eccl. Lat., III, 1, S. 387) allerdings noch nicht, insbesondere nicht die Sohnesquote (*A. Schultze*, Z. Sav. St., Germ. Abt., 50, 1930, S. 382). Sie wurde ja zum erstenmal erst von Basilius — rund 120 Jahre nach seinem Tode — empfohlen. (Vgl. oben, § 2). Cyprian forderte möglichst hohe Gaben. Je mehr Kinder man habe, desto mehr solle man geben für Werke der Barmherzigkeit (vgl. *Falco* und *Schultze* a. a. O.). Aber das *gesamte* Vermögen, wie es Salvian tut, forderte Cyprian ebenfalls nicht.

[45] Vgl. oben § 8.

folge Christi in absoluter Armut.[46] Mit Chrysostomus teilt er die Empörung über die soziale Gewissenlosigkeit der Oberschicht der „Reichen", ihre *cupiditas, rapina, inimicitiae* und *crudelitates.*[47] Die ideale Lösung finden beide in der christlichen Urgemeinde und dem Klosterkommunismus.[48] Beide mahnen in erster Linie, das Vermögen bereits zu Lebzeiten zu übertragen, wie es auch Basilius getan hatte.[49]

Vor allem teilt Salvian mit dem griechisch-orientalischen Mönchtum die geringe Rücksicht auf die Familie,[50] wieder im Gegensatze zu Augustin. Salvians „egoistisches" Hauptargument, daß die Seele des Erblassers und ihre Wohlfahrt ihm näher stünde, als die eigenen Kinder, das als besonders charakteristisch für ihn bezeichnet worden ist,[51] ist nicht originell. Es ist von Interesse festzustellen, daß wir ihm bereits bei Basilius begegnet sind: „Ist Dir Deine Seele nicht näher als jedes Deiner Kinder? Ist sie Dir nicht näher als alles?"[52] Asketische Grundstimmung liegt auch Salvians späterem Werk *de gubernatione Dei* zugrunde, ungeachtet der sozialen Interessen des Verfassers. Der Grundgedanke des ganzen Werkes ist: alles Unglück der Zeit ist nur eine Strafe Gottes für die Sittenlosigkeit der christlichen Römer.[53] Auch hier stimmt Salvian wieder mit Basilius überein. In seiner Predigt „Gehalten zur Zeit einer Hungersnot und Dürre" (or. 8) fragt Basilius nach der Ursache dieser Heimsuchung. Er antwortet: „Deinetwegen hat Gott dieses Unglück verhängt, weil Du hattest und nicht gabst."[54]

---

[46] Vgl. oben S. 63 ff.

[47] Ad eccl., I, 1 (Pauly, S. 224 f.), I, 4, 20 (S. 230), II, 14, 69 (S. 266); *De gub. Dei,* V, 16—61 (S. 106—122).

[48] Vgl. Salvian, *ad eccl.,* I, 1, 5 (Pauly, S. 226): „Die große Zahl der Gläubiger war *ein* Herz und *eine* Seele und nicht einer nannte von dem, was er besaß, noch etwas sein."

[49] Salvian, *ad eccl.,* III, 5 (S. 270): „Et ideo etiam ego ... primum ac saluberrimum religionis *officium* esse dico, ut Christianus dives, *dum in hac vita est,* divitias mundi huius pro Dei nomine atque honore consumat; secundum autem, ut si id vel metu vel infirmitate vel necessitate aliqua praepeditus forte non fecerit, saltim moriens universa dispenset."

[50] Vgl. z. B. Cassian, Collationes, XXIV, 1.

[51] Vgl. oben S. 109, Anm. 20.

[52] Basilius, *in div.,* cap. 7 am Ende (Migne, P. G. 31, Sp. 299), vgl. oben S. 6. Der Seelteil der griechischen Väter war nur ein Minimalmaß. Nach oben setzten sie keine Grenzen.

[53] Näheres bei *Hauck,* Art. Salvianus, S. 404 f. und *Schaefer,* S. 39.

[54] Migne, P. G. 31, Sp. 316, cap. 4, § 87 (vgl. oben S. 8, Anm. 25).

Mit Chrysostomus teilt Salvian auch die Art der Propaganda. Beide verachten den Reichtum, aber beide entfalten die gleiche Propaganda mit Bildern aus dem Geschäftsleben und juristischen Konstruktionen. Solche Argumente finden sich auch bei anderen Vätern.[55] Aber bei Chrysostomus und Salvian finden sich starke Übereinstimmungen auch in Einzelheiten.[56]

VI. Wie kam Salvian zur Kenntnis der griechischen Väter? Griechisch hat Salvian nicht verstanden. In seinen Schriften findet sich kein einziges griechisches Wort.[57] Aber Griechen und des Griechischen kundige Orientalen kamen nach Lérins, die ihm die Ideen der griechischen Väter vermittelt haben können.[58] Vor allem kommt Cassian in Betracht.

Johannes Cassianus gehört zu den wichtigen Vermittlern zwischen Morgenland und Abendland. Er hat die Ideen des griechisch-orientalischen Mönchtums im Abendlande verbreitet. Er wurde um 360 geboren — sein Geburtsort ist streitig[59] — und in einem Kloster in

[55] Vgl. oben § 5, III.

[56] Salvian spricht vom „Kauf der Seligkeit" mit dem ganzen Vermögen (*ad eccl.*, II, 9, Pauly, S. 257 f.; II, 10, S. 259 f.; II, 12, § 54, S. 262. Vgl. Chrysostomus oben Kapitel II, § 9). — Salvian vergleicht — bei Auslegung von Matth. 25, 30 — die Armen mit den „Wechslern des Heilands (*nummularii salvatoris*); da sich das an sie verteilte Geld vermehrt, wird ohne Zweifel alles, was man an die Armen verausgabt, von Gott mit Zinsen zurückgegeben werden" (Salvian, *ad eccl.*, III, 3, Pauly, S. 270). — Im Hinblick auf Matth. 10, 42 vergleicht Salvian Christus mit einem „zahlungsfähigen Bürgen für die Aufnahme der guten Werke" ... „Dieser Bürge ist ... unendlich treu ..., so daß er sein Versprechen wie seine eigene Schuld einlöst", — also der juristische Gedanke der *selbstschuldnerischen Bürgschaft (ad eccl.*, III, 16, S. 293). — Salvian verwendet sogar die berühmte römische Rechtsfigur der *Solidarobligation!* Er meint, „das ganze Menschengeschlecht ohne jeden Unterschied ist der Schuld verfallen ... aber schuldet denn deshalb einer weniger, weil ein anderer das gleiche schuldet? Keineswegs wird die Last des einen durch die Last des andern verringert ..." (*ad eccl.*, II, 2, S. 247). Hier geht Salvian in juristischen Deduktionen noch über Chrysostomus hinaus.

[57] *Zschimmer*, Salvianus, 1875, S. 10.

[58] Vgl. unten, §§ 23 und 30, II und III.

[59] Gennadius von Marseilles, *De viris illustribus* sagt kurz: „*Cassianus natione Scytha.*" Deshalb wird häufig angenommen, daß er aus der *Scythia minor*, der heutigen Dobrudscha, stammt (*Tillémont*, Mémoires pour servir à l'histoire ecclésiastique, tom. XIV, S. 740; *Th. Zahn*, Neuere Beiträge zur Geschichte des Apostolischen Symbolums in der Neuen kirchlichen Zeitschrift, VII, 1896; *Sebastian Merkle*, Tübinger Theologische Quartalschrift, 82, 1900, S. 439). Nach andern stammt er aus Scythopolis (Beisan) in Palästina (*Dom A. Ménager*, La Patrie de Cassian, Echo d'Orient, 1921, S. 330—358). Andere vermuten, daß er aus Gallien, und zwar

Bethlehem erzogen. Dann lebte er etwa zehn Jahre unter den Mönchen in Ägypten. Später ging er nach Konstantinopel, wo er Chrysostomus nahe trat, der ihn selbst zum Diakon weihte. Als Anwalt des Chrysostomus ging er nach Rom zu Papst Innocenz I (404).[60] Dann ging er nach Gallien. Er wurde der Freund und Berater des Honoratus, des Gründers des Klosters Lérins.[61] Um 415 gründete er selbst in Marseille ein Männerkloster und ein Frauenkloster. Er starb zwischen 430/435. Seine Schrift *De institutis coenobiorum* (zwischen 419—426 verfaßt) beschreibt die Einrichtungen und Regeln der Klöster in Ägypten und Palästina. Besonders berühmt wurden seine *Collationes Patrum* (nach 420), die Unterredungen mit Anachoreten Ägyptens enthalten.

Es ist möglich, daß Salvian seine Kenntnis besonders des Chrysostomus Cassianus mit verdankt, der dem Patriarchen von Konstantinopel so nahe gestanden hatte.[62] Salvian steht auch unter dem Eindruck der

---

aus der Provence stammt (*Petschenig*, in der Einleitung zu den *Opera Cassiani* im Wiener Corpus, S. II, ferner *F. Dölger*, Antike und Christentum, IV, 1933, S. 122 ff.; für romanische Abstammung auch *Jülicher*, Art. „Cassianus" in Realenzyklopädie der klassischen Altertumswissenschaft, VI, 1899, S. 1668 f.). Gegen gallische Abstammung spricht Cassians Erziehung vom 12. Jahre an in einem Kloster in Bethlehem. In diesen gefährlichen Zeiten ließ man ein kleines Kind nicht von Gallien nach Palästina reisen, um so mehr als das Klosterleben im Orient zu dieser Zeit in Gallien noch wenig bekannt war. — Neuerdings hat der französische Augustiner *J. Thibaut*, L'ancienne liturgie Gallicane, in dem Anhang: „Étude biographique sur Jean Cassien de Serta", Paris, 1929 (S. 104—110), mit guten Gründen die Ansicht vertreten, daß Cassian in Serta (von einigen mit „Tigranocerta" identifiziert) an der Grenze zwischen Armenien, Assyrien und Mesopotamien geboren ist. Heut liegt dort die kleine Stadt „Sert" (oder „Séert") im Diabekir. Dies würde auch Cassians Erziehung in Bethlehem erklären. — S. ferner *Owen Chadwick*, John Cassian, Cambridge, England, 1950 (bespr. von *Knowles*, Journal of Theological Studies, 1951, S. 106).

[60] *Altaner*, S. 290.

[61] *Thibaut*, S. 100.

[62] Für Cassians Verehrung für Chrysostomus siehe seine Schrift, *Contra Nestorium*, VII, c. 30, wo er ein Zitat aus Chrysostomus mit den Worten einführt: „Nun höre, was Johannes, die Zierde der Bischöfe von Konstantinopel, dessen Heiligkeit ohne jeden Sturm heidnischer Verfolgung zu dem Verdienste des Martyriums gelangte, über die Menschwerdung des Sohnes Gottes gedacht und gepredigt hat." Ferner ebenda Kap. 31: „So nehme ich denn den Eifer und die Liebe des Schülers für mich in Anspruch ... denn von dem Bischof Johannes (Chrysostomus) Gott seligsten Angedenkens in den heiligen Dienst aufgenommen und Gott geweiht, bin ich der Liebe nach dort, wenn ich auch dem Leibe nach fern weile." ... „Seine

eigenen Anschauungen und Schriften Cassianus', den er in Lérins oder Marseille vielleicht auch persönlich kennengelernt haben wird. Mit Salvians radikaler Forderung der totalen Armut zugunsten der Armen und der Kirche deckt es sich, wenn Cassian schreibt: „Glaube und Vertrauen werden dann über Bord geworfen, wo die Hoffnung auf ein Geldstück aufleuchtet." [63] „Das Ende dieser rasenden Gier erreicht man nicht durch Reichtümer, sondern durch gänzliche Entsagung." [64] „Darin besteht also der vollkommene Sieg über die Habsucht, daß wir auch nicht einen Funken von Verlangen nach irgend einem, auch noch so geringfügigem Gegenstand in unseren Herzen dulden." [65]

Cassian schildert eingehend wie in den ägyptischen Klöstern der Aufzunehmende „mit peinlicher Sorgfalt gefragt wird, ob ihm von seinem früheren Vermögen auch nicht ein Heller mehr anklebe",[66] wie es für ein großes Vergehen in den ägyptischen Klöstern gilt, auch nur etwas ganz Wertloses, etwa ein Kästchen, ein Körbchen, sein Eigentum zu nennen. „Hier wagt keiner auch nur mit einem Wort etwas Sein zu nennen, und das Wort aus eines Mönches Munde: ‚Mein Buch, meine Tafeln, meine Feder, mein Mantel, meine Schuhe' ist ein großes Vergehen, für das er eine entsprechende Buße übernehmen muß, selbst wenn heimlich und ohne sein Wissen ein solches Wort seinem Munde entschlüpft ist." [67]

Aber freilich, Cassian sprach nur von den *perfecti*, von den ägyptischen Mönchen, die „diesem irdischen Wandel abgestorben und durch keine Neigungen zu den leiblichen Verwandten, durch keine Verpflichtungen zu weltlichen Handlungen gebunden sind." [68] Salvian hingegen

---

Schriften leset, seine Unterweisung haltet fest, seinen Glauben, sein Verdienst umfasset! ... Jener also soll Euch immer im Sinne und gleichsam vor Augen sein; in Eurem Fühlen und Denken soll er bleiben ..."

[63] Cassian, *De inst. coen.*, VII, c. 7: „Nullam exhibens fidem, ubi potuerit nummi spes aliqua refulgere." (Corp. script. eccl. lat., XVII, 1, S. 133.)

[64] Ebenda, VII, c. 24: „Finis enim rabiei huius non divitiis, sed nuditate conquiritur." (Ibid., XVII, 1, S. 146.)

[65] Ebenda, VII, c. 28: „Haec est igitur de filargyria perfecta victoria, ut parvissimae cuiuslibet stipis in corde nostro residere non sinamus igniculum." (Ibid., XVII, 1, S. 148.)

[66] Cassian, *De Inst. Coen.*, IV, cap. 3.

[67] Ebenda, XIV, c. 13. S. auch ebenda: XXI, c. 21. — Vgl. schon *Basilius, Regulae brevius tractatae*, 85. Frage, Migne, P. C., 31, Sp. 1143 (s. oben S. 63, Anm. 37).

[68] Cassian in der *Praefatio* zu seinen *Collationes Patrum* (Migne, P. L., Bd. 49, 1, S. 481).

will den absoluten Verzicht auf alles Vermögen zugunsten der Kirche und der Armen auf *alle* Christen übertragen, auch auf diejenigen, die die *vita perfecta* nicht gewählt haben. Es ist klar, daß bei Cassian, der nur von den Mönchen spricht, eine Seelquote nicht erwähnt wird. Den Mönchen ist nicht gestattet, nur einen Teil ihres Vermögens abzugeben und den Rest zu behalten. Das gleiche fordert Salvian für alle Christen. Er hat zwar Basilius' und Chrysostomus' Ideen vielfach übernommen, aber die Konzession der Seelquote hat er nicht mitgemacht.

Daß Salvian aber an die Quote der griechischen Väter und Augustinus, die damals im Mittelpunkt der Diskussion standen, gedacht hat, zeigt sein bisher unbeachteter Ausspruch, daß das *gesamte* Vermögen *„die gerechte Quote des Vermögens" (justa patrimonii portio)* bildet.[69] Das *gesamte Vermögen* die *„rechte Quote"* zu nennen, ist eine *contradictio in adiecto;* aber gerade dieser Ausspruch zeigt, wie sehr Salvian die Quote mißbilligt. Nach Salvian soll die gesamte Christenheit, soweit das Vermögen in Betracht kommt, gewissermaßen ein einziges großes Kloster werden. Was aus den Familien, aus den Kindern werden soll, interessiert Salvian wenig, aus dessen eigenem Leben Frau und Tochter verschwunden waren. Bei Salvian tritt die radikale Reaktion des Asketen strengster Observanz gegenüber dem Kompromiß hervor, der im Seelteil liegt.

§ 17. Petrus Chrysologus, ein Nachzügler

Salvians Vorschlag, so undurchführbar und weltfremd er zunächst auch erscheinen mag, hat doch Widerhall gefunden. Einen Beweis liefern die Predigten des Petrus Chrysologus, der etwa von 432/440 bis 450 Erzbischof von Ravenna war.[1]

Über Petrus Chrysologus' Leben fehlen zuverlässige Nachrichten. Die älteste legendäre Biographie wurde erst in der Mitte des 9. Jahrhunderts von dem Abte Agnellus verfaßt. Aber die rund 170 echten Reden, die von ihm erhalten sind,[2] geben ein Bild dieses Sternes zwei-

---

[69] *Ad eccl.*, III § 23 (Pauly, S. 276).

[1] H. *Koch*, Artikel „Petrus Chrysologus", Realenzyklopädie der klassischen Altertumswissenschaft, Bd. 19 (1938), S. 1361—1372; *Altaner*, S. 294; *G. Böhmer*, Lexikon für Theologie und Kirche, II, S. 950.

[2] Siehe über die echten und unechten Reden *G. Böhmer*, a. a. O., S. 1365, auch *denselben*, Petrus Chrysologus als Prediger, 1919.

ter Größe. Die Reden sind ohne Gedankentiefe und Originalität, rhetorisch vielfach überladen und voller Wiederholungen.[3] Aber sie waren leicht verständlich und sehr populär.[4] Aus kirchenpolitischen Gründen erhielt er den Beinamen „Goldredner" (*Chrysologus*).[5] Die Kirche von Ravenna, das zur Hauptstadt des verfallenden Westreichs geworden war, wollte ein Gegenstück zu dem großen „Goldmund", dem Patriarchen des Ostens, besitzen.

Es ist von Interesse, hier einmal die Stimme eines Kleineren zum Problem der Seelquote zu hören. Wieviel Predigten mögen im Laufe der Zeiten darüber gehalten worden und verschollen sein? Übrigens reichte Petrus Chrysologus' Einfluß über Ravenna hinaus. Er stand Papst Leo I. dem Großen (440—461) nahe.[6]

Chrysologus' Predigten fallen in die Zeit bald nach dem Erscheinen von Salvians Buch *ad ecclesiam*. Seine Predigten durchzieht dasselbe Leitmotiv wie Salvians Schrift, obwohl Chrysologus nicht mit der juristischen Schärfe und Konsequenz Salvians spricht. Aber die Tendenz ist deutlich genug: das ganze Vermögen soll Gott und den Armen gegeben werden,[7] und Salvians Argumente kehren im wesentlichen wieder, wenn auch vereinfacht und vergröbert.

Petrus Chrysologus predigte viele Male über das Thema: „Verkauft, was Ihr besitzt, und gebt Almosen; machet Euch Beutel, die nicht veralten, einen Schatz, der nicht vergeht im Himmelreich." In vier der erhaltenen Predigten spricht er *„de terrenorum cura despicienda"*.[8]

Folgende Aussprüche sind charakteristisch für ihn: „O Mensch, wenn Du hier ewig bleiben willst, dann hinterlasse auch hier das Deinige; willst Du aber jenseits lieber wandern, warum läßt Du Dein Eigentum hier zurück?"[9] „Mensch, sende voran in den Himmel Deinen Schatz, damit Du nicht Deine himmlische Seele in die Erde versenkest ... Besser also ist es, das Gold zur Heimat der Seele zu erheben, als daß die Seele in die Grube des Goldes versenkt wird. Entblößt von

[3] *Böhmer*, Lexikon, S. 950, *Koch*, a. a. O., S. 1367.

[4] Sein Grundsatz war: *populis populariter est loquendum* (Sermo 43 *De oratione, jejunio et eleemosyna*, Migne, P. L., 52, Sp. 320 A).

[5] Zum erstenmal erwähnt bei Agnellus, Kap. 47 (S. 310, 313), vgl. *Koch*, S. 1362.

[6] *Altaner*, S. 294.

[7] In der Literatur über den Seelteil wird Petrus Chrysologus nur kurz erwähnt. Vgl. *Tamassia*, Archivio Giuridico, LXXXV, 1921, S. 99; *A. Schultze*, Atti, S. 202.

[8] Or., 22 (Migne, 52, Sp. 254—263), Or., 23 (ibid. S. 263—266), Or., 24 (ibid., S. 270), Or., 163 (ibid., S. 628—630).

[9] Or., XXII, *De terrenorum cura despicienda*, Migne, P. L., 52, Sp. 260 C.

den gesamten Sorgen der Reichtümer (*totis divitiarum curis*) will der Herr jene haben, welchen er die Herrschaft im Himmel zugedacht hat." [10] Wieder im Anschluß an das Wort: „Verkaufet alles, was Ihr habt und gebet Almosen" mahnt er: „Wenn Ihr also an Eure Fortdauer ... im Himmel glaubt ..., so muß das, was Euch gehört, Euch dorthin vorangehen ... und damit es Eurer Frachtsendung nicht an Trägern mangle, so ist für diesen Frondienst der Arme geworben (*angariatus est pauper*); die Armen tragen diese unsere Lasten und tragen sie gerne ..." [11] In Sermo 162, „Über den, der seine Erbschaft teilen wollte", heißt es: „Das *himmlische* Los kann nicht geteilt werden ... daher, Mensch, was rufst Du diesen (Christus) zur Teilung ..., was verlangst Du von dem einen *Teil*, der ... das *Ganze* auf Dich übertragen hat". [12]

Auch bei Petrus Chrysologus tritt die asketische Tendenz stark zutage.[13] Die Sorge um die Kinder bekümmert ihn ebensowenig wie Salvian.[14] Zum Trost verweist auch er auf die Raben, die nicht säen und nicht ernten,[15] und auf die Lilien auf dem Felde.[16]

---

[10] Or., XXII (Migne, 52, Sp. 261 A, B).

[11] Or., XXV, Migne, P. G., 52, Sp. 270 B, C. — Hier begegnet der Gedanke der „Funktion" der Armen, für die Seligkeit der Wohlhabenden zu sorgen, wie es *Troeltsch* einmal in anderem Zusammenhange ausgesprochen hat.

[12] Or., CLXII, *De eo cui volebat dividere hereditatem* (Migne, P. L., 52, Sp. 626 C, D).

[13] Vgl. z. B. Or., XXII, *De terrenorum cura despicienda* (Migne, 52, Sp. 261 B): „Cineti ergo castitatis baltheo, quod est insigne militiae Christianae, fluxam carnis detruncamus ignaviam"; Orationes, XLI (Migne, 52, Sp. 314—317), XLII (ibid., Sp. 317—320), XLIII (ibid., Sp. 320—322), sämtlich „*De jejunio et eleemosyna*".

[14] Vgl. Or., 162, *De eo qui volebat dividere hereditatem*, Migne, P. L., 52, Sp. 626 C: „Ille ditat filios, qui relinquit filiis plenissimam charitatem." Ibid., S. 629 A: „Despice vilia tibi providere cellaria."

[15] Or., 162, S. 629 A.

[16] Ibid, S. 630 A.

V. Kapitel

Eindringen der Seelquote in Brauch und Recht des Orients

Die Idee der Väter, daß Christus ein Anteil am Nachlasse gebühre, erwies sich als eine lebendige Kraft, die Geschichte machte. In der Gestalt, die Basilius und Chrysostomus ihr gegeben hatten, drang sie in die Rechte des Orients und des Abendlandes ein, während die Form der Quote, wie sie Hieronymus und Augustin empfohlen hatten, nur im Abendlande nachwirkte, aber auch dort weniger nachhaltig als die griechische Form.[1]

Wir behandeln zunächst das Eindringen in das Rechtsleben des Orients.

§ 18. Justinians Gesetzgebung

I. Ein gesetzliches Erbrecht der Kirche in Höhe der Quote hat sich im Byzantinischen Recht erst im 9. Jahrhundert durchgesetzt.[2] Aber bereits zur Zeit Justinians war die Seelquote weit verbreitet in Brauch und Vulgarrecht im Byzantinischen Reich, wie die Konstitution des Kaisers vom 20. Oktober 530 (Cod. Just. 1, 2, 25 [26]) erkennen läßt. Die in griechischer Sprache abgefaßte Konstitution ist an den *praefectus praetorio* Julianus gerichtet, ein Anzeichen für ihre allgemeine Geltung.[3]

„Da wir in vielen Testamenten solche Erbeinsetzungen gefunden haben, in welchen jemand unsern Herrn Jesus Christus zum alleinigen Erben ernannt hat (*ἐξ ὁλοκλήρου*), ohne irgend eine Kapelle oder Kirche zu bezeichnen, oder denselben unsern Herrn Jesus Christus zur Hälfte oder zu ungleichen Teilen (*ἐξ ἡμισείας ἢ ἐξ ἑτέρων ἀνίσων μέρων*), einen andern aber ebenfalls zur Hälfte oder zu irgend einem

[1] Anders die herrschende Meinung. S. oben S. VI f.

[2] S. unten § 19.

[3] Über Bedeutung und Geltungsbereich der kaiserlichen Konstitutionen im allgemeinen s. *Edoardo Volterra*, Diritto Romano e diritti orientali, Bologna, 1937, S. 306.

Anteile ... und da wir bemerken, daß hieraus im Hinblick auf die älteren Gesetze große Unsicherheit entstand, so wollen wir auch dies verbessern und befehlen, daß, wenn jemand unsern Herrn Jesus Christus zum Erben eingesetzt hat, entweder allein oder auch nur zum Teil, daß dann unbezweifelt die heilige Kirche der Stadt, des Ortes oder des Bezirkes, in welchem der Verstorbene sich befunden, als eingesetzte Erben zu betrachten seien und daß die Erbschaft im ganzen oder zum Teil, wie nun die Erbeinsetzung lautet, durch die gottgeliebten Kirchenvorsteher eingetrieben werden mag." [4]

Justinians Constitution geht also davon aus, daß der Brauch, Christus als Erben einzusetzen, weit verbreitet ist, sowohl für den ganzen Nachlaß als für zahlenmäßig bestimmte Quoten.[5] Neu ist die Bestimmung der Kirche, der die Zuwendung „für Christus" anfallen soll. Aber es handelt sich um mehr als eine bloße Auslegungsregel. Es wird auch bestimmt, daß diese Zuwendungen klagbar sein sollen. „Die gottgeliebten Kirchenvorsteher" sollen legitimiert sein, den Anspruch geltend zu machen. Hierin liegt die offizielle Anerkennung eines Brauchs vor, der — unter dem Einfluß der Kirche — zum Volksrecht geworden war,[6] wohl auf dem Wege über lokale Gewohnheiten und Ge-

---

[4] Novelle 131, c. 9 vom Jahre 545 (= Basilika 5, 3, 10) bestimmt für den Fall eine Erbschaft oder ein Legat für Jesus Christus hinterlassen worden ist — hier aber ohne die Quoten zu erwähnen —, daß ebenfalls die Kirche des Wohnsitzes des Verstorbenen das Hinterlassene erhalten soll. — Leos und Anthemius' Constitution, erlassen 470 in Konstantinopel (C. 1, 2, 14, 1) traf Bestimmungen über Gaben des *patrimonium* oder einer *certa pars patrimonii* an die Kirche, ohne Christus selbst zu erwähnen.

[5] Ein Beispiel bietet das Testament des Mönches Paham (Koptische Rechtsurkunden des VIII. Jahrhunderts n. Chr. aus Djême [Theben], Leipzig, 1912, Nr. 67, lin. 51). Dort verfügt der Testator über das Vermögen seiner verstorbenen Frau, indem er *ein Drittel für die Seele* der Verstorbenen und je ein Drittel für die beiden Kinder hinterläßt. — In einer Reihe von Testamenten werden nicht Quoten vom gesamten Vermögen für die Seele hinterlassen, vielmehr Quoten von Grundstücken, die aber in vielen Fällen wohl den wichtigsten Bestandteil des Vermögens gebildet haben werden (siehe die Aufzählung bei *Bruck*, Studi Riccobono, III, S. 385 ff., Anm. 44—46). Die Verbreitung der Quote im Osten des Reichs zeigt besonders das Syrische Kirchenrecht (s. unten § 19).

[6] Mit *Ernst Levy*, West Roman Vulgar Law, Philadelphia, 1951, S. 6, verstehen wir unter Vulgarrecht „all those rules or concepts which differ from the classical system but cannot be traced to some positive enactment". (Vgl. *F. Wieacker*, Vulgarismus und Klassizismus im Recht der Spätantike, 1955, S. 10 f.) — Ferner *Levy*, S. 4: „The norm created by a *lex generalis* may be an indication of some preexisting vulgar law, which has now received the stamp of official recognition." Mit

wohnheitsrechte.[7] Die Konstitution des Kaisers erklärte die Einsetzung Christi — ganz oder auf Quoten — für gültig und erhob damit eine Einrichtung des Vulgarrechts zum allgemeinen Recht des Reiches.

Vulgarrechtliche Regeln waren in der Zeit zwischen Konstantin bis auf Justinian in das kaiserliche Gesetzesrecht übernommen worden. Bei Justinian tritt zwar die Tendenz hervor, das klassische Recht wiederherzustellen,[8] aber der vorliegende Fall zeigt, daß auch Justinian Vulgarrecht und Brauch aus besonderen Gründen sanktioniert. Hierin tritt die Stärke dieser Einrichtung zutage, hinter der die Sorge für das Seelenheil stand. Es entsprach durchaus Justinians Geistesrichtung, Zuwendungen an die Kirche zu begünstigen, in jeglicher Gestalt.

Die Seelquote ist nicht bloß auf Testamente beschränkt. In einer — ebenfalls an den *praefectus praetorio* Julianus gerichteten — Konstitution vom 18. März 530 (C. J. 8, 53, 35, 4) erklärt Justinian die Schenkung einer *universitas* oder einer Vermögensquote für zulässig: „entweder in Höhe von zwei Dritteln oder der Hälfte oder des Dritten oder Vierten oder irgend welchen Teiles oder auch des Ganzen" *(sive bessis sive dimidiae partis suae substantiae sive tertiae sive quartae sive quantaecunque vel etiam tutius).* Auch hier hat der Kaiser in erster Linie Schenkungen an die Kirche im Auge, wenn auch Schenkungen an Laien mitgeregelt werden. Im § 5 heißt es ausdrücklich: „Dies soll alles um so fester gehalten werden, wenn die Schenkung zu frommen Zwecken oder an religiöse Personen gemacht worden ist" *(„tantoque magis haec firma esse, si piis actibus vel religiosis personis donatio deputata est").*[9]

---

der Seelquote befaßt *Levy* sich nicht. — Übrigens war bereits um 100 n. Chr. eine verwandte Einrichtung, die heidnische *Stiftung* für den Totenkult im Vulgarrecht entstanden und von den klassischen Juristen übernommen worden. Vgl. *Bruck*, Scritti Ferrini, III, S. 18 ff. und Über Römisches Recht im Rahmen der Kulturgeschichte, S. 46 ff.

[7] S. unten § 19. — Über den Einfluß christlich-orientalischer Ideen auf das römische Recht im allgemeinen vgl. *Ed. Volterra*, Introduction à rapports avec l'orient (Extrait des Archives du droit oriental, IV, 1949, S. 150 ff.).

[8] Über diese Tendenz Justinians siehe *Levy*, a. a. O., S. 12 ff.; *Fritz Schulz*, Roman Legal Science, Oxford, 1946, S. 283 ff.

[9] Im Anschluß daran wird für die Schenkungen an die Kirche Beurkundung vorgeschrieben, „damit nicht der Schenker in Ansehung der erwähnten frommen Zwecke durch seine Hinterlist nicht bloß als ein Wankelmütiger, sondern auch als Gottloser erscheine, und nicht bloß die Strafe des Gesetzes, sondern auch die des Himmels zu erwarten habe". — Die Gabe zu Lebzeiten entspricht den Mahnungen von Basilius

II. Spätere Gesetzgebungen haben die Quote zuweilen als Maximal-, und zuweilen als Minimalmaß für die Zuwendungen an die Kirche und die Armen vorgeschrieben. Justinian, der sonst so gern in die Grenzgebiete zwischen Recht und Religion eingriff,[10] hat weder das eine noch das andere getan.

Die Quote als *Maximum* vorzuschreiben, hätte eine Beschränkung der *piae causae* bedeutet, und damit die Werke der *Caritas* beeinträchtigt, die der Kaiser ständig pries und förderte.[11] Die Zuwendungen für das Seelenheil, die überall, im byzantinischen Reiche für Kirchen, Klöster und kirchliche Einrichtungen erfolgten, dienten caritativen und sozialen Zwecken wie die Unterkunftshäuser für arme Reisende (*xenodochia*), die Waisenhäuser (*orphanotrophia*), die Hospitäler (*nosocomia*), die Altersheime (*gerontocomia*), Findelhäuser (*brephotrophia*) und Heime für Leprakranke (*lobotrophia*). Überdies gewährte jedes Kloster den Armen Obdach und Nahrung. In die großen Klöster Konstantinopels strömten Arme zu Hunderten von überall her, die oft jahrelang dort blieben.[12] Konstantinopel allein besaß i. J. 536 rund 65 Männerklöster, teilweise mit je tausend Mönchen und zahlreiche Frauenklöster.[13]

Dazu kam, daß der Kaiser die asketische Anschauung der griechischen Kirchenväter und Mönche teilte, daß die *vita perfecta* und mit

---

und Chrysostomus, die sie vor den testamentarischen Zuwendungen bevorzugen (vgl. oben S. 28 f.).

[10] Über Justinians vielbehandelte theologische Tätigkeit siehe *Wenger*, Canon in den römischen Rechtsquellen und in den Papyri, Sitzungsberichte der Akademie der Wissenschaften, Wien, Bd. 220, 1942, S. 92 ff., *Erich-Hans Kaden*, Justinien législateur (Grandes figures et grandes oeuvres juridiques, Mémoires publiés par la Faculté de Droit de Genève, No. 6) S. 58—65 und L'Église et l'État sous Justinien (ebenda, No. 9), 1952, S. 113 ff., 120 ff.

[11] *Biondo Biondi*, Giustiniano primo, principe e legislatore cattolico, Milan, 1936, S. 37 ff., *L. Wenger*, a. a. O., S. 158 ff. (beide allerdings ohne Erwähnung der Seelquote). — In Anschluß an die oben (S. 120 f.) zitierten Sätze aus C. J. 1, 2, 25 (26) bestimmt Justinian, daß für Legate „für Christus" dasselbe wie für Erbeinsetzungen Christi gelten solle, „damit sie die *Verpflegung der Armen* fördern sollen" (*ἐφ' ὥτε εἰς πτωχῶν ἀποτροφὴν αὐτὰ προχωρεῖν*).

[12] *Johannes von Ephesus*, Commentarius 14, vgl. *Ch. Diehl*, Justinian et la civilisation Byzantine au VIe siècle, Paris, 1901, S. 528. *P. W. Duff*, Personality in Roman Private Law, Cambridge, 1938, S. 178.

[13] *Diehl*, S. 503, 530. — In Konstantinopel, in Syrien und in Kappadozien läßt die Fülle der Ruinen von Klöstern und Kirchen deutlich auf die zahlreichen Zuwendungen für kirchliche Zwecke, schließen (*Diehl*, S. 500—518).

ihr die Hingabe des gesamten Vermögens der Hingabe nur eines Teils vorzuziehen sei.[14] „Maßlosigkeit" ist „das beste Maß" für die Gaben an die Kirche, sagt Justinian ausdrücklich in Novelle 7, 2, 1 (535).[15] Asketische Züge treten selbst in seinem eigenen Leben hervor. Häufig unterzog er sich strengem Fasten und Entziehung des Schlafes.[16] Kirchen und Klöstern wandte er enorme Gaben zu, und der Hof, die Senatoren und die besitzenden Klassen folgten seinem Beispiel.[17] Der Kirchenhistoriker Johannes von Ephesus, der zu Justinians Zeit monophysitischer Bischof von Konstantinopel war, berichtet von zahlreichen Fällen, die die Verbindung der Gaben an die Kirche mit der Askese deutlich erkennen lassen.[18]

An dem ungeheuren Anwachsen der *manus mortua*[19] nahm Justinian keinen Anstoß. Er betrachtete das ständige Gebet in den Kirchen und besonders in den Klöstern als eine Staatsnotwendigkeit. Es brachte der Wohlfahrt des Reiches und ihm selbst Segen[20] — daher auch die Fülle der Justinianischen Gesetze zur Erhaltung und Mehrung des Vermögens der Kirchen und Klöster.[21] Die Beschränkung der Seelquote durch ein *Maximum* konnte sonach für Justinian nicht in Betracht kommen.

---

[14] Vgl. oben, § 8.

[15] *Ἄριστον μέτρον ἡ τῶν δωρουμένων ἀμετρία.* — Über Zuwendungen der byzantinischen Kaiser an die Kirche siehe auch *Germaine Rouillard,* L'Égypte Byzantine,[2] S. 136.

[16] *Procopius,* Anecdota, XIII, 28—30. Manche Angabe der *historia arcana* ist bekanntlich angezweifelt, aber, was er über Justinians Askese berichtet, paßt durchaus zum Charakter des Kaisers. Überdies wiederholt Procopius diesen Bericht auch in *De aedificiis,* XIII, 28.

[17] *Johannes von Ephesus,* Commentarius 69 ff., 102, 103, 167—171, 174—176, 178, 179. Vgl. *Diehl,* S. 499, Anm. 2.

[18] Commentarius 119, 120, 176—178. Vgl. *Diehl,* S. 501.

[19] Über die mit dem Anwachsen der toten Hand verbundenen Gefahren für das wirtschaftliche Leben in Byzanz s. *Diehl,* S. 526, Anm. 1.

[20] Vgl. etwa Novelle 133, *Prooemium,* ferner *Appendix constitutionum dispersarum,* Nr. 2 (Ausgabe der Novellen von Schoell, S. 796).

[21] *August Knecht,* System des Justinianischen Kirchenvermögensrechts, 1905 Kirchenrechtliche Abhandlungen, herausgegeben von U. Stuts, Heft 22, S. 55 ff.; *Diehl,* a. a. O., S. 525 ff., 530 ff.; *Biondi,* Giustiniano Primo, S. 79 und passim; *Granič,* Byzantinische Zeitschrift, 30 (1929), S. 669 ff.; *Steinwenter,* Byzantinische Mönchstestamente, Aegyptus, XII, 1932, S. 55 ff.; *von Schubert,* Geschichte der christlichen Kirche im Frühmittelalter, S. 102 f.; *Alexander Beck,* Atti del congresso internazionale di diritto Romano, Pavia, 1935, II, S. 100; *E. Volterra,* Diritto romano e diritto orientali, 1937, S. 268; *Kaden,* Justinien législateur, S. 58 ff.

Justinian hat die Quote aber auch nicht als *Minimalmaß* festgesetzt. Wir werden sehen, daß Quoten als gesetzliches Minimalmaß in Zeiten auftreten, in denen die Gaben an die Kirche herabsinken. In Justinians Zeitalter bestand, wie gezeigt, kein Bedürfnis in dieser Hinsicht.

Die zwangsweise Anordnung einer Minimalquote würde auch einem Grundgebot der christlichen Ethik widersprochen haben. Im Anschluß an St. Pauls berühmten Satz: „Gott liebt einen fröhlichen Geber“ [22] hatten schon Clemens von Alexandria (200 n. Chr.) und vor allem Chrysostomus die Lehre entwickelt, daß die Gaben für das Seelenheil *freiwillig* erfolgen müßten, ohne Rücksicht auf den eigenen Vorteil des Gebers und ohne Zwang.[23] Chrysostomus' Mahnungen waren dem theologisch gebildeten Kaiser und seinen kirchlichen Beratern, etwa Leontios von Byzanz oder Theodor Askidas, Erzbischof von Caesarea (in Kappadozien), wohl bekannt.[24] Wie ernst Justinian das Gebot der Freiwilligkeit der Gaben auffaßte, zeigt die Tatsache, daß er dieses Motiv sogar in seine Definition der Schenkung aufnahm — *et propter nullam aliam causam fecit* (der Schenker) *quam ut liberalitatem et munificentiam exerceat* (D. 39, 5, 1 pr.).[24a] Die Forderung einer Minimumquote würde einen Zwang bedeutet haben.

---

[22] *Ἱλαρὸν γὰρ δότην ἀγαπᾷ ὁ θεός* (2. Epist. an die Korinther, 9, 7). Vgl. auch oben § 10, Anm. 9.

[23] *E. F. Bruck*, Die Gesinnung des Schenkers bei Johannes Chrysostomus (Mnemosyna Pappouliàs, Athen, 1934), S. 65 ff.; Ethics vs. Law: St. Paul, the Fathers of the Church and the 'Cheerful Giver' in Roman Law (in der Zeitschrift „Traditio“, New York, II, 1944, S. 106, 108 ff., 115 ff.), und Über römisches Recht im Rahmen der Kulturgeschichte, 1954, S. 101 ff.

[24] Über Justinians theologische Berater siehe *Erich Caspar*, Geschichte des Papsttums, II, Tübingen, 1933, S. 242, 262 ff., 267 f., *Altaner*, Patrologie, S. 330, 332, *von Schubert*, Geschichte der christlichen Kirche des Frühmittelalters, S. 121, *Alexander Beck*, Atti del Congresso Internazionale di diritto Romano, 1935, II, S. 105, *Biondo Biondi*, Il diritto romano christiano I, 1952, S. 95. — Justinian zitiert Chrysostomus mehrfach in seinem *Liber adversus Originem* (Januar 543). Vgl. *Chr. Baur*, St. Jean Chrysostome et ses oeuvres dans l'histoire littéraire, 1907, Louvain, S. 14.

[24a] Die Interpolation des Motivs der *Liberalitas* beruht vielleicht auf einem nachklassischen Schulkommentar, was aber rechtsgeschichtlich keinen Unterschied ausmachen würde (*H. J. Wolff*, Archiv für die zivilistische Praxis, CLIV, 1955, S. 48 und *Wieacker*, Tijdschrift voor Rechtsgeschiedenis, XXIII, 1955, S. 263). S. auch *Kunkel*, Z. Sav. St., rom. Abt. 72, 1955, S. 479 und *d'Ors*, IVRA, VI, 1955, S. 193. — *Steinwenter*, Art. *Corpus iuris*, Reallexikon für Antike und Christentum, 1956, Sp. 461, sieht die direkte Beziehung zwischen Chrysostomus' Lehre vom fröhlichen Geber und der Interpolation von D. 39, 5, 1 pr. (*Bruck*, Über römisches Recht, S. 127) als erwiesen an.

III. Das Vulgarrecht der Seelquote, wie es durch Justinians Konstitution sanktioniert wird, stimmt sowohl dem Namen nach wie in der Art der Bemessung überein mit den Mahnungen der griechischen Väter, eine „Quote für Christus“ zu hinterlassen. Im Orient wurden rein zahlenmäßig bemessene Quoten gewählt, z. B. das Drittel.[25] Eine Festsetzung der Quote nach der Zahl der Kinder oder Söhne — als Quote für Christus in Höhe des Erbteils für einen Sohn[26] — ist in der Praxis des Orients nicht gebräuchlich und wird daher auch von Justinian nicht erwähnt.[27]

Was das Eindringen der Quote in Konstantinopel anlangte, so bestanden enge Beziehungen zwischen Kappadozien und Syrien, wo die Quote zuerst eindringlich gepredigt worden war. Hohe Beamte stammten aus diesen Gebieten, z. B. Justinians Quaestor Johannes, der Adressat zahlreicher Novellen des Kaisers. Überdies hatten Chrysostomus, Basilius und die beiden Gregors auch in Konstantinopel gewirkt.

§ 19. Die Seelquote im syrischen Kirchenrecht

I. Brauch und Vulgarrecht der Quote für Christus, wie sie Justi-

[25] *Bruck*, Studi Riccobono, III, S. 399—404.

[26] Vgl. oben S. 120 ff.

[27] In dieser Hinsicht hat man jedoch eine Andeutung in Justinians Gesetzgebung finden wollen. Unter den zahlreichen Gesetzen, in denen Justinian das Klosterleben regelte, befinden sich auch Bestimmungen über die Verfügungen des in ein Kloster eintretenden Mönches zugunsten seiner Kinder. Justinians Stellung hat hier mehrfach gewechselt. Eines dieser Gesetze, Nov. 123 (von 546), Kap. 30 und 38, gibt dem *conversus* u. a. die Möglichkeit, sein Vermögen unter seine Kinder zu verteilen, aber „dann muß er sich selbst zu den Kindern mitzählen, *unam partem sibi*, zurückbehalten“, was dann dem Kloster gehört. *Alfred Schultze* (Augustin und der Seelteil, S. 192 ff. und Atti del Congresso Internazionale di diritto romano, I, Pavia, 1934, S. 208) will in dieser Bestimmung den Einfluß Augustins erblicken, der die Quote als Sohnesquote empfohlen hatte (vgl. oben § 12). Es ist aber wenig wahrscheinlich, daß Augustin Justinian bei dieser isolierten, übrigens bald wieder aufgehobenen Bestimmung beeinflußt haben sollte. Kulturell und politisch führten die lateinische und die griechische Reichshälfte ein Sonderdasein, wie u. a. die sprachliche Trennung deutlich erkennen läßt (*G. Ostrogorsky*, Geschichte des byzantinischen Staates, S. 32; *S. Krüger*, Handbuch der Kirchengeschichte, I, 2 (1923), S. 132; *H. Zilliacus*, Zum Kampf der Weltsprachen im Oströmischen Reich, Helsingfors, 1935 [unzugänglich]). Der Osten und besonders Justinian standen unter dem Einfluß der griechischen Väter, nicht der Lateiner (*Harnack*, Mission und Ausbreitung des Christentums, II, 3. Aufl., 1924, S. 348, Anm. 1, *von Schubert*, a. a. O., S. 227, 246; A. Beck, a. a. O., S. 100, Anm. 2, S. 102, 104, 108; *Bruck*, Traditio, II, S. 117). Eher könnte vielleicht an eine Beeinflussung durch Gregor von Nyssa gedacht werden, der ähnliche Gedanken vertreten hat (vgl. oben, §§ 4, II, und 14).

nians Konstitutionen erkennen ließen,[1] werden durch das Recht der Syrischen Kirche illustriert. Ein einheitliches „Syrisches Recht" hat es allerdings nicht gegeben, die einzelnen syrischen Kirchen Vorderasiens haben ihr Recht grundsätzlich unabhängig voneinander geregelt.[2] Es bestehen jedoch zahlreiche Übereinstimmungen, und zwar gerade auch bei der Seelquote. Die Rechte der Syrischen Kirchen griffen tief in die weltlichen Angelegenheiten ein. Zu den Gebieten, die der kirchlichen Regelung und Gerichtsbarkeit unterfielen, gehörte auch das Erbrecht, insbesondere die Quote für Christus.[3]

a) Die Quote findet sich zunächst im sog. *Syrisch-Römischen Rechtsbuch,* das nach *Nallinos* grundlegenden Forschungen kein kirchliches Gesetzbuch, sondern ein Lehrbuch, ein „piccolo manuale scolastico", war.[4] Seine älteste — griechische — Fassung datiert Nallino (im Anschluß an Bruns) auf 476—480. Die Seelquote tritt nur in zwei Versionen des Rechtsbuchs, und zwar in Höhe von *einem Viertel* auf, nämlich im syrischen sog. *Codex Romanus* III (R. III) und in dem späten arabischen Text, der von den ägyptischen Melkiten[5] (um 1100) aus dem Syrischen ins Arabische übersetzt worden ist.[6]

1. In § 1 des arabischen Textes heißt es von der testamentarischen Erbfolge: „Wenn er aber ein Testament schreibt, so soll er seine Kinder erben lassen, wie er wünscht, aber jeder einzelnen von seinen Töchtern soll er ihre Aussteuer geben. Er soll sein Vermögen in Viertel teilen. Wenn er dann von seinem Vermögen eine barmherzige Stiftung machen will, so stiftet er sie mit einem *Viertel,* dann bestimmt er für seine Töchter ein Viertel für ihre Aussteuer. Mit den übrigen drei Vierteln kann er machen, was er will, seine Kinder erben lassen, wie er wünscht, denn das gebietet unser Gesetz." [7]

---

[1] Oben § 18.

[2] *Nallino,* Sul libro Siro-Romano e sul presunto diritto siriaco, Studi Bonfante, S. 245; *Pritsch,* Z. Sav. St. 47, S. 452.

[3] *Bruck,* Studi Riccobono, III, S. 404—411.

[4] *Nallino,* Studi Bonfante, I, S. 230. Zustimmend *Kunkel,* Römisches Recht, 2. Aufl., 1935, S. 59, Anm. 11, *Fritz Schulz,* Roman Legal Science, S. 324, *Ed. Volterra,* Diritto romano e diritti orientali, Bologna, 1937, S. 75 und Rendiconti dell'Accademia dei Lincei, VIII, 1953, S. 22 ff., *Ernst Levy,* West Roman Vulgar Law, S. 181, Anm. 378.

[5] Vgl. unten bei Anm. 19.

[6] *Nallino,* op. cit. I, S. 246.

[7] Nach *Sachaus* Übersetzung, Syrisch-Römisches Rechtsbuch, S. 177. — Vgl. *Nallinos* lateinische Übersetzung in Rendiconti Lincei, VI, Bd. I, S. 785, 809.

Hier wird also über *fünf* Viertel verfügt! Das zeigt deutlich, daß hier das Seelviertel, das in den übrigen Texten (außer R. III) nicht erwähnt ist, nachträglich eingeschoben worden ist.[8]

2. Im syrischen Codex R. III ist zwar richtig über vier Viertel verfügt. Die Textveränderung folgt aber daraus, daß hier die Bestimmung über die Mitgift der Töchter weggefallen ist, die in den übrigen Versionen vorkommt.[9]

b) Die Quote findet sich ferner in einer Reihe kirchlicher Rechte der Nestorianer, die die stärkste Kirche Syriens bildeten.[10] Sie tritt auf im Canon XIV des Patriarchen *Jesujabh* I (585), hier in Höhe eines *Drittels,*[11] ferner in der Persis im Rechtsbuch des Erzbischofs *Jesu-Boscht* (um 775—779)[12] in Höhe der *Hälfte,* weiter als *Viertel* im „Gesetz-

[8] Vgl. *Bruns,* Kommentar, S. 183, *Nallino,* Rendiconti Lincei, VI, 1, S. 810, *Bruck,* Studi Riccobono, III, S. 405 f. — Auffällig ist ferner, daß dieser § 1 des arabischen Textes — im Gegensatz zu allen anderen — mit den Worten beginnt: „Konstantin, der König, hat gesagt." Vielleicht hat der Verfasser der kirchenfreundlichen Interpolation auch noch den Kaiser Konstantin hinzugefügt, um die Achtung vor der Bestimmung zu erhöhen (vgl. unten, § 26 bei Anm. 6).

[9] *Nallino,* Rendiconti Lincei, VI, 1, S. 784, übersezt: „. . . si autem scribit (scil. testamentum) heredes faciens filios suos secundum voluntatem suam, unam ex quatuor partibus possessionis suae eleemosynis et tres quae supersunt tradens filiis suis licet."

[10] *von Schubert,* a. a. O., S. 228.

[11] „Comment les biens d'un fidèle doivent être distribués après sa mort, s'il n'a pas fait du testament": „Si le défunt qui n'a point fait de testament n'a ni femme ni enfants, ses biens seront partagés en trois parts: c'est-à-dire (une) pour les frères et les parents de la femme, une pour les frères et les parents de l'homme" (homme et femme wohl „Vater" und „Mutter", *Partsch,* Z. Sav. St. 30, S. 395, Anm. 1) et une troisième part pour la maison de Dieu, à la connaissance de l'évêque et de quelques clercs et fidèles vertueux" (Übersetzung bei *J. B. Chabot,* Synodicon oriental ou recueil des Synodes Nestoriens in „Notices et extraits des manuscrits de la Bibliotèque Nationale", XXXVII, Paris, 1902, S. 441. Dazu *Partsch,* S. 395, Anm. 1 und S. 364; *Triantaphyllopoulos,* Byzantinisch-Neugriechische Jahrbücher, VIII, 1930, S. 142 f., *Bruck,* a. a. O., III, S. 407).

[12] Nach *Nallino,* Studi Bonfante, I, S. 252, zu dieser Zeit in der Diözese von Rew-Ardashir (dem Sitze des Erzbischofs der Persis) entstanden, also 130—145 Jahre, nachdem diese Provinz an die Muselmanen gefallen war. Die Stelle lautet (nach *Sachau,* Syrische Rechtsbücher, III, S. 103): „Wenn kein Blutsverwandter mehr vorhanden ist, bekommt die Witwe ihren Teil, und der andere Teil wird für fromme Gaben und für Gedenkfeiern (*commemorationes*) des Verstorbenen überlassen. Dieser Teil wird vertrauenswürdigen Männern in der Kirche (zur Verwaltung) übergeben, damit er dem Verstorbenen anstatt der Söhne und Brüder zum Namen und Gedächtnis nach seinem Tode gereiche."

buch des Patriarchen *Timotheus*", der von 779—823 in der Kalifenresidenz Bagdad Patriarch war.[13]

In den „Richterlichen Urteilen des Nestorianischen Patriarchen Chenânîschô" (686—699) soll der Seelteil bestehen in „demjenigen Besitz, den der Verstorbene durch eigenen Fleiß erworben hat."[14]

II. Die Übereinstimmung des syrischen Brauchs und Rechts mit Chrysostomus' Mahnungen kann kein Zufall sein. Chrysostomus hatte ja bis zu seinem 44. Lebensjahre (398) in Antiochia gelebt und dort immer wieder die Quote für Christus gepredigt.[15] Auch nach seinem Tode genoß er in Syrien das höchste Ansehen.[16]

In derselben Diözese Rew-Ardashir hat der Nestorianische Metropolit *Simeon* bereits im Jahre 645 — also kurz nach der arabischen Eroberung — *Canones* erlassen, die unter dem Titel „*Verschiedene Kapitel häufiger Fälle kirchlicher Rechtsprechung*" ins Syrische (Aramäische) übersetzt worden sind (*Nallino,* a. a. O., S. 252, Anm. 16). Sie setzen noch *keine* Quote fest, vielmehr sind die Zuwendungen an die Kirche dem Belieben des Erblassers überlassen (*Sachau,* Syrische Rechtsbücher, III, S. 236, § 3). Siehe hierzu *Bruck,* a. a. O., III, S. 407 f.

[13] S. 47, Satz 3 (*Sachau,* II, S. 91): „Hat sie (nämlich die Frau, die ihren Gatten, ihre Mutter und ihre Brüder hinterläßt) ... kein Testament gemacht, so soll ihr Nachlaß in vier Teile geteilt werden: *einen für Gott zur Verteilung an die Armen, zur Sühne der Erblasserin,* einen für ihre Mutter, einen für ihre Brüder und einen für ihren Gatten."

[14] *Sachaus* Übersetzung, II, S. 37, § 4, Abs. 4: „Wenn ein Mann kinderlos stirbt und zwei um seine Erbschaft prozessieren, ein Sohn des Bruders (des Vaters) des Verstorbenen und der Sohn des Bruders seiner Mutter, so sollst Du also ihren Streit entscheiden: Alle Habe, die dem Verstorbenen von seiten seiner Eltern zugekommen ist, soll dem Sohne seines Vatersbruders zufallen, dagegen der Besitz der Mutter des Verstorbenen soll der Sohn ihres Bruders erben. Und schließlich soll derjenige Besitz, den der Verstorbene durch eigenen Fleiß erworben hat (also der sog. ‚Selbsterwerb', vgl. hierzu *Bruck,* a. a. O., III, S. 408, Anm. 136), zu seinem ewigen Angedenken Gott gespendet werden." — Auffällig ist, daß die Vorschrift über die Verwendung des Selbsterwerbes des Erblassers für fromme Zwecke *nicht* angewendet werden soll, wenn die Erben „*widerspenstig* und mit der Stiftung zum Angedenken nicht einverstanden sind". Siehe hierzu *Nallino,* Studi Bonfante, I, S. 252, *Bruck,* a. a. O., S. 408 und unten, S. 130, Anm. 21.

[15] Vgl. oben S. 24 und *Bruck,* a. a. O., S. 404 f.

[16] Das zeigt sich auch in den zahlreichen Manuskripten syrischer Übersetzungen seiner Homilien, besonders zu Matthäus, in denen sich die meisten Stellen über die Seelquote finden. (Vgl. *Bardenhewer,* Geschichte der altkirchlichen Literatur, III, S. 311.) In Antiochia wurde Chrysostomus, der zur Zeit seines Todes abgesetzt war und deshalb im Orient als Laie galt, zuerst rehabilitiert (*Chr. Baur,* Johannes Chrysostomus und seine Zeit, II, 1930, S. 373). Die Einwohner von Antiochia verliehen ihm den Titel: *τοῦ μεγάλου διδασκάλου τῆς οἰκουμένης* (Theodor, Hist. Eccl. 5, 34; *Bardenhewer,* III, S. 331, Anm. 3).

II. Das Bedürfnis, die Seelquote *gesetzlich* festzulegen, trat erst auf, als die Gebefreudigkeit nachließ, besonders nach der arabischen Invasion (Mitte des 7. Jahrhunderts). Solange der Brauch der Quote für Christus freiwillig geübt wurde, bedurfte es keines gesetzlichen Zwanges. So war es auch zu Justinians Zeit.[17] So ist es wohl zu erklären, daß die *canones* von Rew-Ardaschir von 645, also unmittelbar nach der Arabischen Eroberung,[18] die obligatorische Quote noch nicht enthalten, wohl aber die ebenfalls in Rew-Ardaschir entstandenen *canones* von 775—779, die also aus einer Zeit stammen, in der die arabische Herrschaft sich stärker fühlbar gemacht und die Zuwendungen nachgelassen hatten. Die *Melkiten*, die das Syrisch-römische Rechtsbuch (um 1100) ins Arabische übersetzten und eine obligatorische Quote von einem Viertel interpolierten (vgl. oben S. 127) befanden sich ebenfalls in bedrängter Lage. Sie waren die nach der arabischen Invasion übriggebliebenen Mitglieder der orthodoxen Reichskirche von Byzanz. Sie rekrutierten sich aus der griechischen Bevölkerung der höheren Stände und wurden von den Arabern am stärksten verfolgt. Sie waren numerisch schwach und ihre Bistümer gingen massenhaft ein.[19] Daß sie sich die Quote sichern wollten, ist wohl verständlich.

Die einzelnen Syrischen Kirchen haben sich nur zögernd und nach und nach entschlossen, die Quote zu erzwingen. Apostaten, die zum Islam übergingen (sog. *megarisers,* ein syrisches Wort, das ins Griechische überging) waren häufig.[20] Die Kirchen fürchteten, ihre Anhänger zu verlieren, wenn sie sie durch allzu starke finanzielle Anforderungen vergrämten. Hierdurch erklären sich auch die schwankenden und vorsichtigen Festsetzungen der Seelquote.[21] Andererseits zeigt die immer wiederkehrende Festsetzung der Seelquote trotz aller Variationen,

---

[17] Vgl. oben S. 125.

[18] Vgl. oben Anm. 12.

[19] *von Schubert,* a. a. O., S. 228.

[20] *J. S. Bury,* A History of the Late Roman Empire, II, London, 1889, S. 267.

[21] Vgl. die Bestimmung in den „Richterlichen Urteilen des Patriarchen Chenânîschô", wonach der Seelteil sogar nicht eingezogen wird, wenn die Erben „widerspenstig" sind (oben Anm. 14). — Zu den Schwierigkeiten der arabischen Herrschaft traten noch die Gegensätze zwischen den verschiedenen Kirchen und Sekten, sowie zwischen den griechischen und syrischen Christen. So wurden z. B. in Rew-Ardaschir (oben Anm. 12) zwei Kirchen gebaut, die eine für die griechischen und die andere für die syrischen Christen (*Lietzmann,* Geschichte der Alten Kirche, II, 1936, S. 277).

welche Bedeutung ihr von den Syrischen Kirchen, ebenso wie von der Bevölkerung, beigelegt wurde.

Ein Drittel, über das der Erblasser durch Testament frei verfügen kann — als Freiteil im Interesse seines Seelenheils, was den Erben also entzogen wird — begegnet sogar im Muselmanischen Recht, wie so vieles andere von den Arabern übernommen. Von dort ist es zeitweilig in dieser Höhe ins Nestorianische Erbrecht zurückübernommen worden, nämlich auf einer Synode i. J. 900 unter dem Patriarchen Johann V. bar Abhgāre.[22]

§ 20. Späteres byzantinisches Recht

Zwei Momente treten in der Geschichte der Quote im späteren Byzantinischen Recht hervor: unter den zahlenmäßig verschieden bemessenen Quoten wird jetzt das in der Praxis wohl von je überwiegende *Drittel* die nahezu allein übliche Quote. Zugleich beginnt im Falle der Intestaterfolge ein gesetzliches Erbrecht der Kirche in Höhe dieses Drittels aufzutreten.[1]

I. Die Novelle der Kaiser Leo IV. Chatzares und Konstantin VI. (zwischen 776—780),[2] läßt die Stärke des religiösen Elements in der Byzantinischen Gesetzgebung erkennen. Die Novelle behandelt den Fall, daß ein Vater bei der Taufe seines eigenen Kindes als Pate fungiert. Nach kirchlicher Auffassung begründet das Patenverhältnis

---

[22] *Nallino*, Studi Bonfante, I, S. 255. Die Gleichschaltung des christlichen mit dem mohammedanischen Recht sollte (nach *Nallino)* wieder verhindern, daß Christen mit Rücksicht auf das ihnen günstigere mohammedanische Erbrecht hin ins mohammedanische Lager übergingen. — Unter dem Metropoliten Elias von Nisibi (geb. 975, gest. 1049) wurde die Beschränkung der Testiermöglichkeit auf ein Drittel des Nachlasses aufgehoben und der kirchlichen Gerichtsbarkeit von Fall zu Fall die Entscheidung über ungerechtfertigte Benachteiligung der Erben und etwaige Annulierung des Testaments überlassen (*Nallino, S.* 246) — also eine Art *„pars rationabilis"*, wie wir sie ähnlich später im französischen Recht antreffen (vgl. unten § 39, IV, Anm. 68).

[1] *G. S. Maridakis, Τὸ ἀστικὸν δίκαιον ἐν ταῖς Νεαραῖς τῶν Βυζαντινῶν αὐτοκρατόρων*, Athen, 1922, S. 278 ff.; *Bruck*, Studi Riccobono, III, S. 377 f., 416 ff., 420 ff.

[2] Ius Graeco-Romanum, III, Coll. 1 Nov. 26, c. 1. Dazu *Zhishmann*, Das Eherecht der Orientalischen Kirche (1864), S. 264 und 757 ff.; *Maridakis*, a. a. O., S. 276, S. 97 ff.; *Bruck*, a. a. O., III, S. 278 f.

nicht nur das Ehehindernis der *cognatio spiritualis*,[3] sondern löst sogar die bereits bestehende Ehe des Vaters auf. Ebensowenig wie unter Blutsverwandten wird eine Ehe unter Personen zugelassen, die geistlich miteinander verwandt sind, ein Gedanke, der bis zur letzten Konsequenz durchgeführt wird. Um zu verhindern, daß ein Vater diesen Ausweg benützt, um die sonst unzulässige Scheidung seiner Ehe herbeizuführen, setzt die Novelle als Strafe fest, daß der Vater eine etwaige Mitgift verliert, ferner, daß das Eigentum an seinem übrigen Vermögen auf seine Kinder übergeht — mit lebenslänglichem Nießbrauch der Mutter. Aber an einem *Drittel* seines Vermögens behält der Vater den Nießbrauch, sowie das Recht, darüber zu verfügen, jedoch *nur zugunsten der Kirche für sein Seelenheil.* Die Novelle führt also noch kein gesetzliches Erbrecht der Kirche in Höhe des Drittels für die Seele ein, aber sie beschränkt das Verfügungsrecht des Vaters an diesem Drittel zugunsten der Kirche.

Der Umstand, daß selbst diese strafrechtliche Vorschrift dem Bestraften das Recht beläßt, in Höhe der Drittelquote für sein Seelenheil zu sorgen, läßt wieder erkennen, wie üblich diese Art der Seelquote gewesen sein muß, zugleich auch, welche Wichtigkeit man ihr beimaß.[4]

II. Ein *gesetzliches* Erbrecht der Kirche in Höhe eines Drittels enthält die Novellengesetzgebung Leos des Weisen (886—912). Seine Novelle 40[5] regelt die Beerbung von Kriegsgefangenen, die in der Gefangenschaft verstorben sind. Zu Beginn der Novelle verleiht der Kaiser dem Kriegsgefangenen das Testierrecht, eine Neuerung, die im Gegensatz zum bisherigen römischen Rechte stand (*Inst.* 2, 12, 5). Im Anschluß daran regelt Leo die Intestaterbfolge in den Nachlaß der Kriegsgefangenen. Sind Ascendenten oder Descendenten vorhanden, so erben diese. In Ermangelung solcher Verwandter soll nach Abzug der Schulden ein Drittel zur Spende für die Seele abgesondert werden.[6]

[3] Belege bei *Drews*, Art. „Taufe", III, 5 in Herzog-Hauck, Realenzyklopädie, XIX, S. 447, *Funk*, in Kraus, Realenzyklopädie, II, S. 596, Art. „Pate"; *A. J. Binterim*, Die vorzüglichsten Denkwürdigkeiten der Christkatholischen Kirche, I, S. 1187 ff.

[4] Dazu tritt noch die Novelle Leos und Konstantins (zwischen 776—780), Coll. 1 Nov. 26, c. 1, 2 (Ius Graeco-Rom., III, S. 51 ff.), wo die Verteilung eines Erbteils (allerdings nicht eines Drittels) an die Armen erwähnt wird. Vgl. *Zachariae von Lingenthal*, Geschichte des griechisch-römischen Rechts, 3. Aufl., S. 140, Anm. 2.

[5] Coll. II. Nov. 40 (Ius Graeco-Romanum, III, S. 131). Vgl. *Zachariae von Lingenthal*, S. 139 ff.; *Maridakis*, S. 273 ff., *Bruck*, S. 377 f.

[6] *τὸ μὲν τρίτον εἰς τὴν ὑπὲρ ψυχῆς διανομὴν ἀφορίζειν.*

Den anderen Teil soll der Fiskus erben. Vor Leo ist ein gesetzliches Erbrecht gegenüber Laien, die als *intestati* gestorben sind, nicht nachweisbar.[7]

Das gesetzliche Erbrecht der Kirche gegenüber *intestati* im Byzantinischen Recht fand später eine Parallele im Occident. Auch dort bilden Zuwendungen an die Kirche bekanntlich den wichtigsten Inhalt des Testaments. Wer ohne Testament stirbt, hat nicht für sein Seelenheil gesorgt. Daher erkennen auch verschiedene Rechte des Westens der Kirche ein gesetzliches Erbrecht am Nachlaß des *intestatus* zu.[8]

Man hat die Novellen Leos II. zuweilen nur als literarische Produktion, als deklamatorische Rhetorik angesehen, die die Praxis wenig oder gar nicht beeinflußt hätten.[9] Aber die hier behandelte Novelle, die ein Intestat-Drittelerbrecht für die Kirche einführte, bringt zum Ausdruck, daß, was hier geschaffen wird, wirkliches Recht bedeuten soll. Leos Novellen haben häufig bereits bestehende Bräuche oder

---

[7] In der älteren Byzantinischen Gesetzgebung begegnet nur ein gesetzliches *Sonder*erbrecht der Kirche und Klöster gegenüber Klerikern bzw. Mönchen, das aber nicht in einer Quote besteht. Vgl. *Granič*, Byzantinische Zeitschrift 30 (1929), S. 669 ff., 673, *Steinwenter*, Aegyptus, XII, 1932, S. 55 ff., *Bruck*, *Studi* Riccobono, III, S. 381 ff. — Erst Novelle 5 Leos des Weisen führt das Seeldrittel auch in das Sondererbrecht der Klöster ein. Diese Novelle, die das Testierrecht der Mönche regelte (vgl. hierzu *Steinwenter*, a. a. O., S. 57 f.), milderte ältere Bestimmungen, wonach der Mönch beim Eintritt ins Kloster seine Vermögensrechte zugunsten des Klosters vollständig verliert. Jetzt wird ihm gestattet, über das Vermögen, das er *nach* dem Eintritt ins Kloster erwirbt, durch Testament oder Schenkung zu verfügen. Dabei wird unterschieden: hat der Mönch bei seinem Eintritt ins Kloster diesem eine Zuwendung gemacht, dann darf er über das *später* erworbene Vermögen unbeschränkt verfügen. Hat er das aber nicht getan, so hat er ein Verfügungsrecht über zwei Drittel. *Das restliche Drittel — also wieder die Seelquote — erbt „ab intestato" das Kloster. Steinwenter*, a. a. O., weist nach, daß auch diese Novelle Leos des Weisen geltendes Recht gewesen ist.

[8] Vgl. unten, S. 256, Anm. 3.

[9] Vgl. *A. Ferradou*, Des biens des monastères à Byzance, Thèse, Bordeaux (1896), S. 31; *A. Vogt*, in einer Diskussionsbemerkung auf dem III. Internationalen Byzantinistenkongreß in Athen (1930); *Steinwenter*, Byzantinische Mönchstestamente, Aegyptus, XII (1932), S. 58. — Über die Motive von Leos Gesetzgebung siehe *Monnier*, Les nouvelles de Léon le Sage (1923), S. 45 ff. — *C. A. Spulber*, Le concept byzantin de la loi juridique, Bukarest, 1938, besprochen von *Koschaker*, Z. Sav. St. 59, 1939, S. 649, hat geltend gemacht (im Hinblick auf den Terminus „die Belehrung durch die Gesetze" [*ἡ τῶν νόμων διδασκαλία*] in den Prooemien zu den Novellen Leos), daß seine Gesetze nicht befehlen, sondern den Untertanen und die Richter nur belehren wollten.

Volksrechte[10] übernommen, im vorliegenden Falle die Drittelquote. Noch wichtiger als Leos Novelle, die nur die Kriegsgefangenen betrifft, ist die allgemeine Vorschrift des Constantinus Porphyrogenitus (945—959).[11] Wenn jemand *ohne Testament und ohne Kinder* stirbt, soll der dritte Teil des Nachlasses der Kirche zufallen, „dem Gotte und Könige aller für die Seele des Verstorbenen".[12] Die Verwandten — und bei ihrem Fehlen — der Fiskus erhalten nur die restierenden zwei Drittel.

Mit der Schaffung eines *gesetzlichen* Erbrechts der Kirche beginnt an Stelle der Armenversorgung ausschließlich durch freiwillige Liebestätigkeit, durch *Caritas*, ein *Rechts*anspruch zu treten, der zwar nicht den Armen unmittelbar zusteht, wie im modernen Sozialrecht, vielmehr indirekt. Der Anspruch stand der Kirche zu, die die Interessen der Armen wahrnahm. Für das Byzantinische Recht ist es freilich charakteristisch, daß dieses soziale Erbrecht nur vorsichtig angefaßt wird. Das Erbrecht der Kinder wird in keiner Weise angetastet. Es steht rechtlich im freien Belieben des Testators, ob er die Kirche und damit die Armen bedenken will. Erst bei Fehlen von Kindern sowie eines Testaments sollen die Kirche und damit die Armen erben. Im Falle der Kriegsgefangenschaft gehen nach Leos Novelle 40 überdies noch sonstige Descendenten und Ascendenten vor.[13]

Das Drittel für das Seelenheil verbreitet sich auch im Strafrecht. Es erscheint in einer Novelle wiederum des Constantinus Porphyrogenitus, in der die vom Mörder zu zahlende Geldbuße (das sog. *phonikón*) geregelt wird.[14] Als Strafe für den Mord soll an Stelle der Todesstrafe lebenslängliche Verbannung und Vermögenskonfiskation treten, wie der Kaiser sagt: „aus Sympathie" (*κατὰ συμπάθειαν*). Indessen — und das ist charakteristisch für Byzantinisches Denken — der Mörder hat die Wahl, ob er in ein Kloster eintreten will. In diesem Fall wird sein

[10] *Ostrogorsky*, Geschichte des Byzantinischen Staates, S. 172. — S. auch unten, Anm. 19.

[11] Coll. III, Nov. XII (Ius Graeco-Romanum, III, S. 278).

[12] *τῷ πάντων θεῷ καὶ βασιλεῖ ὑπὲρ τῆς αὐτοῦ τοῦ τελευτῶντος . . . ψυχῆς.*

[13] *Bruck*, Studi Riccobono, III, S. 390.

[14] Die Novelle ist wiedergegeben bei Harmenopoulos, *Hexabiblos*, VI, 6, §§ 4 bis 6. Siehe zum *phonikón: Germaine Rouillard*, Remarques sur les institutions financières sous les Paléologues (Actes du IIIe Congrès international d'Etudes Byzantines, 1932, S. 184), *Bruck*, a. a. O., S. 422 f., *G. Rouillard* und *A. Soloviev*, Mnemosyna Pappoulias, Athen, 1934, S. 221—232. Vgl. *Peter Charanis*, The Phonikón and other Byzantine Taxes, Speculum, XX, 1945, S. 331 ff.

Vermögen — nach Abzug einer etwaigen *dos* für seine Ehefrau — in drei Teile geteilt. Ein Drittel fällt seinen Kindern zu, ein Drittel der Ehefrau und den Kindern des Ermordeten[15] und ein Drittel dem Kloster, in das er eingetreten ist, wiederum für sein Seelenheil.

Die *Peira*, die Sammlung von Entscheidungen des „Magister Eustathios, des Großen", die die Praxis des 11. Jahrhunderts wiedergibt, kennt, falls Seitenverwandte succedieren, ebenfalls den Anfall des dritten Teils an die Kirche.[16] Die *Peira* beruft sich hierbei aber nicht auf die Kaisergesetze, sondern wieder auf Gewohnheit.[17] Der *Peira* folgt die spätere Entwicklung, insbesondere Harmenopoulos.[18]

§ 21. Armenien und Georgien

Vom Byzantinischen Reiche aus drang die Quote weiter nach *Armenien.*[1] Quellenmäßig nachzuweisen ist sie dort erst in zwei Rechtsaufzeichnungen aus dem 11. und 13. Jahrhundert. Beide beruhen aber auf älterem Recht.[2]

---

[15] Hier tritt die Idee des Wehrgelds auf. Im Byzantinischen Recht treten häufig primitive Züge hervor, trotz aller Verfeinerung. Vielleicht liegt hier slavischer Einfluß vor (*Rouillard* und *Soloviev*, op. cit., S. 221 ff.).

[16] XIV, 6 (Ius Graeco-Romanum, I, S. 37), XLVIII, 1 (S. 219), XLXIII, 11 (S. 221), LIV, 10 (S. 257).

[17] XLVIII, 1: δίδοται δὲ τὸ τρίτον τῆς ὑποστάσεως εἰς ψυχικὸν μισθὸν ἐκ συνηθείας (S. 219).

[18] *Heimbach*, I, 18, 22 und V, 8, 78. Vgl. *Zachariae von Lingenthal*, S. 141 ff. und besonders *Maridakis*, S. 277 ff., der die byzantinisch-griechische Entwicklung bis in die Gegenwart fortführt. — Über die Novelle des Patriarchen Athanasius betreffend die *Trimoiria* (von 1305), die von Kaiser Andronicus Palaeologus im Jahre 1306 bestätigt wurde (Ius Graeco-Romanum, Coll. V, Nov. 26, teilweise übersetzt bei *Zachariae von Lingenthal*, S. 141 ff.), siehe *A. D. Triantaphyllopoulos*, Actes du IIIe Congrès International d'Etudes Byzantines, 1932, S. 188 ff., und Byzantinisch-neugriechische Jahrbücher, Athen, VIII, 1930, S. 136 ff., und *Bruck*, a. a. O., S. 380, Anm. 17 und S. 405, Anm. 123.

[1] Siehe unten, III.

[2] Von den beiden Rechtsbüchern ist das jüngere herausgegeben, übersetzt und erläutert von *Josef Karst*, Armenisches Rechtsbuch: Sempadscher Kodex aus dem 13. Jahrhundert oder Mittelarmenisches Rechtsbuch, Straßburg, 1905, 2 Bände. — In Band II, der den Kommentar enthält, sind auch zahlreiche Stellen aus dem älteren Rechtsbuch, dem *Datastanagirkh*, in Übersetzung wiedergegeben, darunter die für den Seelteil in Betracht kommenden Bestimmungen. Diese Übersetzungen des hervorragenden Kenners der armenischen Sprache sind im folgenden Abschnitt

I. In Groß-Armenien (*Armenia maior*) — östlich des Euphrat — ist das ältere der beiden Rechtsbücher, der sog. *Datastanagirkh* i. J. 1184, also schon unter der Türkenherrschaft, entstanden. Er ist keine staatliche Kodifikation, sondern eine private Kompilation unter kirchlichen Gesichtspunkten verfaßt von dem Mönche *Mychithar Gosh*. Sie geht zum Teil auf ältere Übersetzer und Kompilatoren zurück.[3]

Die Seelquote wird erwähnt in *Datastanagirkh*, I, Kap. 85[4] das überschrieben ist: „Gerichtssatzung betreffend die rechtmäßige Art und Weise der Bestellung des Seelteils." Nach der wortreichen Bestimmung soll bei fruchtbarer Ehe Gütergemeinschaft unter den Ehegatten eintreten. In diesem Falle ist der Seelteil (für beide Ehegatten) aus dem gemeinschaftlichen Vermögen (*Gesamtgut*) der Ehegatten zu bestellen. Bei kinderloser Ehe besteht Gütertrennung. Hier findet keine Beerbung der Ehegatten untereinander statt. Der Seelteil des Mannes wird aus seinem Vermögen, der der Frau aus ihrem Vermögen bestellt, und zwar von ihren Angehörigen, die ihr Vermögen erben. Aber auch in diesem Falle soll der Mann den Seelteil der Frau bestellen, „falls er dazu imstande ist".

Am Schluße der Bestimmung ist hervorgehoben, daß *lokales* Gewohnheitsrecht den Vorrang vor diesen Bestimmungen haben soll. Es heißt: „Indessen bleibe es im letzten Grunde den Richtern anheimgestellt, darüber, was billiges Recht ist, je nach dem einzelnen Falle und *gemäß der Rechtsgewohnheit des jeweiligen Gaues*... zu entscheiden; denn obige von uns aufgestellte Gerichtssatzung beruht auf subjektiver Meinung."[5] Nach diesen lokalen Gewohnheiten richtete sich wohl auch die Höhe des Seelteils, der im *Datastanagirkh* nicht festgesetzt ist. Dies würde den schwankenden Festsetzungen der Quote in den Rechten der Syrischen Kirche entsprechen.[6]

---

zugrunde gelegt. — Siehe ferner *Karsts* Grundriß der Geschichte des Armenischen Rechts in der Zeitschrift für vergleichende Rechtswissenschaft 19 (1906), S. 313—411 und 20 (1907), S. 14—112.

[3] *Karst*, Zeitschrift für vergleichende Rechtswissenschaft 19 (1906), S. 335, 339. — In *Datastanagirkh*, c. 10, führt der Verfasser als Quellen u. a. das Alte und das Neue Testament sowie die Bücher der *canones an.* „Wir schöpfen von sämtlichen Völkern der Christenheit, als von leiblichen Brüdern." Lokale und provinzielle Gewohnheitsrechte galten subsidiär (*Datastanagirkh*, I, 109, II, 57).

[4] Übersetzung *Karsts*, Armenisches Rechtsbuch (vgl. oben, Anm. 1), II, S. 183.

[5] *Karsts* Übersetzung, a. a. O., S. 183.

[6] Vgl. oben, § 19.

II. In Klein-Armenien (*Armenia minor*), westlich des Euphrat, entstand das *Gesetzbuch des Sempad* (1265).[7] Es ist ebenfalls keine staatliche Kodifikation, vielmehr eine Sammlung halboffiziellen Charakters. Der Verfasser Sempad war *connétable* von Klein-Armenien, er war der Bruder des Königs Hethun aus dem letzten national-armenischen Königshause. Wie die Einleitung ergibt, wurde bei der Ausarbeitung des Werks der *Datastanagirkh* zugrunde gelegt. Es finden sich jedoch mannigfache Veränderungen, die den verschiedenen Verhältnissen in Klein- und Großarmenien entsprechen.[8] In Klein-Armenien, das bei der Teilung Armeniens (387) beim römisch-byzantinischen Reiche verblieben war, war der hellenistische und byzantinische Einfluß stärker.[9]

Ähnlich wie Datastanagirkh[10] bestimmt Sempads Rechtsbuch, wer von den Ehegatten den Seelteil zu tragen hat.[11]

Sempads Rechtsbuch spricht, was im Datastanagirkh nicht geschehen ist, ausdrücklich aus, daß eine rechtliche Verpflichtung besteht, den Seelteil im Testament zu bestellen. In § 37 wird gesagt:[12] „Wenn jemand stirbt, so soll derselbe beim Herannahen des Todes *von dem für seine Seelenruhe bestimmten Vermächtnisteile* zuerst seine Kirche bedenken, in welcher er getauft und in welcher seine Pfarre gelegen ist; *denn so ist es Pflicht.*" An anderer Stelle[13] heißt es, der Testator „treffe Verfügungen für seine Seelenruhe und für seine Erben — charakteristischerweise steht die Sorge für das Seelenheil an erster Stelle — seinem Willen gemäß: so ist es gültig. Und wenn der Kranke wieder gesundet, so ist er nicht gebunden daran; denn nach dem Tode

[7] Ausgabe von Sempads Kodex bei Karst (siehe oben, Anm. 2).

[8] *Karst*, Sempadscher Kodex, I, Einleitung, S. G., XVII, XIX, sowie Grundriß, Zeitschr. für vergl. RW., 19, S. 346 f.

[9] *Karst*, Zeitschr. für vergl. RW., 19, S. 382.

[10] I, Kap. 85.

[11] Sempad, § 114. Grundsätzlich tritt auch hier bei kinderloser Ehe Gütertrennung ein, wobei jeder Ehegatte den Seelteil aus seinem eigenen Nachlaß zu bestellen hat. Bei fruchtbarer Ehe tritt wieder Gütergemeinschaft ein, das gemeinschaftliche Gut trägt den Seelteil. Die wortreiche und verschwommene — anscheinend interpolierte — Bestimmung enthält aber verschiedene Ausnahmen. Im Anschluß daran wird wieder wie in Datastanagirkh, I, Kap. 85 bestimmt, daß die Richter „die Gewohnheitsrechte des jeweiligen Landesteils berücksichtigen und demgemäß entscheiden sollen". Die Höhe der Seelquote richtete sich wohl ebenfalls nach lokalem Brauch oder Gewohnheitsrecht.

[12] Übersetzung *Karsts*, Sempadscher Kodex, II, S. 62.

[13] Sempad, § 113 (Karsts Übersetzung, I, S. 166 f.).

erst tritt das Testament in Rechtskraft nach des Apostels Wort (Hebr. 9, 16/17). *Betreffend dagegen des zu frommen Zwecken gemachten Gelöbnisses* (d. h. der *pia causa,* Karst, a. a. O.), *so ist er, falls er wieder gesund wird, zu dessen Erfüllung angehalten,* und, falls er stirbt, die Testamentsvollstrecker, gemäß der diesbezüglich im Testament getroffenen Bestimmung; und dürfen solche Widmungsgelöbnisse... nicht verkürzt werden".

Hier ist allerdings nicht von einer Quote, sondern von „Verfügungen für die Seelenruhe" schlechthin die Rede. Aber die angeführten Bestimmungen der §§ 37 und 85 haben ergeben, daß auch Sempads Rechtsbuch eine Quote fordert.

Soweit es sich um die Zuwendungen an die Kirche handelt, ist das „Testament" unwiderruflich. Es handelt sich hier um eine Vorstufe des echten, einseitigen Testaments, die sich in vielen primitiven Rechten findet, so in den germanischen Rechten,[14] ursprünglich auch im römischen,[15] und griechischen Recht.[16] Nach Sempad, § 113,[17] wirkt beim Testament außer dem *nomikós* und drei Zeugen der Priester mit. Der Priester, der die Kirche repräsentiert, wird also — soweit man hier von rechtlichen Vorstellungen sprechen darf — bezüglich der *piae causae* als Vertragspartei aufgefaßt, dergegenüber der „Testator" sich bindet.

III. Armenien stand von altersher in engen Beziehungen zum byzantinischen Reich, besonders zu den benachbarten Provinzen Kappadozien und Syrien. Das zeigt sich in der armenischen Literatur, die sich

---

[14] Siehe z. B. für das Langobardische Recht: *Alfred Schultze,* Die Langobardische Treuhand (*Gierkes* Untersuchungen zur Deutschen Staats- und Rechtsgeschichte, Heft 49, Breslau, 1895), S. 35 ff.; *H. D. Hazeltine,* „General preface" zu *Dorothy Whitelock,* Anglo-Saxon Wills (Cambridge Studies in English-Legal History, ed. by Hazeltine, Cambridge, England, 1930) u. a.

[15] Vgl. *Bruck,* Zur Entwicklungsgeschichte der Testamentsvollstreckung im Römischen Recht (Grünhuts Zeitschrift für das Privat- und Öffentliche Recht der Gegenwart, 40, 1914), S. 533 ff.

[16] *Bruck,* Schenkung auf den Todesfall im Griechischen Recht, Breslau, 1909, S. 4—94, 122—148. — „Testament" heißt im Armenischen „*diatick*" (Karsts Kommentar, I, S. 166, ferner im Grundriß der Geschichte des armenischen Rechts, Zeitschrift für vergl. RW., 20, S. 52, Anm. 24). Das griechische Wort διαϑήκη ist hier übernommen. Ursprünglich bedeutet *diatick* im Armenischen „Vertragsurkunde", „Bestätigungsakt", *Karst* (loc. cit.), ebenso wie ursprünglich das entsprechende griechische Wort „*diatheke*" (vgl. *Bruck,* Zur Geschichte der Verfügungen von Todeswegen im griechischen Recht, Breslau, 1909, S. 16—20).

[17] *Karsts* Übersetzung, I, S. 166.

vorwiegend mit Theologie beschäftigte.[18] So waren z. B. die dem Apostel Kappadoziens Gregorius Thaumatourgos (gest. um 270) zugeschriebenen Homilien armenisch überliefert.[19] Gregor, „*Illuminator*", der Apostel Armeniens (302—306) war im kappadozischen Caesarea ausgebildet worden.[20] Das Syro-römische Rechtsbuch wurde noch i. J. 1193 ins Armenische übersetzt.[21]

Von Syrien und Kappadozien ist auch der Seelteil in Armenien eingedrungen, zunächst wohl als Brauch, gefördert durch die Kirche und die kirchliche Gerichtsbarkeit, die sich vom 4. Jahrhundert an auch in Armenien durchgesetzt hatte.[22]

Wir begegneten der Seelquote weit über die Grenzen des engeren Syrien hinaus in der Persis,[23] in Bagdad[24] und im Muselmanischen Recht.[25] In diesen Zusammenhang gehört auch der Seelteil im armenischen Recht.

IV. Von Byzanz und besonders von Armenien aus gelangte der Seelteil in das *Grusinische* Recht nach *Georgien* im Kaukasus. Wir finden ihn noch in der großen Kompilation König *Vakhtangs VI.*, des „Justinian von Georgien", vom Jahre 1723.[26] Diese unter Mitwirkung des Klerus abgefaßte Kompilation enthält aber viel älteres Recht, byzantinisches, kanonisches und armenisches. Zwischen Armenien und Georgien bestanden enge Beziehungen.[27]

---

[18] Vgl. *Felix Nève,* L'Arménie chrétienne et sa littérature, Louvain, 1886, S. 16 f.; *Altaner,* Patrologie, 1938, S. 221; *Leon Arpee,* A History of Armenian Christianity, New York, 1946 (*passim*).

[19] *Altaner,* S. 127.

[20] *Nève,* S. 17 f.

[21] von Nerses Lambronensis, Erzbischof von Tarsus, *Karst,* Zeitschr. für vergl. RW., 19, S. 336 f.

[22] Über kirchliche Gerichtsbarkeit in Armenien siehe *Karst,* Zeitschr. für vergl. RW., 19, S. 322 f. In dem Memorial des Erzbischofs Nerses Lambronensis von Tarsus (1193) heißt es, daß die ismaelitischen Richter die Prozesse der Armenier nicht entschieden. „Die streitenden Parteien pflegten sich deshalb an die Kirche zu wenden, um Recht von den Priestern und den Priesterfürsten zu erheischen" (nach „Katalog der Altarmenischen Übersetzungen", Venedig, 1889, mitgeteilt von *Karst,* a. a. O., S. 337).

[23] Oben, § 19, Anm. 12.

[24] Oben, § 19, Anm. 13.

[25] Oben, § 19, Anm. 23.

[26] *Code Géorgien du Roi Vakhtang,* VI, publié ... en version française et annoté par *Joseph Karst* (Corpus-Iuris Ibero-Caucasici, I. Section), Strassbourg, 1934.

[27] So stand z. B. Mychithar Gosh, der Autor des Datastanagirkh (oben, § 21, I) dem Georgischen Königshofe nahe (*Karst,* a. a. O., S. 13). — Der Datastanagirkh

Vakhtangs Kompilation umfaßt u. a. den armenischen Datastanagirkh, und mit diesem Rechtsbuch auch die dort enthaltenen Bestimmungen über den Seelteil im Erbrecht der Ehegatten.[28]

An anderer Stelle von Vakhtangs Codex ist bestimmt, daß der Nachlaß eines Bischofs, soweit er nicht in Gegenständen für den gottesdienstlichen Gebrauch besteht, in *drei* Teile geteilt wird. Ein Drittel davon soll der Kathedrale anheimfallen — hierbei handelt es sich um den Seelteil — die beiden anderen Drittel je dem König und den Brüdern des Bischofs. Diese Bestimmung führt der Codex auf „Gewohnheit“ (*usance*) zurück, die ausdrücklich sanktioniert wird.[29]

Eine weitere Bestimmung[30] betrifft den Fall der kinderlosen Witwe, die das Haus des verstorbenen Gatten verläßt, um zu ihrer Familie zurückzukehren oder um sich ins Kloster zu begeben. Ihr wird gestattet, den dritten Teil des Mobiliarvermögens „*à titre de part mortuaire ou destiné aux funérailles*“ (georgisch: *sakatso*) mitzunehmen. Dabei handelt es sich um ein *Drittel für die Witwe*, das in erster Linie für ihr Seelenheil verwandt werden soll. Hier findet sich ein interessantes — bisher unbeachtetes — Gegenstück zu dem viel umstrittenen Drittel der Witwe im fränkischen Recht.[31] Ein Drittel der Witwe begegnet auch in den Rechten von Essex und Irland.[32]

---

wurde schon lange vor Vakhtang in Georgien bei den oberen Klassen und in kirchlichen Kreisen geschätzt (*Felix Holldack*, Zwei Grundsteine zu einer grusinischen Staats- und Rechtsgeschichte, Leipzig, 1907, S. 98 ff., *Karst*, a. a. O., S. 13).

[28] Vgl. im armenischen Datastanagirkh, I, Kap. 85 (oben bei Anm. 3). Diese Bestimmung entspricht der georgischen Version des Datastanagirkh Nr. 334 (*Karst*, Zeitschr. für vergl. RW., 19, S. 356). Die abweichende Numerierung erklärt sich dadurch, daß im Codex Vakhtangs die armenische Version des Datastanagirkh und die armenische Übersetzung des syrisch-römischen Rechtsbuchs unter fortlaufender Numerierung zusammengefaßt sind (*Karst*, Corpus iuris Ibero-Caucasici, I, S. 10, Anm. 2).

[29] Code Vakhtang, § 175, Nr. 2 (S. 215): „Si en dehors de cela (d. h. der Gegenstände für den gottesdienstlichen Gebrauch) il reste encore quelque chose: une somme en argent monnayé, des étoffes précieuses (brocard d'or ou argent), des objets en argent, des provisions de blé et de vin ou de bétail, de tout cela une tierse part doit échoir au souverain, *un autre tiers à la Cathédrale*, un troisième tiers doit en appartenir au frères de l'évêque, à la charge pour ceux-ci de pourvoir au funérailles de l'évêque. — Eine andere Version des Code Vakhtang (R.) teilt den Nachlaß des Bischofs in *zwei* Teile, von denen die eine Hälfte der Kirche, die andere den Brüdern des Bischofs anfällt (Text abgedruckt bei *Karst*, S. 215 zu § 175, Nr. 2, Anm. 1). Hier beträgt die Quote für die Kirche also die *Hälfte*.

[30] § 231, II.Version.

[31] Siehe unten, § 36.

[32] Siehe unten, § 28 und § 33, II.

Eine erweiterte Redaktion von Vakhtangs Codex publizierte die russische Regierung in russischer Übersetzung noch in den Jahren 1813 und 1823.[33]

Rückblick

Blicken wir zurück auf den Seelteil im Orient, so ergibt sich folgendes Gesamtbild: angeregt durch die Mahnungen der griechischen Väter begann sich in Syrien und Kappadozien der Brauch zu entwickeln, Christus eine zahlenmäßig bestimmte Quote zu hinterlassen. Zur Zeit Justinians war, wie seine Auslegungsregel zeigte, der Brauch bereits weithin im byzantinischen Reiche verbreitet. Als der Strom der frommen Gaben nachließ, besonders nach der arabischen Invasion, gingen die einzelnen syrischen Kirchen dazu über, lokal bestimmte Quoten festzusetzen. Ein gesetzliches Erbrecht der Kirche zu sozialen Zwecken kam auf. Die Kaiser Leo der Weise und Constantinus Prophyrogenitus verordneten, wieder im Anschluß an bereits eingebürgerten Brauch, ein gesetzliches Erbrecht der Kirche in Höhe eines Drittels in den Fällen der Kriegsgefangenschaft und des kinderlosen *intestatus*. Von Byzanz und besonders von Syrien aus verbreitete sich die Seelquote über Vorderasien bis nach Armenien und Georgien. Dort hat sie sich bis tief in die Neuzeit hinein erhalten.[34]

---

[33] Auszüge bei *von Haxthausen,* Transkaukasia, II, Leipzig, 1856, S. 193—300 (unzugänglich).

[34] Auch nach Norden ist der Seelteil von Byzanz aus vorgedrungen. Spuren der Quote finden sich in den Rechten des Balkans, in Rußland, in Polen und in Litauen (vgl. *Zachariae von Lingenthal,* Geschichte des griechisch-römischen Rechts, 3. Aufl., S. 141, Anm. 405; *Karol Koranyi,* Podstawy, Sredniowiecznego Prawa Spadkowego, [Die Grundlagen des mittelalterlichen Erbrechts], Lwów, 1930, S. 193 bis 200; siehe dazu die auch weiteres Material enthaltende Besprechung von *Heinrich Felix Schmid,* Z. Sav. St., Germ. Abt., Bd. 51, 1931, S. 770—786; ferner *Koranyi,* Zur Geschichte des Seelteils im slavischen Recht, Przewvodik Historyczno-Prawny, IV, S. 86—88). — Über einige hierher gehörende Fragen — u. a. den Einfluß des byzantinischen Rechts auf das russische Erbrecht und die Behandlung der Erbschaftsangelegenheiten als *res spiritualibus annexae* — handelt *Franz Bossowski,* Das Vermächtnis im russischen und ostpolnischen Zivilrecht, Zeitschrift für Ostrecht, Berlin, VI, 1932, S. 689—700 und Romanistische und einheimische Elemente im System des ostpolnischen Zivilrechts (Spezialbericht für den internationalen Kongreß für vergleichende Rechtswissenschaft, Haag, 1932, abgedruckt in „Przegladu Prawa i Adm. im. E. Tilla“, Rocznik 57, 1932). — Im slavischen Gebiet stieß die Quote auf

Auftreten des Seelteils in der westlichen Welt

Vorbemerkung

I. Die Idee der Väter, daß dem Armen und zugleich der Seele ein Anteil am Vermögen gebühre, erwies sich auch im Abendlande als eine treibende Kraft, die Brauch und Recht beeinflußte. Aber die Entwicklung im Occident ist differenzierter als im Orient. Während der Seelteil im Orient nur in der griechisch-syrischen Form der zahlenmäßig bemessenen Quote auftrat, erscheint er im Westen auch in der lateinischen Form des Anteils eines Sohnes für Christus, wie ihn besonders Augustinus empfohlen hatte. Aber die griechische Gestalt der Quote war auch im Westen verbreitet, besonders in den Ländern, die in Beziehungen zum Osten standen. Die rechtsgeschichtliche Literatur hat sich allerdings vorwiegend mit der Sohnesquote beschäftigt.[1]

II. Als die Idee des Anteils für die Armen und die Seele in den jungen germanischen Staaten des Westens auftrat, standen Hausgemeinschaft und Familieneigentum noch in voller Blüte. Auf den hierbei entstehenden Konflikt, der häufig von verschiedenen Standpunkten aus behandelt worden ist, soll hier nur kurz hingewiesen werden. Als die Kirche mit dem Anspruch auf Zuwendungen zum Heile der Seele (*piae causae, Seelgeräte*) und gar mit dem Anspruch auf eine Quote des Vermögens auftrat, stieß sie, auf stärksten Widerstand. Die Familie, Kinder und Kindeskinder, waren mitberechtigt am Familiengut.[2]

Dagegen besaß die römische Bevölkerung, die auch in den germanischen Reichen nach römischem Rechte lebte, seit langer Zeit die Testier-

---

starken Widerstand, der mit dem festgefügten Familieneigentum zusammenhing. Diese Opposition war noch stärker als in der germanischen Welt (s. unten Vorbemerkung zu Kap. VI). Ein Seeldrittel begegnet z. B. im littauischen Recht (im I. littauischen Statut von 1529). Vgl. *H. F. Schmid*, a. a. O., S. 782. — Eine umfassende Darstellung der Geschichte der Quote in den osteuropäischen Rechten muß einem mit den slavischen Sprachen vertrauten Gelehrten überlassen bleiben.

[1] S. oben, S. VI f. und unten.

[2] Siehe etwa *Heusler*, Institutionen, S. 644 f.; *Schröder-von Künssberg*, Deutsche Rechtsgeschichte, 7. Aufl., S. 308, 366 f. und besonders *Alfred Schultze*, Augustin und der Seelteil des germanischen Erbrechts, S. 6 ff., 27 ff., 50 ff., ferner: Der Einfluß der kirchlichen Ideen und des römischen Rechts auf die germanische Hausgemeinschaft (Atti del Congresso Internationale di Diritto Romano, I, Pavia, 1934, S. 199 bis 223); *Franz Beyerle*, Z. Sav. St., Germ. Abt., 50, 1930, S. 398 ff.

freiheit. Das Pflichtteilsrecht der Kinder bildete die einzige Beschränkung für Zuwendungen an die Kirche, die seit Konstantin auch die *testamenti factio passiva* besaß (321). In den germanischen Rechten hat sich das einseitige Testament bekanntlich erst in längerer Entwicklung durchgesetzt, unter dem Einfluß des römischen Vorbildes und dem Drängen der Kirche, unter starkem Widerstand der Familie und häufig der weltlichen Obrigkeit. Die Errichtung eines Testamentes, dessen *caput et fundamentum* die Gabe an die Kirche wurde, wurde obligatorisch. Wer kein Testament errichtete, wurde zur letzten Beichte nicht zugelassen, er erhielt keine Absolution, ihm drohten die Höllenstrafen.

Von der Frage: Durch welches Rechtsgeschäft darf zugunsten der Kirche verfügt werden, ist die Frage zu unterscheiden: *worüber* darf der Erblasser zugunsten der Kirche verfügen, über welche Gegenstände, über welche Teile des Vermögens? Zunächst wurden der Kirche Sachen übertragen, auf die sich das Eigentum der Familie nicht erstreckte, die bereits im „Individualeigentum“ standen. Hierher gehörten besonders die Waffen (*heriot, heergewaete*), ferner die Sachen, die außerhalb des Familienverbandes — selbständig — erworben worden waren, z. B. durch Arbeit oder als Beute. Über diese konnte der Erblasser, wie er wollte, verfügen, *inter vivos* und *mortis causa.* In manchen germanischen Rechten, z. B. im englischen, wurde das *heergewaete* regelmäßig beim Begräbnis als *mortuarium* der Kirche übertragen.[3]

Weitergehende Verfügungen zum Heile der Seele, vor allem über eine Quote des gesamten Vermögens, konnten sich erst durchsetzen, als sich das Familieneigentum in Individualeigentum des Hausvaters um-

---

[3] *Pollock* und *Maitland*, II, S. 336; *Brunner*, Der Totenteil in germanischen Rechten, Z. Sav. St., Germ. Abt. 19 (1898), S. 126 ff. (= Abhandlungen, Weimar, 1931, II, S. 279 ff.); zustimmend u. a. *Rietschel*, Art. „Heergewaete“ in Hoops, Reallexikon der germanischen Altersurkunde, II, S. 467, *Klatt*, Das Heergewaete (1908), S. 198 ff., 223 ff., *Hübner*, Grundzüge des deutschen Privatrechts, 2. Aufl., S. 617; *A. Schultze*, Augustin, S. 78 ff. — Ursprünglich folgte der *heriot* dem Eigentümer ins Grab, ebenso wie die von ihm selbst erworbenen Gegenstände. Ein halbes Jahrtausend früher fand sich dasselbe Phänomen im altgriechischen Recht, das so viele Parallelen zum germanischen Recht aufweist. Auch dort waren die Waffen und das Selbsterworbene (αὐτόκτητα) dem Manne ins Grab gefolgt (*Bruck*, Totenteil und Seelgerät im griechischen Recht, S. 75—118). Übereinstimmend *Walter Schönfeld*, Das Rechtsbewußtsein der Langobarden, Festschrift Alfred Schultze, 1934, S. 368.

zuwandeln begann, wenigstens bezüglich dieser Quote. Im Laufe der Zeit erlangte der germanische *pater familias* das Recht, über die Quote auch zugunsten anderer Empfänger als der Kirche zu verfügen. Der dem Vater verbleibende Teil, über den er zunächst *pro anima sua,* und später allgemein verfügen durfte, wird in der deutschen Rechtswissenschaft *„Freiteil"* genannt, in der französischen *„quotité disponible"* oder einfach *„le disponible"*.[4] Ihm entspricht der englische *„dead man's part"*.

Der kirchliche Anspruch auf Gaben für die Seele, Seelgeräte, bildete einen wichtigen Faktor bei der Sprengung des Familieneigentums, bei der Entstehung des Individualeigentums. Darüber dürfen freilich andere Faktoren nicht vergessen werden, die ebenfalls auf Auflösung des Familieneigentums hindrängten. Das Individuum strebt danach, das Eigentum von den Banden der Familie zu lösen.[5]

III. Hier besteht ein wesentlicher Unterschied von der Entwicklung im römischen Reich. Dort war die Hausgemeinschaft schon Jahrhunderte vor der Übernahme des Christentums abgestorben. In Griechenland finden sich schon zu Beginn der hellenistischen Zeit nur noch schwache Spuren des Familieneigentums. In den folgenden Jahrhunderten verschwindet es vollständig.[6] Auch im römischen Recht hat sich das Familieneigentum schon früh in republikanischer Zeit in Individualeigentum des *pater familias* umgewandelt.[7]

Als die Kirche unter Konstantin das Recht erhielt, Erbschaften zu erwerben, war das Familieneigentum im römischen Reich längst verschwunden. Der Schenker oder der Testator, der der Kirche einzelne Gegenstände oder eine Quote seines Vermögens *pro anima* zuwenden wollte, bedurfte nicht mehr der Zustimmung seiner Kinder.

---

[4] *Schultze,* S. 28 ff.; *Jean de Laplanche,* La réserve coutumière dans l'ancien droit francais, Paris, 1925, S. 115 ff. — Im Gegensatz zu *heergewaete* und Selbsterwerb ist eine *Quote* des Vermögens niemals ins Grab mitgegeben worden. *Brunners* These, daß der *Seelteil* sich aus einer dem Toten mitgegebenen Quote, dem „dead man's part" entwickelt hätte, trifft nicht zu. Vgl. *S. Rietschel,* Der Totenteil in germanischen Rechten, Z. Sav. St., 32 (1911), S. 297 ff. und *Schultze,* S. 66 ff. Ebensowenig ist dies im griechischen Recht geschehen. Vgl. *Bruck,* Totenteil und Seelgerät, S. 75 ff., 157 ff., 328 f.

[5] Die Auflösung der Hausgemeinschaft folgt auch eigenen Gesetzen (vgl. *F. Beyerle,* a. a. O., S. 407).

[6] *Bruck,* Totenteil und Seelgerät, S. 181—189, 328 ff.

[7] *Kunkel,* Römisches Privatrecht, 3. Aufl., 1949, S. 120—123; *M. Kaser,* Eigentum und Besitz im älteren römischen Recht, Weimar, 1943, S. 4 ff., 164 ff. und die dort angeführte Literatur.

Trotz dieser Anerkennung des Individualeigentums waren die griechischen Väter, als sie den Anteil für die Armen und die Seele empfahlen, auch im Osten auf den Widerstand der Familie gestoßen. Hier lag ein wichtiger Grund für die Väter, ein *Maß* für die Gaben *pro anima,* eben die Quote für Christus, zu konzedieren.[8] In Syrien hatten die Bischöfe, zuweilen sogar gefürchtet, daß die Christen zum Mohammedanismus übergehen würden, wenn die Quote zu hoch bemessen war.[9]

Aber in den germanischen Reichen des Westens war der Widerstand gegen Seelgaben und Seelquote rechtlich fundiert eben durch das Familieneigentum, er war daher stärker.

IV. Ein wichtiger Faktor für die Gestaltung der Quote im Abendlande war die Lage der römischen Kirche in der Zeit, in der die Idee im Abendlande eindrang. Bisher hat man gerade das Interesse der römischen Kirche am Empfang von Zuwendungen als den treibenden Faktor für das Auftreten des Seelteils angesehen. Im Westen trat die Quote jedoch gerade in der Zeit auf, als die alte Reichskirche zerschlagen und der Einfluß des päpstlichen Stuhles geschwächt war.[10]

Die Einbruchstellen der zahlenmäßig bemessenen Quote befanden sich gerade in den nichtorthodoxen *fringes,* den „Fransen" der westlichen Welt, um einen in anderem Zusammenhange von *Toynbee* gebrauchten Ausdruck anzuwenden, also dort wo der Einfluß der römischen Kirche nur gering war oder überhaupt nicht bestand. Aber auch die Sohnesquote für Christus, wie Augustin sie empfohlen hatte, wurde selbst von der römischen Kirche nicht immer gefördert.[11]

V. Wir wenden uns nunmehr dem Auftreten der Seelquote im Abendlande zu. Dabei sei von vornherein betont: während im Orient ein deutlicher Zusammenhang der Seelquote mit der von den griechischen Vätern ausgesprochenen Forderung erkennbar ist, ist dies im

---

[8] Vgl. oben, § 8, III.

[9] Vgl. oben, § 19.

[10] Über die seit der Mitte des 6. Jahrhunderts eintretende Auflösung der Reichskirche, über das Zurücktreten des einheitlichen kanonischen Rechts und „die Aera der barbarischen Kollektionen" siehe u. a. *P. Fournier* und *G. Le Bras,* Histoire des collections canoniques en occident, I (1931), S. 43 f., 71; *E. Troeltsch,* Die Soziallehren der christlichen Kirche (1912), S. 195 f., auch *W. Levison,* Die Iren und die fränkische Kirche, Historische Zeitschrift, 109 (1912), S. 1 ff.

[11] Vgl. unten, §§ 37 und 38.

Westen nicht der Fall. Dort kann nicht ohne weiteres eine einheitliche Entwicklungslinie angenommen werden; das würde eine Übersimplifikation des Ganges der Geschichte bedeuten, die keine „monokausalen Einheitslösungen“ kennt.[12]

[12] Über „monokausale“ („eingründige“) Erklärungen in der Geschichte im allgemeinen s. *Karl Siegfried Bader*, Ursache und Schuld in der geschichtlichen Wirklichkeit, Karlsruhe, 1946, S. 35 ff.; ferner *Hans Thieme*, Ideengeschichte und Rechtsgeschichte, Göttinger Festschrift für Julius von Gierke, Berlin, 1950, S. 274.

VI. Kapitel

Die Seelquote im westgotischen Recht

§ 22. Die Gesetze Leowigilds und Chindaswinds

Im westgotischen und später im spanischen Recht tritt eine Seelquote regelmäßig in Höhe eines Fünftels auf. Dies ist die berühmte spanische *Quinta.*

I. Zum erstenmal erscheint sie bekanntlich in einem Gesetz König Leowigilds (569—586), in der Lex Visigoth. V. 2,4: „Si mulier marito." Leowigilds Gesetz wird verständlich, wenn zuvor ein älteres im *Codex Euricianus* enthaltenes Gesetz von etwa 475 in Betracht gezogen wird.[1] Nach Codex Euricianus, Kap. 319, darf die Witwe, was ihr der Mann geschenkt hat, behalten und „nach ihrem Tode hinterlassen, wem sie will".[2]

Es fragt sich: wie kam König Eurich dazu, der Witwe das Recht einzuräumen, über Schenkungen, die sie von ihrem Manne erhalten hatte, nach Belieben zu verfügen?[3] Es geschah vor allem, um ihr zu

---

[1] *Franz Beyerle* (Z. Sav. St., germ. Abt., 67, S. 1 ff., 28 f.) vermutet, daß Eurichs Gesetzbuch nur die Revision eines kurz vorher (459—461) unter Theuderich II. erlassenes Gesetzbuch darstellt. — S. zum Codex Euricianus neuerdings die Forschungen von *Alvaro d'Ors,* Codex Euricianus, 327, Studi in onore di Pietro de Francisci, II, 1954, S. 453 ff.

[2] Codex Euricianus, Kap. 319 (Mon. Hist. Germ., Leges, tom. I, Leges Visigothorum, S. 20): „Maritus si uxori suae aliquid donaverit ... de res sibi a marito donatis possidendi et post obitum suum relinquendi cui voluerit habeat potestatem."

[3] *Julius Fickers* These, daß am Anfange der westgotischen wie überhaupt der allgemeinen germanischen Entwicklung das freie Testierrecht gestanden hätte (Untersuchungen zur Erbenfolge der ostgermanischen Rechte, IV, S. 104 f., V, S. 219 ff.) wird heute wohl allgemein abgelehnt. Siehe *A. Schultze,* Augustin und der Seelteil, S. 11; *F. Beyerle,* Z. Sav. St., germ. Abt., 50 (1930), S. 398. Nahe steht Ficker, ohne ihn zu kennen, *Jean de Laplanche,* La réserve coutumière dans l'ancien droit francais, Paris, 1925, S. 62 ff., 66 ff. (dagegen *H. Mitteis,* Z. Sav. St., germ. Abt., 49, 1929, S. 654 ff.). — Der Gedanke widerspricht allem, was wir in dieser Hinsicht von den Germanen wissen (vgl. schon Tacitus, Germania, c. 20: „nullum testamentum"). Er widerspricht aber auch allem, was uns die vergleichende Rechts-

ermöglichen, im Interesse ihres Seelenheils Verfügungen zu treffen. Zwar heißt es in Kap. 319 ganz allgemein, die Frau dürfe die von ihrem Manne geschenkten Vermögensstücke hinterlassen, wem sie wolle („relinquendi cui voluerit habeat potestatem"). Aber für eine Witwe in diesen Zeiten kamen in erster Linie Zuwendungen für ihr Seelenheil an die Kirche oder kirchliche Anstalten in Betracht.[4] Daneben mochten zuweilen kleinere Vermächtnisse an Angehörige stehen. Sie auszuschließen hätte eine Härte bedeutet.

Das mittelalterliche Testament war bekanntlich in erster Linie ein religiöses Geschäft. Es hatte die Aufgabe, für das Seelenheil des Testators zu sorgen. „Piae causae" bildeten „caput et fundamentum" des mittelalterlichen Testaments. Dieser Gedanke kehrt überall wieder.[5] Wie sehr gerade Witwen, besonders aus vermögenden und vornehmen Häusern, um Vergabungen im Interesse ihres Seelenheils besorgt waren, zeigten bereits die oben besprochenen Briefe des Hieronymus. Sie erteilen Witwen Ratschläge, wie sie sich in ihren Testamenten der Kirche gegenüber verhalten sollen.[6] Und wie sehr sich die Kirche gerade für die Vermögen reicher adliger Damen interessierte, läßt z. B. der Fall der burgundischen Dame Syagria erkennen, die trotz ihres geistlichen Lebenswandels zwangsweise verheiratet worden war. Die Angelegenheit rief sogar ein Schreiben Papst Gregors des Großen

---

geschichte lehrt (vgl. z. B. für das griechische Recht *Bruck*, Totenteil und Seelgerät, S. 38 ff., 87 f., 100 f., 181 ff., 332, und Z. Sav. St., rom. Abt., 50, S. 656 f.).

[4] Über das Testierrecht gerade der Frauen im Interesse ihres Seelenheils auch anderwärts, z. B. im Irischen Recht (Dire, § 34) s. unten, §§ 27, II, 1 und 28, III. — Über die Bedeutung der Witwenschaft für die Kirche im allgemeinen s. *Linus Bopp*, Das Witwentum als organische Gliedschaft im Gemeinschaftsleben der alten Kirche, Mannheim, 1950, auch *Biondo Biondi*, Diritto romano christiano II, 1952, S. 228 f.

[5] Vgl. z. B. *H. Henrici*, Über Schenkungen an die Kirche, S. 28, 52, Anm. 101 und *Pollock* und *Maitland*, History of English Law before the time of Edward I., 2. Aufl., II, S. 356 ff. — S. ferner unten, § 39, II, vgl. § 33, Anm. 34.

[6] Siehe oben, § 9. — Die Gebefreudigkeit gerade von Witwen beleuchtet schon Kaiser Valentinians I. Gesetz von 370, das sich gegen Ausnützung ihrer Frömmigkeit richtete. Es betraf nicht Zuwendungen an die Kirche selbst, sondern an Geistliche persönlich. Valentinian verbot Geistlichen die Häuser von Witwen auch nur zu besuchen. Er erklärte Schenkungen und Vermächtnisse von Witwen an Geistliche für ungültig. — Vgl. auch *Hieronymus*, Epist. LX (Migne, P. L., 22, col. 596), der die Priester tadelt, die *matronarum opes venentur obsequia.* — Ähnlich, hundert Jahre später, *Julianus Pomerius*, De vita contemplativa (Migne, P. L., LIX, col. 451) und in diesem Zusammenhange *G. Fritz*, Art. „Pomère", Dictionnaire de Théologie Catholique, Paris, 1935.

hervor (599), in dem der Papst die Erzbischöfe von Arles und Autun tadelte, daß sie die frommen Absichten der Frau nicht geschützt hätten. Ausdrücklich ermahnte der Papst die Erzbischöfe, das Vorhaben der Dame, ihr Gut für *piae causae* zu vergeben, zu fördern.[7]

Eurichs Gesetz, das der Witwe die Freiheit gab, über die Schenkungen ihres Mannes unbeschränkt zu testieren, diente im praktischen Erfolg der Stärkung der arianischen Kirche. Das Gesetz betraf nur die Westgoten, nicht die Römer, die nach römischem Rechte lebten, das die Schenkungen unter Ehegatten verbot.[8] Die römische Bevölkerung und daher auch die römischen Witwen besaßen überdies völlige Testierfreiheit, die der römisch-katholischen Kirche zugute kam. Indem Eurich den westgotischen Witwen wenigstens für eine bestimmte Vermögensmasse Testierfreiheit gab, folgte er insoweit dem Beispiel des römischen Rechts. Das Westgotenreich unterlag starken Einflüssen des romanischen Elements und des römischen Rechts. An Eurichs Hofe spielten Römer eine bedeutende Rolle.[9]

II. Erst rund hundert Jahre nach Erlaß des Codex Euricianus tritt die *Seelquote* auf, nämlich in der Lex Visigothorum V, 2, 4 „Si mulier a marito". Es handelt sich um eine *Antiqua,* d. h. um ein Gesetz, das vor der endgültigen Redaktion der Lex Visigothorum durch *Rekkesvinth* (653—672) erlassen worden ist. Es ist ein Gesetz König *Leowigilds* (569—586), das in seinem Codex Euricianus revisus und später in der Lex Visigothorum Aufnahme gefunden hat. Leowigild bestimmt: „Hat eine Frau von ihrem Manne außer dem Wittum („extra dotem") zu irgend einer Zeit etwas geschenkt erhalten, (nämlich) Sachen, die der Mann durch Schenkung oder sonstigen Erwerb an sich gebracht hat oder die ihm gebühren, *und sind Kinder aus dieser Ehe hervorgegangen,* so besitzt die Frau dies ungestört bis an ihr Lebensende und habe Macht, *über ein Fünftel dieses Guts, wie es ihr beliebt, zu verfügen* („de quinta tantundem parte earum rerum faciendi quod voluerit potestatem obtineat") . . . Sind keine Kinder aus dieser Ehe

---

[7] Reg. Greg., IX, 224, Mon. Germ. Epistolae, II, S. 216. Auf diesen Fall hat *Franz Beyerle* (Z. Sav. St., germ. Abt., 50, S. 401) in anderem Zusammenhange hingewiesen. Vgl. unten, § 25 am Ende.

[8] Das westgotische Recht gestattete Schenkungen unter Ehegatten (Codex Euricianus, c. 308 und Lex Vis., V, 2, 7).

[9] *Alfred von Halban,* Das römische Recht in den germanischen Volksstaaten (Heft 56 der Untersuchungen zur deutschen Staats- und Rechtsgeschichte, herausgegeben von O. *Gierke*), Breslau 1899, I, S. 152, S. 153, Anm. 1, S. 154, S. 196 bis 198, *A. Schultze,* Augustin, S. 11 ff.

hervorgegangen, so darf die Frau über das Geschenkte frei verfügen." Leowigild schränkt also das Testierrecht der Witwe über Schenkungen ihres Mannes, das ihr Euricianus, Kap. 319 verliehen hatte, im Interesse der Kinder wieder ein. Die Änderung läßt erkennen, daß die Testamente der Witwen, wie oben bemerkt, in erster Linie die Kirche bedachten. Von jetzt ab darf die Witwe, falls sie Kinder hat, nur noch über ein Fünftel verfügen. Nur wenn sie keine Kinder hat, verbleibt es bei der Bestimmung des Euricians.[10]

Insoweit der Witwe erlaubt wurde, über die Quinta nach ihrem Belieben zu verfügen *(quod voluerit)*, folgte Leowigild der Fassung des Euricianus, aber auch hier kamen wieder Gaben für das Seelenheil, die typischen Verfügungen im Testament einer Witwe, in erster Linie in Betracht.[11] Der Reichtum auch der arianischen Kirche war ständig gestiegen. Für die arianische Kirche kamen besonders die Vergabungen der Witwen aus den gotischen Adelsfamilien in Betracht. Indem das Gesetz die Kinder schützte, sicherte es die wirtschaftliche Grundlage der Familien, die den Kern des westgotischen Heeres bildeten. Schwerlich hat Leowigild die Bestimmung im Interesse der Kirche eingefügt.[12] Sein Gesetz bedeutete ja gerade eine Beschränkung der Zuwendungen auf die Quinta. Leowigild wollte nicht etwa, daß die Quinta der Kirche hinterlassen werden sollte oder gar mußte. Erst ein Codex des ausgehenden 10. Jahrhunderts, der sog. *Emilianensis* (bei *Zeumer,* V, 14) machte die bisher fakultative Quinta obligatorisch. Er enthält einen Zusatz zur Lex Visig., IV, 2, 11, der die Verwendung der Quote für kirchliche Zwecke festsetzt („praecipimus canonica sententia quintam partem ex rebus Deo offerant, reliquas vero liberi habeant").[13]

---

[10] Lex Visig., V, 2, 5 wiederholt Codex Euricianus, Kap. 319, schiebt aber — entsprechend L. Vis., V, 2, 4 — an dieser Stelle ebenfalls ein, daß sie das freie Testierrecht nur besitzt, „si filios non habuerit". Diese Interpolation geht ebenfalls auf Leowigild zurück (*Zeumer,* Mon. Germ. Hist., Leges I, S. 215, Anm. 1, *Brunner,* Beiträge zur Geschichte des germanischen Wartrechts, Festschrift für H. Dernburg, Berlin, 1900, S. 45 = Abhandlungen, II, S. 222).

[11] Vgl. *Dahn,* Könige der Germanen, VI, S. 387, im Zusammenhang mit dem späteren Gesetz Chindaswinds. S. auch *Tamassia,* Archivio giuridico, LXXXXV, S. 92.

[12] Anders *Schultze,* Augustin, S. 160.

[13] *Rietschel,* Der „Totenteil" in germanischen Rechten, Z. Sav. St., germ. Abt., 32, 1911, S. 308, *Ficker,* a. a. O., V, 1, S. 202. — S. unten, § 24, Anm. 31.

Leowigilds Gesetz bezieht sich ebenso wie Euricianus, Kap. 319, nur auf westgotische Witwen; denn in römischen Ehen waren Schenkungen des Mannes an die Frau ja unzulässig. Auffallen könnte allerdings, daß Leowigild nur die Zuwendungen an seine eigene arianische Kirche beschränkte und nicht auch an die römisch-katholische Kirche. Aber es bestanden bereits genug andere erhebliche Streitpunkte zwischen Leowigild und der römischen Kirche. Überdies stand der König nach allen Seiten hin in schwerem Kampfe, mit den Byzantinern und mit den Franken, im Innern mit den gotischen Adelsgeschlechtern.[14] Es ließe sich verstehen, daß Leowigild, der ein großer Staatsmann war, nicht noch einen neuen Streitpunkt im Verhältnis zur katholischen Kirche schaffen wollte, zumal in der Frage der letztwilligen Verfügungen, auf die die Kirche überall in der mittelalterlichen Welt das größte Gewicht legte.[15] Dazu kam weiter, daß die Tendenz, die römische Bevölkerung des Westgotenreichs der westgotischen rechtlich anzugleichen, erst bedeutend später auftrat. Die Zeit war noch nicht gekommen, die Testierfreiheit der Römer und damit auch die Zuwendungen an die katholische Kirche zu beschränken. Dies tat erst König Chindasvind.

III. *Chindasvind* (641—652) hat in der lex „Dum inlicita“ (Lex Visig. IV, 5, 1) das Anwendungsgebiet der Quote bedeutend ausgedehnt. Er bestimmte, daß das Gesetz abgeschafft sein solle, „wonach Vater, Mutter, Großvater und Großmutter ihr Vermögen an Fremde nach ihrem Belieben übertragen durften“ („abrogata legis illius sententia, qua pater vel mater aut avus sive avia in extraneam personam facultatem suam conferre, si voluissent“). Chindasvind gestattete ihnen, wenn sie Kinder oder Enkel besaßen, nur noch den *fünften* Teil ihres Vermögens an Kirchen oder Freigelassene oder sonstige Personen zu hinterlassen.[16]

Diesem Gesetz ließ Chindasvind später noch ein zweites folgen (Lex Visig. IV, 5, 2), diesmal gegenüber der Frau bezüglich ihrer „dos“.

---

[14] *Wohlhaupter*, Gesetze der Westgoten (Germanenrechte, XI, 1936), S. VI.

[15] Auch sonst begegnen Konzessionen Leowigilds an die katholische Hierarchie (vgl. *von Schubert*, Staat und Kirche in den arianischen Königsreichen, München und Berlin, 1912, S. 180).

[16] „Sane si filios sive nepotes habentes ecclesiis vel libertis aut quibus elegerint de facultate sua largiendi voluntatem habuerint, de quintam tantum partem iudicandi potestas illis indubitata manebit.“ — Chindasvind verweist auf diese Bestimmung in Lex. Visig., IV, 2, 18. Erwigs Lex Visig. renovata von 681 (IV, 5, 1) hat die Quinta übernommen.

Hat sie Kinder oder Enkel, so darf sie nur über eine Quote verfügen. Diese wird hier aber auf den *vierten* Teil, die *Quarta,* festgesetzt. Das Viertel, das der Frau statt des Fünftels konzediert wird, bedeutete wieder eine kleine Konzession an die Kirche.

Beide Gesetze Chindasvinds bezogen sich — gleich seinen sonstigen Novellen — sowohl auf die Westgoten als auch auf die Römer.[17] Für die westgotische Bevölkerung des Reichs bedeutete die Zulassung der *Quinta* für den Mann und die Großeltern eine Erweiterung ihres Testierrechts, einen Einbruch in die Gebundenheit des Eigentums zugunsten der Familie. Von besonderer Bedeutung war die Einführung der *Quinta* für die römisch-katholische Kirche. Mit der „lex abrogata" meinte Chindasvind den römischen Rechtssatz, der Testierfreiheit gewährt hatte.[18] Chindasvinds Gesetz ließ die *Quinta* außer für Zuwendungen an Kirchen auch für solche an Freigelassene zu oder „wen die Erblasser sonst auswählen mögen" („ecclesiis vel libertis aut quibus elegerint"). Aber auch hier handelte es sich wieder in erster Linie um Zuwendungen an die Kirche, wie auch die Voranstellung der *ecclesiae* zeigt.[19] Die deklamatorischen Ausführungen am Anfange des Gesetzes, die an byzantinische Kaisergesetze derselben Periode erinnern („Plerique enim indiscrete viventes suasque facultates interdum vel causa luxurie vel cuiusdam male voluntatis in personas extraneas transferentes"), sollen wohl den Angriff auf das Kirchengut decken. Durch die Erwähnung der *liberti* und sonstigen Empfänger wurde der römischen Bevölkerung der Verlust ihrer bisherigen vollständigen Testierfreiheit annehmbarer gemacht. Die Ausdehnung der *Quinta* auf die römische Reichsbevölkerung bedeutet einen Eingriff in eine wichtige Einnahmequelle der römisch-katholischen Kirche im westgotischen Reich. Der Reichtum der Kirche war durch unablässige Zuwendungen, von Grundstücken, von Sklaven, Geld, Gold- und Silbergerät ständig vermehrt worden.[20] Besonders war der Grundbesitz der Kirche ins riesige ge-

---

[17] *Brunner,* Deutsche Rechtsgeschichte, I, 2. Aufl., S. 490; *Th. Melicher,* Der Kampf zwischen Gesetzes- und Gewohnheitsrecht im Westgothenreiche (1930), S. 5; *Schultze,* Atti, S. 211.

[18] *Georges de Lacoste,* Essai sur les mejoras ou avantages légitimaires dans le droit espagnol ancien et moderne (Thèse, Paris, 1910), S. 29 ff., 45, 49 ff., 70. — Im wesentlichen zustimmend *Schultze,* Augustin, S. 11.

[19] *Dahn,* Die Könige der Germanen, VI, S. 387, *Schultze,* Augustin, S. 160.

[20] *Dahn,* S. 385 f; *von Halban,* Das römische Recht in den germanischen Volksstaaten, I, S. 180, *von Schubert,* S. 179.

wachsen. Die Enterbung der Kinder gefährdete auch den Staat, der eines leistungsfähigen Krieger- und Grundherrenstammes bedurfte.[21]

Es könnte auffallen, daß der römisch-katholische König Chindasvind als erster die Anfälle an die römisch-katholische Kirche beschränkte. Dieser Angriff wurde aber gerade durch den Übertritt der Westgoten zum Katholizismus erleichtert (589); er hatte die Stellung des westgotischen Königs der römisch-katholischen Kirche gegenüber außerordentlich gestärkt. Beide Arten der Kirchenherrschaft, die römisch-katholische und die germanisch-arianische wurden nunmehr verschmolzen. Ein königliches Kirchenregiment von großer Festigkeit entstand. Der westgotische König beherrschte die kirchliche Gesetzgebung jetzt ebenso wie der byzantinische Kaiser. Er berief und eröffnete das Reichskonzil und verlieh seinen Beschlüssen Kraft, auch den rein kirchlichen.[22] Chindasvind „hielt die Hand fest auf dem Episkopat".

Eine Folge der Verbindung von Krone und Kirche war, daß sich das westgotische Reich immer stärker gegen Rom abschloß, ebenso wie dies die Merowinger taten.[23] Es ist die Epoche, in der die Nationalkirchen der germanischen Königreiche sowie Irlands von Rom unabhängig waren. *In dieser Zeit wächst die Bedeutung der Seelquote. Hier liegt der tiefere Grund für Chindasvinds Gesetz.* Es war nicht „der Kirche zuliebe" erlassen worden — ebensowenig wie das Gesetz Leowigilds. Chindasvind wollte die Zuwendungen an die römisch-katholische Kirche zwar nicht beseitigen, aber er wollte sie *beschränken.*

Damit kommen wir zu einem Ergebnis, das im Gegensatz zu der bisher herrschenden Ansicht steht, das wir aber in der Folge immer wieder bestätigt finden werden: die römisch-katholische Kirche hatte mit der Einführung der Quote im Westgotenreich nichts zu tun. Im Gegenteil, Rom hat sich der Quote gegenüber ablehnend verhalten. Die Kirche trat für die volle Testierfreiheit des römischen Rechts ein,

---

[21] Vgl. Chindasvind selbst in Lex Visigoth., IV, 5, 1: „... ita inoffensos filios vel nepotes ... inanes relinquunt, ut utilitatibus publicis nihil possint omnino prodesse."

[22] *von Schubert,* a. a. O., S. 178, 254.

[23] *von Schubert,* a. a. O.; *P. Fournier-G. le Bras,* Histoire des collections canoniques en Occident, I (1931), S. 42: „L'époque où nous sommes placés, VIe et VIIe siècles est celle de leur plus complète indépendence." — *Erich Caspar,* Geschichte des Papsttums, Tübingen, II, 1933, S. 671: „Es sind aus dem 7. Jahrhundert nur wenige Berührungen zwischen Papsttum und spanischer Kirche überliefert, und sie zeugen von abwehrender Haltung auf spanischer Seite." — Vgl. auch unten, § 37, III, über die ähnliche Lage im Langobardenreich.

die unbeschränkte Verfügungen zu ihren Gunsten ermöglichte und den Kindern nur den Pflichtteil, die *legitima*, beließ.[24]

Als Chindasvind den Thron bestieg, war er bereits 78 Jahre alt. Daß der alte Mann im Interesse seines Seelenheils selber viele Schenkungen an Gotteshäuser vollzog,[25] ist ein Widerspruch, den wir zu allen Zeiten gerade bei scharfen Kämpfern gegen kirchlichen Reichtum wiederfinden. Zum Beispiel trug der fränkische „König Hilperich seine Feindseligkeit gegen die Kirche, die alle Reichtümer der Krone sich angeeignet habe, so daß der Fiskus verarmt sei, offen zur Schau. Das hinderte ihn aber nicht, selbst den Kirchen reiche Schenkungen zu machen, um sich ihre Hilfe im Himmel und auf Erden zu erkaufen."[26] Jahrhunderte später war der Bürgermeister von Zürich, Hans Waldmann, auf dessen Antrag die Räte von Zürich einen scharfen Beschluß gegen das Gütersammeln der Kirche faßten (1484), einer der eifrigsten Donatoren des Frauenmünsters in Zürich.[27]

Ein ähnlicher Widerspruch findet sich schon bei Epikur, dessen materialistische Lehre im Verzicht auf die persönliche Unsterblichkeit gipfelte.[28]

§ 23. Neuschöpfung oder Entlehnung der Quote?

Wie verfielen Leowigild und dann Chindasvind auf die Quote? Besteht ein Zusammenhang — Kontinuität — in irgendwelcher Gestalt mit dem Osten oder handelt es sich nur um dieselbe Idee, die unabhängig vom Osten auftritt?[1] Im Folgenden sollen die Gründe besprochen werden, die für jede der beiden Möglichkeiten sprechen.

Gewiß könnte man argumentieren: wenn die westgotischen Könige die unbeschränkten Anfälle an die Kirche beschränken wollten, war es

---

[24] *Franz Beyerle* hat dies bereits für das fränkische Recht erkannt (siehe unten, § 37 bei Anm. 10).

[25] *Dahn*, Könige der Germanen, V, S. 198.

[26] *Loening*, Geschichte des deutschen Kirchenrechts, II, S. 667. *Gregor von Tours*, VI, c. 46: „nullum plus odio habens quam ecclesias. Aiebat enim plerumque: Ecce pauper remansit fiscus noster, ecce divitiae nostrae ad ecclesias sunt translatae."

[27] *Hermann Henrici*, Über Schenkungen an die Kirche, S. 33, S. 58, Anm. 130. — Vgl. auch unten, § 39 bei Anm. 20 und 21.

[28] Vgl. oben S. 35.

[1] Der Ursprung der westgotischen Quote ist in verschiedenen Richtungen gesucht worden. *E. de Hinojosa*, El Regimen Senorial y la cuestion agraria an Catalunia,

da nicht naheliegend, daß sie ganz selbständig einen Bruchteil wählten, das Fünftel und das Viertel? Freilich, der mittelalterliche Mensch bevorzugte bewährtes, erprobtes Recht. Durch das mittelalterliche Recht zieht sich der Gedanke: „das Recht muß alt sein, um gut zu sein."[2] Bei den Gesetzen Leowigilds und Chindasvinds handelte es sich um Einschränkung des Testierrechts, um Maßnahmen, die tief in die finanziellen Grundlagen der kirchlichen Organisation eingriffen. Für das Individuum bedeuteten sie eine Gefährdung seines Seelenheils, der wichtigsten Sorge, die den mittelalterlichen Menschen erfüllte. Die Beschränkung war annehmbarer für die Kirche wie für die Frommen im Volk, wenn sie auf bereits bestehendes Recht oder Brauch gestützt werden konnte.

Aber ganz abgesehen von dieser allgemeinen Einstellung des mittelalterlichen Denkens, sprechen noch andere Erwägungen für einen Zusammenhang mit dem Osten. Quinta und Quarta existierten, wie wir

---

S. 54, zitiert bei *Wohlhaupter,* Deutsche Literaturzeitung, 1929, S. 1933, *Ernst Mayer,* Das altspanische Obligationenrecht, Zeitschr. f. vergleichende Rechtswissenschaft, XXXVIII, 1920, S. 222, und *Georges de Lacoste,* Essai sur les mejoras ou avantages légitimaires dans le droit espagnol ancien et modern, Thèse, Paris, 1910, S. 1 ff., sind der Meinung, daß die Seelquote germanischen Ursprungs ist. Dazu sei an dieser Stelle nur kurz bemerkt, daß zu der Zeit, als die Westgoten die Quinta aufnahmen, eine feste Quote bei andern germanischen Völkern noch nicht nachweisbar ist. — *Tamassia,* La „melioratio" dei figli nell'antico diritto ereditario germanico, Archivio giuridico, LXXXXV, 1921, S. 102, glaubt, daß die Quinta ein für allemal unter Zugrundelegung eines Durchschnitts von vier Kindern festgesetzt worden sei. *Alfred Schultze,* Augustin und der Seelteil, S. 164 ff., und Atti, 1934, I, S. 213, stimmt diesem Gedanken zu und bringt ihn in Verbindung mit Augustins Sohnesquote, die er auch in diesem Zusammenhang wiederfinden will. Bei einer Normalfamilie von vier Söhnen würde Christus ein Fünftel erhalten (dagegen: *Franz Beyerle,* Z. Sav. St., germ. Abt., 50, 1930, S. 398 ff., und *Claudius von Schwerin,* Historische Zeitschrift, CXLII, S. 552. Der letztere betrachtet die westgotische Quote als eine „singuläre Erscheinung"). Die Möglichkeit, daß die westgotische Quote auf östliche Einflüsse zurückgeht, ist bisher noch nicht untersucht worden.

[2] *Fritz Kern,* Recht und Verfassung im Mittelalter, Historische Zeitschrift, Bd. 120, 1919, S. 1 ff., und Kinship and Law in the Middle Ages, translated by *S. B. Chrimes* (Oxford, 1939). Vgl. auch *Heinrich Mitteis,* Die Rechtsgeschichte und das Problem der historischen Kontinuität, Abhandlungen der Berliner Akademie, 1947. Siehe noch *Marc Bloch,* Les charactères originaux de l'histoire rurale française, 1931; auch *Lord Cooper,* Regiam Majestatem and Quoniam Attachiamenta, Edinburg, 1947, S. 41.

sahen, seit langem im byzantinischen Reich, besonders in Syrien.[3] Wir erinnern uns, daß bereits Chrysostomus in der syrischen Hauptstadt Antiochia neben der Hälfte und dem Drittel, auch den vierten oder fünften Teil als Seelteil empfohlen hatte.[4] Justinians Konstitution v. J. 530 (C. J. 1, 2, 25 [26]), die die Quoten als weitverbreiteten Brauch im byzantinischen Reich kennt und billigt, ist rund 40 Jahre älter als Leowigilds Gesetz.[5]

Mancherlei Brücken verbanden das westgotische Reich mit dem Orient. Die Westgoten „gehörten noch ganz in die Mittelmeerwelt".[6] Der Süd-Osten Spaniens war i. J. 554 — also einige Jahrzehnte vor Leowigilds Gesetz — von Byzanz erobert worden und gehörte 70 Jahre zum byzantinischen Reich, darunter befanden sich so wichtige Städte wie Carthagena, Malaga, Cordoba. Hier konnte byzantinisches Kulturgut eindringen. Reste byzantinischer Kirchen und andere Werke byzantinischer Architektur haben sich bis in unsere Tage erhalten.[7]

Denkbar wäre, daß die Schriften Basilius des Großen, der beiden Gregors und vor allem die des Chrysostomus die Kenntnis der festen Quote in Gallien und Spanien verbreitet haben.[8] Die Kenntnis des Griechischen im frühmittelalterlichen Abendlande war allerdings gering. „Es hat wenig Sinn, lateinischen Lesern ein Verzeichnis griechischer Werke vorzulegen", schrieb Hieronymus bereits i. J. 384.[9] Seitdem war die Kenntnis des Griechischen weiter zurückgegangen. Der Unterschied in der Sprache hatte aufs stärkste zur Entfremdung des byzantinischen Reichs von der abendländischen Welt beigetragen. In ihren gemeinsamen Konzilien verhandelten östliche und westliche Bischöfe durch Dolmetscher.[10]

---

[3] Vgl. oben, § 9.

[4] Vgl. oben, § 5, II.

[5] Siehe oben, § 18, I.

[6] *Koschaker,* Europa und das römische Recht, München, 1947, S. 8, Anm. 4.

[7] *J. B. Bury,* A History of the Later Roman Empire, II, London, 1889, S. 287, *A. A. Vasiliew,* Histoire de l'Empire Byzantin, I, Paris, 1932, S. 179 f. S. auch *Jack Lindsay,* Byzantium into Europe, London, 1952, S. 279.

[8] *Koranyi* hat Einfluß des Chrysostomus und von Byzanz aus für das *Drittel* im *fränkischen* Reich vermutet (dagegen *H. F. Schmid,* Z. Sav. St., germ. Abt., 51, S. 785 und *A. Schultze,* Atti di Congr. Int. di dir. Rom., Bologna, 1933, S. 200, Anm. 38), über die *westgotische* Quinta äußert er sich nicht.

[9] Hieronymus, Epist. 33, cap. 1.

[10] Vgl. oben, S. 126, Anm. 27.

Zwar sind Chrysostomus' Werke verhältnismäßig früh ins Lateinische übersetzt worden. Aber gerade die Homilien, in denen er die Quote empfiehlt (Nr. 45, 64, besonders 66, 88), fehlen in den uns bisher bekannten Übersetzungen.[11] Die hier interessierenden Chrysostomus-Stellen fehlen auch in den bisher bekannten Florilegien, die im Mittelalter häufig das Studium der Originale ersetzten.[12]

Es bestand jedoch die Möglichkeit, daß Mönche aus dem Osten, zumal solche, die als Gäste in den abendländischen Klöstern, etwa in Lérins, lebten, bei der Lektüre des Chrysostomus behilflich sein konnten.[13]

Tatsächlich war Chrysostomus im mittelalterlichen Abendlande aber nur wenig bekannt, so urteilt einer der besten Kenner der Chrysostomus-Literatur.[14]

Ein weiteres verbindendes Glied zwischen dem westgotischen Reich und dem Osten bildete die starke syrische Einwanderung, die griechisch-syrischen Brauch gerade auf kirchlichem Gebiet einführte. Dies bedarf näherer Begründung.

§ 24. Syrer und Seelquote im westgotischen Reich

In Gallien und Spanien lebte mitten unter und zusammen mit den Westgoten eine starke und viel beachtete Minorität, der der Seelteil von ihrer Heimat her bekannt war. Es waren die Syrer.

Der Einfluß der Syrer auf die abendländische Kultur ist mehrfach

---

[11] Vgl. *Bardenhewer,* Geschichte der altkirchlichen Literatur, III (1912), S. 333, *Chr. Baur,* S. Jean Chrysostome et ses oeuvres dans l'histoire littéraire, Louvain, 1907, S. 61, und Revue d'histoire ecclésiastique, VIII, 1907, S. 249—265. — Siehe auch *Bruck,* Studi Riccobono, III, S. 400—403.

[12] Über Florilegien als Hilfsmittel in den Klosterschulen, s. *M. Grabmann,* Geschichte der scholastischen Methode, I (Freiburg, 1909), S. 183 ff., ferner *Beryl Smalley* (Oxford), „Traditio", II (1944), S. 52. — Die *Collectio Hibernensis,* die viele Kirchenväter zitiert, erwähnt Chrysostomus nicht in den Stellen, die von der Seelquote handeln (s. unten, § 30, II).

[13] Vgl. oben, § 16, VI.

[14] *Chr. Baur,* St. Jean Chrysostome (a. a. O., oben, Anm. 11), S. 65, 67, 72. — *Isidor von Sevilla* (De viris illustribus, cap. 1933) zählt unter den Werken des Chrysostomus, „quibus utitur Latinitas", nur drei kleine Schriften auf: De Conpunctione, De Reparatione, und Quo nemo laeditur (*Chr. Baur,* S. 64). — Siehe noch *P. Séjourné,* Le dernier Père de l'Église, St. Isidore de Séville, son rôle dans l'histoire du roi canonique, Paris, 1929, S. 41—50.

behandelt worden.[1] Man hat eine ganze Reihe von Ansatzpunkten gefunden, bei denen eine Einwirkung syrischen Brauchs auf Spanien erkennbar ist. An den außerhalb der rechtshistorischen Literatur wenig beachteten Seelteil hat man in diesem Zusammenhang noch nicht gedacht.

Das Quellenmaterial für den syrischen Einfluß in Gallien und Spanien ist reichhaltig. Vor allem ist Gregor von Tours zu nennen, dessen Historia Francorum immer wieder auf die Syrer und ihren Einfluß, besonders in kirchlichen Dingen zurückkommt. Es finden sich aber auch zahlreiche Notizen bei anderen Schriftstellern und viele Inschriften, besonders Grabsteine von Syrern. Für Spanien ist das Inschriftenmaterial allerdings noch nicht in demselben Umfange bearbeitet wie für Gallien. Immerhin fließen die Quellen auch dort reichlich genug.

Unter den „Syri", die in Massen nach dem Abendlande, insbesondere nach Spanien und Gallien geströmt waren, sind nicht bloß die Einwohner des südlich Kleinasiens gelegenen Küstenstrichs zu verstehen. Als „Syri" bezeichneten die antiken und mittelalterlichen Schriftsteller sowie die Bevölkerung des Abendlandes auch die Bewohner der östlich und nördlich gelegenen Gebiete, also die Kleinasiaten, ferner die Bewohner des Zweistromlandes.[2]

---

[1] *Paul Scheffer-Boichorst,* Zur Geschichte der Syrer im Abendlande, in den Mitteilungen des Instituts für österreichische Geschichtsforschung, IV, Innsbruck, 1885, S. 520—550 (= Gesammelte Schriften, Berlin, 1905, II, S. 187—224); *Louis Bréhier,* Les Colonies d'Orientaux en Occident au commencement du moyen-âge, Byzantinische Zeitschrift, XII, Leipzig, 1903, S. 1—39; vgl. noch *Edmund Bishop,* Liturgica Historica, Papers on the Liturgy and Religious Life of the Western Church, Oxford, 1918, S. 161—163; S. 178, Anm. 3. — Siehe auch *Carl Franklin Arnold,* Caesarius von Arelate und die gallische Kirche seiner Zeit (Leipzig, 1894), S. 33, 52; und *passim; H. Pirenne,* La fin du commerce des Syriens en Occident (Mélanges Bidez, Brüssel, 1934), S. 678 ff. — Über syrische Einflüsse im Westen in heidnischer Zeit, siehe *Franz Cumont,* Der Einfluß der orientalischen Religionen im römischen Heidentum (übersetzt von A. Burckhardt-Brandenberg, 3. Aufl., Leipzig, 1931), S. 2, 21, 87, 94 ff., 98.

[2] *Bréhier,* S. 3, *Scheffer-Boichorst,* S. 187, Anm. 1. Vgl. auch *Mommsen,* Römische Geschichte, V, S. 447, ferner *E. Honigmann,* Realenzyklopädie der klassischen Altertumswissenschaft, IV, A (1932), Spalte 1552, Art. „Syria". — Innerhalb der großen Masse der „Syri" aus dem Osten bilden die semitischen griechisch und syrisch sprechenden Syrer, die *„Syriacs"*, aus dem engeren Syrien, eine besondere Gruppe (*Bishop,* S. 62). Für die Frage des Imports der Seelquote braucht zwischen den „Syriacs" und den griechischen Syrern aber nicht unterschieden zu werden; denn die Quote in der griechisch-orientalischen Form galt in ganz Syrien.

Als die *Quinta* und die *Quarta* im westgotischen Recht gesetzlich festgelegt wurden, lag der Schwerpunkt des westgotischen Reichs bereits in Spanien (seit 507). Aber das westgotische Reich in Spanien reichte bis zu seinem Sturze (711) mit Septimanien noch nach Gallien hinüber. In Septimanien lagen so wichtige Handels- und Kulturzentren wie Narbonne und Nimes (Nemausus). Die Existenz einer starken syrischen Kolonie in Narbonne im 6. Jahrhundert beweisen — abgesehen von Grabinschriften — zwei *Canones* des Konzils von Narbonne (589) unter König Reccared. Der erste bestimmt für alle Untertanen des Königs die Sonntagsruhe. Der zweite verbietet die Zauberei. Beide Canones zählen unter den verschiedenen „nationes" Narbonnes auf: Goten, Römer, Syrer, Griechen und Juden.[3] Was Spanien selbst anbelangt, so befanden sich dort von altersher Kolonien syrischer Kaufleute. Sie besaßen ihre eigenen Korporationen, z. B. in Malaga.[4] Die Werke Isidors von Sevilla zeigen ein besonderes Interesse für die Orientalen und die Länder des Orients.[5]

Vom 4. Jahrhundert ab wimmelte es in Gallien und Spanien von Syrern, meistens Kaufleuten, aber auch Mönchen und Klerikern. In den germanischen Reichen während und nach der Völkerwanderung waren die Syrer die führenden Seefahrer, Kaufleute und Bankiers, oft im großen Stil. Vom Osten importierten sie Wein, Öl, Früchte, Purpur, Leinwand, Seide, Glas, Spezereien, Edelsteine, Ebenholz, Papyrus und manches andere,[6] bis herunter zu den Kräuterwurzeln, von denen die Eremiten in der Nähe von Nizza in der Fastenzeit lebten.[7] Syrische Kaufleute hatten das Monopol für die Einfuhr von Luxuswaren, die die Aristokratie brauchte, und kamen mit der herrschenden Schicht im westgotischen Reich in Berührung.[8]

Solange das römische Reich in Blüte gestanden hatte, war die Bedeutung der Syrer für den Import orientalischen Brauchs geringer gewesen, obwohl syrische Kaufleute, Soldaten und Sklaven von altersher Einfluß auf die religiösen Vorstellungen des lateinischen Westens aus-

---

[3] *Mansi*, Concilia, IX, S. 1015 und 1017, Canones, IV und XIV, *Bréhier*, S. 13.

[4] Corpus inscr. latinarum, II, S. 251. Vgl. *Scheffer-Boichorst*, S. 202; *Bréhier*, S. 11.

[5] *Isidor von Sevilla*, Etymologiae, XIV, De terra et partibus, cap. III: De Asia. Vgl. auch bei Anm. 24.

[6] *Scheffer-Boichorst*, S. 196 f., 207.

[7] Gregor von Tours, Hist. Fr., IV, 43. Vgl. *Arnold*, Caesarius von Arelate, S. 33.

[8] *Scheffer-Boichorst*, S. 37, 199.

geübt hatten.[9] Anders in den neu gegründeten germanischen Reichen. Der ständige Kontakt der Syrer mit der abendländischen Bevölkerung hat deutliche Spuren in der europäischen Kultur des Mittelalters hinterlassen.[10]

Das Schwergewicht der geistigen Interessen der Syrer lag auf religiösem Gebiet. Frömmigkeit und Geschäftstüchtigkeit gingen bei ihnen Hand in Hand.[11] Schon in der römischen Kaiserzeit hatten die syrischen Kaufleute im Ausland Collegien begründet, deren Hauptzweck die Pflege der heimischen Götter gewesen war.[12] Nunmehr wurden sie zu Pionieren des Christentums im Abendlande. Teilnahme an der Staatsverwaltung war den Syrern in den germanischen Reichen versagt. Aber in der Organisation der Kirche durften sie sich betätigen.[12a] Syrer wurden Kleriker, eine ganze Anzahl stieg zum Bischof auf. Gregor von Tours berichtet u. a. die merkwürdige Geschichte von einem syrischen Großkaufmann Eusebius in Paris, der im Jahre 591 — also bald nach Leowigilds Regierung — Bischof von Paris wurde.[13] Während des 7. und 8. Jahrhunderts gab es sogar 5 Päpste syrischer Abstammung.[14]

Syrische Kleriker hatten Beziehungen, die bis zum westgotischen Hofe reichten. Um die Mitte des 5. Jahrhunderts traf in Clermont der Abt *Abraham von Edessa* ein, der am Euphrat geboren war. Er war vor der Verfolgung der Perser gegen die orientalischen Christen geflohen. In Clermont gründete er ein Kloster, das hohe weltliche und geistige Würdenträger oft besuchten. Seine hervorragende Stellung und zugleich das Ansehen, das diese syrischen Kleriker genossen, wird bewiesen durch die glänzende Beisetzung, die König Eurich ihm veranstalten ließ.[15]

---

[9] *Cumont* (a. a. O., oben, Anm. 1), S. 7 f., 99 ff., 209, Anm. 3 und passim.

[10] Siehe die oben, Anm. 1, angeführten Werke.

[11] Man gedenkt in diesem Zusammenhange der bekannten Untersuchungen *Max Webers* über Beziehungen zwischen Geschäftssinn und Frömmigkeit, die allerdings spätere Jahrhunderte behandeln und die Syrer nicht erwähnen.

[12] *Mommsen,* Römische Geschichte, V, S. 467, *Scheffer-Boichorst,* S. 202.

[12a] Syrischer Einfluß ist z. B. in den von der Westgotischen Kirche benützten *Ordines Baptismi* nachweisbar. „Its imagery betrays the *merchant class*" (*Jack Lindsay,* Byzantium into Europe, London, 1952, S. 396; Sperrung von mir).

[13] Gregor von Tours, Hist. Franc., X, 26. vgl. *Scheffer-Boichorst,* S. 205, Anm. 112.

[14] Johann V. (685—686) aus der Provinz Antiochia (Lib. Pont. 84), Sergius (687—701) ebenfalls aus Antiochia (ibid. 86), Sisinnius (708) (ibid. 89), Constantinus (708—715) (ibid. 90), Gregor, III (731—741) (ibid. 92). Vgl. *Bréhier,* S. 4 ff.

[15] Siehe über Abraham: Gregor von Tours, Lib. vitae patrum, c. 3, und Hist.

Gregor von Tours erzählt von einem armenischen Bischof, den er im Jahre 590 getroffen habe. Er war ebenfalls vor den Persern geflohen und berichtete Gregor von Tours über die Einnahme von Antiochia.[16] Auch in anderen Fällen treten Beziehungen zwischen syrischen und gallischen Klerikern zutage.[17] Im Jahre 618 trat ein syrischer Bischof, ein Jacobit, in Sevilla zur Orthodoxie über.[18]

V. Angesichts dieser Invasion einflußreicher Syrer ist es erklärlich, daß eine ganze Reihe von Erscheinungen im kirchlichen Leben Spaniens und Galliens auf syrischen Import zurückgeht. Es ist erwiesen, daß sogar das Symbol des Christentums, das Kruzifix, aus Syrien stammte. Es war zuerst in Narbonne eingeführt worden, das, wie erwähnt, zum westgotischen Reiche gehörte.[19] Vorher war die Gestalt des Gekreuzigten am Kreuz im Abendlande unbekannt gewesen. Als die Syrer sie einführten, erregte sie zuerst Anstoß bei den Gläubigen, und es dauerte geraume Zeit, bis man sich mit ihr befreundete.[20]

Syrer haben in hervorragendem Maße bei der Einführung des Mönchtums mitgewirkt.[21] Auf Syrer geht die Einführung neuer Andachtsübungen zurück, die die Kirche übernahm. Hierher gehören Feste wie die „Theophanie“, die „Exaltation“ des heiligen Kreuzes, die „Dormition“ der Jungfrau, wohl auch der Kult, der gesegneten Jungfrau im Westen im 7. Jahrhundert,[22] auch die Verehrung orientalischer Heiliger und von Reliquien aus dem Orient, die sich in vielen Kirchen Galliens und Spaniens befanden.[23] Zahlreiche Legenden kamen aus dem Orient nach dem Okzident. Gregor von Tours erzählt, daß er Syrern die Mehrzahl der Berichte verdanke, über die er im ersten

---

Franc., II, 21; Sidonius Apollinaris, Epist., VII, 17. Vgl. *Arnold,* Caesarius von Arelate, S. 51 f.; *Scheffer-Boichorst,* S. 205, Anm. 114; *Bréhier,* S. 33, Anm. 5.

[16] Gregor von Tours, Hist. Franç., X, 24.

[17] Siehe unten.

[18] Can. 12 des Konzils von Sevilla von 618. Vgl. *Bishop,* Liturgica Historica, S. 178.

[19] Vgl. diesen § bei Anm. 37.

[20] *Gregor von Tours,* de gloria martyr. 22; vgl. *Baumstark,* Altarkreuze in nestorianischen Klöstern des 4. Jahrhunderts, Römische Quartalschrift, XIV, 1914; *Bréhier,* a. a. O., S. 27, und L'origine du crucifix dans l'art religieux, Paris, 1904; *Cumont,* a. a. O., S. 99 f.; *Jos. Sauer,* Art. „Kreuz“ in Buchberger, Lexikon für Theologie und Kirche, VI, Freiburg, 1934, S. 251 f.

[21] *Bréhier,* S. 31 ff., 38.

[22] *Bishop,* S. 178, Anm. 3; *Bréhier,* S. 36.

[23] *Bréhier,* S. 35. — Vgl. noch Gregor von Tours, Hist. Franç., VI, 31.

Bande seines Buches *De Gloria martyrum* schreibt. Ein Syrer half ihm bei der Übertragung der Legende von den Siebenschläfern ins Lateinische (*interpretante Johanne Syro*).[24]

Die Ausschmückungen fränkischer Evangelienhandschriften zeigen große Ähnlichkeit mit den syrischen.[25]

Besonders deutlich ist die Übernahme syrischen Brauchs in Gallien wie in Spanien auf dem Gebiete der *Liturgie*, selbst in Einzelheiten. Die gallischen und spanischen Liturgien verwerten syrische und byzantinische Liturgien.[26]

VI. Wenn wir sonach syrischem Einfluß im westgotischen Reiche immer wieder begegnen: im Mönchstum, in den Heiligenkulten, im Reliquienwesen, in der Liturgie, ja sogar in der Ausgestaltung des Kruzifixes, wenn wir der mannigfachen Beziehungen Spaniens zu Byzanz und dem Osten gedenken, die u. a. auch in der Architektur auftreten,[27] wenn wir uns weiter erinnern, daß die Seelquote im byzantinischen Reich und besonders in Syrien ein weit verbreiteter, von der Kirche geförderter Brauch war, so dürfen wir wohl die Frage aufwerfen: Sollte nicht auch beim Aufkommen des Seelteils in der griechisch-syrisch-bzyantinischen Gestalt der festen Quote in Spanien orientalischer Einfluß mitgewirkt haben? Die Einführung der Quote würde sich in den Rahmen dieser kulturellen Beziehungen eingliedern. Auch die Wahl des Fünftels und des Viertels würde seine Erklärung im Vorbild des oströmisch-syrischen Brauchs finden. Wir sahen: die Bemessung der Quote im Brauch war flüssig, entsprechend Chrysostomus' Mahnung: Gebt wenigstens die Hälfte oder ein Drittel, oder ein Viertel oder ein Fünftel oder ein Zehntel.“[28] Es wäre daher

[24] *Gregor von Tours*, De Gloria martyrum, c. 94, 95. Vgl. *Scheffer-Boichorst*, S. 205, Anm. 113, *Bréhier*, S. 36.

[25] *Scheffer-Boichorst*, S. 223.

[26] Vgl. *Lietzmann*, Art. „Liturgien“, Realenzyklopädie der klassischen Altertumswissenschaft, XIII, Sp. 800; *A. Baumstark*, Orientalisches in altspanischer Liturgie, in „Oriens Christianus“, 3. Reihe 10, 1935, S. 1—37; *G. Bishop*, Liturgica Historica, S. 161—163; 166, Anm. 1; *J. B. Thibaut*, L'ancienne liturgie Gallicane, Paris, 1929, S. 96; *F. J. Babcock*, Journal of Theological Studies, XXIII, 1932, S. 179, der die Beziehungen zwischen Antiochia und Spanien betont. — Hervorzuheben sind die neuen Forschungen von *Johannes Quasten*, Oriental Influence in the Gallican Liturgy, in der Zeitschrift „Traditio“, I (1943), S. 55—78. Seine wichtigen Ergebnisse betreffen u. a. auch orientalische Einflüsse in den spanischen Liturgien.

[27] Oben, § 23 Anm. 7.

[28] Vgl. die Zitate oben, § 5, II.

wohl möglich, daß Leowigild und Chindasvind diese Quoten wählten, da sie ihnen für die von ihnen verfolgten kirchenpolitischen Zwecke[29] geeignet erschienen.

Dabei käme weiter in Betracht, daß sich die Könige an *Bräuche* anlehnten, die sich schon vor ihnen im Anschluß an syrisch-byzantinische Importe entwickelt hatten.[30] Auch in Syrien ging der gesetzlichen Festlegung der Quote in den Rechten der einzelnen Teilkirchen ein verbreiteter Brauch voraus, der Kirche eine feste Quote zu hinterlassen. Ähnliches geschah auch anderwärts. Das Recht entsteht ja nicht abstrakt, es folgt den Vorgängen des Lebens.

Die Quinta hat sich im späteren spanischen Recht erhalten.[31]

§ 25. Die Augustinische Quote bei Caesarius von Arles und das Konzil von Agde

Bevor wir das westgotische Reich verlassen, muß noch einer Spur der Augustinischen Quote in diesem Bereich gedacht werden, die dort — unter besonderen Umständen — auftritt.

---

[29] Siehe oben § 22, II und III.

[30] Siehe hierzu auch die folgende Anmerkung über die *Drittelquote* im Spanischen Recht. Über Gewohnheitsrecht im westgotischen Reich siehe *Theophil Melicher,* Der Kampf zwischen Gesetzes- und Gewohnheitsrecht im Westgotenreiche (Weimar, 1930), der auf die hier behandelte Frage allerdings nicht eingeht.

[31] Siehe das Material aus den *fueros* bei *Ernst Mayer,* Das altspanische Obligationenrecht in seinen Grundzügen, Zeitschrift für vergleichende Rechtswissenschaft, XXXVIII, 1920, S. 219, Anm. 146; vgl. *J. Ficker,* Untersuchungen zur Erbenfolge, V, S. 202 ff. — Die Berechnung der spanischen Quote erfolgte zuweilen vom Mobiliarvermögen, manchmal auch von der Errungenschaft (*ganado,* z. B. fuero de Soria). Später wurde die Quinta zu einem Pflichtanteil der Kirche, z. B. in dem Zusatz zur Lex Visig., IV, 2, 11 im sog. *Codex Emilianensis* aus dem ausgehenden 10. Jahrhundert (vgl. oben, § 22, Anm. 13).

Außer der Quinta begegnet im spanischen Recht auch eine *Drittelquote,* so im Rechte von Katalonien, wo sie vom Mobiliarnachlaß berechnet wurde *(E. de Hinojosa,* El regimen senorial y la question agraria en Cataluna, S. 187 ff.; *E. Mayer,* a. a. O.). Ebenso stehen im *portugiesischen Recht* Quinta und Tertia nebeneinander.

In die Lex Visigothorum war die Drittelquote nicht aufgenommen worden. Die *Tertia* stammt wohl gleichfalls aus Brauch oder Gewohnheitsrecht, die ebenfalls auf den Orient zurückgehen (s. den Text). Chrysostomus hatte z. B. das Drittel in Antiochia mit Vorliebe empfohlen, und es war im Osten verbreitet, (vgl. oben, § 5, II). Über Beziehungen zwischen Antiochia und Spanien siehe die oben zitierte Abhandlung von *F. J. Babcock,* Journal of Theological Studies, XXII, 1932, S. 179.

Um 475 hatte Eurich für westgotische Witwen Testierfreiheit für das ihnen vom Mann Geschenkte eingeführt. Rund 90 Jahre später hatte Leowigild für den gleichen Fall die Seelquote in der syrisch-byzantinischen Gestalt aufgenommen. In die Zwischenzeit — etwa 505 — fällt ein Vorstoß der Seelquote in Gestalt der Sohnesquote Augustins. Man sieht wieder, wie die Frage der *portio pro anima* in dieser Zeit die Geister beschäftigte.[1]

In einer Predigt, die wohl mit dem Konzil von Agde (506) im Zusammenhang steht,[2] mahnte Caesarius, der große Bischof von Arles, dreimal *„unam portionem sibi et Christo cum filiis suis"* zu geben, im Einklang mit Augustins Sohnesquote. Die Übereinstimmung ist so groß, daß die Predigt lange für Augustinisch gehalten wurde.

Die Predigt behandelt die erst unmittelbar vor dem Tode eintretende Reue (*subitanea poenitentia*) und die Möglichkeit der Vergebung der Sünden in diesem Falle, eine Frage, über die Zweifel bestanden. Mit römischer Klarheit unterscheidet Caesarius hierbei drei Fälle. Für jeden Fall gibt er die Voraussetzungen und die *remedia* an, unter denen Vergebung der Sünden erlangt werden kann.

Erster Fall: Der Christ hat sich keine Kapitalverbrechen zuschulden kommen lassen oder, wenn er dies getan hat, sie bereits früher mit guten Werken entkräftet. Wer das getan hat, wird „auch wenn er keine Reue empfunden hat" (*etiamsi poenitentiam non accipiat*), gut sterben (*bene hinc exiet*), auch wenn er dies erst zur Zeit des Todes getan hat, *und wenn er ferner, so fügt Caesarius hinzu, „bezüglich seines Vermögens einen Teil für sich und Christus zusammen mit seinen Söhnen gemacht hat"* (*partem sibi et Christo ad substantiam suam cum filiis fecerit*). Dieser wird nicht nur Verzeihung für seine Sünden, sondern die ewige Seligkeit erlangen.

---

[1] Vgl. oben, § 11, II.

[2] Appendix Augustini T. V., Sermo 256 (Migne, P. L., 39, Sp. 2217 ff.). Auf die Stelle hat *D. Germain Morin* zuerst aufmerksam gemacht (in einer schriftlichen Mitteilung, abgedruckt bei *A. Schultze*, Atti del Congr. Internazionale di Diritto Romano, Bologna, 1933, S. 206, Anm. 31). D. Morin vermutet, daß die Predigt mit der Synode von Agde v. J. 506 zusammenhängt. — Über Caesarius von Arles und das Konzil von Agde siehe noch *E. F. Bruck*, Caesarius of Arles and the Lex Romana Visigothorum, Studi Arangio-Ruiz, Napoli, 1952, I, S. 201 ff. und Über römisches Recht im Rahmen der Kulturgeschichte, 1954, S. 146—153 (dazu *Wieacker*, Vulgarismus und Klassizismus im Recht der Spätantike, Sitzungsberichte der Heidelberger Akademie, 1955, S. 52, Anm. 176).

Zweiter Fall: Der Christ hat *capitalia peccata* begangen, aber er hat keine guten Werke zu ihrem Nachlaß vollführt, sondern sie sich aufgespart zu jener „plötzlichen Reue“, d. h. kurz vor dem Tode. Auch ihm sagt Caesarius Sündenerlaß zu, „wenn er beim Tode mit Demut bereut, wenn er seinen Feinden vergibt“ und als letztes wieder: „*et de substantia sua unam portionem Christo et sibi cum filiis suis faciat*“. Außerdem muß er bereits während seiner Krankheit möglichst große Almosen unter Anrechnung auf die Quote vorwegnehmen.[3]

Der dritte Fall betrifft den Christen, der keine guten Werke aufzuweisen hat, der „immer schlecht gelebt und sich seine Reue bis zum Tode aufgespart hat“ (*semper male vivens, in exitu vitae se reservet ad poenitentiam*) und der ferner „aus seinem Vermögen *keine* portio für sich und Christus zusammen mit seinen Söhnen zur Vergebung seiner Sünden errichtet hat“ (*nec portionem sibi et Christo pro redemptione peccatorum de substantia sua cum filiis suis faciat*). Diesen, erklärt Caesarius, könne er „keine Sicherheit gewähren“. „Der ist nicht gut gestorben, der keine guten Werke getan hat.“ Man sieht, mit welchem Nachdruck Caesarius seiner um ihr Seelenheil besorgten Hörerschaft einprägt, die Seelquote zu geben.[4]

Wie kam Caesarius dazu, die Augustinische Quote zu empfehlen? Daß für den Bischof von Arles, der als Mönch von Lérins begonnen hatte, religiöse Motive maßgebend waren, unterliegt keinem Zweifel. Aber Caesarius, der der alten gallo-römischen Aristokratie angehörte, war auch Staatsmann. Er regierte in den chaotischen Zeiten nach der Völkerwanderung. Sein Bischofssitz Arles gehörte nacheinander zu drei verschiedenen germanischen Reichen. Der Kirche lagen nunmehr auch wichtige administrative Aufgaben ob, die früher die Beamten des römischen Kaisers besorgt hatten. Zur Erfüllung dieser Aufgaben bedurfte Caesarius großer finanzieller Mittel. Deshalb forderte er mit Nachdruck die *portio* für Christus. Der „totale“ Seelteil Salvians, der das ganze Vermögen für Christus forderte,[5] kam für Caesarius nicht in Frage. Dazu dachte er zu realistisch. Die syrisch-griechische Quote,

---

[3] Migne, P. L. 39, Sp. 2218.

[4] *A. Schultze*, Atti, S. 207, will aus dieser Predigt schließen, daß der Brauch der Augustinischen Kopfteilung damals bereits in Südgallien heimisch gewesen wäre. Wäre dies der Fall gewesen, hätte Caesarius schwerlich diesen Seelteil dreimal mit solchem Nachdruck gefordert.

[5] Siehe oben, § 16.

den importierten Volksbrauch, den syrische Emigranten mitgebracht haben, ignorierte der römische Kirchenfürst und Aristokrat — ebenso wie dies der römische Stuhl tat.[6] Er wählte die Quote des größten lateinischen Kirchenvaters, die die Interessen der Familie stärker berücksichtigte. Auch sonst ist Caesarius „Augustinisch gerichtet".[7]

Caesarius stand „auf exponiertestem Posten und an wichtigster Stelle". 505 hatte ihn der Westgotenkönig Alarich II. nach Bordeaux verbannt, aber bereits im folgenden Jahre leitete er die erste römisch-katholische Synode des westgotischen Reichs in Agde. Der Einbruch der Franken stand vor der Tür. Chlodwig war zum römischen Katholizismus übergetreten, wodurch er die Sympathien der römischen katholischen Bevölkerung im arianischen Westgotenreich erworben hatte. Deshalb schlug Alarich II. den römischen Katholiken gegenüber eine Versöhnungspolitik ein. Er konzedierte ihnen das katholische Reichskonzil, gleichzeitig auch die Aufzeichnung des der Kirche günstigen Rechts der römischen Bevölkerung im Brevarium Alaricianum. Beides waren Notstandsmaßnahmen.[8]

Es ist, wie erwähnt, vermutet worden, daß Caesarius' Predigt mit dem Konzil von Agde in Verbindung stand.[9] Die Predigt wollte dafür sorgen, daß die Gaben *pro redemptione animae* in ausreichendem Maße eingingen. In der Tat suchten die Beschlüsse des Konzils diese Einnahmen auch durch Schutzmaßnahmen zu sichern, gegenüber widerspenstigen Erben (Canon IV) wie gegenüber dem Klerus, der sie ordnungsgemäß verwalten sollte (Canon VI).[10] Aber von einem Erfolg von Caesarius' Empfehlung der Augustinischen Quote wissen wir nichts. In den Akten des Konzils von Agde fehlt jede Erwähnung der Quote. Ebensowenig ist sie im *Breviarium Alaricianum* erwähnt, das in demselben Jahre 506 erlassen wurde. Augustins Quote hat, soweit ersichtlich, nicht im westgotischen Reich gegolten. Die Westgoten verloren das Reich von Toulouse zum größten Teil im nächsten Jahr, und in Spanien, das westgotisch blieb, herrschten wie wir sahen, die

[6] Vgl. unten, §§ 37 und 38.

[7] *von Schubert,* Kirchengeschichte, I, S. 61 (im Hinblick auf Caesarius' Nonnenregel).

[8] *Bruck,* Studi Arangio-Ruiz, I, S. 205 ff., Über römisches Recht im Rahmen der Kulturgeschichte, S. 150 ff.

[9] S. oben, Anm. 2.

[10] Mansi, VIII, S. 324, 325. Siehe auch Canons, VII und XXII. Die *canones* sind neu ediert in Sancti Caesarii opera omnia von *G. Morin,* Maretioli, 1942, II, S. 36 ff.

Quinta und Quarta. Aber selbst für Caesarius' eigene Diözese Arles fehlt der Beweis, daß Augustins Quote dort fortgewirkt hätte. Ein Indiz dagegen bietet der Brief Papst Gregors des Großen (von 599),[11] der knapp 90 Jahre nach der Predigt des Caesarius und nach dem Konzil von Agde an die Erzbischöfe von Arles und Autun gerichtet worden ist. Hier handelte es sich um die Behandlung des Nachlasses einer vornehmen Witwe, die Söhne besaß. Der Brief Gregors erwähnt die Sohnesquote Augustins in keiner Weise, vielmehr gewährt er den Söhnen nur den Pflichtteil des römischen Rechts. Wäre Augustins Quote, wie Caesarius sie empfohlen hatte, im Bistum von Arles im Gebrauch gewesen, so hätte Gregor dies berücksichtigt.[12] Denn Rom behandelte die gallische Kirche sehr vorsichtig, wie auch der Wortlaut von Gregors Brief erkennen läßt. Auch in dem nunmehr fränkisch gewordenen Teile des Westgotenreichs fehlt jede Spur von Augustins Sohnesquote.[13]

---

[11] Reg. Greg., IX, 224, Mon. Germ., Epistolae, II, S. 216; hierauf hat *F. Beyerle*, Z. Sav. St., germ. Abt., 1930, S. 401, hingewiesen. Vgl. unten, § 37, Anm. 10 und 12.

[12] *Beyerle*, 1. c.

[13] Die erste Erwähnung der Augustinischen Quote findet sich erst Jahrhunderte später, nämlich im Konzil von Aachen *(concilium Aquisgranense)* v. J. 816, also im nördlichen Frankenreiche, und dort waren besondere Umstände für die Aufnahme der Sohnesquote maßgebend (siehe unten, § 38).

VII. Kapitel

Irland und der Seelteil

Zum zweiten Male — und in weit stärkerem Maße als im Westgotenreich — treffen wir die Seelquote im Abendlande in Irland an. Irland gehörte gleichfalls zu den „Fransen" der römisch-griechischen Welt, weit ab vom Orient. Aber es bestanden Verbindungen mit dem Osten. Das Auftreten der griechisch-syrischen Quote fügt sich der Übernahme anderer Kulturgüter aus dem christlichen Orient passend ein.

Ehe wir jedoch versuchen können, die verbindenden Glieder zu rekonstruieren, bedarf es der Prüfung verschiedener Grundlagen. Mit der Untersuchung der Seelquote in Irland betreten wir ein in der Rechts- und Religionsgeschichte bisher wenig behandeltes Gebiet.[1]

§ 26. Die „Brehon Laws"

I. Es empfiehlt sich zunächst einen Blick auf die irischen Rechtsquellen im allgemeinen zu werfen. Sie zerfallen in zwei Gruppen: in die in irischer Sprache abgefaßten Sammlungen des weltlichen Rechts und in die lateinisch geschriebene *Collectio canonum Hibernensis,* die vorwiegend kirchliches Recht enthält. Zwischen beiden Gruppen besteht jedoch keine scharfe Grenze. Auch die weltlichen Rechtssammlungen zeigen einen starken kirchlichen Einschlag. Die „Ancient Laws of Ireland" werden häufig, aber nicht korrekt als „Brehon Laws" bezeichnet, Die Brehons — die anglisierte Form des irischen „Brethem", „Breitheamh" — waren Kenner des Rechts, sie sorgten für seine Erhaltung und bildeten es fort. Sie gaben bei Rechtsstreitigkeiten Gutachten über das bestehende Recht ab, die als bindend betrachtet wur-

---

[1] Professor *Rudolf Thurneysen,* „sans contest le maître des études de philologie irlandaise" (*J. Vendryes,* Revue Celtique, XXXIX, 1922, S. 360; vgl. *James F. Kenney,* The Sources for the Early History of Ireland, I, Ecclesiastical, New York, 1929, S. 79), verdanke ich verschiedene Übersetzungen irischer Rechtsquellen.

den. Man hat sie mit den römischen *iuris prudentes* verglichen, die keine richterliche Funktion ausübten, sondern Gutachten über das anzuwendende Recht abgaben. Die Brehons gaben auch Rechtsunterricht; die von ihnen entwickelten Rechtssätze wurden von Generation zu Generation weiter übermittelt. Der Beruf der Brehons war in der Regel erblich.[2]

Im Mittelpunkt der irischen Rechtsquellen stand eine große Sammlung meist kurzer Rechtsregeln, die man mit den germanischen Weistümern verglichen hat. Sie hieß *Senchar Mār*, „die große Überlieferung". Sie ist nur in Bruchstücken erhalten. Der Senchas Mar ist von O'*Curry* und O'*Donovan* in den „Ancient Laws of Ireland" (London, 1865—1879), der Sammlung der irischen Rechtsdenkmäler, herausgegeben worden. Wie heute allgemein anerkannt wird, leidet die Sammlung an verschiedenen Mängeln. Die Übersetzungen sind häufig fehlerhaft.[3]

Verschiedene Handschriften, welche Teile des Senchas Mar enthalten, aber in den „Ancient Laws of Ireland" nicht aufgenommen worden sind, sind neuerdings besonders herausgegeben worden. Für die in der vorliegenden Abhandlung behandelten Fragen von Bedeutung ist der *„Dire"* genannte Text, den *Rudolf Thurneysen* herausgegeben hat.[4]

II. Gleich alten Rechtssammlungen anderer Völker ist auch der *Senchas Mār* kein systematisches Gesetzbuch. Er beruht auf Gewohnheitsrecht und Brauch, die erst nach und nach schriftlich niedergelegt worden sind. In der Einleitung wird zwar erzählt, daß die Sammlung von Patricius, dem Apostel Irlands (5. Jahrhundert), dem Oberkönig Loigaire, einigen Dichtern (*fili*), Geistlichen und Richtern geschaffen

---

[2] *R. Thurneysen*, Keltisches Recht, Zeitschr. Sav. St., germ. Abt., 55 (1935), S. 85; *John Cameron*, Celtic Law, London, 1937, S. 12 f.; *Kenney*, a. a. O., S. 2; *D. A. Binchy*, The Irish Law Tracts, 1943, S. 1 ff.

[3] Ferner haben die Herausgeber, auch wenn mehrere Handschriften eines Textes vorhanden sind, immer nur eine Handschrift abgedruckt, obwohl die Handschriften, die zum Teil über ein halbes Jahrtausend nach der Niederschrift des Originaltextes angefertigt worden sind, stark differieren. *Thurneysen*, S. 95; *Binchy*, S. 5 ff., *Cameron*, S. 42 ff.

[4] *R. Thurneysen*, Irisches Recht, I. Dire, ein altirischer Rechtstext (Abhandlungen der Preußischen Akademie der Wissenschaften, 1931, Phil.-hist. Klasse no. 2, S. 1—60). — Über die Bedeutung des Wortes „dire" s. unten, § 27, Anm. 20. — Über Rechtssammlungen neben dem *Senchas Mār* („reflecting early differences in local custom") s. *Binchy*, S. 17.

worden sei. „It must be classed among the imaginative embellishments of history.“ [5] Dabei handelt es sich um die dem Rechtshistoriker geläufige Erscheinung, daß alte Rechtsquellen gern berühmten Fürsten oder kirchlichen Autoritäten als Urhebern zugeschrieben werden, um die Achtung vor dem Gesetz zu erhöhen. Häufig geschah dies bei Anpassung heidnischen Materials an das Christentum.[6]

Was das Alter der Texte anlangt, aus denen der *Senchas Mār* zusammengestellt ist, so sind sie nach *Thurneysen* erst im 7. Jahrhundert, teilweise schon früher, aufgezeichnet worden.[7] Aber Brauch und Gewohnheitsrecht, die den Texten zugrunde liegen, sind vielfach bedeutend älter. Zum Beispiel geht manches noch tief in die heidnische Zeit zurück, das nach Einführung des Christentums der christlichen Denkart angepaßt wurde[8] — analog wie in den christianisierten Rechten des Kontinents. Auch bei den Bestimmungen über die Seelquote werden wir verschiedenen Schichten der Rechtsentwicklung begegnen.

Ebenso wie andere irische Rechtstexte ist auch der *Senchas Mār* reichlich mit *Glossen* versehen. Die Handschriften enthalten ferner

---

[5] *Eoin MacNeill*, Studies in Early Irish Law, published by the Royal Irish Academy, Dublin, 1922, Bd. XI, Nr. 41, S. 25. Ebenso *Thurneysen*, Das keltische Recht, Zeitschr. Sav. St., germ. Abt., 55, 1935, S. 86 f.; *Binchy*, The Irish Law Tracts, S. 17; *John Cameron*, Celtic Law, London, 1937, S. 32 f. — Es sei in diesem Zusammenhang daran erinnert, daß die Iren die Entstehung Irlands sogar mit dem Alten Testament in Zusammenhang gebracht haben, ein Verfahren, das an die Sagen von der Gründung Roms erinnert, das mit Troja in Verbindung gebracht worden ist (*P. Fournier*, Le liber ex lege Moysi, Revue Celtique, XXX, 1909, S. 225: „un vif désir de faire concorder avec la Bible les origines de l'Irlande, et de donner à la science des jurisconsultes d'Irlande une source biblique“). — Nach einer von einem alten *„filid“* berichteten Erzählung ist ein anderer Ire (Fénius-Fersaid mit Namen), in Ägypten häufig mit Moses zusammen gekommen und war dann ein Zeuge der Sprachenverwirrung beim Turmbau zu Babel (*Fournier*, S. 225).

[6] Vgl. oben, § 19, Anm. 8 und unten, § 28 bei Anm. 12. Auch die „Urteile“, die gelegentlich in den irischen Rechtstexten erwähnt sind, sind fiktiv, etwa einer Figur der alten Sage in den Mund gelegt, oder auch dem vermutlich historischen, aber von der Sage umwobenen König *Cormac*, der etwa um die Mitte des 3. Jahrhunderts regiert hat und „gewissermaßen zum Numa Pompilius der Iren geworden ist“. *Thurneysen*, s. Z. 55, S. 92.

[7] *Binchy*, Crith Gablach, Dublin, 1941, S. XIII; *Thurneysen*, Keltisches Recht, S. 88, 97. Nach *MacNeill* (Mitteilungen an Cameron, a. a. O., S. 35) begann „the process of reducing the laws to writing“, „about the middle of the 7th century“.

[8] Zum Beispiel rechtfertigt der alte Text Eriu, XII, § 57, den Brauch, neben der Hauptgattin Nebenfrauen zu haben, auf Grund des Alten Testaments, da ja auch „Auserwählte Gottes“ mehrere Frauen gehabt hätten (*Thurneysen*, a. a. O., S. 87).

Kommentare. Ebenso wie die Rechtstexte sind auch die Glossen und Kommentare zu verschiedenen Zeiten, teilweise viele Jahrhunderte später als der glossierte Text selbst entstanden.[9] Die ältesten Glossen gehen in das 8. Jahrhundert zurück,[10] andere sind zwischen dem 9. bis zum 11. manchmal erst im 12. Jahrhundert entstanden. Vielfach enthalten die Texte, ebenso wie die Kommentare Widersprüche, was auch gerade bei der Frage des Seelteils zutage treten wird.[11]

Ein weiterer Grund für diese Widersprüche liegt in den lokalen Verschiedenheiten des irischen Rechts, die mit der staatlichen und kirchlichen Organisation Irlands zusammenhängen. Irland zerfiel in Clans unter besonderen „Königen". Noch im 12. Jahrhundert n. Chr. gab es auf der Insel nicht weniger als 185 verschiedene Clanfürstentümer. Irland besaß keine Städte, vor allem auch kein territoriales Episkopat. Dafür besaß der Clan sein Kloster. Kirchlicher Verwaltungsdistrikt war nicht die bischöfliche Diözese, sondern der Bezirk des Klosters.[12] Manchmal war der Abt zugleich Bischof, manchmal lebte der Bischof im Kloster, oft dem Abt untergeordnet. Dazu kam noch die irische Institution der Wanderbischöfe. Lokale Gesetze (*cāins*) entstanden, von einzelnen Klöstern für ihre Bezirke erlassen.[13]

---

[9] Moderne Autoren haben dies manchmal übersehen, indem sie die zu verschiedenen Zeiten entstandenen Aufzeichnungen wie ein einheitliches Gesetzbuch behandeln (*Thurneysen,* S. 96; *Cameron,* S. 24 f., 102). Das Glossieren der kanonischen Texte begann bald nach ihrer Kompilation und wurde dann durch mehrere Jahrhunderte fortgesetzt (*Binchy,* Irish Law Tracts, S. 19).

[10] *Thurneysen,* S. 88; *Cameron,* S. 26 ff.

[11] Die *Handschriften,* in denen der *Senchas Mār* mit den Glossen und Kommentaren überliefert ist, sind verhältnismäßig jungen Datums. Sie sind meist zwischen dem 14. und 16. Jahrhundert geschrieben. Die älteren Handschriften sind in den irischen Klöstern entstanden, die jüngeren in bestimmten Familien, in denen sich die Tradition der Kunst, solche Abschriften anzufertigen, fortpflanzte. Die späte Entstehung der Handschriften gibt eine weitere Erklärung für die zahlreichen Interpolationen und Widersprüche im Texte des Senchas Mār und seiner Kommentare (*Thurneysen,* S. 88; *Cameron,* S. 18 ff.).

[12] *Dom Louis Gougaud,* Les chrétientés celtiques, 2. Aufl., Paris, 1911, S. 279; *P. Kattenbuch,* Irland in der Kirchengeschichte, in „Theologische Studien und Kritiken", Gotha, 1921, XCIII, S. 11 f., 16 f.; *Fournier-Le Bras,* Histoire des collections canoniques en occident, I, S. 51; *Kenney,* I, S. 157, 291 f.; *von Schubert,* Geschichte der christlichen Kirche im frühen Mittelalter, S. 208; *P. W. Finsterwalder,* Irische und Angelsächsische Mission, Zeitschrift f. Kirchengeschichte, XLVII, 1928, S. 209; *Hieronymus Frank,* Die Klosterbischöfe im Frankenreich (Beiträge zur Geschichte des alten Mönchtums, Heft 17, Münster i. W., 1932), S. 6 f.

[13] Sie entstanden in Masse seit dem 8. Jahrhundert (*Thurneysen,* Aus dem

Diese lose Organisation erleichterte die Bildung lokaler Rechtssätze, die einander widersprachen, die aber in den Rechtstexten und Kommentaren zuweilen unvermittelt nebeneinander stehen. Das änderte sich erst nach dem Eindringen der römischen Kirche im Süden Irlands.[14] Die Romanisierung wirkte ebenfalls auf das irische Recht ein, sie machte sich auch, wie wir sehen werden, in der Geschichte der Seelquote bemerkbar.[15]

§ 27. Die Seelquote in den „Brehon Laws"

Die komplizierten Stellen, die die Seelquote betreffen, müssen zunächst einzeln untersucht werden. Erst dann kann versucht werden, die historische Entwicklung zu rekonstruieren.[1]

I. Die Quote tritt auf im *Senchas Mār,* in dem Abschnitt *corus bescna* (Gewohnheitsrecht). Dort wird u. a. von Vermächtnissen an die Kirche gehandelt. Der Abschnitt ist in den „Ancient Laws of Ireland", III, S. 48, in englischer Übersetzung wiedergegeben, aber die Übersetzung ist gemäß einem an mich gerichteten Briefe Professor *Thurneysens* (vom 6. Oktober 1938) ungenau. *Thurneysen* übersetzt: „Es ist rechtens, wenn ein Gemeinfreier den Wert von sieben *cumal*[2]

---

irischen Recht, Zeitschr. f. Celtische Philologie, XVIII, 1930, S. 396). — Das Wort *cāin* bezeichnet sowohl kirchliche wie weltliche Gesetze. Auch hierin kommt die enge Verbindung zwischen weltlicher und kirchlicher Gesetzgebung zum Ausdruck (*Kenney,* I, S. 476 f., *Walter Delius,* Geschichte der irischen Kirche von ihren Anfängen bis zum 12. Jahrhundert, 1954, München und Basel, S. 75).

[14] In Südirland erfolgte der Anschluß an Rom um 630. „The North Irish Church obstinately refused for nearly sixty years to enter the *unitas catholica*" (*H. Zimmer,* The Celtic Church, S. 61, 76 ff., 79).

[15] Siehe unten, § 28, I und § 29 bei Anm. 18.

[1] Siehe unten, § 29.

[2] *Cumal* ist die „Werteinheit". Im irischen Recht wird das *wergeld* nach *cumala (cumhals)* berechnet, was ursprünglich „Sklavinnen" bedeutete, zur Zeit der Texte aber nur noch eine bestimmte Anzahl von Kühen (*Thurneysen,* Z. Sav. St., germ. Abt. 55, S. 99, *D. A. Binchy,* Crith Gablach, Dublin, 1941, S. 48, 81). Eine Sklavin wurde mit drei Kühen berechnet (Ancient Laws of Ireland, III, S. 98, cf. *Cameron,* Celtic Law, S. 125, Anm. 98). 7 cumal bildeten den Betrag des Wergelds für Mord (*Cameron,* S. 91, Anm. 3; S. 125, Anm. 98). — Dieses Wergeldsystem hat sich Jahrhunderte hindurch erhalten. „As late as 1554 ... the Earl of Kildare obtained by a decision made under Brehon Law an ‚eric" — fine of 300 cows for the killing of his foster brother" (*Cameron,* S. 141).

(der Kirche) vermacht von seinem eigenen Erwerb; nur soll er zwei Drittel seines Erwerbs der Sippe hinterlassen, wenn (ein) Erbland ihm (den Erwerb) einbringt; wenn das Erbland wächst (zugenommen hat), ist es eine Hälfte (die er der Sippe läßt); wenn nicht dieses (das Erbland) es ist, welches erwirbt, ist es ein Drittel." Nach *Thurneysens* Mitteilung ist dieser Text wohl im 7. Jahrhundert aufgezeichnet worden. Brauch und Gewohnheitsrecht, die ihm zugrunde liegen, sind aber wesentlich älter.

Die Stelle läßt Vermächtnisse an die Kirche aus dem Erwerb des Testators bis zu dem Wert von sieben *cumal* zu. Dann erfolgt aber noch eine zweite Begrenzung, wobei drei Fälle unterschieden werden.

(1) Der Erwerb stammt aus den Erträgnissen des „Erblandes" des Testators, das ist des Landes, was er ererbt, also nicht selbst erworben hat. Dann soll der Erblasser zwei Drittel der Sippe[3] hinterlassen, über ein Drittel darf er für sein Seelenheil zugunsten der Kirche verfügen. Hier begegnen wir also der Seelquote in Höhe eines Drittels.

(2) Das Erbland ist „gewachsen", d.h. es hat zugenommen auf Grund der Arbeit des Erblassers. Dann verbleibt der Sippe nur ein halb, über die andere Hälfte darf der Erblasser zugunsten der Kirche verfügen. Hier beträgt die zulässige Seelquote also ein halb.

(3) Wenn der Erwerb *nicht auf Erträgen aus dem Erbland* beruht, vielmehr *ausschließlich auf Selbsterwerb* des Testators, dann darf er sogar über zwei Drittel im Interesse seines Seelenheils zugunsten der Kirche verfügen und nur ein Drittel verbleibt der Sippe.

Bei dieser Bemessung der Gaben an die Kirche sind zwei Elemente verschmolzen:

(a) Bei der Zulassung der Gaben bis zur Höhe von sieben *cumal* ist das alt-irische Maß des Wergelds für Mord benützt.[4]

(b) Der so begrenzte Betrag wird dann weiter durch zahlenmäßig bemessene Quoten beschränkt. Hierbei handelt es sich um ein christliches Element. Es zeigt sich Übereinstimmung mit den zahlenmäßig bemessenen Quoten, wie wir sie bei den griechischen Vätern und in den Rechten des Orients angetroffen haben. Es besteht allerdings der Unterschied, daß die orientalischen Quoten vom gesamten Vermögen berechnet wurden, während die irischen Quoten nur vom *Erwerb* des Testators berechnet werden, und daß hierbei unterschieden wird, ob

---

[3] Über das entsprechende irische Wort s. unten, Anm. 12.

[4] Siehe die vorausgehende Anm. 2.

dieser Erwerb aus dem Erbland stammt oder nicht. Aber der Grundgedanke, für die Gaben an die Kirche eine Quote rein zahlenmäßig — ohne Rücksicht auf die Zahl der Kinder — festzusetzen, ist derselbe.[5] Er wird nur dem Stadium der Entwicklung des Individualeigentums in Irland angepaßt. Individualeigentum am *gesamten* Vermögen, insbesondere am Grundeigentum, hatte sich in Irland noch nicht durchgesetzt, als sich die zahlenmäßig berechnete Quote in dem Gewohnheitsrecht durchsetzte, das dem hier besprochenen Text zugrunde liegt. Das Recht, für den Todesfall zu verfügen, setzt sich auch in anderen Rechten zuerst beim Selbsterwerb des Individuums durch.[6]

Bemerkenswert ist, daß über diese Quoten für das Seelenheil ohne Zustimmung der Familie verfügt werden darf.[7] Auch wird hier nicht unterschieden, ob der Erblasser diese Zuwendungen an die Kirche bei voller Gesundheit vornehmen muß, oder ob er sie auch auf dem Sterbebette vornehmen darf.[8] Ferner steht es im Belieben des Testators, ob er der Kirche eine Seelquote hinterlassen will. Ein gesetzliches Erbrecht der Kirche in dieser Höhe besteht nicht.

II. Für die Geschichte der irischen Quote für die Seele ist ferner ein Text von Bedeutung, den *Thurneysen* unter dem Titel *„Dire"* herausgegeben hat, weil der größte Teil des Textes über „dire" (d. h. Bußzahlung) handelt.[9] Er stammt aus dem mittleren Teile des *Senchas Măr*. Der hier interessierende Passus (§§ 34 und 35) handelt aber nicht über „dire", sondern wieder über das Recht, Vermächtnisse zugunsten der Kirche zu hinterlassen.[10]

I. Nach § 35 ist es noch unzulässig, ohne Wissen und Zustimmung der Sippe etwas zu vermachen. Es bedarf vielmehr der Erlaubnis der Erben (im germanischen Recht auf gleicher Entwicklungsstufe als

[5] Ob diese Übereinstimmung auf autochthoner Parallelentwicklung in Irland oder auf Beziehungen zum griechischen Orient beruht, wird unten (§ 30) im Zusammenhange untersucht werden.

[6] Vgl. für das griechische Recht *Bruck*, Totenteil und Seelgerät, S. 75—116.

[7] Anders Dire, § 35.

[8] Anders unten, bei Anm. 23.

[9] *Thurneysen*, Irisches Recht, I, Dire. Ein altirischer Rechtstext (vgl. oben, § 26, Anm. 4). — Über das Wort *„dire"* siehe diesen §, Anm. 20. — Die Quote wird allerdings noch nicht in dem Texte selbst erwähnt, vielmehr erst in den zu ihm verfaßten Kommentaren (s. unten).

[10] Nur in § 35 ist „dire" *kurz* erwähnt.

„Erbenlaub“, *laudatio parentum* bezeichnet). Es heißt dort:[11] „Keiner vermacht etwas ohne seine Sippe[12] (d. h. ohne deren Wissen und Zustimmung); denn es ist für ihn kein Gebot Gottes, seine Sippe zu vernachlässigen, durch die er gezeugt ist, die sein Vergehen tragen,[13] die (ihn) bis zum Erziehungsabschluß mitaufziehen, ohne ihn ihren Anspruch zu hinterlassen.“

II. Eine Verfügung für den Todesfall über Eigentum *ohne* Zustimmung der Familie wird nach dem Originaltext der Dire nur in *einem* Falle für zulässig erklärt: eine *Frau*, die weder „fines“ schuldet noch Kinder hat, darf den Erwerb aus ihrer Arbeit der Kirche hinterlassen.[14] Auch in Irland legte die Kirche Gewicht auf die Testierfähigkeit der Frauen. Die Mission setzte bei den Frauen ein.[15]

---

[11] Der Text gibt *Thurneysens* Übersetzung wieder, Dire, S. 33 (des Sonderabdrucks), unter Benützung der Übersetzung von *Binchy*, The Irish Law Tracts, S. 26 f.

[12] Im irischen Text steht hier das Wort *gelfine* (auch *geilfine* oder *fine*), das hier mit „Sippe“ wiedergegeben ist. Vgl. *Cameron*, Celtic Law, S. 102, 104, und bes. 111: „*Geilfine* consisted of a number of related households, and was the minimum family commune. It was composed of ‘five persons’, by which we are to understand, not five individuals, but five heads or categories under which the persons were classified. From the standpoint of the younger members of the ‘*geilfine*’, the group contained five classes: (1) ourselves, (2) our father, (3) our grandfather, (4) our uncles, (5) our uncles’ sons. These constituted the family group.“ Vgl. ferner *Eoin MacNeill*, Celtic Ireland, Dublin, 1920, S. 161, und *Binchy*, Crith Gablach, S. 53 v. „fine“ (= skin, family, sept).

[13] Dies bezieht sich auf die Haftung der Familie für Delikte ihres Mitglieds.

[14] § 34 lautet (nach *Thurneysens* Übersetzung, S. 32): „Jede Frau, die kein (zu büßendes) Vergehen noch (aufzuziehende) Kinder, noch (sonstige) Mühe im Stamm (clan?) hinterläßt, ist berechtigt, den Ertrag ihrer beiden Hände der Kirche zu vermachen.“ — Die Zulassung von Verfügungen an die Kirche gerade von *Frauen* in Dire, § 34, bildet ein Analogon zu *Codex Euricianus*, Kap. 319. Daß die Massen, über die die Frau selbständig verfügen darf, verschieden sind (in der Dire: ihr Selbsterwerb, im Codex Euricianus: Schenkungen ihres Mannes), ist in unserm Zusammenhang von untergeordneter Bedeutung. Wesentlich ist, daß hier wie dort gerade Frauen zu solchen Verfügungen zugelassen werden (siehe oben, § 22, I, zu Euricianus, 319; ferner unten, § 28, über *Collectio Hibernensis*, XLI, Kap. 10, Waschersleben, S. 161, Satz 2).

[15] Eine Andeutung in dieser Richtung erscheint z. B. in der Legende von Tirechàn über die Bekehrung der Töchter des Königs Loigaire (*J. B. Bury*, The Life of St. Patrick, London, 1905, S. 138 f., 250). — In diesem Zusammenhange sei bemerkt, daß St. Patrick (in seiner *Confessio*) es billigte, wenn Mädchen im Gegensatz zu den Wünschen ihrer Väter in ein Kloster eintraten (*Kenney*, Sources, I, S. 245). — Ähnliches geschah, als die orientalischen Religionen im römischen Reich ein-

III. Zu diesen Paragraphen 34 und 35 der Dire gehören drei ebenfalls von *Thurneysen* veröffentlichte Kommentare.[16] Sie regeln das Recht der Verfügungen von Todeswegen abweichend vom Texte von *Dire*. Die häufigen Widersprüche innerhalb der Kommentare sowie zwischen den Kommentaren und dem Text erklären sich wieder durch die Tatsache, daß die von den Kommentatoren aufgezeichneten, oft aus einzelnen Glossen übernommenen Grundsätze zu verschiedenen Zeiten und in verschiedenen Teilen Irlands entstanden sind.[17] Die Kommentare zu *Dire* wurden erst zwischen dem 9. und dem 11. Jahrhundert zusammengestellt, enthalten aber weit ältere Bräuche und Rechtsätze.

Während der *Text* von *Dire* nur das Recht der Frauen über ihr Vermögen zu verfügen anerkennt, soweit es durch ihre eigene Arbeit erworben ist, gewähren die *Kommentare* das Verfügungsrecht Frauen *und* Männern,[18] beschränken es auch nicht auf den Selbsterwerb, ferner tritt hier — ebenfalls im Gegensatz zum ursprünglichen Gesetzestext eine Quote für die Seele in Höhe *eines Drittels* auf.

In Kommentar *a* heißt es: „... beim Tod darf er nur *ein Drittel* (seines) Ehrenpreises von seiner beweglichen Habe der Kirche geben." Mit „Ehrenpreis" wird ein bestimmter Teil des Wergelds, namentlich für Mord bezeichnet. Das Wergeld (irisch: *dire* = Buße) besteht aus zwei Teilen: (1) dem feststehenden *Grundbetrag* der Buße und (2) dem sog. *„Ehrenpreis"*, der sich nach dem Stande des Verletzten oder Getöteten richtet, und namentlich bei der Tötung auch nach dem Stande der überlebenden Sippenmitglieder berechnet wird.[19] Die Mitglieder der Sippe des Ermordeten haben Anspruch auf den „Ehrenpreis".[20]

---

drangen. Die Frau war „die Einbruchsstelle" der neuen Lehren. (*Ulrich Kahrstedt*, Kulturgeschichte der römischen Kaiserzeit, München, 1944, S. 416 f.; *F. Cumont*, Die orientalischen Religionen im römischen Heidentum, Leipzig, 1931, S. 42, 55, 61, 63 f.).

[16] a. a. O. (oben, Anm. 1), S. 56—59.

[17] *Thurneysen*, Z. Sav. St., 55, S. 86; siehe oben, S. 171.

[18] Kommentar *b* (*Thurneysen*, S. 57) spricht von Verfügungen „eines *Menschen*".

[19] Vgl. *Arbois de Jubainville*, Nouvelle Revue historique du droit français et étranger, V, 1881, S. 55; *Kurt Latte*, Beiträge zum griechischen Strafrecht, Hermes, LVI, 1931, S. 31.

[20] Das irische Wort für „Ehrenpreis" ist *lóg n-enech* in den alten Rechtstexten, *eneclann* in den späteren Rechtsglossen. *„Dire"* bezeichnet allgemein die Busse, begegnet aber auch öfters spezialisiert im Sinne von „Ehrenpreis". (*Thurneysen*, Zeitschrift für celtische Philologie, XX, 1935, S. 210. Vgl. auch denselben in Z. Sav. St.,

Hat ein Mitglied der Sippe einen Mord begangen, so haften die übrigen Mitglieder mit ihm für den „Ehrenpreis“. Hier zeigt sich eine Ähnlichkeit mit der Berechnung der Seelquote im Gewohnheitsrecht (*corus bescna*) des Senchas Mār. In letzterem wurde die Quote von sieben *cumal*, d. h. von der Buße für Mord berechnet, im Kommentar *a* zu *Dire:* vom „Ehrenpreis“, also von einem Teile dieser Buße.

Die in Kommentar *b* aufgestellten Rechtssätze widersprechen sowohl dem *corus bescna* wie dem Text der *Dire*. In Absatz 1 heißt es: „ein Mensch gibt *alle* seine bewegliche Habe bei voller Gesundheit *und* beim Tod dem Vorsteher seiner Kirche“.[21] Hier ist das Recht, Vermächtnisse für das Seelenheil zu hinterlassen, erheblich erweitert. Eine Quote für die Kirche ist nicht erwähnt. Die Bestimmung ist wohl im Süden Irlands und nach der Romanisierung der irischen Kirche eingeführt worden. Die römische Kirche hat, wie wir sehen werden,[22] die Quote in der griechischen Gestalt nicht anerkannt.

Im Widerspruch zu Absatz 1 steht Absatz 2 des Kommentars *b*, wo es (wieder nach *Thurneysens* Übersetzung) heißt: „Ein (voll-)rechtlicher Mensch darf dem Vorsteher seiner eigenen Kirche bei voller Gesundheit[23] (seinen) Ehrenpreis von seiner unbeweglichen Habe als Vermächtnis geben bis zur *Hälfte* des Anteils der Sippe oder bis zum *Drittel* des Anteils der Sippe; und er darf bis zur *Hälfte* des Anteils der Sippe oder bis zu einem *Drittel* den Armen, sei es seiner eigenen, sei es einer auswärtigen Kirche, geben für Singen des Requiems.“

Erwähnt sei schließlich die etwas abweichende Bestimmung in Kommentar *c*, die aber ebenfalls wieder mit dem Drittel für die Seele operiert.[24]

---

germ. Abt., 55, S. 90, 101, ferner: Irisches Recht, Abhandlungen der Preuß. Akademie der Wissenschaften, 1931, Phil. Hist. Classe, Nr. 2, S. 3). Siehe auch noch *MacNeill*, Proceedings of the Royal Irish Academy, XXXVI, Nr. 16, 1923; *Cameron*, S. 94, 186, 189, 199; *Binchy*, Crith Gablach, S. 50, 84 ff.

[21] *Thurneysen*, Irisches Recht, Dire, S. 57.

[22] Vgl. unten, § 28, I.

[23] Die Unterscheidung zwischen Vergabung bei voller Gesundheit und auf dem Siechbette findet sich auch in germanischen Rechten. S. unten, § 39, I.

[24] *Thurneysen* übersetzt, a. a. O., S. 58: „ferner darf ein (voll-)rechtlicher Mensch *beim Tod* (also nicht bloß bei voller Gesundheit wie oben in Kommentar *b*) *alle* seine bewegliche Habe sei es seiner eigenen Kirche, sei es einer auswärtigen geben, und — zugunsten seiner eigenen Kirche — ein Almosen von dem Überschuß, der da *über ein Drittel des honor price* hinaus besteht.“

IV. Eine Seelquote in Höhe des dritten Teils des „Ehrenpreises" findet sich ferner bei den Pächtern der irischen Kirchen und Klöster. Sie wurden als zur „religiösen Familie" der Klöster gehörig angesehen.[25] Kirchen und Klöstern lag die religiöse Versorgung ihrer Pächter ob, u. a. das Requiem für ihre Seelen. Andererseits heißt es, daß die Pächter den Kirchen oder Klöstern, von denen sie abhängig sind, schulden „full honor-price, when they are in strong health, and one-third honor-price at the time of death".[26] Hier finden wir also wieder die Drittelquote, berechnet vom Ehrenpreis. Sie bildet nach Kommentar *a* das Maximum für die Gabe für das Seelenheil, die auf dem Sterbebette gegeben werden darf.

§ 28. Die „Tertia Deo" in der Collectio Canonum Hibernensis

I. Wir begegnen der Quote auch in der berühmten, „höchst merkwürdigen nur noch nicht genügend durchforschten"[1] *Collectio canonum Hibernensis*, die zugleich eine Sammlung kanonischer Vorschriften und ein Erbauungsbuch ist. Sie enthält Entscheidungen kirchlicher Konzilien, irischer und römischer, ferner Auszüge aus der Bibel und aus den älteren Kirchenvätern. Die Sammlung ist um 700 oder im ersten Viertel des 8. Jahrhunderts angelegt worden.[2] Sie geht auf ältere Sammlungen, insbesondere eine große Sentenzensammlung zu-

[25] *Thourneysen*, Zu den unteren Ständen in Irland (Zeitschrift für Celtische Philologie, XV, S. 238 ff., XVI, S. 211 ff.), *Ryan*, Irish Monasticism, London, 1931, S. 316.

[26] Ancient Laws of Ireland, I, S. 345.

[1] *von Schubert*, Geschichte der christlichen Kirche im Frühmittelalter, S. 273. — Die *Collectio Hibernensis* wurde von *H. Wasserschleben*, Die irische Kanonensammlung, 2. Aufl., Leipzig, 1885, herausgegeben. Vgl. *S. Hellmann*, Sedulius Scottus (Quellen und Untersuchungen zur lateinischen Philologie des Mittelalters, herausgegeben von Ludwig Traube, I, 1, München, 1906), S. 144; *Fournier-le Bras*, Histoire des collections canoniques en occident, I, 1931, S. 62; *Kenney*, Sources, I, S. 247 f.

[2] Gegen 700 (Thurneysen, Zur irischen Kanonensammlung, Zeitschrift für kirchliche Philologie des Mittelalters, VI, 1907, S. 1 f.; *Fournier - le Bras*, I, S. 62; *W. Levison*, Die Iren und die fränkische Kirche, Historische Zeitschrift 109, 1912, S. 9); Ende des 7. oder Anfang des 8. Jahrhunderts (*Wasserschleben*, 2. Aufl., S. XIII; *von Schubert*, S. 273, 533); im ersten Viertel des 8. Jahrhunderts (*Gougaud*, S. 280; *Kenney*, S. 250).

rück, die „allmählich in das kanonische Fahrwasser überführt worden ist“.[3]

Die *Hibernensis* entstand im südlichen oder südöstlichen Irland. Dort schloß sich die irische Kirche zuerst an Rom an, der nördliche Teil folgte wohl nach langem Sträuben.[4] Die *Hibernensis* läßt deutlich „romanistische“ Tendenzen erkennen,[5] andererseits aber auch das Bestreben, das nationale Kirchenrecht und die nationalen Anschauungen nach Möglichkeit zu erhalten und zu sichern. Häufig werden Recht und Gewohnheiten der irischen und der römischen Kirche einander gegenübergestellt. Als Quellen werden bald *„Sinodus Romana“*, *„Romani dicunt“*, *„Institutio Romana“*, *„Disputatio Romana“*, andererseits *„Sinodus Hibernensis“* oder *„Sinodus“* schlechthin angegeben.[6]

Die *Collectio Hibernensis* enthält vielfach kodifiziertes Gewohnheitsrecht,[7] was für unsere Frage ebenfalls von Bedeutung ist.

II. Die Quote für die Seele begegnet in verschiedenen Stellen der *Hibernensis.*

(1) In Buch XXXII, Kap. 13 wird mit Berufung auf *„Origines in libris de heredibus“* bestimmt, daß der sterbende Vater von seiner *hereditas*[8] ein Drittel den Söhnen, ein Drittel dem „Caesar“ und ein Drittel der Kirche geben solle. Habe er keine Kirche, so solle er deren Drittel den Armen geben; wenn er weder einen „Caesar“ noch eine

---

[3] *Hellmann,* Sedulius Scottus, S. 144, ferner 136 ff., 141, und Pseudo-Cyprianus de XII abusivis saeculi, Texte und Untersuchungen zur Geschichte der altkirchlichen Literatur, herausgegeben von Harnack und C. Schmidt, 3. Reihe, Band 4, Leipzig, 1909, S. 6.

[4] Vgl. oben, § 26, Anm. 14.

[5] *Wasserschleben,* S. XIII, 35 ff.; *P. Fournier,* De l'influence de la collection canonique irlandaise sur la formation des collections canoniques, Nouvelle Revue historique du droit francais et étranger, XXIII, 1899, S. 28; *Hellmann,* Pseudo-Cyprianus, S. 10; *Kenney,* S. 250; *Gougaud,* S. 278.

[6] *Wasserschleben,* S. XIII, XIX f.; *Kenney,* I, S. 249 f.: „not only the canons attributed to ‚Synodus Hibernensis', but also many of those having the reference simply ‚Synodus', or (even) ‚Synodus Romana', appear to be drawn from the acts of Irish councils.“

[7] *von Schubert,* S. 533.

[8] Gemäß *Brunner,* Z. Sav. St., germ. Abt., 19, S. 125 (= Abhandlungen zur Rechtsgeschichte, II, 1931, S. 298) bezeichnet *„hereditas“* unbewegliches Gut, und zwar nur solches, welches mit Königs- und Kirchenzins belastet ist (vgl. den in diesem Paragraph in Anm. 14 zitierten Beschluß des „Sinodus“: „omnis hereditas sub censu regis et ecclesiae ligata“).

Kirche habe, solle er sein Vermögen zwischen den Söhnen und den Armen verteilen.[9]

Der Seelteil beträgt also regelmäßig ein *Drittel* des Immobiliarvermögens, das an die Kirche oder bei deren Fehlen an die Armen fallen soll. Für den Fall, daß Kirche und König fehlen, soll der Seelteil die *Hälfte* des Immobiliar-Nachlasses betragen.

Das Drittel und die Hälfte begegneten uns bei der Berechnung des Seelteils bereits im Senchas Mār und in den Kommentaren zur Dīre.[10] Nur wurde die Quote dort von der Buße für Mord bzw. vom „Ehrenpreis", d. h. von einem Teil dieser Buße, berechnet, während in der späteren *Hibernensis* das Immobiliar-Vermögen der Berechnung zugrunde gelegt ist. Man darf hierin wohl eine spätere Schicht erblicken, in der die Rechte der Kirche erweitert worden sind. Ein weiterer Unterschied der *Hibernensis* zeigt sich in der Beteiligung der Könige an der Drittelung des Nachlasses. Aber der alte Teilungsmaßstab von ein Drittel bzw. ein Halb wurde beibehalten.

Was die Bezugnahme unserer Stelle auf „*Origines*" anlangt, so ist sie gleich anderen patristischen Zitaten der Hibernensis eine „Fälschung". Origines hat keine Schrift „de heredibus" geschrieben.[11] Die falsche Inskription läßt erkennen, welche Bedeutung der Seelquote bei ihrer Aufnahme in die *Collectio* beigemessen wurde. Der berühmte Name des Origines wurde zur Erhöhung der Autorität der Stelle hinzugefügt — analog wie etwa in § 1 des arabischen Textes des „syrisch-römischen Rechtsbuches", der gleichfalls vom Seelteil handelt, interpoliert ist: „Constantinus, der König, hat gesagt."[12] Interessant

---

[9] Liber, XXXII, Kap. 13 (Wasserschleben, S. 113): „De divisione hereditatis in tres partes." „*Origines* in libris de heredibus ait: Pater moriens det tertiam partem filiis et tertiam Caesari et tertiam ecclesiae. Si non habuerit ecclesiam, det pauperibus; si non habuerti Caesarem, dividat inter filios et ecclesiam, si non habuerit Caesarem nec ecclesiam, dividat inter filios et pauperes."

[10] Vgl. oben § 27, I, 1; III.

[11] So auf Grund einer Mitteilung *Harnacks Brunner,* Z. Sav. St., 19, S. 124, Anm. 1 (= Abhandlungen, II, S. 297, Anm. 1). — Über die „zahlreichen Pseudoepigrapha" in der Collectio Hibernensis (z. B. das falsche Zitat von Hieronymus in XI, 1a) siehe *Hellmann,* Pseudo-Cyprianus, S. 6, ferner *Wasserschleben,* S. XVI; *von Schubert,* S. 533. — Über Fälschungen und Interpolationen in der mittelalterlichen Literatur Irlands im allgemeinen vgl. *Dom Louis Gougaud,* Modern Research with special reference to Early Irish Ecclesiastical History, Dublin, 1929, S. 11.

[12] Vgl. oben, § 19, Anm. 8; § 26 bei Anm. 6 und in diesem Paragraph, Anm. 15 am Schluß.

ist, daß der klangvolle Name des „Origines" zuweilen zur Bezeichnung eines Werkes benutzt worden ist, das der Hibernensis nahesteht: nämlich der Schrift *„De duodecim abusivis saeculi"*. Diese Schrift ist in der Hibernensis unter dem Namen des irischen Apostels Patricius zitiert. Als sie aber später auf dem Kontinent weite Verbreitung fand, wurde der dort weniger bekannte Name des Patricius beseitigt und „Origines" — neben Augustin, Isidor und Cyprian — als Verfasser bezeichnet. Die Bezeichnung „Pseudo-Cyprian" ist dann die häufigste geworden.[13]

(2) Die Teilung des Immobiliar-Vermögens in drei gleiche Teile — für Kirche, König und Erben — begegnet weiter in einem mit „Sinodus" bezeichneten Beschluß,[14] womit nach dem Sprachgebrauch der Hibernensis der Beschluß einer irischen Synode bezeichnet ist.[15] Beide Beschlüsse bezeichnen die Quote für das Seelenheil als die *„Tertia Deo"*, *„das Drittel für Gott"*.

(3) Im Gegensatz zu den bisher behandelten Stellen steht ein irischer Synodal-Beschluß in liber XXXII, Kap. 14.[16] Nach ihm soll das

---

[13] *Hellmann,* Pseudo-Cyprianus, S. 19 f. — Die *Etymologiae* des Isidor von Sevilla (560—636) wurden auch „origines" genannt (*Altaner,* Patrologie, 1938, S. 320) wobei dieser Titel zuweilen mit dem Kirchenvater „Origines" verwechselt wurde, z. B. von dem Verfasser des Sachsenspiegels Eike von Repgow (vgl. *Beryl Smalley,* in der Zeitschrift „Traditio", II, 1944, S. 526).

[14] *Collectio Hibernensis,* XLVIII, Kap. 1 (De divisione regionis census in III partes): *Sinodus:* Omnis hereditas sub censu regis et ecclesiae alligata in tres partes dividatur. Prima pars heredibus sine sorte datur, secunda regibus, Christus enim dicit: Pro me et te Petro, *tertia vero Deo,* ut Domini est terra et reliqua.

[15] Vgl. diesen Paragraph bei Anm. 6. — Das Dekret stellt sich als eine etwas kürzere Fassung eines Synodalbeschlusses dar, der in dem Manuskript der Bibliotheca Valicellana im Anschluß an die angeblich von Origines stammende Stelle mitgeteilt ist. Der Zusatz in dem Manuskript des Valicellanus (aus dem 10. Jahrhundert) lautet (Wasserschleben, S. 113): *„Sinodus. Omnis hereditas* sub censu regis et ecclesiae ligata in *tres partes dividatur: prima pars heredibus* sine sorte datur, ut in lege homo cum moritum (sic!) fuerit, relinquat partem *filiis suis aut fratribus* et non transferatur ad aliam tribum; *secunda regibus,* dicitur enim: da illis pro me et te; *tertia Deo,* cui dicitur; exurge Deus, judica terram tuam. Item Joseph totam Egyptum in potestatem Pharaonis redegit, tantam partem heredibus reliquit. Item Paulus partem Deo dabat et aliam regi et aliam sibi servabat et heredibus post se." — Die Schlußworte, die sich auf Joseph und Paulus berufen, stammen wohl von dem Kompilator, wieder aus dem Bestreben heraus, die wichtige Bestimmung zu betonen — ebenso wie dies in XXXII, 13 durch Hinzufügung des Namens „Origines" geschehen ist.

[16] „De eo, quod debet ecclesia partem suam dare cognatis defuncti. Cum quis

gesamte Vermögen („omnia quae habet") *Gott* gebühren, mit Ausnahme eines Teils, den der Testator dem Caesar zuteilen soll, und „Gott soll durch die Hände der Menschen den Söhnen oder den Verwandten zuteilen", wieviel ist nicht gesagt. Die Erhöhung des Anspruchs der Kirche läßt wieder die Romanisierung des irischen Kirchenrechts erkennen. Zugleich zeigt sich hier ein Ansatz zu einer später auch in anderen Rechten wiederkehrenden Entwicklung, wonach die Kirche die Funktionen des Erben und Testamentsvollstreckers übernimmt.

III. Besondere Aufmerksamkeit widmet die *Collectio Hibernensis* wieder dem Testierrecht der *Frauen* zugunsten der Kirche — ebenso wie *Dīre* § 34, Anm. 17. Ein irischer Synodal-Beschluß bestimmt, daß die Zuwendung einer „pars" „an den Herrn" von der Zustimmung der „propinqui" abhängig sein soll.[17] Die Größe dieses Anteils ist nicht angegeben. Ausdrücklich wird aber ein *Drittel* für die Seele in einem besonderen Falle erwähnt: Ein irischer Synodalbeschluß gestattet der *Ehefrau*, wenn sie mit Genehmigung ihres Mannes *Nonne* geworden ist, der Kirche den dritten Teil ihres Vermögens zuzuwenden.[18]

IV. Eine Seelquote in Höhe eines Drittels begegnet schließlich im Zusammenhang mit dem Testament des Kranken (*infirmus*).[19] Der *infirmus* darf nur über seine Mobilien verfügen, und zwar zu je einem Drittel zugunsten seines Dieners, zugunsten der Erben und zugunsten der Kirche in pretium sepulcri". Über seinen Grundbesitz

---

moritur, *omnia* quae habet, commendet Deo, et partem Caesari tribuat, et Deus per manus hominum tribuet filiis eius aut propinquis." Im Codex Valicellanus folgt noch: „Item. Hic ordo a patribus carnalibus servatur, ut unusquisque moriens sua propria relinquat filiis aut fratribus. Deus autem, qui omnia tradidit, non requiratur, qui filios alit et patrem."

[17] In Coll. Hib., XXXII, Kap. 20 (*Wasserschleben*, S. 116) heißt es: „Sinodus Hibernensis: Sciendum est, utrum dabunt partem Domino; si tacuerint propinqui earum, Domini erit, quod dabunt, sin autem, irritum erit." — In einem Zusatz heißt es, daß Frauen ohne Söhne der Kirche einen Teil ihrer *hereditas* geben dürfen.

[18] Dies ist nach *Wasserschleben*, S. 161, der Sinn des korrupten Textes. Coll. Hib. XLI, 10, wo es heißt „*Sinodus Hibernensis:* ... ecclesiae, cui servierit (scil. die Frau), quamdiu cum viro suo fuerit, ex consensu viri *tertiam partem substantiae suae* dabit (eine etwas abweichende Lesart im Valicellanus: „si autem monachi vota [?] cuidam ecclesiae se conjunxerit ex consensu viri, *tertiam partem substantiae suae* ecclesiatico iure tradet), sed vir eius distribuet, cetera vero viri sui et filiorum eius erunt."

[19] Vgl. oben, § 27, Anm. 24 und unten 39, I bei Anm. 9.

(*hereditas*) hat er kein Verfügungsrecht. Dieser wird vielmehr kraft Gesetzes in drei Teile geteilt: „inter regnum et ecclesiam et heredes".[20]

§ 29. Zusammenfassung und Rekonstruktion der Entwicklung der Quote in Irland

I. Die zahlreichen Bestimmungen des irischen Rechts über die Quote für das Seelenheil lassen erkennen, daß sie das irische Denken stark beschäftigt haben. Es empfiehlt sich, diese Bestimmungen zusammenzufassen. Die Quote wird an nicht weniger als fünf Stellen der *Brehon Laws* und an fünf Stellen der *Collectio Hibernensis* behandelt. Welche Bedeutung der Quote zukam, wird klar, wenn man die Personen in Betracht zieht, auf welche sie Anwendung findet. Sie begegnet generell für „Gemeinfreie",[1] für „jeden Mann" beim Tode,[2] für jeden „(voll-)rechtlichen Menschen",[3] ferner in einer Reihe von Einzelfällen: bei den Pächtern der Kirchen und Klöster,[4] bei der Frau, die Nonne wird,[5] sowie beim *infirmus*.[6] Sie kehrt immer wieder als rein zahlenmäßig berechnete, feste Quote — d. h. ohne Rücksicht auf die Zahl der Kinder — meist in der Höhe von einem Drittel,[7] zuweilen in Höhe

---

[20] Coll. Hib., XXXI, Kap. 22: „De testamento infirmi." „*Sinodus Hibernensis:* Testamentum infirmi est, ut suo ministro partem de mobili substantia et aliam partem heredibus, aliamque ecclesiae tribuat in pretium sepulcri. Hereditas autem dividitur inter regnum (cod. Valicellanus: regem) et ecclesiam et heredes. Si autem non habuerit regnum, tertia pars ministrorum erit, si autem non habuerit ecclesiam, divident propinqui et ministri."

[1] *Corus Bescna,* Ancient Laws of Ireland, III, S. 48, nach dem verbesserten Text von *Thurneysen,* vgl. oben, § 27, I.

[2] Kommentar *a* zu *Dīre* (vgl. oben, § 27, III).

[3] Kommentar *b,* Absatz 2 zu *Dīre* (siehe oben, § 27, III); vgl. Coll. Hib., XXXII, 13 (oben, § 28, II, Anm. 9); ebenso den Zusatz des Valicellanus zu dieser Stelle; XLVIII, Kap. 1 (oben. § 28, Anm. 15).

[4] Ancient Laws of Ireland, I, S. 345 (oben, § 27, IV).

[5] Coll. Hib., XLI, 10 (vgl. oben, § 28, III, Anm. 18).

[6] Coll. Hib., XXXII, 22 (oben, § 28, IV, Anm. 20).

[7] *Corus Bescna* (Ancient Laws of Ireland, S. 48, mit der Verbesserung Thurneyses, vgl. oben, § 27, I); in den Kommentaren *a* und *b* zu §§ 34 und 35 von *Dīre* (oben, § 27, III); im Verhältnis der Pächter zu Kirchen und Klöstern (Ancient Laws of Ireland, I, S. 345, vgl. § 27, IV); in Coll. Hib., XXXII, Kap. 13; im Zusatz des Valicellanus zu dieser Stelle; in XLVIII, 1; in XLI, 10 un XXXII, 22 (oben, § 28, II).

der Hälfte,[8] vereinzelt in Höhe von zwei Dritteln.[9] Die Hibernensis spricht von der Quote als der *Tertia Deo.*[10] Die irischen Synoden haben sie immer wieder eingeschärft.[11]

Es ist verständlich, daß die irischen Rechtsquellen bei der Ausgestaltung der Quote Verschiedenheiten aufweisen. Die Quellen erstreckten sich über einen Zeitraum von etwa einem halben Jahrtausend, wobei besonders zu berücksichtigen ist, daß vor und neben den Aufzeichnungen noch Brauch und Gewohnheitsrecht standen. Die Zersplitterung Irlands in Stämme und Clans und die unabhängigen Klosterbezirke, die die Stelle einer festen episkopalen Organisation vertraten, begünstigen lokale Verschiedenheiten.[12]

(a) Bei der Berechnung der Quote zeigen sich zwei verschiedene Stadien der Rechtsentwicklung. In den *Brehon Laws* wird die Quote auf Grund der gesetzlichen Buße für Tötung[13] oder eines Teiles der Buße, des „Ehrenpreises"[14] berechnet. Dies entspricht einem älteren Stadium der Rechtsentwicklung. Im primitiven Stadium bildet das „*Wergeld*" für die Tötung eines Mannes eine Werteinheit, die auch auf andere Fälle angewandt wird. Damit stimmt überein, daß die Brehon Laws bei Berechnung der Quote die Tötungsbuße zugrunde legen. Zuweilen wird dem Testator gestattet, über den Erwerb eigener Arbeit zu verfügen. Bei dem, was das Individuum selbst erworben hat, beginnt sein Recht — unbeschränkt durch die Familie — zu verfügen, zuerst aufzutreten, wie die vergleichende Rechtsgeschichte immer wieder bestätigt.[15]

---

[8] *Corus Bescna* (Ancient Laws of Ireland, III, S. 48, verbesserter Text von Thurneysen, vgl. oben, § 27, III); im Kommentar *b* zu *Dīre* (oben, § 27, III).

[9] *Corus Bescna* (Ancient Laws of Ireland, III, S. 48, verbesserter Text von Thurneysen).

[10] Coll. Hib., XLVIII, Kap. 1 und Zusatz des Valicellanus zu XXXII, Kap. 13 (vgl. § 28, II, 2).

[11] Coll. Hib., XLVIII, Kap. 1; Valicellanus zu XXXII, 13; Coll. Hib. XXXII, Kap. 14; XXXII, Kap. 20; XLI, 10; XXX, 22.

[12] Vgl. oben, § 26, II am Ende.

[13] Kommentar *b*, Absatz 2 (oben, § 27, III).

[14] Patricks *Confessio*, c. 53 zeigt ein ähnliches Verfahren: „Vos autem experti estis quantim ego erogavi illis qui iudicabant per omnes regiones quos ego frequentius visitabam. Censeo enim *non minimum quam pretium quindecim hominum* distribui illis."

[15] Für das griechische Recht siehe Belege bei *Bruck*, Totenteil und Seelgerät, S. 101—110. Für das germanische Recht siehe *Walther Schönfeld*, Das Rechtsbewußtsein der Langobarden (Festschrift für Alfred Schultze, Weimar, 1934,

Dagegen wird die Quote in der späteren *Collectio Hibernensis,* die erst um oder nach 700 entstanden ist, bereits vom Grundeigentum berechnet.[16] Die Zustimmung des Familienverbandes (Dīre, § 33) wird nicht mehr gefordert. Das Familieneigentum tritt zurück.[17] Diese Erhöhung des Anfalls an die Kirche paßt in den Rahmen der Romanisierungstendenzen. Die römische Kirche stellt stärkere Ansprüche an den Nachlaß, als es die irische nationale Kirche getan hatte.[18] Aber das Prinzip, daß der Kirche ein fester Bruchteil vom Nachlasse gebührt, wird durch die Grundlage, auf der die Berechnung erfolgt, nicht berührt.[19]

(b) Eine weitere Verschiedenheit zeigt sich bei der Verteilung des Nachlasses, soweit er nach Abzug der Quote übrig bleibt.

In dem Gewohnheitsrecht des Senchas Mār sowie in den Kommentaren *a* und *b* zu Dīre[20] wird über den nach Abzug der Quote verbleibenden Nachlaß nichts bestimmt. Es verbleibt also insoweit bei der gesetzlichen oder testamentarischen Erbfolge.

Anders in der *Collectio Hibernensis.* Dort tritt neben das Drittel „für Gott" ein Drittel für den König, den „Caesar" und nur das letzte Drittel verbleibt den *filii*[21] oder den *heredes.*[22] In der Hibernensis wird die Familie also ungünstiger gestellt. So wichtig diese Unterscheidung an sich ist, auch hier wieder hat sie nichts zu tun mit dem Wesen der Quote, der Kirche einen festbestimmten Anteil für das Heil der Seele zuzuteilen.

Die kirchlichen Verfasser der Bestimmungen zugunsten des Erbrechts der Könige wollten oder mußten den *Caesares* die Konzession eines Drittels machen. Die Bestimmungen beruhten auf einer Art Kon-

---

S. 368 f.). Auch im römischen Recht tritt derselbe Gedanke beim *peculium castrense* auf, das den ältesten Fall einer selbständigen Verfügung des *filius familias* bildet (Kunkel, Römisches Privatrecht, 3. Aufl., 1949, S. 291).

[16] Coll. Hib., XXXII, Kap. 13; Zusatz des Valicellanus hierzu (oben, § 28, Anm. 15); XLVIII.

[17] Siehe oben Vorbemerkung zu Kap. VI. Vgl. *Binchy,* The Irish Law Tracts, S. 27, Anm. 1 (im Hinblick auf die Glossatoren und Kommentatoren von Dīre, § 33).

[18] Auch in anderen Beziehungen stellt die irische Mönchskirche geringere Ansprüche als die römische Kirche (siehe unten, § 33, IV).

[19] Parallelen hierzu bietet das syrische Recht (oben, § 19).

[20] Oben, § 27, I and III.

[21] Coll. Hib., XXXII, 13; XLI, 10, Fall 3.

[22] Zusatz des Valicellanus zu XXXII, 13 (oben, § 28, Anm. 15); XLVIII, 1 (oben, § 28, Anm. 14); XXXII, 22 (oben, § 28, IV).

kordat. Diese Diplomatie — wie auch die Bezeichnung der kleinen Stammeskönige als „*Caesares*" — paßt zu dem römischen Geist, der sich in der *Collectio Hibernensis* bemerkbar macht.[23] Für die Auffassung, daß die Kirche sich gezwungen sah, den irischen Königen Vorteile zuzuwenden, findet sich ein Beleg bereits in Patricks *Confessio*.[24]

Im späteren normannischen Recht — in der Normandie, im normannischen Sizilien und im Anglo-normannischen Recht — haben Seigneurs und Fürsten zeitweilig noch weitergehende Ansprüche gegen den Nachlaß erhoben, wogegen die Kirche sich manchmal mit Erfolg gewehrt hat.

II. Neben den zahlreichen Bestimmungen der irischen Quellen, die die feste Quote enthalten, lassen sich zwei weitere Schichten erkennen, eine ältere Schicht, die die Quote noch nicht kennt, und eine jüngere Schicht, in der die Kirche mehr als die Quote fordert.

(a) Die *ältere* Schicht begegnet in dem alten Text von Dīre, § 34. Dort wird für jegliches Vermächtnis an die Kirche Zustimmung der Familiengruppe (*gelfine*) gefordert. Es heißt dort: „Keiner vermacht etwas ohne seine Familiengruppe" (d. h. ohne deren Zustimmung).[25] Eine Ausnahme für die Quote ist hier noch nicht zugelassen.

(b) In der *jüngeren* Schicht fordert die Kirche *alle bewegliche Habe*[26] oder sogar *das gesamte Vermögen (omnia quae habet)*.[27] Hier handelt es sich um Bestrebungen, die wieder bei der Romanisierung

---

[23] S. oben, § 28, I. — Über den Gegensatz zwischen dem Geist der alten keltischen Kirche und dem neuen römischen Geist siehe *Heinrich Zimmer*, The Celtic Church in Britain and Ireland, London, 1902, S. 115 f., 129 f. — Über römische Einflüsse in der Coll. Hib. siehe *Wasserschleben*, S. 35 f. und *Hellmann*, Pseudo-Cyprianus, S. 10.

[24] *Confessio*, § 52, „Interim praemia dabam regibus praeter quod dabam mercedem filiis ipsorum, qui mecum ambulant". Vgl. auch „Book of Armagh", Tir. 19b: „Patrick had struck a bargain with Loiguire (dem Oberkönig) that he should not be slain in his kingdom" (*J. Ryan*, Irish Monasticism, 1931, S. 77, Anm. 10).

[25] Siehe oben, § 27, II bei Anm. 10.

[26] So in den späten Kommentaren *a*, Absatz 4, *b*, Absatz 1 und *c* zu Dīre, § 35. In Kommentar *b*, Absatz 1 heißt es — besonders weitgehend — „Ein Mensch (also Mann *und* Frau) gibt *alle* seine bewegliche Habe *bei voller Gesundheit und beim Tod* dem Vorsteher seiner Kirche". — Diese Bestimmung geht noch weiter als Kommentar *a* (vgl. oben, § 27, III), wonach ein Mann die gesamte bewegliche Habe nur *bei voller Gesundheit* der Kirche geben darf, *beim Tode* (d. h. in der letzten Krankheit) dagegen nur ein Drittel des Ehrenpreises.

[27] Col. Hib. XXXII, 14.

der irischen Kirche einsetzten. Die römische Kirche, lehnte — neben anderen Eigentümlichkeiten der irischen Kirche, wie der abweichenden Berechnung des Ostertermins und der irischen Tonsur[28] — gerade auch die — unrömische — feste Quote ab.

Aber gerade die Quote zeigte starke Widerstandskraft. Die Quote hat sich selbst in dem späten Kommentar *a* zu Dīre, § 35 für Vergabungen „beim Tode" in Höhe von einem Drittel erhalten — im Gegensatz zu Vergabungen „bei voller Gesundheit"[29] — ferner in Kommentar *c* in Höhe von zwei Dritteln,[30] und vor allem in den drei Hauptstellen der Hibernensis,[31] neben dem — nur einmal erwähnten — Anspruch auf das gesamte Vermögen (*omnia quae habet*).[32] Die ständige Einschärfung der Quote durch die irischen Synoden und der Nachdruck, mit dem sie in den Brehon Laws und in der Hibernensis ständig wiederholt wird, zeigen deutlich, daß sie ein wesentlicher Bestandteil des irischen Rechts geworden war, den Rom nicht beseitigen konnte. Das wird auch später durch die Verbreitung der Quote in dem weiten Gebiet der irischen Mission bestätigt werden.

§ 30. Ursprung und Weg der irischen Quote im Rahmen der kulturellen Beziehungen Irlands zum Orient

I. Die Berechnung des Seelteils im irischen Recht steht im Einklang mit der Seelquote des griechisch-syrischen Rechts. Hier wie dort handelt es sich um zahlenmäßig bemessene Quoten ohne Rücksicht auf die Zahl der Kinder. In Höhe der Hälfte oder des Drittels haben wir sie auch bei den griechischen Vätern, insbesondere bei Chrysostomus, angetroffen, ebenso in den syrischen Rechten.[1] Die Bezeichnung *Tertia Deo* der Collectio Hibernensis[2] entspricht der „Quote für Christus" oder „für Gott" der griechischen Väter,[3] letztere auch von Justinian als Brauch im östlichen Reiche bezeugt.[4]

Unerheblich ist, daß die irische Quote zuweilen von einem anderen

[28] Über andere orientalische Eigentümlichkeiten der irischen Kirche siehe unten, § 30.

[29] S. in diesem § Abschnitt III.

[30] Oben, § 27, III.

[31] Oben, § 28, II.

[32] Coll. Hib., XXXII, 14 (oben, § 28, Anm. 16 und § 29, Anm. 10).

[1] Oben, §§ 2, 4, 5, 19.

[2] Oben, § 29, Anm. 10.

[3] Oben, § 5, IV.

[4] Oben, § 18.

Grundbetrage ausgeht als die Quoten des syrischen Rechts, nämlich vom *Wergeld* oder von Teilen des Wergelds. Diese Berechnungsart hängt, wie bemerkt,[5] mit der Bedeutung des Wergelds als Werteinheit in primitiven Rechten zusammen,[5] ferner mit dem Stadium der Entwicklung des Individualeigentums, berührt aber nicht das Grundprinzip des Seelteils, nach dem eine Quote des Vermögens für das Heil der Seele und die Kirche bzw. die Armen, zu verwenden ist. Übrigens ging das irische Recht, wie wir sahen, zuweilen auch von anderen Grundbeträgen bei der Berechnung der Quote aus, von der „hereditas"[6] oder von dem „selbsterworbenen" Vermögen.[7]

Wieder erhebt sich die Frage: Ist die Seelquote in Irland eine autochthone Neubildung, oder besteht ein historischer Zusammenhang mit dem Orient?

Wir wollen die Quote auch hier wieder nicht isoliert betrachten, vielmehr sie einzugliedern suchen in den Rahmen der Gesamtkultur Irlands und seiner Beziehungen zum Osten. Würden irischer und orientalischer Brauch und Recht nur bezüglich der Seelquote übereinstimmen, so wäre es zweifelhaft, ob ein Zusammenhang besteht. Starke orientalische Einflüsse sind aber auch in anderer Hinsicht bemerkbar. Sie sind in neuerer Zeit häufig behandelt worden, wenn auch nicht im Hinblick auf den Seelteil. Dabei wird vielfach angenommen, daß diese Importe nicht auf direktem Wege aus dem Orient nach Irland gelangt sind, vielmehr auf dem Wege über Gallien und Spanien.[8]

Syrische Elemente — in der Gestalt wie sie sich u. a. beim Heiligen Syrer Ephraem zeigen — finden sich in der irischen *Liturgie*. Wir sind syrischem Gut bereits in gallischen und spanischen Liturgien begegnet.[9]

[5] Oben, § 29, a.

[6] Oben, § 28, II, 1 and IV.

[7] Oben, § 29, a.

[8] *F. E. Warren*, The Liturgy and Ritual of the Celtic Church, Oxford, 1881, S. 46 ff.; *Heinrich Zimmer*, The Celtic Church in Britain and Ireland (Übersetzung des Art. „Keltische Kirche" in Realenzyklopädie für protestantische Theologie und Kirche, X, 3. Aufl.), London, 1902, S. 155 ff., 129 ff.; *Edmund Bishop*, Journal of Theological Studies, VIII, 1907, S. 279, und Liturgica Historica, Oxford, 1918, S. 161 ff., 166 Anm. 1; *L. Gougaud*, Christianity in Celtic Lands, S. 61 f., 335, 633; *James F. Kenney*, The Sources for the Early History of Ireland, I, 1929, S. 250 ff., 664; *von Schubert*, a. a. O., S. 208, 568; *Paul Willem Finsterwalder*, Irische und angelsächsische Mission, Zeitschrift für Kirchengeschichte, 47 (1928), S. 210 f.; *F. J. Babcock*, A portion of an Early Anatolian Prayer-Book, Journal of Theological Studies, XXXII, 1932, S. 167—180.

[9] Vgl. oben, § 24, II.

Von Aquitanien, Südgallien und Spanien ist es nach Irland herüber gekommen.[10] Es besteht ferner „eine merkwürdige Ähnlichkeit ... beinahe Identität der Wesensart der Andacht" der Gebete, Betrachtungen und verschiedener Predigten des hl. Ephraem mit den „effusions" der ältesten irischen Frömmigkeit im „Book of Cerne". Sie stehen im deutlichen Gegensatz zu den römischen Gebetbüchern. „Sie repräsentieren die Art der Frömmigkeit und der Andachtsübung, wie sie im östlichen Syrien im 5. und 6. Jahrhundert herrschte." [11] Die *geheime Beichte*, die zuerst in den kleinasiatischen Klöstern des Basilius auftauchte, hat ihren Weg nach Gallien und Spanien gefunden und ist von dort nach Irland gelangt.[12]

Die Iren übernahmen auch die *Privatbuße* mit ihrer strengen Bußdisziplin,[13] ferner die rigorose *Askese* der Orientalen, die *mortificatio*, die Ablösung des Leibes und des Willens. Ein Ausfluß von Askese und Buße ist auch die für Irland charakteristische *peregrinatio*, die auf die *ξενιτεία* der Ostkirche zurückgeht.[14]

Eine besonders strenge Form der Askese, die ebenfalls aus dem Orient stammte, war die Institution der *Inclusi*, die sich aus religiösen Gründen, als „Gefangene Christi", lebenslänglich in ihrer Zelle einschließen ließen.[15]

Die religiösen Formen und Praktiken des Orients übten eine starke Anziehungskraft auf die Iren aus.[16] „Die Iren predigten das Christentum ganz im Sinne der Orientalen." [17]

---

[10] *E. Bishop*, einer der besten Kenner der Geschichte der Liturgie (vgl. *Kenney*, S. 684), Liturgica Historica, S. 161—163, 166, Anm. 1, verweist z. B. auf die Anordnung der angerufenen Heiligen in der irischen „Litany of Saints", in „which the name of the Blessed Virgin does not come first" — „the single example in the West". Dies „is the order in the normal and general liturgy of the Syrian Jacobite Church". Hier zeigt sich „the indubitale influence of Syrian ... devotion and piety on Ireland". S. auch *denselben*, Journal of Theological Studies, VIII, 1907, S. 279; *Gougaud*, S. 335; *Kenney*, S. 684; *Babcock*, a. a. O., Anm. 8; *Delius*, a. a. O., S. 70, 72.

[11] *Bishop*, Liturgica Historica, S. 161 f., s. auch *Babcock*, a. a. O.

[12] *Bishop*, a. a. O., S. 162 f.; *von Schubert*, S. 208; *Finsterwalder*, S. 211.

[13] S. unten, § 36, Anm. 9.

[14] *Delius*, S. 100. — Weiteres über das *peregrinari pro Christo* s. unten, Einleitung zu Kapitel VIII bei Anm. 1.

[15] *Ottmar Dörr*, Das Institut der Inclusen in Süddeutschland, Beiträge zur Geschichte des alten Mönchtums, Heft 18, Münster i. W., 1934, S. 24 f.; siehe auch unten, § 36, Anm. 16 und 17.

[16] *Bishop*, S. 162. — Über den Geist des irischen Christentums siehe auch *Zimmer*, a. a. O., S. 115 ff. und 129 ff.

[17] *Finsterwalder*, S. 210.

Aus dem griechischen Orient stammten auch die beiden Besonderheiten der irischen Kirche, auf die sie so großes Gewicht legte: die Berechnung des *Zeitpunktes des Osterfestes* und die Form der *Tonsur.* Sie wurden bei der Romanisierung nur zögernd aufgegeben.[18] Die Nachahmung des orientalischen Vorbildes ging bis in solche Einzelheiten wie die Übernahme des kleinen Brotlaibs der orientalischen Mönche, des *paxamatium.*[19]

Auch in der irischen *Kunst,* besonders in der *Architektur,* ist orientalischer Einfluß deutlich bemerkbar.[20] So weist z. B. die Kirche St. Fechin (Westmeath) die für Syrien eigentümliche Form des griechischen Kreuzes auf. Die für Irland charakteristischen, reich ornamentierten *Grab- und Erinnerungskreuze* finden sich bereits im 4. Jahrhundert in Armenien.[21]

II. *In diesen Rahmen gehört auch die Quote für die Seele.* Sie ist ein Glied in der Kette kirchlicher und kultureller Elemente, die Irland mit dem Orient verbinden. Ein großer Teil der orientalischen Importe kam über Gallien und Spanien.[22]

Schwerlich ist anzunehmen, daß die Iren die Seelquote unmittelbar aus Chrysostomus' Homilien übernommen haben,[23] ebensowenig wie

---

[18] *Zimmer,* S. 76, 110; *J. B. Bury,* Life of Patrick, London, 1905, S. 43; *Kenney,* S. 210 ff.; *F. M. Stenton,* Anglo-Saxon England, Oxford, 1943, S. 119; *von Schubert,* S. 266, 269, 568.

[19] *Delius,* S. 61. — Aus Ägypten stammte das Amt des *minister,* einer Art Privatsekretär des Abts, der auch die Verbindung mit dem Kloster herstellte. (*Sulpicius Severus,* ep. II, Corpus scriptorum ecclesiasticorum Latinorum, I, S. 143, vgl. *Delius,* S. 48.

[20] *J. Fendel,* Ursprung und Entwicklung der christlichen Klosteranlage, Bonn, 1927, S. 12; *Gougaud,* S. 633; *Suse Pfeilstücker,* Spätantikes und germanisches Kunstgut in früh angelsächsischer Zeit, Berlin, 1936, S. 14. Vergl. noch *Amadeo Silva Taronca,* Humanistische Tradition und östliche Geisteshaltung im Mittelalter, Innsbruck, 1947, S. 9 f. Dort ist zitiert von *demselben,* Stilgesetze des frühen Abendlandes, Mainz, 1943 (unzugänglich).

[21] *Joseph Strzygowski,* Die Baukunst der Armenier in Europa, Wien, 1918. *Delius,* S. 87 (s. auch ebenda S. 88 über die Abhängigkeit vom Osten und Ägypten). — Auch die in Kleinasien nachgewiesene Sitte, *Kirchen in Gruppen zu 7* zu bauen, findet sich in Irland (*Delius,* S. 40, 89 f. über das Auftreten der 7-Zahl auch noch in anderer Beziehung, im Osten wie in Irland). — S. auch diesen §, Anm. 46.

[22] S. die in diesem §, Anm. 8 zitierten.

[23] Dies vermutet *Koranyi,* Grundlagen des mittelalterlichen Erbrechts, S. 197, vgl. *Bruck,* Studi Riccobono, III, S. 403, Anm. 117.

die Westgoten.[24] In der Zeit, in der die Quote in Irland eindrang, war auch dort die Kenntnis des Griechischen sehr gering. Chrysostomus' schwierigem Griechisch war man noch nicht gewachsen.[25]

Eher könnte man wieder daran denken, daß die Quote aus lateinischen Übersetzungen des Chrysostomus oder etwa aus einem Florilegium übernommen worden ist. Die *Collectio Hibernensis* enthält eine Reihe von lateinischen Zitaten aus Kirchenvätern,[26] darunter von Gregor von Nazianz, aus der Kirchengeschichte des Eusebius in der Übersetzung des Rufinus, sowie eines „Johannes Metropolitanus".[27] Aber abgesehen davon, daß wir von lateinischen Übersetzungen der für die Seelquote wichtigen Chrysostomus-Homilien 64, 66 und 88 aus dieser Zeit nichts wissen,[28] fällt auch hier wieder ins Gewicht, daß wir auch nicht ein einziges Zitat aus Chrysostomus im Abendlande besitzen, das sich auf die Seelquote bezieht.[29] Insbesondere gibt die sonst so zitierfreudige Collectio Hibernensis in keiner der Stellen, die die Seelquote betreffen, Chrysostomus als Quelle an; vielmehr zitiert sie zweimal einen *Sinodus Hibernensis* (XXXII, Kap. 22 und XLI, 10), ein andermal *Sinodus* (XVIII, Kap. 1b) und in der Hauptstelle *Origines* (XXXII, Kap. 13). Auch die irisch geschriebenen Rechtsquellen, die die Quote erwähnen,[30] wissen nichts von Chrysostomus. Er ist überhaupt nirgends in der irischen Literatur zitiert.[31]

---

[24] S. oben, § 23 bei Anm. 8 bis 14.

[25] „Beyond the alphabet and some chance word and phrases, there is no evidence that Greek was studied, known or taught in the early Irish monastic schools." (*Ryan,* Irish Monasticism, London, 1931, S. 382). Vgl. *Gougaud,* S. 247 f., 308; *Mario Esposito,* The Knowledge of Greek, I (1912), S. 665 f. — Erst im 9. Jahrhundert hatten die Iren eine wirkliche Kenntnis des Griechischen erlangt. Siehe außer den vorher Zitierten: *L. Traube,* O. Roma nobilis, Abhandlungen der Philos. Klasse der Münchener Akademie, XIX, 1892, S. 354; *von Schubert,* S. 726; *Kenney,* S. 190. Vgl. auch *Fournier-Le Bras,* I, S. 72.

[26] Vgl. hierzu *Fournier,* Nouvelle Revue historique du droit français et étranger, 34, S. 79.

[27] XXXI, 7b. Welcher „Johannes" hier gemeint ist, insbesondere ob Johannes Chrysostomus in Betracht kommt, steht nicht fest. (*Wasserschleben,* S. XVIII). Das *cognomen* „Chrysostomos" wurde ihm erst lange nach seinem Tode im 6. Jahrhundert beigelegt (vgl. oben, § 5, Anm. 95).

[28] Vgl. oben, § 23, Anm. 11 und 12.

[29] Vgl. oben, § 23, Anm. 18.

[30] Vgl. oben, § 27.

[31] *Kenney,* S. 249.

Näher liegt, daß die Quote, die wie wir sahen, im südlichen Gallien und in Spanien wohl bekannt und in Geltung war, von dort nach Irland gebracht worden ist — ebenso wie Liturgie, Gebete und Privatbuße. Zwischen Irland und dem Kontinent bestanden von altersher enge Beziehungen, von denen uns trotz der Dürftigkeit der Quellen der Zeit, zahlreiche Spuren erhalten geblieben sind.[32] Schon im 5. Jahrhundert, als die römische Herrschaft in Gallien zusammenbrach, flüchteten gallische Gelehrte vor den Stürmen der Völkerwanderung nach Irland, das Jahrhunderte hindurch „wie eine Insel der Seligen" außerhalb des Kampfes und Elends blieb.[33] Erst viel später, im 9. Jahrhundert, als die Wikinger in Irland einbrachen, flohen irische Gelehrte nach dem Frankenreiche.[34] Der Weg der Gelehrten geht oft in umgekehrter Richtung als der Zug, in dem die Weltgeschichte gemacht wird.

Aber bereits Jahrhunderte vor dieser Welle irischer Einwanderer, die die Wikinger Einfälle vertrieben, hatte die *consuetudo peregrinandi* viele irische Mönche auch nach Gallien geführt.[35] Anziehungspunkte bildeten besonders die Klöster, z. B. Lérins im mittelländischen Meer. Dorthin strömten Jünger aus vielen Teilen der christlichen Welt. Aus Gallien kamen gelehrte Aristokraten, voran der Gründer des Klosters, Honoratus (410), dann Caesarius von Arles und Eucherius, ferner Salvianus, auch viele Orientalen wie Cassianus,[36] weiter Briten, wie Faustus,[37] später Bischof von Riez, und Benedict Biscop (666/668), Abt der Klöster Wearmouth und Jarrow bei York, der Lehrer Bedas.[38] Wir dürfen annehmen, daß auch mancher irische Mönch seinen Weg

---

[32] Vgl. oben, §§ 22 und 25. Siehe noch *H. Zimmer*, Über direkte Handelsverbindungen Westgalliens mit Irland im Altertum und frühen Mittelalter (Sitzungsberichte der Berliner Akademie der Wissenschaften, XIV (1909), S. 363 ff., XV (1909), S. 430 ff., XX (1909), S. 543 ff.

[33] Darüber berichtet beiläufig ein Papyrus in Leyden, das „Leyden Glossary". Vgl. *Kenney*, S. 142 f., *von Schubert*, S. 207.

[34] *Kenney*, S. 551, 593.

[35] S. unten, § 36.

[36] Vgl. oben, § 16 bei Anm. 62; ferner *Arnold*, Caesarius von Arles, S. 38, Anm. 109.

[37] Faustus „ortu Britannum", Aviti Epist. 6 (Ausg. *Peiper*, Auct. ant. 6, 2, 30), vgl. *W. Levison*, Germanus von Auxerre, Neues Archiv für ältere deutsche Geschichtskunde, 29 (1904), S. 128, Anm. 3.

[38] *von Schubert*, S. 281; *Caspar*, Geschichte des Papstum, II, Tübingen, 1933, S. 681.

nach Lérins gefunden hat,[39] ebenso wie in andere Klöster des Festlandes. Nur die berühmtesten Mitglieder von Lérins sind ja mit Namen überliefert, wobei auch die Zufälligkeiten der Überlieferung mitspielen. Jedenfalls bestanden zwischen Lérins und den irischen Klöstern mannigfache Übereinstimmungen.[40]

Über das Leben und Wirken des in England geborenen Irenapostels *St. Patrick* (gest. 461) bestehen bekanntlich mancherlei Zweifel.[41] Aber es besteht wohl Einstimmigkeit darüber, daß auch er längere Zeit in Gallien gelebt hat, möglicherweise ebenfalls in Lérins.[42]

In Lérins und anderen südfranzösischen Klöstern weilte mancher griechische Mönch.[43] Hier waren Berührungspunkte mit den Bräuchen des Ostens gegeben.

---

[39] *Kenney,* I, S. 158 f., ferner S. 191, Anm. 107, wo auf einen Brief Gregors des Großen an den Abt Conon von Lérins hingewiesen ist, in dem er „unsern Sohn Columbus, den Presbyter" empfiehlt (Epist. XI, 12, Migne, P. L., 77, Sp. 1126). Nach *Kenney* ist möglicherweise Columbanus gemeint. — S. auch *Kenney,* S. 191, über einen Brief Columbans an Pabst Gregor den Großen.

[40] *Ryan,* S. 400 f., auch S. 232.

[41] Vgl. u. a. *Bardenhewer,* IV, S. 629 ff.; *J. B. Bury,* The Life of St. Patrick, London, 1905, S. 39 f., 294 ff., 337, 342; *Zimmer,* Celtic Church, S. 44 ff.; *Kenney,* S. 168, 326 ff., 332; *Eoin MacNeill,* St. Patrick, New York, 1934, S. 38; *Ryan,* S. 60, 108 ff., 406 f.; *W. Levison,* Germanus von Auxerre, Neues Archiv für ältere deutsche Geschichtsurkunde, 29, 1904, S. 170 ff., *derselbe,* Historische Zeitschrift, 109, 1912, S. 4; *Karl Müller,* Der heilige Patrick, Nachrichten der Gesellschaft der Wissenschaften zu Göttingen, Phil. Hist. Klasse, 1930, S. 62—116; *Delius,* S. 35.

[42] In *Tirechans* Memoir (*Stokes,* Vita *Tripartita,* II, 302; vgl. *Kenney,* S. 329) heißt es von Patricks Reisen: „per Gallias atque Italiam totam atque *in insolis quae sunt in mari terreno,* ut ipse dixit in commemoratione laborum. Erat autem in una ex insolis quae dicitur aralanensis annis XXX mihi testante Ultano episcopo". — In den *Dicta Patricii* (*Stokes,* II, 301), deren Echtheit außer Zweifel steht (*Zimmer,* Celtic Church, S. 52) heißt es: „Timorem Dei habui ducem *itineris mei per Gallias atque Italiam, etiam in insolis quae sunt in Mari Terreno.*" Diese Angaben sind zwar in seiner *Confessio* nicht enthalten, aber es heißt dort (Kap. 43), er würde gern seine kirchlichen Brüder in Gallien wieder besucht haben, das er als seine geistige Heimat ansah. (Vgl. *Bury,* S. 342, *Kenney,* S. 167, *Zimmer,* S. 44.) — Auch Patricks *Epistola ad Coroticum* zeigt Bekanntschaft mit Verhältnissen in Gallien (Kap. 14). — „The biblical quotations which he (Patrick) used, are mainly old Latin, but with a mixture of Vulgate Forms: such a confusion would accord with the Gallic education in the first third of the 5th century" (*Newport J. D. White,* The writings of St. Patrick, London, 1918, S. 3; *Kenney,* S. 167). — Daß Patrick in Gallien war, nehmen u. a. an *Zimmer,* S. 44, 49 f.; *Bury,* S. 39 f., 229 f., 337, 342; *Gougaud,* S. 35 f.; *Ryan,* S. 406 f.; *MacNeill,* St. Patrick, S. 38.

[43] S. oben, § 16, V, Anm. 62 und diesen §, Anm. 31.

Bei der Besprechung des Imports der Quote in Gallien und Spanien haben wir auf die zahlreichen Syrer hingewiesen, die sich dort niedergelassen hatten. Es ist deshalb interessant, daß wir noch eine Spur finden, die allerdings nichts über die Seelquote enthält, aber doch beweist, daß irische Mönche mit Syrern in Gallien in direkte Berührung gekommen sind. In der *Vita Sancti Columbani*[44] wird berichtet: als der Heilige Columban, von Dietrich (Thierry II.) ausgewiesen, durch Orléans kam, wagte kein Einwohner aus Furcht vor dem Zorn des Königs, ihn und seine Gefährten aufzunehmen. Sie irrten durch die Straßen der Stadt, bis eine Syrerin sie aufnahm, die ihnen erzählte „daß sie fremd sei und aus den fernen Ländern des Orients käme".[45] Schwerlich war dies der einzige Fall, wo Iren mit Syrern zusammengekommen sind.

III. Neben den Verbindungen Irlands mit dem Orient, die über Gallien und Spanien führten, kommen aber auch *unmittelbare* Beziehungen zum Orient für die Übermittlung des Seelteils in Betracht. Als Vermittler konnten vor allem die *wandernden Mönche* dienen, die von je einen wichtigen Faktor bei der Übertragung verschiedenartigster Kulturgüter gebildet haben. Irische Mönche zogen nach dem Orient und Ägypten, orientalische Mönche kamen von dort nach Irland. Ein direktes Zeugnis in letzterer Hinsicht findet sich in der Martyrologie des irischen Mönchens Oengus, wo erwähnt wird, daß 7 ägyptische Mönche in Disert Vlidh in Irland lebten.[46] Im Hinblick auf die Beziehungen Irlands nicht bloß zum Orient im engeren Sinne, sondern auch zu Ägypten sei bemerkt, daß die Seelquote auch in Ägypten auftrat.[47]

IV. Es bestanden sonach verschiedene Möglichkeiten und Wege, auf denen die griechisch-orientalische Quote für Christus und die Armen — zusammen mit vielen anderen kirchlichen und kulturellen Gütern — in Irland eindringen konnte: über Gallien und Spanien und unmittelbar aus dem Orient. In der lose organisierten irischen Mönchskirche trat die Quote zunächst wohl in Brauch auf in den Bezirken

---

[44] *Vita Sancti Columbani,* auctore Jona, Kap. 41 (Migne, P. L., 87, Sp. 1035). *Bréhier,* Byzantinische Zeitschrift, XII, S. 16.

[45] „Nam et ego advena sum ex longinquo Orientis solo."

[46] *Félire Oengusso,* Ausg. Henry Bradshaw Society, XXIX, London 1905; vgl. *Delius,* S. 40, 94. — Hier begegnet auch wieder die orientalische 7-Zahl in Irland. Siehe oben in diesem §, Anm. 21.

[47] Vgl. oben, § 18, Anm. 5.

einzelner Clan-Klöster, um dann in Lokalgesetzen (*cain*'s) aufgezeichnet zu werden, die, wie wir sahen, sowohl kirchliches wie weltliches Recht regelten.[48] Sie wurde dann in den „Brehon Laws" übernommen sowie von den *Sinodi Hibernenses* bestätigt, um schließlich in der *Collectio Hibernensis* Aufnahme zu finden. Die dort gebrauchte Bezeichnung „Tertia Deo" ist schwerlich eine neue Erfindung der *Hibernensis,* dazu steht sie dem im Orient verbreiteten, auf Chrysostomus zurückgehenden Ausdruck Bruchteil „für Christus", den auch Justinian verwendet, zu nahe.[49]

Die Seelquote war wohl vereinbar mit dem Geiste der irischen Mönchskirche[50] mit ihrer starken sozialen Gesinnung, wie sie in der ausgedehnten Fürsorge für Arme, Kranke und bedürftige Reisende zutage trat — ganz im Sinne der griechischen Väter, während später in anderen Ländern das soziale Element im Seelteil zurücktrat und er sich zu einer Abgabe entwickelte, die auch für andere kirchliche Zwecke Verwendung fand.[51] Den irischen Mönchen sagte auch die Beschränkung der Gaben an die Kirche zu, die das Wesen der Quote vom Nachlaß ausmachte, im Gegensatz zur Testierfreiheit des römischen Rechts. Charakteristisch für die große Bescheidenheit der irischen Kirche war der Eindruck, den die außerordentlich ärmliche Ausstattung des Klosters Iona in Schottland hervorrief, als die irischen Mönche nach dem Konzil von Whitby zum Abzuge genötigt worden waren. Voll Staunen und Bewunderung stand die Bevölkerung vor den ärmlichen Zellen der irischen Mönche. Der tiefe Eindruck, den die irische Kirche mit ihrer Bescheidenheit und Demut auch auf die römisch gesinnten Kreise, zu denen *Beda* gehörte, hervorrief, spiegelt sich in der berühmten Schilderung Aidans, des Gründers der Kirche Columbans in Northumberland, wider.[52]

[48] S. oben, § 26, Anm. 13. — In Irland stand das ganze Volk „unter religiöser Führung" (*Delius,* S. 65).

[49] Vgl. diesen §, Anm. 2 und 8.

[50] Dazu — allerdings ohne Erwähnung des Seelteils — *von Schubert,* S. 208, 221, 601; *Zimmer,* S. 115 ff.; *Gougaud,* S. 81, Anm. 6; *Ryan,* S. 240 ff.

[51] Vgl. unten, § 33, Anm. 59.

[52] *Beda,* Hist. eccl., III, 17. Siehe hierzu *Zimmer,* S. 130 f. *Kenney,* S. 230; *Stanton,* Anglo-Saxon England, S. 119.

VIII. Kapitel

Die irische Mission und die Verbreitung der Quote im nördlichen England und in Schottland

Der Seelteil in der griechisch-syrischen Gestalt ist, wie wir sahen, in Irland importiert worden. Von dort ist er aber auch exportiert worden, und zwar durch die irischen Missionare.

Das treibende Moment für die Ausbreitung der irischen Mission war das *peregrinari pro Christo.* Gruppen von Mönchen, meistens zwölf, nach apostolischem Vorbild, zogen in die Fremde als Missionare und Klostergründer. In der Loslösung von der Heimat brachten die irischen Mönche zugleich ein asketisches Opfer *pro nomine Christi, pro aeterna patria.*[1] Dank dieser Missionare der „Scotti", wie sie auf dem Kontinent genannt wurden,[2] war Irland führend in der Christianisierung der westlichen Welt. Die irische Mission war auch von Bedeutung für die Verbreitung der Quote.

Bekanntlich ist die Überlieferung im 6. und 7. Jahrhundert dürftig, und das gilt gerade auch von der keltischen Periode.[3] Dazu kommt die Verdrängung der irischen Mission durch die römisch-angelsächsische und fränkische. Spätere Schichten haben die Überreste der irischen Mission überlagert, die zuweilen nur durch glückliche Zufälle erhalten worden sind. Zu diesen Überbleibseln gehört die Quote für die Seele.

§ 31. Northumberland

I. Eine berühmte Stelle von *Bedas* Historia ecclesiastica (V, 12) berichtet von einem Northumbrier, mit Namen Drycthelm, der am

[1] *Zimmer,* The Celtic Church, S. 67 f., 72, 91; *Finsterwalder,* Irische und angelsächsische Mission, Zeitschrift für Kirchengeschichte, 47 (1928), S. 209 f., 215; *von Schubert,* S. 209, 287, 726 f.; *Schnürer,* Kirche und Kultur im Mittelalter, I., S. 223. — Vgl. oben, § 30 bei Anm. 14.

[2] Siehe z. B. *R. Bauerreiss,* Irische Frühmissionare in Südbayern (Wissenschaftliche Festgabe zum 1200jährigen Jubiläum des Hl. Korbinian, München (1924), S. 46.

[3] *J. Cameron,* Celtic Law, S. 141 ff., 145 ff.; Bauerreiss, S. 47.; vgl. unten 32, I.

Abend verschieden und am nächsten Morgen wieder zum Leben erweckt worden sei, sodann nach längerem Gebet in der Dorfkirche „omnem, quam possederat, substantiam in tres divisit portiones, e quibus unam coniugi, alteram filiis tradidit, tertiam sibi ipse retentans statim pauperibus distribuit". Der Vorfall ereignete sich etwa gegen 700.[1] Die Stelle ist in der rechtshistorischen Literatur häufig als Nachweis des Auftretens der Seelquote im angelsächsischen Recht angeführt worden, wobei verschiedene Ansichten vertreten werden.[2]

II. Hier soll zunächst geprüft werden, ob die von Beda berichtete Vergabung einer Drittelquote einen Regelfall oder eine Ausnahme darstellt. Ein Fingerzeig ergibt sich, wenn man nicht bloß die wenigen Zeilen, die dieser Vergabung gewidmet sind, sondern die ganze Darstellung Bedas, die den „Fall Drycthelms" betrifft, im Zusammenhange liest. Bedas Darstellung[3] zerfällt in eine kurze Einleitung, in der der

---

[1] Einige Zeit vor dem Tode König Alfrids, 705. Vgl. *C. Plummer*, Commentary, II, Oxford, 1896, S. 294.

[2] *Pollock* und *Maitland*, The History of English Law before the Time of Edward, I, 2. Aufl., II, S. 314, und *W. S. Holdsworth*, A. History of English Law, 3. Aufl., 1933, S. 94, besprechen die Stelle im Hinblick auf dieselbe Teilung in drei Teile, die im Schottischen und später anglo-normannischen Recht auftreten: „wife's part", „bairn's part" und „dead man's part". „We might be wrong, however", führen *Pollock* und *Maitland* aus „in drawing any wide inference from this isolated story, the only tale of the kind that comes to us from these very ancient times." *Holdsworth* erklärt: „Though possibly, these rules were always observed, we cannot say that there is any definite connecting link in the Anglo-Saxon laws between Bedes date and the 12th century." *Brunner* (Z. Sav. St., 19, S. 123 = Abhandlungen, II, S. 296 f.) behandelt die Stelle in Verbindung mit seinen Ausführungen über den „dead man's part" und seine Entstehung aus der Grabbeigabe (s. oben, S. VI, Anm. 3). Er bemerkt: „Es könne bei dem Berichte Bedas mit der Möglichkeit keltischer Einflüsse gerechnet werden." Ferner bemerkt er: „Dagegen betrachte ich es nicht als ausgeschlossen, daß die von der irischen Kirche erhobenen Ansprüche mittelbar auf die englische Sitte eingewirkt haben, den Totenteil der Kirche zuzuwenden, wie denn überhaupt ein Einfluß des irischen Begräbnisrechts auf das englische nicht unwahrscheinlich ist" (a. a. O., S. 126 = Abhandlungen, II, S. 299). Dem widerspricht *Alfred Schultze*, Augustin und der Seelteil, S. 97: „Mit der Möglichkeit keltischer Einflüsse zu rechnen, wie Brunner will, besteht nach allem — auch der Name des Northumbriers, Drycthelm, ist offensichtlich nicht keltisch — kein Anlaß, um so weniger als ... dem irisch-keltischen Recht ein Witwendrittel unbekannt ist." *Schultze* vermutet einen angelsächsischen Rechtsbrauch. — *Koranyi* (a. a. O., S. 197) vermutet einen Einfluß des Chrysostomus auf die Angelsachsen, den er auf den Erzbischof Theodor von Canterbury zurückführt, der von Geburt Grieche war. (Siehe dagegen unten S. 212 f.).

[3] Hist. eccl., V., Kap. 12, Ausg. *Plummer*, S. 303—310.

Tod Drycthelms, seine Auferstehung, die Verfügung über sein Vermögen und sein Eintritt in das Kloster Melrose berichtet wird — in der Ausgabe Plummers nimmt das alles nur eine Seite ein. Dann folgt das Kernstück der Drycthelm-Erzählung, nämlich die eingehende Schilderung seiner „Visionen aus der anderen Welt", die in der Plummerschen Ausgabe nicht weniger als fünf Seiten füllt.[4] Den Schluß bildet die Beschreibung von Drycthelms Leben im Kloster und seines rigorosen Ascetismus (bei Plummer einundeinhalb Seiten).[5] Worauf es Beda bei der ganzen Erzählung wirklich ankommt, ist über Drycthelms „Visionen aus der anderen Welt" zu berichten. Die Frage, die den mittelalterlichen Menschen unaufhörlich beschäftigte: wie ist das Leben nach dem Tode, wird hier durch die Erlebnisse eines Augenzeugen beantwortet. Die Erzählung von Drycthelms Höllenfahrt bildet einen „branch of medieval literature, which is very extensive, and reaches its culminating point in the Divina Comedia".[6] Drycthelms Visionen wurden in der angelsächsischen Literatur auch später noch behandelt, z. B. in einer „Homily on Drycthelm in Aelfric".[7]

Daß es der Zweck von Bedas Darstellung war, Drycthelms Vision vom Jenseits darzustellen, zeigt auch deutlich der Anfang der Einleitung[8] sowie der Anfang der eigentlichen Erzählung über die Visionen.[9] Die Verfügung über die drei Teile des Vermögens war für Beda ein nebensächlicher Umstand, der überhaupt nur der wunderbaren Auferstehung Drycthelms und seinen Erlebnissen im Jenseits seine beiläufige Erwähnung verdankt.[10] Man kann also nicht sagen, daß über

[4] Ebenda, S. 304—309.

[5] S. 309—310.

[6] *Plummers* Kommentar, S. 294. — Beda, V, 12 zitiert sogar wörtlich Aenaeas' Fahrt in die Unterwelt: „sola sub nocte per umbras" (Aeneis, VI, 268), vgl. *Plummer*, S. 305. Siehe etwa noch *Ganschinietz*, Art. „Höllenfahrt" in Realenzyklopädie des klassischen Altertums, neuerdings *Howard Rollin Patch*, The other World, according to descriptions in Medieval Literature, Smith College Studies in Modern Languages, Cambridge, Mass., 1953.

[7] Ausg. *Thorpe*, II, S. 348 ff., *Plummer*, S. 295.

[8] Die Darstellung beginnt mit den Worten (Beda, V, 12): „His temporibus *miraculum memorabile et antiquorum simile* in Brittania factum est. Namque ad excitationem viventium de morte animae, quidam aliquandiu mortuus ad vitam resurrexit corporis, et multa memoratur digna, quae viderat, narravit; e quibus hic aliqua breviter perstringenda esse paravi."

[9] „Narrabat autem hoc modo, quod viderat", woran sich dann die lange Darstellung der Visionen anschließt.

[10] Es ist bezeichnend, daß auch *Plummers* eingehender Kommentar zu der Er-

die Dreiteilung, und insbesondere das Seeldrittel gerade deshalb berichtet wurde, weil es sich um einen Ausnahmefall handelte. Vielmehr spricht die beiläufige Erwähnung dafür, daß hier über etwas Normales berichtet wird.

III. Vergegenwärtigen wir uns das Milieu, in dem das Seeldrittel des Northumbriers Drycthelm auftritt. Es war *irisch* beeinflußt. Auf Irland ging die Bekehrung Northumbrias zurück. Etwa 563 hatte Columba der Ältere sein berühmtes Kloster auf der kleinen Insel Iona (Hi) im Nordwesten Schottlands gegründet. Von dort aus war Northumbria christianisiert worden. König Oswald von Northumbria, der in Iona erzogen worden war, berief von dort 634 Aidan, der die iro-schottische Missionskirche organisierte.[11] Obwohl „Beda offensichtlich ein Anhänger ... der römischen Ordnung ist", die die irische Mission verdrängte, steht er noch unter dem starken Eindruck dieses milden und großen Apostels von Northumberland.[12] Nach König Oswalds Tode (647) unterstützte sein Bruder Oswin das Missionswerk der Iren.[13] Von Iona aus waren zahlreiche Klöster, unter anderen Lindisfarne, Jarrow und Melrose gegründet worden. Von Lindisfarne aus wurde die Kirche Northumbrias geleitet.[14] Dreißig Jahre hindurch herrschte das Christentum in der irischen Gestalt in Northumberland.[15] „Das gesamte nördliche England unterstand in kirchlicher Beziehung dieser großen Kirche."[16] Der Abt von Iona gehörte zu den Äbten, die sich laut Papst Johanns IV. Brief der Romanisierung widersetzt hatten. Beda lebte als Mönch in Jarrow.[17] Es ist bezeichnend, daß Drycthelm in das Kloster Melrose, Aidans Gründung, eintrat, nachdem er nach irischer Art über ein Drittel seines Vermögens zugunsten der Armen verfügt hatte.

Wohin die Iren kamen, brachten sie die bekannten Eigentümlichkeiten ihres Kirchentums mit, u. a. die alte Festsetzung des Oster-

zählung Drycthelms (II, S. 294—298) nur die Visionen und das asketische Leben Drycthelms behandelt, aber *auf die Verteilung seines Vermögens mit keinem Worte eingeht.*

[11] *E. Caspar,* Geschichte des Papsttums, II, 1933, S. 677, *Zimmer,* S. 75 f.

[12] *Beda,* III, 5, 14, 23, 25. Vgl. *Gougaud,* S. 138 und oben, § 30, am Ende.

[13] *von Schubert,* S. 267; *Gougaud,* S. 137.

[14] *Beda,* III, 24. Vgl. *Finsterwalder,* S. 209; *von Schubert,* S. 267, 275; *Gougaud,* S. 133 ff.

[15] *Zimmer,* S. 73 ff.; *von Schubert.* S. 267. Vgl. *Kenney,* S. 423.

[16] *Stenton,* S. 86, 118.

[17] *Beda,* II, 19. Siehe *Zimmer,* S. 79.

festes[18] und die irische Tonsur. In diesen Zusammenhang gehört auch die Seelquote. Sie war, wie wir gesehen haben, eine Einrichtung des einheimischen irischen Rechts.[19] Die irischen Mönche haben sie auch nach Northumbria mitgebracht.

IV. Die Vergabung Drycthelms ist allerdings erst gegen 700 erfolgt, d. h. also etwa dreißig Jahre nach der Synode von Whitby (663), in der Northumbria sich von der irischen Kirche gelöst hatte. Dadurch wird aber der irische Einfluß auf Drycthelms Vergabung nicht ausgeschlossen. Die keltische Kirche hatte tiefe und dauernde Spuren hinterlassen.[20] Iren waren auch in Northumberland geblieben. So lebte z. B. nach Drycthelms Eintritt in das Kloster Melrose in der Nachbarschaft seiner *cella* ein irischer Mönch namens Haemgils.[21] Die starke Verbreitung der Quote gerade im Erzbistum York in späterer Zeit[22] deutet ebenfalls auf eine Nachwirkung des irischen Einflusses hin.

Der von Beda berichtete Fall in Northumberland wird auch durch das Auftreten der irischen Drittelquote in anderen Gebieten beleuchtet, in denen die Iren missioniert haben, z. B. in Bayern, wo die kirchlichen Verhältnisse vor der Verdrängung der Iren mit der Lage in Northumberland vollkommen übereinstimmten.[23] Zieht man den einheitlichen Charakter der irischen Mission in Betracht, so ergibt sich ebenfalls, daß es sich bei dem Fall in Northumberland um keine vereinzelte Erscheinung handelt.[24]

---

[18] *Beda*, III, 4 (mit Bezug auf das führende Kloster Iona): „in tempore quidem summae festivitatis dubios circulos sequentes ... Permansit autem huiusmodi observantia paschalis apud eos tempore non pauco hoc est, usque ad annum Dominicae incarnationis septingentesimum decimum quintum, per annos centum quinquaginta."

[19] Vgl. oben, §§ 27 und 29.

[20] „As a body the Irish missionaries were defeated and expelled, though their influence exercised through the presence of individual priests and teachers ... continued long after the conference of Whitby." So *Stenton*, Anglo-Saxon England, Oxford, 1943, S. 121 f., 125 f., 129; *I. A. Duke*, The Columban Church, S. 101—106 (zit. bei *Stanton*, S. 125, Anm. 1); *von Schubert*, S. 268, 270; *Kenney*, S. 224, 234; *Caspar*, II, S. 677.

[21] Von Haemgils erfuhr Beda die Geschichte von Drycthelms Höllenfahrt, einschließlich der Vergabung der Drittelquote. Später kehrte Haemgils nach Irland zurück (*Beda*, V, 12).

[22] Das Erzbistum York wurde erst 735 endgültig errichtet (*Stenton*, S. 108, 113, 145). Es besaß eine gewisse Unabhängigkeit bis zur normannischen Eroberung (*Heinrich Böhmer*, Kirche und Staat in England, 1899).

[23] S. unten, § 35, I.

[24] Auf der Grundlage von Bedas Bericht läßt sich die Frage nicht beantworten,

§ 32. Schottland

I. Schottland hatte seit langem unter irischem Einfluß gestanden. Bekanntlich verdankt es sogar seinen Namen irischen Einwanderern, den *„Scotti"*, wie das irische Volk vom 5. bis zum 11. Jahrhundert auf lateinisch genannt zu werden pflegte.[1] Ebenso wie Northumbria war Schottland irisches Missionsgebiet. Die Mission des Pictenlandes war ebenfalls von Iona ausgegangen.[2] Im Norden erreichte sie noch im 6. Jahrhundert die Orkneys und später die Shetland-Inseln.[3] Auch in Schottland entstanden zahlreiche irische Klöster,[4] aber Iona blieb der Mittelpunkt des religiösen Einflusses der Iren. Im Unterschiede zur irischen Heimat hatte die schottische Kirche eine etwas straffere Organisation. Der Abt von Iona war *de facto* der Metropolit Schottlands.[5]

Rund 70 Jahre bevor Aidan die Mission Northumbrias durchführte, hatte Columba mit der Mission der Picten begonnen, und das Kloster Iona verlor seinen Einfluß in Schottland erst 717, also rund fünfzig Jahre nachdem das Konzil von Whitby Northumbria von der irischen Kirche gelöst hatte.[6] Noch im Jahre 850 brachte Kenneth McAlpin, der König des vereinigten nördlichen und südlichen Schottlands, Columbas Reliquien von Iona nach Dunkeld, wo er ein Bistum begründete. Schottland war dem iro-keltischen Einfluß also länger und stärker ausgesetzt als Northumbria. Zieht man ferner in Betracht, daß

---

ob die Worte „omnen quam possederat substantiam", worüber Drycthelm verfügte, nur die Mobilien oder auch Land betrafen (für ersteres: *Liebermann*, Gesetze der Angelsachsen II, S. 367, Art. „Eheliches Güterrecht und *A. Schultze*, Augustin, S. 94). Es handelt sich um keine juristische Urkunde, vielmehr, wie im Text ausgeführt, nur um eine beiläufige Bemerkung. In den älteren irischen Rechtsquellen wird nur die Vergabung beweglicher Sachen an die Kirche gestattet (s. oben, § 27, II), nach den späteren (Coll. Hibernensis, XXXII, c. 13, s. oben, § 28, II, 1) darf auch über Land verfügt werden, in dem Sonderfall des „infirmus" aber nur über die „mobilis substantia" (§ 28, IV). Im Gebiet der irischen Mission auf dem Kontinent begegnet auch die Übertragung eines Drittels vom Land (unten, §§ 35 und 36).

[1] S. oben, Einleitung zu Kap. VIII, Anm. 2.

[2] *Kenney*, S. 224.

[3] *von Schubert*, S. 210.

[4] *Beda*, III, 3, s. *von Schubert*, S. 310.

[5] *Beda*, III, 3 und 4. Vgl. *Kenney*, S. 423, Anm. 177; *Gougaud*, S. 133; *von Schubert*, S. 210; *W. Levison*, Die Iren und die fränkische Kirche, Historische Zeitschrift, 109 (1912), S. 13.

[6] *Kenney*, S. 224, 423; *Zimmer*, S. 75, 224.

die Drittelquote für die Armen und die Kirche (der „dead man's part") — neben den Dritteln für die Frau („wife's part") und die Kinder („bairn's part") — sich in Schottland, wenn auch in veränderter Gestalt, bis in die Gegenwart erhalten hat,[7] so ist es sehr wahrscheinlich, daß auch die schottische Quote auf iro-keltischen Einfluß zurückgeht.

Allerdings fehlen quellenmäßige Beweise, die bis in die keltische Periode zurückgehen. Bekanntlich sind die Überbleibsel aus dieser Zeit sehr dürftig, und was insbesondere die schottische Rechtsgeschichte anlangt, so leidet sie bis etwa zum 13. Jahrhundert an Quellenmangel.[8] Aber wenn wir in Betracht ziehen, daß noch zur Zeit der Könige Edwin und Oswald nur ein geringer Unterschied zwischen den christlichen Schotten und ihren Nachbarn im Süden und Westen bestand, daß Oswin und seine Nachfolger viel Picten-Gebiet mit Northumberland vereinigten,[9] daß die irische Mission nicht zwischen Picten und Angelsachsen unterschied und daß sie Northumberland und Schottland als eine Einheit ansah, dann dürfen wir den Fall Drycthelms auch für Schottland verwerten. Drycthelm lebte in Incuneningum (Cunningham) „gerade gegenüber der schottischen Grenze".[10]

Eine schriftliche Spur der Quote findet sich erst in den *Laws of the Four Burghs,* der ältesten bekannten Sammlung des schottischen Rechts.[11] In den *Laws of the Four Burghs* wird allerdings nicht vom eigenen Drittel des Erblassers (*dead's part*) und dem Drittel der Witwe gesprochen, sondern nur vom Anteil der Kinder in Höhe eines Drittels.[12] Der Grund hierfür liegt darin, daß die Stelle nur das Recht

---

[7] Siehe unten bei Anm. 16.

[8] *Cameron,* S. 143 ff., 155 ff.

[9] *Stenton,* S. 87.

[10] *Beda,* V, 12 (am Anfang). Vgl. *J. E. Kings* Ausgabe von Beda, Loeb Classical Library, II, S. 253, Anm. 3.

[11] *Cameron,* S. 147. Das Manuskript, in dem diese alten „laws" enthalten sind, datiert allerdings erst von etwa 1270 (*Mary Bateson,* Borough Customs, Veröffentlichung der Selden Society, XVIII, I, S. 1, vgl. II, S. 136). Die „Four Burghs" waren Edinburgh, Sterling, Roxburgh und Berwick, aber „these laws were, apparently, not the laws of these particular burghs alone". (*J. Dove Wilson,* Juridical Review, VIII, S. 225; zitiert von *Cameron,* S. 147, Anm. 5.)

[12] *Leges Quatuor Burgorum,* Kap. 115: „Consuetudo est in omnibus burgis Scocie a tempore de quo non exstat memoria in contrarium quod si aliquis burgensis liberos procreaverit de uxore sua legitima et ipse decedat, *tertia pars omnium bonorum debetur filiis et filiabus ipsorum.* Legitimus autem filius primogenitus et heres ejusdem viri et uxoris habebit eandem porcionem bonorum quam

des *filius primogenitus et heres* behandelt, der an dem Drittel der Kinder („bairn's part") in gleicher Weise wie die übrigen Kinder beteiligt ist. Die *Leges Quatuor Burgorum* bezeichnen diese Regel als „das Gewohnheitsrecht in allen *burghs* von Schottland seit unvordenklichen Zeiten".

Die Dreiteilung: *dead's part, wife's part* und *bairn's part* findet sich auch in der *Regiam Maiestatem,* einem um 1230 entstandenen Compendium für Juristen, der schottischen Fassung von Glanvills Tractat.[13] Regiam Maiestatem enthält auch früh-schottisches Recht,[14] aber die Stelle entspricht auch Glanvill, VII, 5. also auch Anglo-Normannischem Recht, dem das Drittel für die Seele gleichfalls bekannt war.[15]

Das konservative schottische Recht hat am „Dead's part" bis in die Gegenwart zähe festgehalten, wenn auch in veränderter Gestalt. „Dead's part" ist noch heut „die technische Bezeichnung desjenigen Teils des beweglichen Vermögens einer Person, über den durch Testament verfügt werden darf",[16] aber er braucht nicht mehr zum Heile der Seele verwandt zu werden. Dabei werden drei Fälle unterschieden: 1. Im Falle des unverheiratet und kinderlos verstorbenen Erblassers erstreckt sich der „dead's part" auf das *ganze* Mobiliarvermögen. 2. Wenn der Erblasser seine Frau oder Nachkommenschaft hinterläßt, beträgt der „dead's part" die *Hälfte* des Mobiliarvermögens, die andere Hälfte ist das „ius relictae" oder „relicti" der Frau oder der

---

et filii alii, videlicet equalem cum aliis liberis, nisi ipse primogenitus fuerit forisfamiliatus."

[13] *Regiam Maiestatem,* II, Kap. 37 (Ausgabe von Lord Cooper, Edinburgh, Stair Society, 1937, S. 148): „Cum quis in infirmitate positus testamentum facere voluerit, si debitis non fuerit involutus, omnes res ejus mobiles in tres partes dividentur aequales, quarum una debetur heredi, secunda uxori, tertia reservetur testatori. De qua tertia parte testator liberam habebit disponendi facultatem. Verum si sine uxore decesserit, medietas sibi reservetur. De hereditate (immobilium) vero in ultima voluntate nihil potest disponere, ut predictum est. (Literatur zu der Stelle bei *Lord Cooper,* a. a. O.)

[14] „A substantial measure of native law and custom" (*Lord Cooper,* a. a. O., Introduction, S. 43). Über die frühen Gesetze der Breten and Schotten, siehe u. a. *T. P. Ellis,* Welsh Tribal Law and Custom, Stair Society, 1926, I, S. 333; *Lord Cooper,* S. 22 f.

[15] Siehe aber unten, § 40, IV über die Umstände, die für einen Zusammenhang des *normannischen* Rechts mit dem irischen sprechen.

[16] Encyclopaedia of the Laws Scotland, XV, 1933, S. 622, Nr. 1325. — Vgl. *Pollock* und *Maitland,* II, S. 348; *Holdsworth,* III, S. 550; *Plucknett,* S. 670 ff.; *Gloag and Henderson,* Introduction to the Law of Scotland.

legitimen Nachkommenschaft. 3. Hinterläßt der Erblasser sowohl seine Frau als auch Nachkommenschaft, so beläuft sich der „dead's part" auf *ein Drittel,* ein weiteres Drittel gehört zum „ius relictae" oder „relicti" der Frau und das letzte Drittel verbleibt den Nachkommen. Der „Married Women's Property Act" von 1881 (44 & 45 Vict., c. 21, s. 6) hat diese Rechte auch auf Frauen ausgedehnt.

§ 33. „Soulsceatte" und angelsächsische Kirche im südlichen England

I. Im südlichen England ist die Drittelquote für die Seele — zusammen mit den Dritteln für Frau und Kinder — erst bei Glanvill (bald nach 1187) nachweisbar.[1] Aber da der „dead man's part" in Glanvill's Zeit mit dem von Beda berichteten Fall in Northumbria übereinstimmt, ist die Frage aufgeworfen worden, ob das Drittel für den Toten nicht schon vor Glanvill allgemein im angelsächsischen Recht gegolten hat.[2]

II. Vor Glanvill wird ein Drittel im südlichen England in zwei isolierten Fällen erwähnt: a) Es erscheint im Rechte von *Wessex,* aber nicht als *„dead* man's part", sondern als ein Anteil der *Frau.* In den Gesetzen König *Ines* von Wessex (688—694)[3] wird der Fall behandelt, daß ein Mann als ertappter Dieb mit dem Tode oder der Friedlosigkeit bestraft, seine Ehe also aufgelöst wird.[4] Dann kann die Ehefrau, falls sie nachweist, daß sie von dem Gestohlenen nichts erhalten hat, „ihren dritten Heller" (*driddan sceat*) oder gemäß einer anderen Handschrift „ihren dritten Teil der Fahrnis" (*hire daene driddan dael daere aehta*) erhalten. Der Frau fällt also in diesem Falle der Auflösung der Ehe der dritte Teil des Mobiliarvermögens zu. Ähnlich heißt es in den *Leges Henrici Primi* (von 1114—1118), c. 70, 22, daß

---

[1] Siehe unten, § 40, IV.

[2] Unentschieden *Pollock* und *Maitland,* II, S. 349; *Holdsworth,* II, 3. Aufl., S. 94. Ähnlich *A. Schultze,* S. 97. Siehe auch *McKechnie,* Magna Charta, 2, 1914, S. 323. Andererseits sagt *Brunner,* Z. Sav. St., germ. Abt., 19, S. 123 (= Abhandlungen, II, S. 296): „Zwischen Beda und Glanvill liegen mehr als vierhundert Jahre. Die erhaltenen angelsächsischen Testamente lassen jedes Verbindungsglied vermissen."

[3] *Liebermann,* Gesetze der Angelsachsen, III, S. 65, Anm. 15; vgl. *Brunner,* a. a. O., S. 123 (= Abhandlungen, II, S. 96, Anm. 3); *Schultze,* S. 96.

[4] *Liebermann,* ebenda, Glossar, S. 366 (v. „Ehefrau").

die Frau *terciam partem de omni collaboracione sua* erhalten solle.[5] Die *Leges Henrici* sind eine Privatarbeit.[6] Der Verfasser hat sein Buch aus verschiedenen Quellen zusammengestellt, besonders aber aus dem Rechte von Wessex.[7] Dazu paßt, daß wir hier ebenso wie bei Ine c. 57 das Drittel der Frau, das in Wessex galt, wiederfinden.[8]

Denkbar wäre, daß das Drittel der Frau in diesem Sonderfall auf einer Eigentümlichkeit des Eherechts von Wessex beruht, daß es also mit dem Seeldrittel nichts zu tun hat. Man hat aber auch vermutet, daß dieser „wife's part" das Komplement zu einem Seeldrittel bilden könnte.[9] Entfiel ein Drittel auf die Seele (d. h. für die Kirche), so lag es nahe, der Witwe ebenfalls ein Drittel zuzuwenden.[10] In diesem Falle wäre die Regelung dieselbe wie in Northumberland in dem von Beda mitgeteilten Falle, ferner in Schottland.[11] Ines Recht in Wessex begünstigte Gaben für das Seelenheil. Von der Fürsorge „für unsere Seelen" heißt es im Prolog zu Ines Gesetz, daß sie „für unseres Reiches Sicherheit" von Nutzen sei.[12] Aber ein Maß für diese Gaben wird nicht erwähnt.

---

[5] Die Stelle lautet im Zusammenhange (*Liebermann,* I, S. 590): „Si sponsa virum suum supervixerit, dotem et maritacionem suam cartarum instrumentis vel testium exhibicionibus ei traditam perpetualiter habeat et morgangifam suam et terciam partem de omni collaboracione sua preter vestes et lectum suum "

[6] Der Verfasser war seiner Aufgabe nicht gewachsen, „to state the law of England" (*Pollock* und *Maitland,* I, S. 991; *Holdsworth,* II, S. 153; *Liebermann,* III, S. 313, Anm. 7—9).

[7] Vgl. Leges Henrici, LXXI, 1; LXXX, 5. (Siehe *Holdsworth,* II, S. 153.) *Liebermann,* III, S. 313, Anm. 6: „Der Verfasser schrieb offenbar in Wessex."

[8] Die Worte „de omni collaboracione" hinter „terciam partem" könnten auch eine Interpolation des Verfassers sein (*Holdsworth,* II, S. 152). Aber das Verhältnis des Verfassers zum Rechte von Wessex spricht zu Gunsten einer Übernahme von dort her.

[9] In einem „Law Tract" aus dem 13. Jahrhundert, also in einer Zeit, in der die Teilung des Nachlasses in Drittel *common law* geworden war (siehe unten, § 40, IV), heißt es: „Vidua vero post mortem viri sui, secundum communem legem Angliae, petere poterit in dotem suam tertiam partem totius tenementi quod vir suus tenuit in feodo die quo ipsam desponsavit, vel unquam postea; nisi contingat ipsam de minori tenemento dotari." (*Woodbine,* Four Thirteenth Century Law Tracts, New Haven, 1910, S. 152.)

[10] Dieselben Fragen erheben sich beim fränkischen Witwendrittel (vgl. § 36).

[11] *Liebermann,* Gesetze der Angelsachen, II, S. 367, bemerkt: „Jenes Drittel der Frau (in Wessex) erscheint auch bei Beda, V, 12." Ebenso *Mary Bateson,* Borough Customs (Selden Society), II, S. XCVII. Siehe auch *A. Schultze,* S. 96; *Pollock* und *Maitland,* II, S. 427 f.

[12] *Liebermann,* III, S. 65, Nr. 17.

Sollte in Wessex neben dem Drittel für die Frau in der Tat ein Drittel für die Seele gegolten haben, so würde sich dieser Ausnahmefall einer Seelquote im südlichen England mit der hier vertretenen Ansicht wohl vereinigen lassen, daß die Drittelquote auf *irischen* Import hindeutet.[13] Zwar hatte in Wessex zuerst ein Missionar vom Kontinent — Birinus — gepredigt, aber bedeutende Mitglieder des königlichen Hauses blieben Heiden, und „es ist unwahrscheinlich, daß Birinus eine allgemeine Bekehrung des westsächsischen Volkes auch nur annähernd zustandebrachte".[14] Wessex stand ebenfalls unter dem Einfluß der irischen Mission. Es ist bezeichnend, daß bei der Taufe des ersten christlichen Königs Cynegil (um 635) König Oswald von Northumbria, der Protektor des irischen Christentums in Northumbria, Pate gestanden hatte. Es sei daran erinnert, daß er in Iona erzogen war und daß er Aidan nach Northumberland gebracht hatte.[15] In Wessex befand sich auch das berühmte Kloster Malmesbury, ein „Mittelpunkt des irischen Einflusses", das der Ire Maildubh gegründet hatte.[16]

Ines Gesetz ist allerdings erst in den Jahren 688—694 erlassen worden, also nach der Synode von Whitby v. J. 664, in der König Oswin die irische Mission preisgab und zur römischen Kirche übertrat. Wessex folgte etwas später. Aber der Übertritt zum römischen Katholizismus bedeutete auch hier noch nicht, daß der irische Brauch sofort mit Stumpf und Stiel ausgerottet wurde. Ines Gesetze enthielten viel alten Brauch und Gewohnheitsrecht.[17] In Wessex standen die anspruchslosen irischen Missionare noch lange in hoher Achtung — im Gegensatze zu manchen Klerikern, die ihnen folgten, z. B. Bischof Vini, der später aus Wessex vertrieben wurde und sich das Bistum von London kaufte, „das erste Beispiel von Simonie in England ... im Momente des Abzugs der Iren".[18]

Wir fassen das Ergebnis dahin zusammen: sollte in Wessex neben dem Drittel der Frau wirklich ein Seeldrittel existiert haben, so würde diese Ausnahme vom unbeschränkten „Seelschatz", wie er sonst im

[13] Oben, S. 197.

[14] *Stenton*, S. 118.

[15] Beda, III, 3, 5 f., 9—13, 15—17. Vgl. *Stenton*, S. 117 f., *von Schubert*, S. 267, 300.

[16] *Stenton*, S. 89, 125.

[17] *Stenton*, S. 71.

[18] *von Schubert*, S. 269. — Vgl. oben, § 30, am Ende.

südlichen England galt, sich als ein Überbleibsel aus der Zeit der irischen Mission erklären lassen.

b) Ein Drittel wird im südlichen England in angelsächsischer Zeit zum zweitenmal in der Einleitung zu einer Liste von Reliquien aufgeführt, die König Athelstan dem Kloster Exeter im Jahre 932 schenkte.[19] Hier handelt es sich jedoch nicht um ein Drittel vom gesamten Eigentum oder auch nur vom Mobiliarvermögen, vielmehr um die Feststellung, daß gewisse einzelne Gegenstände, die der König schenkte, ein Drittel der von ihm gesammelten Reliquien ausmachten.

Die Liste der Reliquien, in der das Drittel erwähnt ist, befindet sich „am Anfange eines Evangelariums, die (Bischof) Leofrid (1050—1072) der Kathedrale von Exeter gegeben hat ... jetzt in der Bodleian Library befindlich".[20] Es ist keine Urkunde, die auf Athelstan selbst zurückgeht. Die Stelle lautet in der lateinischen Übersetzung des angelsächsischen Textes bei *Dugdale,* Monasticon Anglicanum, II, S. 59: „Item (King Athelstan) *tertiam praedictarum reliquiarum partem* illuc referri fecit, in aeternam animae suae redemptionem". Dann werden die Reliquien aufgezählt.

König Athelstan hat „a unique record among monarchs as a collector of relics". Er schenkte eine große Zahl an verschiedene Kirchen und Klöster. *J. Armitage Robinson,* der diese Reliquien-Schenkungen eingehend untersucht hat,[21] bezweifelt aufs Stärkste, daß die Vergabungen an Exeter sich auf ein Drittel beliefen. Überdies ist eine andere Liste dieser Reliquien im „Missal of Leofrid" selbst enthalten.[22] Dort ist das Drittel *nicht* erwähnt. Statt dessen wird in der Einleitung zu dem Missale gesagt: „Haec sunt nomina sanctarum reliquiarum quae habentur in Exoniensi monastaerio ... quarum *maximam partem* ... rex Athelstanus ... illuc dedit."[23]

---

[19] *Birch,* Cartularium Saxonicum, II, S. 369, Nr. 693. *Max Foerster* hat hierauf in einer Mitteilung aufmerksam gemacht, die *A. Schultze,* Atti del Congresso internazionale di diritto Romano, Bologna, I, Pavia, 1934, S. 214, veröffentlicht hat.

[20] *F. E. Warren,* in der „Introduction" zu seinem Buch „The Leofric Missal", Oxford, 1883, S. LXI f. — Dieses *Evangelarium* ist von dem *„Leofric Missal"* selbst zu unterscheiden. Das letztere enthält eine abweichende Feststellung über den Umfang der Reliquien (s. die folgenden Anm.).

[21] *J. Armitage Robinson,* The Times of Saint Dunstan, Oxford, 1923, S. 72 ff.

[22] *Warren,* a. a. O., S. XXV, LXI f.

[23] *Warrens* Ausgabe, S. 3.

Unter diesen Umständen kann es nicht als erwiesen angesehen werden, daß Athelstan wirklich ein Drittel seiner Reliquien dem Kloster in Exeter geschenkt hat.[24]

III. Es ist von Bedeutung, daß in den angelsächsischen *Königgesetzen*, selbst in den Verordnungen König Athelstans, die Vergabungen an die Kirche betreffen,[25] sich keine Erwähnung des Drittels befindet. Das Gleiche gilt für die *angelsächsischen Testamente*, die in verhältnismäßig großer Zahl erhalten sind.[26] Statt dessen werden indi-

[24] Wenn die Erwähnung des Drittels aber wirklich auf König Athelstan selbst zurückgehen sollte, dann wäre zu berücksichtigen, daß Athelstan in Beziehungen zu Wessex und Northumberland stand, d. h. gerade zu den Teilen des angelsächsischen England, das unter dem Einfluß der irischen Mission gestanden hatte. Er war im Hause seiner Tante Aethelflaed, der „Lady of the Mercians", der Witwe ihres Ealderman Aethelred, erzogen worden, und er stand auf vertrautem Fuße mit dem Adel von Mercia. Das *Anglo-Saxon Chronicle* (herausgegeben von *Plummer,* II, S. 32) erwähnt besonders, daß er von den „Mercians" erwählt worden war (p. 25), deren eigener nationaler „gemôt" damals noch existierte. In früheren Zeiten war Mercia ebenso wie Wessex eine Enklave der *irischen Mission* gewesen, von der es das Christentum erhalten hatte (siehe unten, § 40 bei Anm. 51—53). Dort konnte sich der Brauch des Seeldrittels erhalten haben, nachdem die Mönche verdrängt worden waren — in derselben Weise, wie es später auch anderwärts vorkam (s. oben, § 31, IV und unten, § 35, V). Dazu kam, daß Athelstan Wessex und Northumberland beherrschte. Das letztere hatte er bei Beginn seiner Regierung erobert (927). Es ist bemerkenswert, daß Athelstan gerade keltische Kirchen reich bedacht hat. Er wurde in Malmesbury begraben (*G. Chr. B. A[llen]* im „Dictionary of National Biography", Art. Athelstan, I, S. 687; *Armitage Robinson,* a. a. O., S. 78 ff.). — Ich bin Professor *Helen M. Cam* für Literaturnachweise betreffend König Athelstan zu besonderem Danke verpflichtet.

Wenn die Erwähnung des Drittels auf Bischof Leofric, den Schenker des *Evangelarium* zurückgehen sollte, dann wäre zu berücksichtigen, daß *Florence of Worcester* (Flor. Wig. 1046) Leofric als „Britonicus" bezeichnet. „Britonicus" kann nur bedeuten, daß er auf keltischem Boden geboren oder daß er wenigstens von einer Seite seiner Familie keltischer Abstammung war. Sein angelsächsischer Name „Leofric" kann anglisiert sein (*Warren,* a. a. O., Introduction, S. XIX). Er war „a foreigner, at least in education and habits" (*Warren,* S. XXI); in seinem Empfinden war er nicht englisch (*Edward A. Freeman,* Norman Conquest of England, II, 1868, S. 83). — Es sei auch erwähnt, daß *Corbinian,* der Bischof von Freising, der Ire war, in der *Vita Corbiniani* in ähnlicher Weise als „episcopus Brittanorum origine ortus" bezeichnet wird (s. unten, § 35, I). — Ferner wird im Kommentar von Innocenz, IV, zu den Decretalen erwähnt, daß „in Britannia" der dritte Teil des Nachlasses an die Armen fällt. In den Registern von Innocenz IV. bezeichnet „Britannia" die Bretagne (*Rietschel,* Z. Sav. St., germ. Abt., 32, 1911, S. 308). Die Bretagne gehörte ethnisch zum keltischen Gebiet.

[25] Siehe unten, Anm. 28.

[26] Siehe die neueren Sammlungen von *Fl. El. Harmer,* Select English Historical

viduell bestimmte Gegenstände, meist Land,[27] Geld, Juwelen und andere Wertgegenstände Kirchen und Klöstern hinterlassen.[28]

Entsprechend dem mittelalterlichen Brauch sorgten auch die angelsächsischen Testamente in großem Umfange für das Seelenheil. Sie tun es, indem ein „Schatz für die Seele", der *sawol-sceatt* (*soulsceatt*), bestellt wird.[29] Bedeutung und Bestellung dieses „Schatzes für die

---

Documents of the Ninth and Tenth Centuries, 1914, Nr. II, X, XI, XX, XXI und besonders *Dorothy Whitelock*, Anglo-Saxon Wills (Cambridge Studies in English Legal History, herausgegeben von *H. D. Hazeltine*, Cambridge 1930), und die Besprechung des letzteren Buches von *Herbert Meyer*, Z. Sav. St., germ. Abt. 51, 1931, S. 695—699; siehe ferner *The Crawford Collection*, herausgegeben von *A. S. Napier* und *W. H. Stevenson*, Oxford, 1895, Nr. 9 und 10; *Thorpe*, Diplomatarium Anglicum, 1865, S. 457 ff.

[27] Frei über Grundbesitz zum Seelenheil zu verfügen, wurde im Interesse der Kirche durch die Institution des *bocland* (im Gegensatz zum *folcland*) ermöglicht. Siehe *Jacob Braude*, Die Familiengemeinschaften der Angelsachsen, Leipzig, 1932, S. 20 ff., 95. Übereinstimmend *A. Schultze*, Atti, S. 214 f. und *Wohlhaupter*, Kritische Vierteljahrschrift zur Gesetzgebung und Rechtswissenschaft, München, XX, VII, 1935, S. 28. Vgl. *Holdsworth*, II, 3. Aufl., S. 24, 95; *Vinogradoff*, Collected Papers, I, S. 184.

[28] Vermächtnisse dieser Art begegnen immer wieder in angelsächsischen Testamenten, z. B. in den Testamenten von Aelfsige (955—958, *Whitelock*, Nr. IV); der Witwe (möglicherweise Laien-Äbtissin, *Whitelock*, S. 108) Wynflaed (etwa 950, *Whitelock*, Nr. III); des Ealderman Aethelmaer (zwischen 971 und 983, *Whitelock*, Nr. X); des Aelfhelm (nach 975 — vor 1016, *Whitelock*, Nr. XIII); der Witwe Wulfgyth (1046, *Whitelock*, Nr. XXXII); und der Witwe Wulfwarn (984—1016, *Whitelock*, Nr. XXI). — Die angelsächsischen Testamente waren noch keine echten Testamente. Gleich anderen Völkern auf früher Entwicklungsstufe kannten die Angelsachsen noch keine Testamente im Sinne des römischen und modernen Rechts, d. h. *einseitige* Rechtsgeschäfte. Statt dessen verfügten die Angelsachsen über ihr Vermögen durch *Vertrag* („post obit gifts") (vgl. *Hazeltine*'s „Introduction" zu *Whitelock*, a. a. O. und *Herbert Meyer*, S. 697 f.). Manchmal bestätigten die Testamente Vereinbarungen über das Vermögen, die früher abgeschlossen worden waren. Hier handelt es sich um einen Übergang zwischen Vertrag und einseitigem Testament. So zum Beispiel im Testament des Aethling Aethelstan (*Whitelock*, Nr. X, 111 ff.): „In the name of the Almighty God, I, Aethelstan ... declare in this document how I *have* granted my estates and my possessions to the glory of God and the redemption of my soul and my father, King Ethelred, from whom I acquired the property." In gleicher Weise ebenda, Nr. XXX, XXXI, XXXV, Z. 6. — Über analoge Bestätigungen vorher abgeschlossener Verträge im frühen griechischen Recht, siehe *E. F. Bruck*, Die Schenkung auf den Todesfall im griechischen Recht, Breslau, 1909, S. 122—137.

[29] Das Wort *sceatt* bedeutet ursprünglich „Geld", „Fahrhabe" (*Liebermann*, Gesetze der Angelsachsen, II, Wörterbuch, 1906, S. 189 v. „sceatt").

Seele“ haben sich im Laufe der Zeit geändert. Ursprünglich wurde der *soulsceatt* freiwillig bestellt. Später wird er zu einer vorgeschriebenen Abgabe an die Kirche. In dieser Bedeutung wird er häufig „soul*scott*“ genannt.[30] Daneben bleibt er aber auch als freiwillige Gabe an die Kirche bestehen. Im 11. Jahrhundert bezeichnet *soulsceatt* in der Regel *alle* Zuwendungen, die Kirchen und Klöstern für das Seelenheil hinterlassen werden.[31] Doch begegnen auch Testamente, in denen nur einige dieser Gaben *soulsceatt* genannt werden, während bei anderen Zuwendungen an die Kirche in demselben Testament diese Bezeichnung fehlt.[32] Ein fester Sprachgebrauch besteht also nicht. Es handelt sich um ein Wort der kirchlichen und der Volkssprache, nicht um eine scharf umrissene rechtliche Bezeichnung.

Der Wert der Vermächtnisse für die Kirche im Verhältnisse zum sonstigen Nachlaß kann nur ungefähr geschätzt werden, aber es läßt sich doch erkennen, daß sie den dritten Teil des Nachlasses in der Regel erheblich überstiegen haben. Kirchen und Klöstern wurden be-

---

[30] *Liebermann,* II, S. 191 v. *scott* (= Seelenschoß). So heißt es in König Aethelstans ordinances (I Aethelstan, c. 4) „... that the churches receive their ploug — alms, cyric-sceatt, and *sawol-sceatt.*“ (*Stenton,* Anglo-Saxon England, S. 152 f.). In angelsächsischen Testamenten wird das Wort *soulceatt* manchmal in einem mehr begrenzten Sinn als Preis für ein Begräbnis benutzt (*Paul Haensel,* Die mittelalterlichen Erbschaftssteuern in England, Deutsche Zeitschrift für Kirchenrecht 19, 1909, S. 382; *Whitelock,* S. 10. Vgl. auch *Hazeltine,* Vorwort zu Whitelock, S. XXVI, Anm. 2, besonders, wenn am Anfang des Testaments ein *soulsceatt* für ein bestimmtes Kloster oder Kirche hinterlassen wird, z. B. im Testament des Aethelwold (nach 987, *Whitelock,* Nr. XII). — Die angelsächsischen Königsgesetze gebrauchen das Wort *soulsceatt* im Sinne von Abgabe *anläßlich* der Beerdigung (nicht als Vergütung *für* die Beerdigung), z. B. in V, Aethelred (1008), 12, 1 (*Liebermann,* I, S. 241): „und wenn man eine Leiche außerhalb ihres gesetzlichen Beichtsprengels anderswo bestattet, zahle man den *soulsceatt* [für sie] dennoch in die Kirche, zu der sie gehört hat.“ Übereinstimmend VI, Aethelred (1008—1011, *Liebermann,* I, S. 253) sowie VIII, Aethelred (1014, *Liebermann,* I, S. 265), ferner I, Cnut (1027—1034), 13, 1 (*Liebermann,* I, S. 295). — In den lateinischen Übersetzungen (z. B. in *Quadripartitus, Liebermann,* I, S. 294) wird *soulsceatt* meist mit *sepultura* übersetzt.

[31] *Stenton,* S. 152.

[32] Zum Beispiel in den Testamenten der Wynflaed (etwa 950; Whitelock, Nr. III); von Erzbischof Aelfric of Canterbury (1003 or 1004; Whitelock, Nr. XVIII), der hinterließ „first as his *soulsceatte*“ 3 Güter an Christ Church, Canterbury, und 5 Güter an verschiedene Abteien und Kirchen; ferner in Aethelwolds Testament (vor 987; Whitelock, Nr. XII), wo 20 *mancus* zunächst als *sawelsceatte* dem New Minster hinterlassen wurden — (hier wohl im Sinne von „burial fee“, Whitelock, S. 132; vgl. oben, Anm. 7) neben andern Zuwendungen an Kirchen und Klöster.

deutende Werte hinterlassen.[33] Auch hier begegnen wieder hohe Zuwendungen von *Witwen* für ihr Seelenheil.[34] Aber auch die Männer hinterlassen der Kirche in der Regel große Werte, selbst wenn sie Frauen und Kinder haben.[35]

Selbst später, als das Seeldrittel im anglo-normannischen Recht zum *Common Law* Englands geworden war, war es im nördlichen England mehr verbreitet wie im Süden.[36]

IV. Wenn wir nach dem *Grunde* suchen, weshalb eine Drittelquote im südlichen England fehlt, so kommt zunächst wieder die ablehnende Haltung der römischen Kirche gegenüber der festen, zahlenmäßig bemessenen syrisch-griechischen und irischen Seelquote in Betracht.

Wir haben gesehen, wie sich auch in Irland nach der Romanisierung der dortigen Kirche das Bestreben bemerkbar machte, *mehr* als die Drittelquote für die Kirche zu erlangen.[37] Die Zuwendungen an die Kirche sollten überhaupt keinen Beschränkungen unterworfen werden. Rom wünschte die römische Testierfreiheit. Wir werden dies auch anderwärts bestätigt finden.[38]

---

[33] Einen gewissen Anhalt gewährt die Zahl der Grundstücke, die einerseits der Kirche und andererseits weltlichen Empfängern hinterlassen wurden, obwohl Größe und Wert der einzelnen Güter regelmäßig nicht feststellbar sind (siehe die folgenden Anmerkungen).

[34] So hinterließ z. B. Siflaed (Whitelock, Nr. XXXVII und XXXVIII) vor Antritt einer Wallfahrt nahezu ihr gesamtes Vermögen der Kirche, aber „to each of my brothers (only) a wagonload of wood" (Nr. XXXVIII, Z. 5). — Die kinderlose Aethelflaed, die zweite Frau des Königs Edmund (nach 975, Whitelock, Nr. XIV) hinterließ verschiedenen Kirchen 17 Landgüter, darunter 12 nach dem Tode von Verwandten, während drei als *heriot* an den König gingen und fünf meist kleinere an Laien. — Siehe etwa noch die Testamente von Aelffled (Whitelock, Nr. XV) und Wynfled (Whitelock, Nr. III).

[35] Das geschieht nicht nur in den Testamenten von Bischöfen, z. B. von Archbishop Aelfric (1003 oder 1004, Whitelock, Nr. XVIII), der acht Landgüter Kirchen und Klöstern und zwei Verwandten hinterläßt. Auch Laien verfügen in dieser Weise. So hinterließ z. B. Aethelwold (nach 987, Whitelock, Nr. XII) nur „one hide of land" seinem Sohn, „ten hides" seiner Witwe auf Lebenszeit, nach ihrem Tode sollten sie aber dem New Minster in Winchester anfallen, das außerdem noch 20 mancus in Gold als Begräbnisgebühr erhalten soll. Die Kirche erhält also im Endergebnis mehr als das Zehnfache als der Sohn. — Über die „hide" als Einheit siehe *Stenton*, S. 276.

[36] Siehe unten, § 40, Anm. 55 und 73.

[37] Siehe oben, §§ 28, I und 29.

[38] Unten, §§ 37 und 38.

Das südliche England kam früh unter den Einfluß Roms. Wenige Jahre nachdem Columba Iona begründet hatte und Schottland und das nördliche England für die iro-keltische Kirche gewann,[39] kam Abt *Augustin* von Rom nach Kent (597, er starb 604).[40] Gregor der Große versah Augustin in zahlreichen Briefen mit Instruktionen für seine Mission.[41] Die Quote für die Seele ist dort nirgends erwähnt.[42] Gregor hatte auch sonst nichts für sie übrig,[43] obwohl der Briefwechsel erkennen läßt, wie sehr die materiellen Existenzmittel der englischen Kirche sowohl den Papst wie Augustin vom Beginn der Mission ab interessierten. Die erste Frage, die Augustin dem Papste vorlegte, bezog sich auf die Gaben der Gläubigen (*de his, quae fidelium oblationibus accedunt altario*). Die Worte decken Zuwendungen jeder Art, *inter vivos* wie *mortis causa*. In seiner Antwort denkt Gregor der Große an keine Beschränkung der Gaben durch eine Quote; vielmehr instruierte er Augustin nur, wie die eingegangenen Gaben (*stipendia*) zwischen dem Bischof, der Geistlichkeit, den Armen und der Erhaltung der Kirchengebäude zu verteilen wären.[44]

Kent blieb zunächst ein isoliertes „Zentrum römischen Einflusses in England“, und dieser Einfluß kam zum Stillstand.[45] Die endgültige Romanisierung Englands begann erst im Jahre 669, als *Theodor*, der große Erzbischof von Canterbury, ebenfalls von Rom entsandt, in England eintraf. Er war zwar ein griechischer Mönch, er stammte aus Tarsus, also aus der Nachbarschaft Syriens, wo die Seelquote in Geltung war. Deshalb hat *Koranyi* vermutet, daß er die Quote eingeführt habe.[46] Aber Theodor war ein entschiedener Gegner der kelti-

---

[39] Vgl. oben, § 32 I.

[40] *Erich Caspar*, Geschichte des Papsttums, II, Tübingen, 1939, S. 676; *Gustav Hübener*, England und die Gesittungsgrundlage der europäischen Frühgeschichte, Frankfurt a. M., 1930, Kap. V; *von Schubert*, S. 265, 472; *Stenton*, S. 104 ff.

[41] Abgedruckt u. a. bei *Haddan* und *Stubbs*, Councils and Ecclesiastical Documents relating to Great Britain and Ireland, III, S. 5 ff.

[42] *Fr. Beyerle*, Z. Sav. St., G. A., 50, S. 402.

[43] *Beyerle*, a. a. O. — Vgl. oben, S. 167 und unten, S. 243.

[44] Beda I, Kap. 27: „Mos autem sedis apostolicae est, ordinatis episcopis praecepta tradere, ut in omni stipendia quod accedit, quatuor debeant fieri portiones; una videlicet episcopo et familiae propter hospitalitatem, atque susceptionem; alia clero, tertia pauperibus, quarta ecclesiis reparandis.“ — Dies ist die bekannte kanonische Verteilung des kirchlichen Einkommens, die ins 5. Jahrhundert zurückgeht (*U. Stutz*, Kirchliches Beneficialwesen, I, 1895, S. 27 ff.).

[45] *Stenton*, S. 125, 127.

[46] Vgl. oben, § 31, Anm. 2, am Ende.

schen Wesensart.[47] Er hatte, bevor er nach England ging, dem Papste Vitalian (657—672) einen Eid geleistet, keine Neuerungen „gemäß der Gewohnheit der Griechen" einzuführen.[48] Rom maß gerade diesem Umstande größte Bedeutung bei. Auch Bonifatius mußte bevor er seine Mission in Hessen begann, wo er ebenfalls die irische Mission verdrängen sollte, dem Papste Gregor II. (715—731) einen analogen Eid leisten.[49] Überdies war Abt Hadrian dem Theodor als Begleiter beigegeben worden mit der ausdrücklichen Instruktion, er solle darauf sehen, daß Theodor keine griechischen Neuerungen einführe.[50]

Es war Theodors wichtigste Aufgabe, England der römischen Kirche einzugliedern und die irische Mission zurückzudrängen. Er führte die römische Organisation der angelsächsischen Kirche als zentralisierte Bischofskirche durch, im Gegensatz zur irischen Klosterkirche. Er beseitigte die irischen Eigentümlichkeiten soweit diese sich noch erhalten hatten, u. a. die Ansetzung des Osterfestes.[51] Es würde der Aufgabe und der gesamten Tendenz von Theodors Wirksamkeit widersprochen haben, wenn er die griechisch-syrische Seelquote, die, wie wir sahen, ebenfalls zu den besonderen Eigentümlichkeiten der irischen Kirche gehört hatten, in England eingeführt hätte.[52]

---

[47] *Gougaud,* S. 423; *Kenney,* S. 228; *von Schubert,* S. 215; *Stenton,* S. 131; *Caspar,* S. 681 f.

[48] *Beda,* IV, Kap. 1.

[49] *Bonifatius,* Epist. 16. Vgl. *Finsterwalder,* Zeitschrift für Kirchengeschichte, 37 (1928), S. 220, Anm. 3.

[50] „et ut ei doctrinae cooperator adtenderet, *ne quid ille contrarium veritati fidei Graecorum more in ecclesiam cui praeesset introduceret*" (*Beda,* IV, c. 1).

[51] *Beda,* IV, Kap. 2: „... rectum vivendi ordinem, ritum celebrandi paschae canonicum ... disseminabat."

[52] Dem steht nicht im Wege, daß das sogenannte *Poenitentiale Theodori* zum Teil auf griechischen Quellen (z. B. Basilius, I, 2, 8, 14) beruht. Theodor war nicht der Verfasser dieser Kompilation (*F. Liebermann,* Zur Herstellung der canones Theodori Cantuariensis, Z. Sav. St., germ. Abt.43, 1922, S. 388 ff.; *P. W. Finsterwalder,* Die canones Theodori Cantuariensis und ihre Überlieferungsformen, Untersuchungen zu den Bußbüchern des 7., 8. und 9. Jahrhunderts, I, 1929 [unzugänglich]; *Fournier-Le Bras,* Histoire des Collections canoniques en Occident, I, S. 54; *F. de Zulueta,* English Historical Review, XLV, S. 645 ff.). Ferner kommt in Betracht, daß Rom keine eigenen praktischen Handbücher auf diesem Gebiete besaß und daß Bußbücher für die Praxis der Buße unentbehrlich geworden waren (*von Schubert,* S. 274). — Überdies betonten auch diese *canones* den Gegensatz zur irischen Mission. Von „Schotten" Getaufte sollten wieder getauft werden, ferner sollten Kleriker, die von „schottischen" ordiniert waren, *„qui in Pascha et tonsura*

Während im westgotischen Reich, in Irland und in den Gebieten der irischen Mission der Zusammenhang mit der alten Reichskirche fehlte oder nahezu erloschen war, stand England seit Gregor dem Großen in einem besonderen Kindschaftsverhältnis zur römischen Mutter. „In der angelsächsischen Kirche wurde das kanonische Recht, die römische Kultsitte, der Zusammenhang mit dem Zentrum, dem römischen Bischof, aufrechterhalten.“ [53]

Das Fehlen der festen Quote in Südengland wird durch die Tatsache beleuchtet, daß die Quote *auf dem Kontinent* zurücktrat oder vollständig verschwand, sobald die angelsächsische Mission, von Rom unterstützt, in die kontinentalen Länder einzog.

Statt ein für allemal eine Quote für fromme Gaben festzusetzen, verließ sich die römische Kirche auf die Festsetzung der Gaben von Fall zu Fall, nämlich bei der Errichtung der Testamente. Ebenso wie in anderen Ländern lassen auch die angelsächsischen Testamente erkennen, daß sie unter Mitwirkung der Geistlichkeit aufgenommen worden sind. Bei vielen, besonders bei den großen Zuwendungen des reichen Adels, wirkten Bischöfe und Äbte auch als Zeugen mit.

V. Neben der allgemeinen Tendenz Roms, die griechisch-irische Quote abzulehnen, kommt aber auch noch die besondere Situation in Betracht, in der sich Klerus und Klöster im angelsächsischen England vor den normannischen Reformen befanden.

Es ist geltend gemacht worden, daß die angelsächsische Geistlichkeit des 9. Jahrhunderts „careless and worldly minded“ geworden war, daß ein „general secularism and laxity“ eingerissen wäre.[54] Mag die Kritik in dieser Allgemeinheit vielleicht auch etwas zu weit gehen, so steht doch fest, daß das Streben nach Eigentum bei der angelsächsischen Geistlichkeit wie bei den Klöstern außerordentlich stark entwickelt war.[55] Der Reichtum der Kirche und der Klöster war ins Ungemes-

---

catholicae non sunt adunati ecclesiae“, noch einmal ordiniert werden (*Gougaud*, S. 207 f.).

[53] *Caspar*, S. 676; *E. Troeltsch*, Soziallehren der christlichen Kirche, S. 195.

[54] *Beatrice Adelaide Lees*, Alfred the Great, New York und London, 1915, S. 261 (auf Grund der Briefe Papst Johannes VIII. an die Erzbischöfe von Canterbury und York). Vgl. auch *Plummer*, The Life of Alfred the Great, Oxford, 1902, S. 128.

[55] Schon Bedas Brief an Bischof Egbert von York (734) tadelte das Streben der Klöster nach Land (Ausgabe von *Plummer*, I, 414—417). Vgl. *Stenton*, S. 160. — Siehe ferner *Dom David Knowles*, The Monastic Order in England, Cambridge, 1940, S. 80, unter Berufung auf die Reformsynoden, denen Lanfranc vorsaß. —

sene gewachsen. Bezeichnend war, daß bereits die heidnischen Dänen ihre Raubzüge gern auf Bischofsitze und Klöster richteten, angelockt durch die dort aufgehäuften Schätze.[56]

Die Testamente der angelsächsischen Bischöfe geben ein anschauliches Bild vom Umfange auch ihres persönlichen Besitzes. Diese Testamente enthielten zwar große Vermächtnisse für die Kirche, hinterließen aber auch erhebliche Beträge für Verwandte.[57]

Der Geist der angelsächsischen Kirche und der der irischen Kirche, insbesondere ihrer Einstellung zur Askese, war grundverschieden.[58] Der Reichtum der angelsächsischen Kirche und die Armut der irischen Mönchskirche spiegeln sich auch in dem Gegensatz zwischen dem unbegrenzten „Schatz für die Seele" und der bescheidenen Drittelquote der Iren wider. Während ferner die irische Quote in erster Linie ein

---

Über die Situation der englischen Kirche vor der normannischen Eroberung und den Reformen William I., siehe ferner *Z. N. Brooke,* The English Church and the Papacy from the Conquest to the Reign of John, Cambridge, 1931, S. 26, 47 ff.

[56] *von Schubert,* S. 471. *Plummer,* The Life of Alfred the Great, Oxford 1902, S. 128.

[57] Vgl. z. B. das Testament des Bischofs Theodred von London (942—951, Whitelock, Nr. I), der über 25 Liegenschaften verfügte (davon 12 an die Kirche, drei an den König, zehn an Laien, davon neun an Neffen). — Erzbischof Aelfsige von Canterbury (958, Whitelock, Nr. IV) verfügte über zehn Landgüter (davon erhielten Kirchen vier, eins sofort, drei nach dem Tode von Legataren auf Lebenszeit, ein Gut erhielt der König und fünf weltliche Legatare, meistens Verwandte; von drei Gütern heißt es „which my father possessed"). — Bischof Aelfric von East Anglia (1035—1037, Whitelock, Nr. XXVI) verfügte über sieben Landgüter und weitere Ländereien, meist an Kirchen, aber auch an Geistliche persönlich, z. B. an Dean Leofstan of Bury, an „Ufi the prior", „to Aelfwig the priest", sogar „to Erwin the monk". — Erzbischof Aelfric of Canterbury (995—1005; Whitelock, Nr. VIII) verfügt über zehn Güter (davon acht an Kirchen und Klöster, zwei an Verwandte). Selbst der „anchorite Mantat" (Whitelock, Nr. XXIII) hinterläßt in seinem Testament, dessen Echtheit allerdings zweifelhaft ist (Whitelock, S. 177), zwei Güter an eine Abtei und an Priester. — Es finden sich auch Testamente, in denen Geistliche und Mönche bedacht werden, z. B. im Testament des Bischofs Alfwold von Crediton (Crawford Collection, Nr. X) „to Eadwine the mass priest" 5 mancus gold, und an einen Mönch Alfwold 20 mancus gold, ein Pferd und ein Zelt; im Testament der Witwe Leofgife (1035—1044; Whitelock, XXIX) finden sich mehrere Vermächtnisse von Grundstücken an Bischöfe, darunter Bischof Stigand, und Priester. Das Testament des Leofwine von Essex (um 998; Crawford Collection, S. 123) enthält ein Vermächtnis von Land an Bischof Wulfstan. In Thurnstans Testament (1042 oder 1043; Whitelock, Nr. XXX) wird ein Landgut an St. Etheldredas in Ely vermacht („except the land which . . . the monk Aethelrich holds").

[58] Vgl. oben, § 30 am Ende, auch *Stenton,* S. 119.

„share of the poor" blieb, traten beim angelsächsischen *soulsceatt* die Armen in den Hintergrund.[59]

Wir kommen sonach zu dem *Ergebnis:* es ist kein Zufall, daß Nachrichten über die Drittelquote für die Seele im südlichen England fehlen.[60] Mit dem Geiste der angelsächsischen Kirche vor den normannischen Reformen war die bescheidene Quote der irischen Kirche unvereinbar. Auch in den Gebieten der angelsächsischen Mission, die die irische Mission verdrängte, fehlt das Drittel.

---

[59] In den angelsächsischen Testamenten stehen häufig neben verhältnismäßig geringen Gaben, die zur Verteilung an Arme bestimmt werden, erheblich größere Vermächtnisse an Kirchen oder einzelne Kleriker. So enthielt z. B. das Testament Bischof Theodreds von London (Whitelock, Nr. 1), der über viele Grundstücke an Kirchen und Laien verfügte (siehe oben, Anm. 35) nur kleine Verteilungen an die Armen. Ähnlich in den Testamenten der Aelgive (Whitelock, Nr. VIII), des Brihtric und Aelfswith (Whitelock, Nr. XI), des Ordnoth (Whitelock, Nr. V), des Aetheling Aethelstan (Whitelock, Nr. XX) u. a. — Eine analoge Entwicklung zeigt sich beim *Zehnten (tithe).* Während Theodor von Canterbury bestimmte, daß der Zehnte rechtmäßig nur an Arme und Pilger gegeben werden könne und von Laien an ihre Kirchen (*Stenton,* S. 154), änderte sich die Verwendung des Zehnten in den folgenden Jahrhunderten. Im sogenannten Code of King Edward (*Liebermann,* Gesetze, I, S. 128—135) waren Zehnten den Pfarrkirchen vorbehalten. „Poor and pilgrims have fallen out of sight" (*Stenton,* S. 155).

[60] Im südlichen England begegnet ein Seeldrittel nur in dem Testament Wulfrics (zwischen 1002 und 1004; Whitelock, Nr. XVII), der ausgedehnten Grundbesitz in Staffordshire besaß und über zahlreiche „estates" zugunsten von Kirchen und Verwandten verfügte. Dort erhält ein Bruder des testators ein estate, das nicht in Südengland, sondern in *Yorkshire* gelegen ist (Z. 22 f.), „on condition that he arranged that the monks shall have each year a third of the fish, and he two thirds." Hier handelt es sich aber nicht um ein Drittel vom gesamten Vermögen, sondern vom Ertrage des jährlichen Fischfanges. Sollte Wulfric oder seine geistlichen Berater diese Drittelquote für den in Yorkshire gelegenen Besitz gewählt haben, um der dortigen Sitte Rechnung zu tragen? Natürlich kann hier auch ein *Zufall* vorliegen. Immerhin fällt auf, daß sich in demselben Testament noch eine ähnliche Zuwendung von Fischen an das im mittleren England gelegene Benediktinerkloster zu Burton-on-Trent (Staffordshire) befindet, wo es (Z. 18 f.) wieder im Anschluß an die Zuwendung von estates an Verwandte heißt: „on condition that when it is the shad (herrings) season, each of them shall pay 3000 shad to the monastery at Burton." Bei der Zuwendung des jährlichen Ertrags des Fischfanges in Yorkshire wählte der Testator also eine Drittelquote, in Staffordshire dagegen nicht.

IX. Kapitel

Die irische Mission auf dem Kontinent

§ 34. Vorbemerkung

Etwa vom Ende des 6. Jahrhunderts an kamen irische Mönche, voran Columban der Jüngere, als Missionare nach dem Festland, zuerst nach der Bretagne, dann nach dem Frankenreich. Zahlreiche Klostergründungen bezeichneten ihren Weg.[1] Seit dem 7. Jahrhundert wirkten die Iren auch jenseits des Rheins, im alemannischen Gebiet und in Bayern.[2]

Den irischen Missionaren, die das *peregrinari pro Christo* nach dem Kontinent geführt hatte, folgten im 9. Jahrhundert irische Gelehrte, besonders nachdem die Einfälle der Wikinger begonnen hatten (805).[3] Sie waren von Bedeutung für die karolingische Renaissance. Für die uns hier interessierende Geschichte der Seelquote war diese zweite

---

[1] *Heinrich Zimmer,* Art. Keltische Kirche, Realenzyklopädie f. prot. Theologie und Kirche, X[3], 1901, S. 204—243; *L. Traube,* Peronna Scottorum, S. M. A., 1900, S. 469, *Hauck,* Kirchengeschichte Deutschlands, I, 3. und 4. Aufl. (Leipzig, 1904), S. 228 ff.; *W. Levison,* Die Iren und die fränkische Kirche, Hist. Zeitschr. 109, 1912, S. 1—22; *Paul Wilhelm Finsterwalder,* Wege und Ziele der irischen und angelsächsischen Mission im fränkischen Reich, Zeitschr. für Kirchengeschichte, 47, 1928, S. 202 ff.; *Kenney,* The Sources for the Early History of Ireland, I, S. 486—621; *von Schubert,* S. 214, 275, 603 f. und *passim; P. Fournier* und *G. Le Bras,* Hist. des collections canoniques en occident (Paris, 1931), I, S. 42 f.

[2] Vgl. für *Bayern* u. a. *Riezler,* Die Vita Kiliani, Neues Archiv für ältere deutsche Geschichtskunde, 28, S. 232 ff.; *Hieronymus Frank,* Die Klosterbischöfe des Frankenreichs, Münster i. W., 1932, S. 148 ff.; *Caspar,* Geschichte des Papsttums, II, S. 691 ff. und unten, § 35, Anm. 2. — Über *Permin,* der im alemannischen Gebiet missionierte, siehe *Franz Beyerle,* Bischof Perminius und die Gründung der Abteien Murbach und Reichenau, Zeitschrift für schweizerische Geschichte, 27 (1947), S. 129 bis 173. Beyerle weist nach, daß Permin in den iro-schottischen Kreis gehört. — Über die irische Gründung von *Freising* siehe unten, § 35.

[3] *Zimmer,* S. 91 f., *Gougaud,* S. 128 ff., *von Schubert,* S. 468, 726 f., *Kenney,* S. 530 f.

irische Welle von geringerem Einfluß als die Missionare, die ihr vorausgingen.[4]

Die irische Mission auf dem Kontinent trägt dieselben Züge wie in der Heimat und im nördlichen England. Die Iren predigten das Christentum im Geiste des orientalischen Mönchtums. Zäh hafteten sie an ihren heimischen Bräuchen.[5]

Um den Verlauf der Geschichte zu verstehen, meint *Toynbee* in anderem Zusammenhange, müssen nicht bloß einzelne Länder, sondern umfassendere Gesellschaftskörper, „societies" ins Auge gefaßt werden, die wir, wie *Curtius* hinzufügt, als „Kulturen" bezeichnen können.[6] In der Zeit, in der die irische Mission wirkte, kann man die Gebiete, die ihrem Einfluß unmittelbar oder mittelbar ausgesetzt waren, als eine solche „society" mit gemeinsamer Kultur bezeichnen.

Wir fragen: haben die Iren auch die Seelquote, wie sie ihnen in ihrer Heimat geläufig war, auf dem Kontinent eingeführt?

Die Spuren der festen Quote sind dort verhältnismäßig gering. Aber man muß auch hier wieder berücksichtigen, wie spärlich die Quellen des frühen Mittelalters, besonders in der Merowingischen Zeit, fließen. Auch ist die irische Mission durch die angelsächsisch-römische verdrängt worden, voran durch Bonifacius.[7] Dadurch sind die irischen Einrichtungen, die der römischen Observanz widersprachen, auch auf dem Kontinent überlagert oder beseitigt worden. Angesichts dieser Umstände ist es erstaunlich, wieviel und wie lange sich irischer Brauch doch noch erhalten hat — weit über die Zeit hinaus, in der die irische Mission gewirkt hat.[8]

§ 35. Der Seelteil in einem lokalen Missionsbezirk in Bayern: Korbinian und Freising

I. Bayern und Northumberland liegen weit voneinander entfernt. Aber im irischen Missionsgebiet in Bayern waren um 730—739 die

[4] Siehe aber unten, § 36 bei Anm. 40.

[5] *Loening*, Geschichte des deutschen Kirchenrechts, II, S. 444 f.; *Finsterwalder*, S. 210; *von Schubert*, S. 409, 609; *Fournier-Le Bras*, S. 82 f.; *Gougaud*, S. 215 ff.

[6] *Ernst Robert Curtius*, Europäische Literatur und lateinisches Mittelalter, Bern, 1948, S. 12 f.

[7] Siehe über die Verdrängung der irischen Mission u. a. *Fournier-Le Bras*, I, S. 3; *Gougaud*, S. 424 f.; *Finsterwalder*, S. 218 ff.; *von Schubert*, S. 286, 296 f.

[8] Siehe unten, §§ 35 und 36.

kirchlichen Zustände dieselben wie in Northumberland bis 664.[1] Ebenso wie Northumberland war Bayern ein Außenposten der irischen Mission, das Arbeitsfeld wandernder Bischöfe und Mönche. Die Iren gründeten auch in Bayern keine Bistümer, die Mission ging vielmehr von einzelnen Klöstern aus, die das umliegende Land in loser Organisation verwalteten. In diesen irischen Klosterbezirken finden sich lokale Bräuche und Rechte, ebenso wie in Irland selbst.[2] Deshalb empfiehlt es sich auch, die Rechtslage nicht in größeren Gebieten (z. B. für ganz Bayern) zu untersuchen, sondern in einzelnen Missionsbezirken.

Die Umstände gestatten uns eine solche lokale Mission in ihrer Wirkung auf dem uns interessierenden Gebiet zu rekonstruieren. Es ist der Bezirk des Klosters *Freising.* Das Kloster Freising war eine irische Gründung, ebenso wie Melrose in Northumberland, in dessen Bereich wir dem Drittel für die Seele begegnet sind.

Korbinian war im Jahre 718 als Wanderbischof nach Freising gekommen, wo sich die herzogliche Residenz befand. Er wird noch heute als der Stifter der Marienkirche in Freising und erster Bischof von Freising gefeiert. Schon vor ihm hatten irische Mönche in Freising missioniert.[3] Korbinian, der in Freising in der Kirche *ad sanctam Mariam et ad sanctum Corbinianum* begraben ist,[4] war ebenfalls Ire.[5] In der *Vita Corbiniani* wird seine irische Abstammung allerdings verschleiert; denn seit 738 Papst Gregor III. die Bayern vor der Lehre „umherziehender Britten“ (*venientium Brettonum*) gewarnt hatte, waren die

---

[1] So *Finsterwalder,* Zeitschrift für Kirchengeschichte, 47, S. 213, 217 f.

[2] Siehe oben, § 26 bei Anm. 13.

[3] Vgl. die verschiedenen Beiträge in der Wissenschaftlichen Festgabe zum 1200jährigen Jubiläum des Heiligen Korbinian, München, 1924, und dort insbesondere *P. Romnald Bauerreiss,* Irische Frühmissionare in Südbayern, S. 44 und *passim.* — Siehe auch *Caspar,* Geschichte des Papsttums, II, S. 691 f.; *Hieronymus Frank,* Die Klosterbischöfe des Frankenreichs, Beiträge zur Geschichte des alten Mönchtums, Heft 17, Münster i. W., 1932, S. 148 ff., 153 ff.; *Delius,* S. 110 f.

[4] Die Schenkungen für Kloster und Kirche in Freising erfolgten häufig *ad ecclesiam Sanctae Mariae et ad Sanctum Corbinianum.* Siehe „Die Traditionen des Hochstifts Freising“, herausgegeben von *Theodor Bitterauf,* München, 1905, 1909, Nr. 137, 140, 141, 146, 150, 154, 155, 170, 254; auch *ad ecclesiam ... ubi requiescit beatus Corbinianus,* Nr. 131, 170.

[5] Siehe *B. Krusch,* Vita Corbiniani auctore Arbeone (Monumenta Germanicae, Scriptores rerum Merovingiarum, S. 505). Zustimmend *Bauerreiss,* a. a. O., S. 57 bis 59; vgl. *Caspar,* II, S. 692.

Iren und Schotten der Irrlehre und Ketzerei verdächtig.[6] Aber das sorgfältig gehütete Geheimnis der Abstammung Korbinians kommt heraus, wenn die Herzogin Piltrude ihn im Zorn „einen Bischof britannischer Abstammung“ nennt (*episcopum Brittanorum origine ortum*), d. h. einen Iren.[7]

II. Urkundliche Nachweise der zahlenmäßig bestimmten Quote in der Gestalt, in der wir sie in Irland angetroffen haben, finden sich in den „Traditionen des Hochstifts Freising“,[8] einer der wichtigsten Quellen für die Erforschung der frühen Geschichte Bayerns. Die Freisinger Urkunden enthalten zahlreiche Zuwendungen an die Kirche: Schenkungen unter Lebenden, Schenkungen auf den Todesfall, Schenkungen unter Vorbehalt der Nutznießung, häufig auch sog. *precariae oblatae*, bei denen der Schenker den der Kirche geschenkten Grundbesitz gegen Zins oder Frondienste zur Leihe zurückempfing. Das Motiv der Zuwendung, als *remedium animae* zu dienen, bildet wie auch sonst die Einleitung der Urkunden, meist in formelhaften Ausdrücken.[9]

Was den Gegenstand der Zuwendung anbelangt, so übertragen die Schenker — abgesehen von bestimmten Objekten wie Grundstücken[10]

---

[6] Vgl. noch *Balthasar Arnold*, Zur Vita Corbiniani, Korbinian-Festschrift, S. 64, und *Bauerreiss*, S. 43.

[7] *Krusch*, S. 505 und *Bauerreiss*, S. 58 f. — *Bauerreiss* sieht auch den *Namen Corbinianus* als keltisch an. Der Stamm *corb* findet sich öfters in irischen Namen. Ein irischer König und ein irisch-heidnischer Führer hießen „Corban“ (S. 57 ff., ebenda noch weitere Indizien für Korbinians irische Abstammung). — Neuerdings hat *Franz Beyerle*, Bischof Perminius und die Gründung der Abteien Murbach und Reichenau (Zeitschrift für Schweizerische Geschichte, 27, 1947, S. 129—173) ein lebendiges Bild des Wanderbischofs *Permin* gezeichnet, der — gleich andern Iren — mehrere Klöster im *alemannischen* Gebiet gegründet hat, z. B. die Abtei Reichenau (um 729). Er war von Bedeutung für die alemannische Geschichte (*Beyerle*, S. 129). Es ist bezeichnend, daß *im alemannischen Gebiet das Drittel für die Seele gleichfalls gefunden werden kann* (siehe die Literatur bei *A. Schultze*, Z. Sav. St., germ. Abt., 32, S. 97, Anm. 3, und Augustin, S. 63 f., obwohl *Schultze* die Iren nicht erwähnt; ferner bestreitet er, ohne Begründung, daß eine Verbindung mit früheren Methoden der Bemessung der Seelquote besteht). — An dieser Stelle kann die Lage im alemannischen Gebiet nicht näher untersucht werden, was zu ähnlichen Ergebnissen wie für Freising führen dürfte (vgl. unten diesen Paragraph, III).

[8] S. oben, Anm. 3.

[9] Ausnahmsweise verbinden sich auch andere Motive mit der Sorge für das Seelenheil. In der Urkunde bei *Bitterauf*, Nr. 450 bezweckt ein gewisser Tenil mit der Schenkung seiner *portio* die Herausgabe seiner Geliebten, einer Dienerin (*famula*) des Bischofs und seines mit ihr erzeugten Sohnes.

[10] Zum Beispiel ein *mansus* (*Bitterauf*, Nr. 131, S. 140), ein Hof (Nr. 213,

oder Mobilien[11] — in einer Reihe von Fällen eine *portio* ihres Vermögens. Wie war sie bemessen?

Soweit man sich mit der *portio* in den Urkunden von Freising bisher befaßt hat, ist angenommen worden, daß der Vater bei Auflösung des Familieneigentums mit seinen Söhnen *nach Köpfen* teilte und dann in Höhe seines Kopfteils eine Zuwendung für sein Seelenheil vornahm.[12]

III. Sieht man jedoch die Freisinger Urkunden durch, so findet sich eine ganze Reihe von Fällen, in denen über eine zahlenmäßig festgesetzte Quote ohne Rücksicht auf die Zahl der Kinder — in der Regel über ein *Drittel,* zuweilen auch über die Hälfte — verfügt wird, und hier besteht Übereinstimmung mit den festen Quoten, wie wir sie im irischen Recht und vorher im griechischen Osten kennengelernt haben.

Wir stellen zunächst das Quellenmaterial zusammen.[13]

S. 201), 12 Morgen (Nr. 406, S. 350). Häufig wird der ererbte Grundbesitz, die *hereditas,* übertragen (z. B. *Bitterauf,* Nr. 14, 15, 17, 21, 22), zuweilen der vom Schenker selbst erworbene Besitz (so schenkt z. B. in Bitterauf, Nr. 20 eine Ehefrau „quod ego propria pecunia mea acquisivi").

[11] Zum Beispiel zwei Unfreie (*mancipia*) in Bitterauf, Nr. 497.

[12] Diese Ansicht geht zurück auf *Sigmund Adler,* Eheliches Güterrecht und Abschichtungsrecht (Leipzig, 1893), S. 29 ff., 91 ff., 107, 111. Ihm haben sich — ohne nähere Begründung — angeschlossen: *Brunner,* Beiträge zur Geschichte des Wartrechts, Festgabe für H. Dernburg, Berlin, 1909, S. 43 (= Abhandlungen, II, S. 219) und *A. Schultze,* Augustin und der Seelteil, S. 30, 129 ff., und in Atti del congresso internazionale di diritto romano, 1934, S. 212. Aber es fehlt der Beweis, daß die Kirche immer eine Kopfquote erhielt, die nach der Zahl der Söhne berechnet war. Prüft man *Adlers* Beweisführung nach, so zeigt sich, daß er sich nur auf verhältnismäßig wenige Fälle stützt, in denen unzweifelhaft über eine Kopfquote zugunsten der Kirche verfügt wird, und diese sind dem Urkundenbuch des Landes ob der Enns, I (Nr. 34, 35 und 65) entnommen. In diesen Fällen handelt es sich nicht um Zuwendungen aus dem Bereiche des Klosters Freising, wo der irische Einfluß besonders stark gewesen war (vgl. oben, S. 171, über die lokalen Bräuche in den einzelnen irischen Missionsbezirken). In anderen von *Adler* herangezogenen Fällen (Bitterauf, Nr. 227, 229, 304) wird nicht über eine Kopfquote verfügt, vielmehr über die gesamte *hereditas* des Schenkers. Zur näheren Beschreibung der verschenkten *hereditas* wird angegeben, daß diese sich zusammensetzt aus vom Schenker ererbten Anteilen verstorbener Familienmitglieder. Wie hoch diese Anteile waren, sagen die Urkunden aber nicht. — Über die von *Adler* ebenfalls herangezogene Urkunde bei Bitterauf, Nr. 350 (= Meichelbeck, Nr. 321) siehe unten, S. 223, Anm. 19. — *Adler* und *Schultze* berücksichtigen nicht die große Gruppe von Fällen, in denen die Kirche eine zahlenmäßig bestimmte feste Quote, ohne Rücksicht auf die Zahl der beteiligten „Köpfe" erhält (siehe den Text).

[13] Wir sehen hierbei von den Fällen ab, in denen die Urkunden bloß von der

a) Über ein *Drittel* seines Vermögens verfügt der Schenker in folgenden Fällen: bei Bitterauf, Nr. 25 (zwischen den Jahren 765—770) heißt es: „Ego Hitto pro remedium anime meae trado omnia quae possideo in vico Patinprunno *tertiam portionem* de terra vel pratis, silvis et omnium quae ad me de alode pertinere legibus videbantur ... ad domum sancte Marie in loco Frigisinga ..." In Nr. 57 (v. J. 773) schenkt Cundhart ein Drittel seines Grundbesitzes an die *Marien*kirche zu Rott am Inn („*tertiam partem* hereditatis meae"). Das Gleiche tut in derselben Urkunde sein Bruder Lantfried. Die Kirche in Rott ist ebenso wie Freising eine irische Gründung. Ihre Patrone waren die Iren Marin und Annian.[14] In Bitterauf, Nr. 297 (v. J. 811) überträgt Einhart wiederum den dritten Teil seines Vermögens („*tertiam partem* ex omnibus quicquid ibidem habere videbatur") der Kirche der hl. Maria und des hl. Corbinian in Freising. Diese drei Fälle haben gemeinsam, daß weder Söhne noch eine Frau erwähnt werden. Es kann also eine Teilung nach Köpfen nicht in Betracht kommen.

Noch deutlicher liegen die folgenden Fälle, in denen der Schenker ein Drittel seines Vermögens tradiert, in denen aber nur zwei Beteiligte, nämlich der die Schenkung vollziehende Vater und ein einziger Sohn, erwähnt werden. Würde nach Köpfen geteilt werden und würde der Vater seinen Kopfteil verschenken, so müßte die Kirche die Hälfte des Vermögens erhalten. Der Vater verschenkt aber nur *ein Drittel*. So geschieht es bei Bitterauf in Nr. 319 (v. J. 840), wo Pietto den dritten Teil seines Grundbesitzes („*tertiam partem hereditatis propriae*") der Kirche der hl. Maria und des hl. Korbinian in Freising überträgt; ebenso in Nr. 373a (v. J. 817) in der Schenkung des Aogo, der ebenfalls den dritten Teil seines gesamten Vermögens überträgt („*tertiam partem de rebus omnibus*"), und in der Schenkung des Isancrim bei Bitterauf, Nr. 447 (v. J. 821), wo es heißt: *tertiam partem de hereditate sua.*[15]

„portio" schlechthin sprechen, ohne daß ihre Höhe erkennbar ist. So überträgt z. B. ein Vater in Bitterauf, Nr. 265 (v. J. 807—808, mit nachfolgender Bestätigung v. J. 808—811): „quicquid in suam partem ei evenit hereditatis, quando cum filiis suis partivit". Aber *wie* geteilt worden ist — nach Köpfen, oder nach festen Bruchteilen — erfahren wir aus dieser Urkunde nicht. Vgl. Nr. 13 (v. J. 759) und Nr. 170 (v. J. 794). — Über die Lex Baiuwariorum, I, 1, die die Art der Bemessung der *portio* ebenfalls nicht erkennen läßt, siehe diesen Paragraph, IV, (S. 225 f.) auch ebenda über die Schenkungen von Kopfquoten in den Freisinger Urkunden.

[14] *R. Bauerreiss*, a. a. O., S. 45, 49.

Bei Bitterauf, Nr. 29 (v. J. 769), der ältesten dieser Schenkungen — sie ist einem Formelbuch entnommen,[16] also besonders wichtig — vergabt Wurmhart ein Drittel seines gesamten Vermögens der Marienkirche zu Rott:[17] („in villa ipsa de omni rem mea *tertiam partem* de allode [Erbgut], de qualibet attracti [Selbsterwerb] mihi legibus obvenit, omnia quod in illa habeat"). Zwei Drittel reserviert er einem eventuell zu gebärenden Sohn. Auch hier erhält die Kirche ein festes Drittel. Läge Kopfteilung vor, so müßte der Vater zwischen sich und dem Sohne halbieren.[18] In diesem Zusammenhang gehört auch Bitterauf, Nr. 420 (v. J. 819). Hier überträgt Pepo ebenfalls ein Drittel seiner *hereditas* an die Kirche in Freising. Die Zuwendung soll — außer dem eigenen Seelenheil des Schenkers — auch dem eines Bruders und dem der Mutter dienen.[19]

b) In einigen Fällen tradiert der Schenker *die Hälfte* seines Vermögens. In drei dieser Fälle werden weder Söhne noch Frau erwähnt.[20]

---

[15] *Adler* (S. 33) erwähnt diese Schenkung, *die im Widerspruch zu seiner Theorie der Teilung nach Kopfteilen steht,* nur beiläufig, und *drückt sein Erstaunen darüber aus, daß der Vater eines einzigen Sohnes nur ein Drittel* erhält.

[16] *Zeumer,* Mont. Germ., Leges, Sectio V, Formulae extravagantes, I, 22, S. 547; vgl. *Brunner,* Rechtsgeschichte der Urkunde, I, S. 248; *Adler,* S. 97.

[17] Siehe oben, S. 222 über die Gründung dieser Kirche durch Iren.

[18] Wurmharts Frau erhält nichts. Nur seine Mutter erhält einzelne Vermögensstücke, aber keine Quote. — In der Urkunde bei Bitterauf, Nr. 41 (v. J. 771, also zwei Jahre nach der Urkunde 29) wiederholt Wurmhart die Schenkung der *tertia pars* an die Kirche. Ein Kind ist ihm inzwischen noch nicht geboren worden.

[19] Bei Bitterauf, Nr. 350 (v. J. 815) verfügt Waldpert ebenfalls über ein *Drittel.* Da er aber zwei Söhne hat, kann sowohl ein festes Drittel als auch eine Kopfquote vorliegen. Das Überwiegen der festen Drittelquote spricht für die erstere Alternative. — Ähnlich liegt der Fall bei Bitterauf, Nr. 289 = Meichelbeck, Nr. 260 (v. J. 809). Hier haben zwei Brüder, Freaso und Erchanpald, ihre *portio* der Kirche tradiert. Nach deren Tode nehmen die *filii* des zweiten Bruders Erchanpald die Gabe beider Brüder zurück; später erstatten sie aber „misericordia compulsi" den dritten Teil. *Adler,* S. 32, meint: „Nehmen wir an, daß es zwei Söhne sind, so würde sich erklären, daß sie nur ein Drittel der Tradition ihres Vaters für zurecht bestehend anerkennen." Es steht aber nicht fest, wieviel Söhne vorhanden waren!

[20] (1) Bitterauf, Nr. 103 (v. J. 780): Schenkung des Adalo, (2) Bitterauf, Nr. 105b (v. J. 782): Schenkung des Priester Salomon, (3) Bitterauf, Nr. 243 (v. J. 806): Schenkung des Frecholf. — Bei Bitterauf, Nr. 130 (v. J. 790—794) tradiert Sigiheri die Hälfte seines Vermögens der Kirche, die andere Hälfte seiner Tochter. In Bitterauf, Nr. 489 (v. J. 823) überträgt Tenil, der einen Sohn besitzt, die Hälfte seines Vermögens der Kirche, über die andere bestimmt er nichts, wahrt aber damit das Erbrecht des Sohnes. In den beiden letzten Fällen könnte man an Kopfteilung

Hier liegt also ebenfalls keine Teilung nach Köpfen, sondern eine feste Quote in Höhe einer Hälfte vor.

c) In Bitterauf, Nr. 379 b (v. J. 817) überträgt Deotcoz die Hälfte seiner *hereditas* („mediam de propria hereditate sua"). In derselben Urkunde überträgt er den dritten Teil der *hereditas* seines verstorbenen Bruders („*tertiam partem* hereditatis Falmoti fratris sui") Hier kommen also die Hälfte und das Drittel nebeneinander vor.

d) Endlich begegnen zwei Fälle, bei denen der Schenker über *zwei Drittel* seines Nachlasses verfügt.[21] Es handelt sich um kinderlose Männer.

IV. Fassen wir das *Ergebnis* zusammen, so können wir feststellen, daß sich in den Freisinger Traditionen eine ganze Reihe von Fällen einer zahlenmäßig bemessenen Quote vorfinden. Die Kirche erhält meist ein Drittel des Vermögens, manchmal ein Halb. In vereinzelten Fällen begegnen wir auch Verfügungen über zwei Drittel. Das sind aber dieselben Bemessungen der Quote, wie wir sie in Irland selbst angetroffen haben.[22] Sowohl in den Freisinger Schenkungen wie im irischen Recht betraf die Quote sowohl Grundstücke wie Mobilien.[23] Es besteht also auch in dieser Hinsicht Übereinstimmung.

---

denken. Allerdings ist im Falle des Sigiheri (Nr. 130) zweifelhaft, ob die Tochter ein Erbrecht besaß.

[21] Bitterauf, Nr. 12 (v. J. 758—763). Der Schenker David erwähnt keine Frau und Kinder, nur Brüder. — Bei Bitterauf, Nr. 155 (v. J. 792—793) hat der Schenker Sindeo nur eine Frau; außer den zwei Dritteln an die Kirche verfügt er über ein Drittel an die Frau als Morgengabe („pro justitia illius").

[22] Das *Drittel* begegnete im Senchas Mār (oben, § 27, I), in den Kommentaren zu Dīre (oben, § 27, III) und in der Collectio Hibernensis (oben, § 28, III). — Die *Hälfte* begegnete im Senchas Mār und in corus bescna (a. a. O.). — *Drittel* und *Hälfte* nebeneinander begegneten in Abs. 2 des Kommentars b zu Dīre, §§ 34, 35, und in der Collectio Hibernensis (a. a. O.). *Zwei Drittel* begegneten in Senchas Mār (a. a. O.).

[23] Berechnung der Quote, nämlich der „Tertia pro Deo" vom Immobiliarvermögen (*hereditas*) erfolgt in Coll. Hib., XXXIII, Kap. 13 (oben, § 28, Anm. 14). In Coll. Hib., XLI, 10 betrifft das Drittel die „substantia", also Immobilien und Mobilien. — In den älteren Abschnitten der Brehon Laws (vgl. oben, § 27, I) wurde der Selbsterwerb der Berechnung der Quote zugrunde gelegt. Dies hängt mit dem Stadium der Entwicklung des Individualeigentums in Irland zusammen (oben, § 27, I, b). Das Wesen der Seelquote wird dadurch nicht betroffen. Das Bestreben des Vaters, eine Quote für sein Seelenheil zu geben, gehört zu den Motiven, die zur Auflösung des Familieneigentums und damit zur Entstehung des Individualeigentums führen.

Was die Verteilung des Restes des Vermögens anbelangt, der nach Abzug der Quote übrigbleibt, so fällt dieser nach den Freisinger Urkunden den gesetzlichen Erben, also in erster Linie den Söhnen, zu. Gleiches galt über den Anfall dieses Rests nach den Brehon Laws.[24]

In der Collectio Hibernensis tritt neben das Drittel „für Gott" ein Drittel für den König, den „Caesar", und nur ein Drittel verbleibt den *filii* oder *heredes.*[25] Für die Frage, ob die irische Mission die feste Quote in Bayern eingeführt hat, ist dieser Unterschied ohne Belang. Für die Missionare, die die Mahnung aussprachen, daß der Kirche eine feste Quote vom Vermögen hinterlassen werden solle, war die Frage, wie der Rest verteilt werden sollte, wenn überhaupt, so doch von untergeordneter Bedeutung. Wir haben das bereits in Irland selbst gesehen.

Die Quote für Christus sollte neben der Erhaltung der Kirche — die Iren stellten in dieser Hinsicht sehr bescheidene Ansprüche[26] — der Ausübung der *Caritas* dienen, die „mehr mit irischer Großzügigkeit als mit System ausgeübt" wurde.[27] Auch in dieser Hinsicht zeigt sich wieder das Fehlen scharf gefaßter Bestimmungen und einer festen Organisation, beides Characteristica der irischen Mission im Gegensatze zur römischen.

Die irischen Missionare konnten keine gesetzlichen Vorschriften erlassen. Sie konnten nur Mahnungen aussprechen, daß Gaben an die Kirche gegeben werden sollten — ebenso wie einst die griechischen Väter. Aber daß diese Mahnungen befolgt wurden, daß sich ein Brauch bildete, dafür sprechen die Urkunden aus Freising, in denen über das Drittel und die Hälfte verfügt wird.

V. Es fragt sich, in welchem Verhältnis stehen die mit dem irischen Brauch übereinstimmenden Schenkungen zur *Lex Baiuvariorum,* I, 1? Dort ist bestimmt: Nachdem der Vater mit seinen Söhnen geteilt hat (*postquam cum filiis suis partivit*), darf er über seinen Anteil (*de portione sua*) für sein Seelenheil verfügen (*res suas ad ecclesiam pro redeptione animae suae*). Die Rechte der Familie werden insofern gewahrt, als der Vater nichts aus dem ungeteilten Vermögen verschenken darf. Aber, *wie* geteilt werden soll — ob nach Köpfen oder nach festen Quoten — darüber schweigt das Gesetz.

---

[24] S. oben, § 27.

[25] Oben, § 28, II.

[26] Oben, § 30 am Ende, § 31, V am Ende.

[27] *Bauerreiss,* a. a. O., S. 47.

Das Gesetz wurde zwischen 743—748 erlassen,[28] also erst nach der Verdrängung der Iren. 739 hatte Bonifatius die Organisation der bayrischen Bistümer vollendet. Bayern war in gesteigerte Abhängigkeit vom Frankenreich geraten, nachdem Herzog Odilo 743 geschlagen worden war. Bei der Redaktion des Gesetzes dürften Organe der fränkischen Regierung beteiligt gewesen sein. Auf die kirchlichen Bestimmungen hat die römische Kirche und aller Wahrscheinlichkeit nach Bonifacius' machtvolle Persönlichkeit Einfluß ausgeübt.[29]

Lex Baiuvariorum, I, 1, sichert der Kirche die Zuwendungen für das Seelenheil, indem sie das Recht des Vaters anerkennt, über seinen Anteil nach der Teilung zu ihren Gunsten zu verfügen. Das Fehlen einer exakten Bestimmung über die Höhe der Quote widerspricht dem Interesse der Kirche nicht. In einer Zeit, in der die Gaben für das Seelenheil aufs reichlichste flossen, hatte die römische Kirche kein Interesse an ihrer Begrenzung. Dazu erklärte sie sich erst bereit, als der Schenkungseifer nachließ.[30] Das Nebeneinanderstehen von fester Quote und Kopfquote in den Freisinger Urkunden läßt erkennen, daß man noch nicht dazu gelangt war, die Quote einheitlich zu fixieren. Die Entwicklung war noch im Fluß.

Die Urkunden zeigen auch in anderer Hinsicht, daß die Entwicklung durch die *Lex Baiuvariorum* noch nicht abgeschlossen war, daß man sich auf ihren Schutz allein nicht verließ. Es ist charakteristisch, daß trotzdem die *Lex* dem Vater nach der Teilung mit seinen Söhnen ohne weiteres gestattete, seine „portio" zu verschenken, es in den Schenkungsurkunden vielfach für notwendig befunden wird, daß die Söhne und sonstige Verwandte und *heredes* ihre Zustimmung zu der Schenkung geben.[31] Daß man den Nachkommen trotz der Regelung nicht traute, zeigen die immer wiederkehrenden Verfluchungen und Strafandrohungen für den Fall sie die Schenkungen später bestreiten sollten.[32] Auch die Erlaubnis des Herzogs zur Vergabung von Liegen-

---

[28] *K. A. Eckhardt,* Germanenrechte, II, S. VI f.; *von Schwerin-Thieme,* Grundzüge der deutschen Rechtsgeschichte, 1950, S. 55; *Planitz,* Germanische Rechtsgeschichte, 3. Aufl., S. 105.

[29] *Brunner,* Deutsche Rechtsgeschichte, I (1. Aufl.), S. 316 f., *Adler,* a. a. O., S. 27 f.

[30] S. oben, § 18 und unten, §§ 37 und 38.

[31] Zum Beispiel in Bitterauf, Nr. 189 (802—805), Nr. 140 (v. J. 791). Vgl. Bitterauf, Einleitung, I, S. XLVIII.

[32] Zum Beispiel Bitterauf, Nr. 1 (v. J. 744), Nr. 2 (v. J. 748), Nr. 9 (v. J. 757).

schaften wird für erforderlich erachtet — trotz Lex Bai., I, 1 (v. J. 743—748) und trotz der Synode von Dingolfing (v. J. 772), die bestimmt hatte, daß künftig kein Freier gehindert sei, Schenkungen an die Kirche zu machen.[33]

VI. Die Freisinger Schenkungen, die mit den irischen übereinstimmen, finden sich in Urkunden des 8. und 9. Jahrhunderts. Die älteste Urkunde der Freisinger Sammlung datiert vom Jahre 744, das heißt also erst nach der Verdrängung der Iren (739). Aber die Wirkungen der Irenmission hörten nach diesem Zeitpunkt keineswegs auf, obwohl Bonifatius ihre unorthodoxen Lehren und Einrichtungen bekämpfte.[34] Gerade aus Bonifatius' energischem Auftreten gegen die irischen Mönche ergibt sich, wie stark sie auf die Bevölkerung gewirkt haben müssen.[35]

Die Nachwirkung der Iren zeigt sich z. B. in der Verbindung von Kloster und Bischofsitz in Freising und Regensburg. Bonifatius „hat nur den Schwerpunkt auf die Kathedra verlegt".[36] Den Klöstern wurde noch in der bayrischen Synode von Neuching (772) die Seelsorge durch Priestermönche für die eigenen „Villicationen" vorbehalten.[37]

Die irische Nachwirkung in den Freisinger Schenkungsurkunden ist keine isolierte Erscheinung. Irischer Einfluß zeigt sich auch in der *Freisinger Liturgie* des 7. bis 9. Jahrhunderts, die mit der irisch-gallikanischen Liturgie der Kirche von Autun zusammenhängt. Sie war Ende des 7. Jahrhunderts wohl von Luxeuil aus nach Freising gebracht worden.[38]

---

[33] Kap. 6 (Mon. Germ., Leges, III, 460): „De eo quod, ut si quis de nobili genere de hereditate sua voluisset dare ad sanctuarium Dei, in sua potestate esset, nemo prohibuisset" vgl. *Loening*, Geschichte des deutschen Kirchenrechts, III, S. 666, Anm. 6.

[34] *Bonifatius*, Epist. 44 (Mon. Germ. Epist. sel., I, 71): „... doctrinam vel venientium Brittonum vel falsorum sacerdotum hereticorum ... renuentes ab prohibentes abiciatis." Siehe *Bauerreiss*, S. 43; *von Schubert*, S. 305, Anm. 1; *Stenton*, Anglo-Saxon England, S. 168 ff.

[35] „Wie anders wäre das entschiedene Auftreten des Bonifacius gegen sie gerechtfertigt!" sagt *Bauerreiss*, S. 43.

[36] So *Beyerle*, Zeitschrift für schweizerische Geschichte, 27, S. 149, mit Bezug auf den iroschottischen Bischof Perminius in Alemannien (s. oben, Anm. 6).

[37] *Beyerle*, S. 147.

[38] Germain Morin, Un recueil Gallican, inédit etc. en usage à Freising au VIIe—IXe siècle (Revue Bénédictine, XXIX, 1912, S. 168 f.). Ein guter Teil der Mönche von Luxeuil waren Iren. Vgl. *Bauerreiss*, Korbinian-Festschrift, S. 44, 47, 56; *Michael Huber*, ebenda, S. 249.

Selbst bis in die Gegenwart haben sich Spuren der irischen Mission im bayrischen Volksglauben erhalten, wie er sich in Sprache und Sitte, in Brauch und Heiligenverehrung kundtut. Diese Beziehungen treten besonders in der Volksmedizin zutage.[39]

Unter diesen Umständen ist es nicht zu verwundern, daß sich auch die feste Quote der Iren nach ihrem Abzuge in den Freisinger Urkunden erhalten hat — ebenso wie in Northumberland und anderwärts.

VII. Eine späte Spur der irischen Quote ist vielleicht auch noch in *Regensburg* erkennbar, wo sich ein irisches Kloster befand, das ebenfalls einen Mittelpunkt der irischen Mission gebildet hatte.[40] Nach dem Ratsstatut von Regensburg (v. J. 1410), das altes Gewohnheitsrecht und Brauch aufzeichnete, wird der Seelteil auf ein *Neuntel* festgesetzt. Das Neuntel soll bei kinderlosem Tod eines Bürgers „der sele volgen".[41] Zwischen der Geistlichkeit, an der Spitze dem Bischof, und der Bürgerschaft von Regensburg waren Streitigkeiten über finanzielle Angelegenheiten entstanden.[42] Dazu würde passen, daß der Stadtrat in seinen Statuten von 1410 das Seeldrittel auf ein Neuntel herabsetzte.

Parallelen der Herabsetzung des Seeldrittels auf ein Neuntel finden sich in der Bretagne (1308) und im Archidiakonat Richmond in York-

---

[39] Der irische Heilige Monus (Fest am 12. Juli) gilt als *Schutzpatron gegen Geschlechtskrankheiten.* Das Volk bezeichnet heute noch die Syphilis als *St. Monus-Krankheit.* — Der Tag des hl. Fridolin ist günstiger *Aderlaßtag.* — Auch St. Gallus ist Krankenpatron, und dem *Galluswein* wird besondere Heilkraft zugeschrieben (hierüber und über weitere Beispiele siehe *Bauerreiss,* S. 47 f.). — Die Bevorzugung der Iren als Krankheitspatrone ist ein Nachklang ihrer ausgebreiteten caritativen Tätigkeit. — Irischer Einfluß zeigt sich auch in den auf *-zelle* endigenden Ortsnamen in Südbayern, ebenso wie im alemannischen Gebiet. In ihnen steckt das irische Wort *zille,* womit die irischen Mönchszellen, d. h. ihre Klöster, bezeichnet wurden. Vgl. *Gougaud,* S. 91; *Finsterwalder,* Zeitschrift für Kirchengeschichte, 47 (1928), S. 215.

[40] Das Regensburger Georgskloster, das spätere „Domstift", wird auf *St. Emmeran* zurückgeführt. Siehe *Sigisbert Mitterer,* O. S. B., Das Freisinger Domkloster und seine Filialen, Korbinian-Festschrift, S. 31; *R. Hindringer,* Das Quellgebiet der bayerischen Kirchenorganisation (ebenda, S. 31); *Michael Huber,* Der Hl. Alto und seine Klosterstiftung Altomünster (ebenda, S. 21); ferner *Finsterwalder,* S. 222; *von Schubert,* S. 669. — Im 11. Jahrhundert wurden noch zwei „Schottenklöster" in Regensburg gegründet (*Delius,* S. 121.)

[41] Herausgegeben von *Gemeiner,* Reichsstadt Regensburgische Chronik, II (1803), S. 394. Vgl. *Gâl,* Z. Sav. St., Germ. Abt., 29, S. 229 und *Rietschel,* ebenda, 32, S. 307, Anm. 2.

[42] *Werninghoff,* Geschichte der Kirchenverfassung im Mittelalter, 1905, S. 280.

shire (1254).[43] In Yorkshire wie in der Bretagne handelt es sich ebenfalls um Gebiete, in denen einst die irische Mission gewirkt hatte.

§ 36. Nachwirkungen der irischen Mission im nördlichen Frankreich

I. Der Hauptstoß der irischen Mission ging über den Kanal nach dem nördlichen Frankreich. Wir fragen: Läßt sich dort ebenfalls ein Einfluß der Iren und damit indirekt eine Nachwirkung der griechischen Väter erkennen? Im fränkischen Recht finden sich Spuren eines Drittels für die Seele. Wie ist es dorthin gelangt? Die Frage ist oft gestellt und von verschiedenen Gesichtspunkten aus beantwortet, der Einfluß der irischen Mission ist aber noch nicht in Betracht gezogen worden.[1]

Nordfrankreich bildete das wichtigste Wirkungsfeld der irischen Mission in der Zeit vom 6. bis ins 8. Jahrhundert hinein. Der irische Einfluß war von größter Bedeutung für das geistige und besonders das kirchliche Leben des fränkischen Reichs, der „einzigen großen Eroberung", die Irland je gemacht hat.[2] Die irischen Missionare kamen nach Frankreich, ohne sich viel um die politischen Grenzen und die staatlichen Machthaber zu kümmern, zuerst nach der Bretagne, von da

---

[43] *Brunner,* Z. Sav. St., germ. Abt., 19, S. 122 (= Abhandlungen, II, S. 295); *A. Schultze,* Augustin, S. 65. — S. unten, § 39, Anm. 16 und 17.

[1] *Schultze,* Augustin, S. 97 ff., 204 f., 214, und Atti del Congresso Internazionale di Diritto Romano, 1934, S. 217 f. erblickt in der Drittelung des fränkischen Rechts wieder den Einfluß *Augustins.* Ursprünglich hätte bei den Franken das Drittel für die Witwe bestanden, dann sei das Drittel für die Seele des Mannes, d. h. für Christus hinzugetreten, und hierbei habe man Augustins Mahnung befolgt, Christus nicht schlechter zu stellen als einen Miterben. Diese Konstruktion ist abgelehnt worden u. a. von *F. Beyerle,* Z. Sav. St., germ. Abt., 50, 1930, S. 402; *Koranyi,* Grundlagen des mittelalterlichen Erbrechts, S. 199; *Bruck,* Studi Riccobono, III, Palermo, 1933, S. 403 f. — *Rietschel,* Z. Sav. St., germ. Abt., 32, 1911, S. 308, vermutete (für die Bretagne) Zusammenhang mit dem *„keltischen Recht"*. (Dagegen *Brunner,* Z. Sav. St., germ. Abt., 19, S. 126 = Abhandlungen, II, S. 298 und *Schultze,* S. 65, Anm. 254). *Rietschel* kam m. E. der Wahrheit am nächsten. Allerdings ist nicht allgemein „keltisches Recht" eingeführt worden, vielmehr nur aus Irland stammendes Recht unter dem Einfluß der irischen Mission (siehe darüber den folgenden Text).

[2] *W. Levison,* Historische Zeitschrift, 109 (1912), S. 1 f.; *P. W. Finsterwalder,* Zeitschrift für Kirchengeschichte, 47 (1928), S. 202 ff.; *Fournier-Le Bras,* Histoire des collections canoniques en occident, I, S. 64.

weiter ins fränkische Reich.[3] Zahlreiche Klöster — besonders im Gebiet zwischen der Somme bis zur Halbinsel Cotentin — wurden von Männern begründet, die irischer Abstammung waren oder unmittelbar unter irischem Einfluß gestanden hatten.[4]

In der Zeit, in der die Iren in Frankreich wirkten, hatte die gallofränkische Kirche ihre Verbindungen mit dem päpstlichen Stuhle gelockert. Das alte kirchliche Recht war in Vergessenheit geraten, die kirchliche Hierarchie war ruiniert. Diese „anarchie" und „désagrégation de l'église Franque" erleichterten die Erfolge der Iren.[5]

Im Nordwesten Frankreichs läßt sich die Beobachtung irischer Bräuche bis zur Zeit Ludwig des Frommen nachweisen.[6] Noch gegen Ende der fränkischen Herrschaft in der Normandie wurde ein von Hincmar von Reims (858) entworfener Brief der Bischöfe der Provinzen Reims und Rouen an Ludwig den Deutschen gerichtet, der den Schutz der irischen Anstalten bezweckte.[7] Irische Ortsnamen, meist Namen irischer Heiliger, haben sich im nördlichen Frankreich bis zum heutigen Tage erhalten, ebenso wie in Bayern und anderwärts.

Auch hier wieder hatten die Iren ihre Eigentümlichkeiten mitgebracht: ihre Osterberechnung, ihre Tonsur,[8] ihre Bußbücher (*poenitentialia*),[9] die gleich der Seelquote auf syrischen Einfluß zurückgehen. Sie führten ihre Bußtarife für die verschiedenen Sünden ein, eine Art

---

[3] *H. Zimmer,* The Celtic Church in Britain and Ireland, London, 1902, S. 67 ff., 91, und Über alte Handelsbeziehungen West-Galliens mit Irland, Sitzungsberichte der Berliner Akademie der Wissenschaften, 1909, S. 384, 395 ff.; *Gougaud,* S. 116 ff.; *von Schubert,* S. 211.

[4] *Levison,* S. 6; *Finsterwalder,* S. 212. — So war z. B. Audoin (Autharius), Bischof von Rouen (641—648), ein eifriger Anhänger Columbans gewesen, der sich 610 auf dem Gute seines Vaters Autchar aufgehalten hatte. Audoin war an der Gründung des Klosters Rebais bei Jouarre (Diözese Meaux) „ad modum Luxoviensis" beteiligt. Auf Rebais geht das Kloster Jumièges (bei Rouen) zurück, ebenso Noirmoutier (*Levison,* S. 7, *Finsterwalder,* S. 212, *von Schubert,* S. 604, *Delius,* S. 108 f.). Nach dem Eindringen der Normannen stellten die normannischen Herzöge Jumièges zusammen mit Fécamp und St. Wandrille wieder her (*Haskins,* S. 9).

[5] *Fournier-Le Bras,* I, S. 43, 71, 78, 82 f. — S. auch oben, S. 145 bei Anm. 10.

[6] *Haddan,* Remains (Ausg. Forbes) 1889, S. 279, *Finsterwalder,* S. 211.

[7] *Epistola Synodi Cariasiacensis ad Hludovicum regem Germaniae directa,* 10 (Mon. Germ. Hist., Leges, Sect., II, Kap. II, S. 434, zit. bei *Gougaud,* S. 179). — Hincmar stand in engen Beziehungen zu Iren, insbesondere zu Johannes Eriugena (*Delius,* S. 117 f.).

[8] *Kenney,* S. 175; *Gougaud,* S. 117.

[9] *Fournier-Le Bras,* I, S. 51—62; *Levison,* Historische Zeitschrift, 109, S. 10 f.,

Wergeldsystem. Trotzdem diese Bußbücher im ersten Drittel des 9. Jahrhunderts auf lebhaften Widerstand stießen, haben sie sich in der fränkischen Kirche noch bis auf Burchard von Worms erhalten, der ihnen eine beträchtliche Zahl von Texten entnahm.[10] Sie importierten auch ihre Liturgie, das berühmte *Antiphonarium Benchorense.*[11]

Sie brachten ihre kanonistischen Sammlungen mit, voran die *Collectio Canonum Hibernensis,*[12] die, wie wir uns erinnern, Bestimmungen über die Seelquote enthielt.[13] Die weite Verbreitung und die beträchtliche Zahl der Handschriften der Hibernensis zeigen deutlich ihren Einfluß im nördlichen und westlichen Frankreich. Er macht sich trotz späteren Widerstandes bis auf Burchard von Worms und noch über ihn hinaus bemerkbar.[14] Die Iren importierten auch die Einrich-

---

[10] *P. Fournier,* Études critiques sur le Décret de Burchard de Worms (Nouvelle Revue Historique du droit français et étranger 34, 1910), S. 81 ff.; *Fournier-Le Bras,* I, S. 413. — Über Eindringen und Anpassung der Keltischen Bußbücher bei den Angelsachsen und auf dem Kontinent s. noch *R. C. Mortimer,* Western Canon Law, Berkeley, 1953, und dazu *Schafer Williams,* American Historical Review, LIX, 1954, S. 678.

[11] *Levison,* S. 5. Schon Caesarius' von Arles Schriften zeigen den Einfluß der irischen Liturgie (*Gougaud,* S. 233). — Über die Beziehungen der alten Liturgie in Freising und der irisch-gallikanischen Liturgie siehe oben, § 35, Anm. 37.

[12] *P. Fournier,* De l'influence de la Collection Irlandaise sur la formation des collections canoniques, Nouv. Rev. Hist. de dr. fr. et étr., 23, S. 28 ff.; *Fournier-Le Bras,* I, S. 64.

[13] Oben, § 28.

[14] *Waschersleben,* Die irische Kanonensammlung, S. XXX f.; *Gougaud,* S. 281, 301; *Kenney,* S. 247; *E. Anspach,* Das Fortleben Isidors im VII.—IX. Jahrhundert (Miscellanea Isidoriana, Madrid, 1936), S. 327. — Eine *Handschrift der Hibernensis enthält Glossen in altbretonischer Sprache* (*Waschersleben,* S. XX, XXXI), sie ist in der Bretagne entstanden oder gebraucht worden, ebenso wie andere keltische Manuskripte. In die Bretagne waren die irischen Missionare zuerst gekommen (*Henry Bradshaw,* The Early Collection of Canons Known as the Hibernensis: Two Unfinished Papers, Cambridge, 1893, S. 35; vgl. *George H. Williams,* The Norman Anonymus of 1100 A. D., Harvard Theol. Studies, XVIII, Cambridge, Mass., 1951, S. 51 f. Siehe dazu unten, § 40, Anm. 32). — Mit der Hibernensis verwandt ist eine andere irische Sammlung, der *Liber ex lege Moysi,* ebenfalls weit verbreitet im fränkischen Reich (*P. Fournier,* Le Liber ex lege Moysi et les tendances bibliques du droit canonique Irlandais, Revue Celtique, XXX, 1909, S. 221 bis 234). Ein Manuskript dieser Sammlung (Bibl. Nat. lat. 3182, saec. X/XI) stammt aus dem Kloster Fécamp in der Normandie. — Ferner ist die Schrift *Pseudo-Cyprianus, De XII Abusivis Saeculi* zu nennen, die bereits in der Hibernensis nachweisbar ist. (Vgl. *S. Hellmann,* Pseudo-Cyprianus, De XII Abusivis Saeculi, Texte und Untersuchungen zur Geschichte der altchristlichen Literatur, III,

tung der Klosterbischöfe (*évêques claustraux*), Äbte oder Mönche, die gleichzeitig Bischöfe waren, wie wir es bei Korbinian in Freising gesehen haben. Viele Klosterbischöfe waren Iren.[15] Eine andere Einrichtung, die die Iren nach Gallien brachten, waren die *Inclusi,*[16] die „Gefangenen Christi", eine Form der Askese, die zu den Institutionen gehörte, die die Iren aus dem Orient übernommen hatten.[17]

In unserem Zusammenhange ist es von Interesse, daß den Iren auch bei der Einführung des kirchlichen *Zehntgebots* Bedeutung zukommt.[18] Die Iren hatten eine kleine Sammlung *De decimis et primogenitis et primitivis in lege* eingeführt, die auf biblische Anregungen zurückging.[19] Das Gebot, den Zehnten an die Kirche zu zahlen, steht dem Gebote, ihr die Quote zu entrichten, nahe. Pippin hat das Zehntgebot zum staatlichen Gesetze erhoben.[20]

Unter den Indizien für die Existenz irischen Einflusses im Merowingischen Reiche darf vielleicht auch der freundlichen Einstellung einiger Merowingischer Könige gegenüber der irischen Mission gedacht werden, und zwar gerade in einer Zeit, in der sie sich allem Anscheine nach mit der Seelquote befaßt haben. Wie *Brunner*[21] unter weitgehen-

---

4, 1910, S. 1 ff.) Diese Schrift war in Irland zwischen 630—700 entstanden; sie wird noch bei fränkischen Bischöfen des 9. Jahrhunderts zitiert.

[15] *Hieronymus Frank,* Die Klosterbischöfe des Frankenreichs, Beiträge zur Geschichte des alten Mönchtums, Heft 17, Münster i. W., S. 6 ff. und *passim;* vgl. *H. R. Bittermann,* The influence of Irish monks on Merovingian organization, American Historical Review, 40 (New York, 1935), S. 232 ff.

[16] *Ottmar Dörr,* Das Institut der Inclusen in Süddeutschland, Beiträge zur Geschichte des alten Mönchtums, Heft 18, Münster i. W., 1934. — S. oben, § 30, I bei Anm. 15.

[17] *Doerr,* S. 24 ff.

[18] *U. Stutz,* Das carolingische Zehntgebot, Z. Sav. St., germ. Abt., 29, 1908, S. 180 ff.; *Levison,* Hist. Z., 109, S. 10; *Fournier,* Le Liber ex lege Moysi et les tendances bibliques du droit canonique irlandais (Revue Celtique, XXX, 1909, S. 226, Anm. 1, 228, Anm. 1, 232 f.).

[19] *Waschersleben, Bußordnungen,* S. 143 f.; *Gougaud,* S. 281. Biblische Einflüsse waren für die irische Kirche charakteristisch. Vgl. oben, Anm. 14.

[20] *Stutz,* a. a. O., *Levison,* a. a. O., *Liebermann,* Gesetze der Angelsachsen (Glossar) II, 2, S. 748 f., Anm. 3.

[21] *Brunner,* Über ein verschollenes merovingisches Königsgesetz des 7. Jahrhunderts, 1901, S. 932 ff., 937, 942 ff., 948 (= Abhandlungen, I, S. 598 ff., 605, 618), und Deutsche Rechtsgeschichte, I², S. 420 ff., 453, 457 f. Zustimmend, zum Teil mit Modifikationen, u. a. *Ernst Heymann,* Papsttum und Kaisertum, Festschrift für Kehr, 1926, S. 132; *Konrad Beyerle,* Lex Baiuvariorum, Festgabe der juristischen Fakultät München zur Jahrhundertfeier der Universität München, 1926, S. XXIII f.;

der Zustimmung angenommen hat, liegt den Bestimmungen der *Lex Baiuvariorum*, I, 1, und der *Lex Alamannorum*, I, 1, in denen eine *portio* für die Seele, allerdings ohne Angabe der Höhe derselben zugelassen wurde, ein *Merowingisches Königsgesetz* (aus den Jahren 629 bis 634) zugrunde. Es ging nach *Brunner* auf Dagobert I., nach *Amira* auf seinen Vater Chlothar II. zurück. Dagobert war seit 625 Mitregent seines Vaters.[22] Chlothar und Dagobert haben beide die irische Mission gefördert, Dagoberts Hof bildete einen Mittelpunkt der Bestrebungen Columbans.[23] Auf Chlothars Veranlassung entsandte Columban seine beiden Schüler Eustasius und Agilus, nach Bayern.[24] Es erscheint sonach nicht ganz ausgeschlossen, daß bei der Abfassung des Merowingischen Gesetzes, das den alemannischen und baiuwarischen Gesetzen später als Vorlage gedient hat, irischer Einfluß mitgewirkt hat.

Überblickt man die lange Reihe der Importe der irischen Mission im fränkischen Reich, die trotz ihrer späteren Verdrängung noch nachweisbar sind: Manuskripte, Gebräuche, kirchliche und rechtliche Vorschriften, gerade auch auf dem Gebiete der kirchlichen Abgaben wie beim Zehnt, so dürfte der Schluß nicht unberechtigt sein, daß sie auch ihre heimische Seelquote nach Frankreich gebracht haben, ebenso wie nach Northumberland und Bayern.[25]

Ernst Mayer, Die oberdeutschen Volksrechte, 1929, S. 264 ff.; *A. Schultze*, Augustin, S. 19, 32 f.; vgl. noch *Franz Beyerle*, Die süddeutschen Leges und die merovingische Gesetzgebung, Z. Sav. St., germ. Abt., 49 (1930), S. 264 ff.; *von Schwerin-Thieme*, Grundzüge der deutschen Rechtsgeschichte, 1950, S. 55.

[22] Vgl. *Franz Beyerle*, Der Tellotext für Dissentis, Jahresbericht der historischen antiquarischen Gesellschaft für Graubünden, 1948, S. 28.

[23] *von Schubert*, S. 604.

[24] *Bauerreiss*, S. 44.

[25] Der irische Import der Drittelquote wird nicht dadurch ausgeschlossen, daß der nach Abzug der Quote verbleibende Rest im fränkischen Reich anders verteilt wurde wie in Irland, daß z. B. die Quote für den „Caesar“ fehlt, wie sie in der Collectio Hibernensis festgesetzt war. (Vgl. oben, § 28, II, 3.) — Für die Frage, ob die Iren das Drittel importiert haben, ist es auch belanglos, daß im fränkischen und normannischen Recht eine rechtliche Gemeinschaft zwischen dem Vater und den Kindern bestand, an der er in Höhe seines Anteils berechtigt war, während eine solche Gemeinschaft im irischen Rechte fehlte. *Brunner*, Z. Sav. St., germ. Abt. 19, S. 126 (= Abhandlungen, II, S. 298) verneinte aus diesem Grunde *Rietschels* Annahme, daß das fränkische Drittel dem „keltischen Recht“ entlehnt war (vgl. diesen Paragraph, Anm. 1). Schwerlich haben sich die irischen Mönche bei ihren Mahnungen, eine Drittelquote für die Seele zu geben, darum gekümmert, daß diese Quote im nördlichen Frankreich auf eine Gemeinschaft stieß, die in ihrer Heimat fehlte.

II. Für das Drittel für die Seele im nördlichen Frankreich existiert bekanntlich ein reiches Quellenmaterial. Aber es setzt erst im 12. Jahrhundert, im Zeitalter der *Coutumes* ein, also erst über 400 Jahre, nachdem die irische Mission verdrängt worden war. Das Drittel für die Seele, der *Tiers disponible,* findet sich im ganzen Norden Frankreichs, in der Bretagne[26] und in der Normandie, in Maine, im Anjou, in der Touraine, im Artois und in der Champagne. Der *Tiers* ist noch in den Stadtrechten des 16. und 17. Jahrhunderts verbreitet, in Flandern, z. B. in Ypern, Gent und Brügge.[27]

Verschiedene Coutumes gewähren der Kirche das Drittel vom liegenden Erbgut, andere beschränken es auf das bewegliche Gut.[28] In einem Urteil des Pariser Parlaments v. J. 1416 ist bemerkt, daß die Kuraten der Pfarrkirchen in Anjou, Maine, Touraine, in der Normandie und in der Bretagne den dritten Teil der Fahrnis der Person erhielten, die im Bezirk der Pfarrei verstorben war.[29]

Aus dieser weiten Verbreitung der Quote in den Coutumes und der ihr entsprechenden *réserve coutumière,* der Restquote, die den Erben verbleibt, hat die herrschende Meinung, voran *Brunner,* zurückgeschlossen, daß es sich hierbei nicht um eine Neubildung, sondern um die Fortbildung älterer Einrichtungen handelt, die sich in lokalen Gewohnheitsrechten erhalten hätten.[30]

---

[26] *Brunner,* Festgabe für Dernberg, S. 60 f. (= Abhandlungen, II, S. 240); *Julius Ficker,* Untersuchungen zur Erbenfolge der germanischen Rechte (Untersuchungen zur Rechtsgeschichte, IV), Innsbruck, 1899, S. 400 f.; *Viollet,* Histoire du droit civil français, 3. Aufl., 1905, S. 930; *Schultze,* Augustin, S. 104; *de Laplanche,* S. 115 ff., 161 ff., 306 ff. Vgl. z. B. Très ancien coutumier de Normandie, Kap. 57, § 4: „Quisquis homo potest dare de terra sua in eleemosynam usque ad tertiam partem suae hereditatis"; und Kap. 89: „Quilibet potest donare usque ad tertiam partem liberi tenementi sui in elemosinam vel pro servicio." *Compilatio de usibus Andegaviae,* § 43: „Il est usage que Gentilhome puit aumoner de sa terre la tierce partie sans contenz." *Très ancienne Coutume de Bretagne,* Kap. 41; toute personne ... pour donner le tierz de son heritage à autre personne que à ses hoirs. (Vgl. *Brunner,* a. a. O., S. 60 = 240, Anm. 3.)

[27] *Josef Kohler,* Berliner Festgabe für Dernburg (1900), S. 255 ff.; *Schultze,* S. 104. Vgl. auch *Brunner,* Festgabe für Dernburg, S. 60, Anm. 1 (= Abhandlungen, S. 241, Anm. 1).

[28] *Brunner,* Festgabe für Dernberg, S. 60 (= Abhandlungen, II, S. 241), Anm. 1.

[29] Abgedruckt bei *du Cange,* Ausgabe Herschel-Favre, III, 630, Art. *Funeralia.* Vgl. *Brunner,* Z. Sav. St. 19, germ. Abt., S. 122 f. (= Abhandlungen, II, S. 295); *Paul Haensel,* Die mittelalterlichen Erbschaftssteuern in England, Deutsche Zeitschrift für Kirchenrecht, 19, 1909, S. 395, Anm. 2.

[30] *Brunner,* Beiträge zur Geschichte des Erbenwartrechts, Festgabe für Dernburg,

In der Tat finden sich — wenn auch spärliche — Spuren der Drittelung des Vermögens bereits im älteren fränkischen Recht. Wie *Brunner* dargelegt hat, besteht im fränkischen Reich ein Recht der *Frau* auf die *Tercia* vom Vermögen des Mannes. *Tercia* ist technischer Ausdruck für die vom Manne der Frau am dritten Teile seiner Güter bestellte *dos*. Sie ist bereits im 7. und 6. Jahrhundert nachweisbar.[31] Wir erinnern uns, daß auch in England, in Wessex — wenn auch unter anderen Voraussetzungen — ein Drittel für die Frau begegnete, das vielfach ebenfalls als ein Indiz für ein dem Manne zustehendes Drittel aufgefaßt wird.[32] Daneben bestand bei den salischen Franken ein ausgedehntes örtliches Gewohnheitsrecht, nach dem auch die *Kinder* eine Anwartschaft auf den dritten Teil des väterlichen Guts besaßen, ein „Wartrecht", d. h. das Recht in dieser Höhe die Verfügungsfreiheit des Vaters zu beschränken.[33]

Wie hoch die *portio* des *Vaters* war, wird in den älteren Quellen nicht erwähnt. Aber wenn der Frau eine *Tercia* zustand, wenn die Kinder wenigstens im salfränkischen Recht ein Wartrecht in Höhe von einem Drittel besaßen, so erscheint die Vermutung nicht unbegründet, daß die *portio* des Vaters, über die er frei verfügen durfte — und hier kam in erster Linie Verfügung für sein Seelenheil in Betracht — ebenfalls ein Drittel betrug.[34] Daß der Anteil der Frau und

S. 60 (= Abhandlungen, II, S. 240 f.). Zustimmend u. a. *P. Viollet*, Les coutumiers de Normandie, Histoire litéraire de la France, Paris, 1906, S. 41; *Schultze*, Augustin, S. 106 f., und Atti del Congresso Internazional di Diritto Romano, 1934, I, S. 214. — Die herrschende Meinung erblickt in der *réserve* Reste des germanischen Erbenwartrechts. Anderer Ansicht *de Laplanche*, La réserve coutumière dans l'ancien droit français, Paris, 1925, S. 7 ff., 62 ff., der die réserve als eine Neubildung betrachtet, ohne Zusammenhang mit Einrichtungen des germanischen Rechts. Das fränkische Recht habe bereits völlige Vergabungsfreiheit gekannt; die *réserve* sei eine Neubildung der nachkarolingischen Zeit. Siehe dagegen *Schultze*, S. 6 ff.; *H. Mitteis*, Z. Sav. St., germ. Abt., 49 (1929), S. 654 ff., 660 f. — Unten, §§ 39 und 40, III, wird die Ansicht vertreten werden, daß die Quote der Coutumes *nicht nur* auf Gewohnheitsrecht zurückgeführt werden kann; vielmehr hat auch ein *weiterer* Faktor dabei mitgewirkt, der dem Zeitalter der *coutumes* angehört.

[31] *Brunner*, Festgabe für Dernburg, S. 51 f., 55 (= Abhandlungen, II, S. 230, 234); *Schultze*, Augustin, S. 97 f. — Siehe diesen §, Anm. 1.

[32] Vgl. oben, § 33, II a.

[33] *Brunner*, a. a. O., S. 60 (= Abhandlungen, II, S. 241); *Schultze*, S. 15, 29 und *passim*.

[34] Drittelquoten für die Seele des Gebers begegneten in fränkischer Zeit in den Schenkungen von Freising (oben, § 34). — In zwei ostfränkischen Urkunden (Codex diplomaticus Fuldensis, herausgegeben von Dronke, Nr. 123 und 124 von 796) teilt

die Quote des Mannes einander entsprechen, zeigt sich auch noch im Rechte der *Coutumes.* Dort kehren der *Tiers disponible*, über den der Mann für seine Seele verfügen darf, sowie das der Frau zustehende Drittel als *douaire coutumier* nebeneinander wieder.[35]

Eine Drittelung begegnet ferner in dem berühmten „Testament" Karls des Großen v. J. 811, dort aber in besonderer Ausgestaltung.[36] Sie betrifft den wichtigsten Teil seines Mobiliarvermögens. Im ersten Teil der Urkunde teilt Karl seine Schätze in Gold, Silber und Edelsteinen in drei Teile (*primo quidem trina divisione*). Hiervon werden zwei Dritteile zusammen gefaßt und den 21 Metropolitankirchen des Reiches zugewendet (u. a. Rom, Ravenna, Köln, Mainz, Salzburg, Reims, Lyon, Arles).[37] Im zweiten Teil der Urkunden verfügte der Kaiser über das *letzte Drittel,* das er sich in der ersten Verfügung vorbehalten hatte („tertiam integram reservavit").[38]

Die Art, wie die Schätze des Kaisers geteilt und untergeteilt werden, läßt erkennen, daß es sich hier um ein Kunstprodukt handelt, an

---

ein Vater mit seinen zwei Söhnen verschiedene Grundstücke, die er von seinem Vater ererbt hat. Vater und Söhne erhalten je ein Drittel. Der Vater überträgt sein Drittel dem Kloster in Fulda. Der Schluß auf eine typische Quote in Höhe eines Drittels ist allerdings nicht zwingend, da gerade drei Beteiligte vorhanden sind (*Schultze,* S. 107 f., vgl. oben, § 35, Anm. 18).

[35] *Schultze,* S. 106, Anm. 465.

[36] Karls Testament ist in Einhards Vita Caroll Magni mitgeteilt (Mon. Germ. Hist., Scriptores, Schulausgabe, 6. Aufl., 1911, von Holder-Egger). Es ist eingehend untersucht von *Alfred Schultze,* Das Testament Karls des Großen (in der Gedächtnisschrift für Georg von Bülow, Stuttgart, 1928), ferner Augustin und der Seelteil, S. 108 ff. Die Frage, ob irische Einflüsse bestehen, ist aber nicht behandelt.

[37] Jeder Teil wurde in ein Repositorium gelegt, mit Aufschrift versehen und versiegelt. *Schultze* (S. 109) folgert daraus, daß hierin ein sofortiger Vollzug der Schenkung liegt, daß es sich in diesem Teile von Karls Verfügung nicht um ein einseitiges Testament, sondern um eine *donatio inter vivos* handelt.

[38] Diese Gegenstände sollten bis zu seinem Tode im täglichen Gebrauch des kaiserlichen Haushalts bleiben. Erst dann sollten die Gegenstände dieses letzten Drittels mit den in der Urkunde später erwähnten Sachen des Kaisers (Erz, Eisen, Metalle, Waffen und Hausgerät) zu einer einzigen Masse zusammengefaßt werden und in *vier gleiche Teile* zerlegt werden, nämlich je ein Viertel: 1. wieder für die 21 Metropolitankirchen, zur nachträglichen Vermehrung der bereits vollzogenen großen Seelgabe, 2. für die Kinder und Enkel des Kaisers, also für die gesetzlichen Erben, 3. für die Armen (*consueto Christianis more*), 4. für die Palastdienerschaft (*simili modo nomine eleimosinae*). — Das erste Viertel wird also, wie *Schultze,* Augustin, S. 116, ausführt, der Masse zugeschlagen, die die Metropolitankirchen schon früher erhalten hatten, und der Rest wird *wieder in drei Teile* zerlegt: für Erben, Arme und Dienerschaft, an die letzten beiden wieder *pro anima.*

dem wohl gelehrte Theologen mitgewirkt haben. Es handelt sich gewissermaßen um einen Barockstil des Seeldrittels. Unter den Gelehrten, die an Karls Hofe weilten, befand sich mancher Ire.[39]

Nach Karls des Großen Tode (814) führte Ludwig der Fromme das Testament seines Vaters aus und ergänzte es durch die sog. *divisio*, die sich auf das von Karl hinterlassene Geld (*pecunia*) bezog.[40] Hierbei tritt die Drittelung noch deutlicher in Erscheinung. Ludwig bestimmte, daß ein Drittel der *pecunia* für die *„causa funeris"* verwendet werden sollte; die übrigen zwei Drittel verteilte er unter die ehelichen Kinder Kaiser Karls. Die Worte *„causa funeris"* bezeichnen nicht bloß die Begräbniskosten, sondern den Seelteil, aus dem zuerst das Begräbnis zu bestreiten war.[41]

Im Gegensatz zum Testament seines Vaters, in dem die Mobilien zwar gedrittelt, aber alle drei Teile der Kirche hinterlassen wurden, erhielt die Kirche in Ludwigs *divisio* nur ein *Drittel*, die beiden restlichen Drittel gingen an die Kinder. Hier handelte es sich also um ein wirkliches Drittel für die Seele.[42]

---

[39] *Michael Tangl* vermutete, daß Einhard das Testament verfaßt und dann in der *Vita Karoli* übernommen hat (Kaiser Karls Leben von Einhard, übersetzt von Otto Abel, 4. Aufl., bearbeitet von M. Tangl, 1920, zit. bei *Schultze*, S. 108, Anm. 475). Aber viele Gelehrte weilten an Karls Hofe, die als Berater in Frage kamen, darunter viele Iren. Einhard selbst berichtet, daß Karl eine solche Vorliebe für Iren hatte, daß sie am Hofe als Belastung empfunden wurden (*Delius*, S. 112; *Levison*, Historische Zeitschrift, 109, 1912, S. 20 f.). Auch Alkuin, der sieben Jahre vor Errichtung des Testaments gestorben war, unterhielt Beziehungen zu Iren.

[40] Die *divisio* Ludwigs des Frommen ist mitgeteilt bei Nithards Historiarum libri, IV (Mon. Germ. Hist., Scriptores, Schulausgabe von Ernst Müller, 1907), I, 2: „Initio quidem imperii suscepti *pecuniam* ingenti numero a patre relictam trifariam dividere iussit et unam partem causa funeris expendit, duas vero inter se et sorores suas a patre iusto matrimonio susceptas devisit." — Wie *Schultze*, S. 110 ff., 114, hervorhebt, sind unter dieser „pecunia" die Geldvorräte Karls zu verstehen, die dieser in seinem Testament von 811 nicht berücksichtigt hatte.

[41] Noch im Jahre 1416 heißt es in dem Urteil des Pariser Parlaments: „sepultura seu funeralia" (oben, Anm. 29). — In der normannischen Coutume von 1583, Art. 418, wird bestimmt, daß ein Testator, der Kinder hat, über seine Fahrhabe nur bis zu einem Drittel testieren könne, auf welches auch die Begräbniskosten anzurechnen seien. Gleiches gilt nach der *Très ancienne Coutume de Bretagne* (14. Jahrhundert), Ausgabe von Planiol, 1896, Kap. 207 (*Brunner*, Z. Sav. St., germ. Abt.), 19, S. 110 (= Abhandlungen, II, S. 382). — Belege aus älterer Zeit siehe bei *Schultze*, S. 114 f. — Von Interesse ist *Collectio canonum Hibernensis*, lib. 32, Kap. 22: „Testamentum infirmi est, ut suo ministro partem de mobili substantia et aliam heredibus aliamque ecclesiae tribuat in pretium sepulcri."

[42] Ludwig der Fromme stand, ebenso wie sein Vater, in Beziehungen zu Iren,

Erwähnt sei ferner, daß sich eine Drittelung des Nachlasses in einem Beschluß des fränkischen Konzils von *Tribur* (895) findet, der in diesem Zusammenhange noch nicht verwertet worden ist. Er bestimmt, daß ein Priester, der früher Sklave gewesen ist, über zwei Drittel seines *peculium* frei verfügen dürfe, aber ein Drittel der Kirche hinterlassen müsse.[43] Allerdings handelt es sich hier um einen Sonderfall.

Die Verfügungen der großen Kaiser, die die Drittelung erkennen lassen, sind erhalten geblieben. Wie viele Verfügungen gewöhnlicher Sterblicher, besonders über geringwertige Mobilien, mögen in Vergessenheit geraten sein! Sie bewahrte kein Archiv auf, sie wurden überhaupt nicht aufgezeichnet. Erinnern wir uns, daß wir nichts vom Seeldrittel in Northumberland wüßten, wenn Beda sich nicht für die Erlebnisse des scheintoten Drycthelm im Jenseits interessiert und bei dieser Gelegenheit nicht auch beiläufig erwähnt hätte, daß dieser Mann ein Mobiliardrittel dem Kloster Melrose hinterlassen hat.[44]

III. Rückblickend müssen wir betonen, daß nur geringe Spuren des Drittels aus den Jahrhunderten erkennbar sind, die den *Coutumes* im nördlichen Frankreich vorausgehen. Um so zahlreicher sind die Urkunden über Schenkungen und Testamente an Klöster und Kirchen, die von einer Drittelquote *nichts* wissen, vielmehr unbeschränkt über große Vermögensobjekte, zuweilen über das gesamte Vermögen, einschließlich Erbgut, zu ihren Gunsten verfügen. Die Großen des fränkischen Reichs, voran die Könige, aber auch vermögende Angehörige anderer Schichten, wetteiferten in Gaben für das Seelenheil an die

---

wie sich z. B. darin zeigt, daß ein Ire, *Dungal*, ihm (und seinem Sohne Lothar) eine Schrift gewidmet hat. Welcher von den mehreren Iren mit dem Namen Dungal die Schrift verfaßt hat, steht nicht fest (*Delius*, S. 114), ist aber in unserem Zusammenhang belanglos.

[43] In dem Beschluß, der bei *Regino von Prüm* (ca. 906) angegeben ist, heißt es: „... de duabus partibus (sc. peculii) faciant presbyteri, quod eis visum fuerit, tertiam secundum canonum jussa, quibus serviunt, relinquant ecclesiis" (Reginonis Abbatis Prumensis libri duo de synodalibus causis et disciplinis ecclesiasticis, II, 39, Ausg. *Waschersleben*, [1840], 229 = App. I, 42, S. 409). Reginos Quelle ist Kap. 28 der Collectio Catalaunensis, Ausg. *Seckel*, Neues Archiv der Gesellschaft für ältere Deutsche Geschichte, 18, S. 400 (den Hinweis auf Seckels Publikation verdanke ich Herrn Professor *Stephan Kuttner*). — Der bei Regino mitgeteilte Beschluß ist durch Burchard von Worms abgeändert und die abgeänderte Fassung in Kap. 2, X. de succesionibus ab intestato III, 27 übernommen worden. Vgl. unten, § 38, II.

[44] Siehe § 31, I, und in diesem § unter III.

Kirche, besonders von Land.[45] Der Einfluß der Kirche und das Bestreben der Erblasser, soviel wie möglich für ihr Seelenheil zu tun, wirkten zusammen.

Bezeichnend sind die von Mönchen und Klerikern zusammengestellten Formelsammlungen, wie die des Mönches *Marculf* (etwa 800). Nach ihnen richteten sich die Schenker und Testatoren, die die Kirche bedachten, und ihre geistlichen Berater. Diese Sammlungen erwähnen keine Beschränkung der Gaben durch eine Drittelquote. Sie stehen auf dem Standpunkte der römischen Kirche, die unter Berufung auf die „*lex Romana*" für Testierfreiheit eintrat, unbeschränkt auch durch die Beispruchsrechte der Erben.[46]

Ebenso wie im südlichen England[47] lehnte die römische Kirche die Quote auch in Frankreich ab und trat für die römische Testierfreiheit ein.[48] Dies geschah trotz der Wartrechte der Erben, die im Erfordernis der Zustimmung der Erben, der *laudatio parentum*, ihren Ausdruck fanden. Wie die Urkunden zeigen, wurden zahlreiche Vergabungen ohne den erforderlichen Konsens der Erben vorgenommen.[49]

Hier tritt ein Widerspruch zwischen Recht und Wirklichkeit zutage. Trotz der kirchlichen Forderungen, die in der Praxis der Urkunden ihren Ausdruck fanden, hielt die Rechtsüberzeugung des Volkes an

---

[45] *Jacques Flach*, Les origines de l'ancienne France, Paris, 1917, IV, S. 195, Anm. 2; *Hauck*, Kirchengeschichte Deutschlands, II, S. 136 ff., *de Laplanche*, S. 26 ff., 55 ff., *H. Mitteis*, Z. Sav. St., germ. Abt. 49, S. 655, 661; *I. Declareuil*, Histoire générale du droit français, Paris, 1925, S. 139, 327 f.; *F. Olivier-Martin*, Histoire du droit français, 1948, S. 183 f.

[46] Siehe die zahlreichen Fälle bei *de Laplanche*, S. 27, Anm. 4, S. 29, Anm. 1, 31 ff. und bei *Schultze*, S. 97 ff., 102, z. B. Formulae Merovingici et Karolini aevi, Mon. Germ., legum sectio, V, f. 37 (aus Anjou, vor 676): „*Lex Romana* et antiqua consuetudo exposcit, ut unusquisque homo ... de rebus suis propriis aliquid pro anime suae compendium dare decreverit, licenciam habeat." Umfangreiche Zuwendungen des gesamten oder großer Teile des Vermögens siehe etwa bei *Pardessus*, Diplomata, Nr. 256 (von 632), Nr. 388 (von 670); additamenta, II, Nr. 502 (von 716), Nr. 595 (von 748), Nr. 609 (von 739).

[47] Oben, § 33, III.

[48] Über die Stellung der Kirche zu Quote und Testierfreiheit siehe im Zusammenhange unten, § 38.

[49] *Andreas Heusler*, Institutionen, II, S. 118 ff.; *Henrici*, Über Schenkungen an die Kirche, 1916, S. 15. — *de Laplanche*, S. 27 ff., 62 ff., 66 f., nimmt an, daß der Hausvater bei den Franken ursprünglich Verfügungsfreiheit besessen hätte, die erst später durch das Erfordernis der *laudatio parentum* eingeschränkt worden sei. (Ähnlich bereits *Julius Ficker*, Untersuchungen zur Erbenfolge der ostgermanischen Rechte, Innsbruck, I, 1891, S. 196 ff., V, 1, 1902, S. 164 ff.) Vgl. oben, § 22, Anm. 3.

der Mitberechtigung der Erben am Familiengut fest. Dies kommt zum Ausdruck in den ständig wiederkehrenden Selbsthilfeakten enttäuschter Erben, die der Kirche mit Gewalt die ihnen entzogenen Erbgüter — manchmal sogar auch mehr — abzunehmen versuchten.[50] Die Konzilien bekämpften dies ständig.

Die irische Mission, die sich mit einer Quote des Vermögens begnügt hatte, war längst verdrängt worden. Diese Missionare hatten immer wieder gemahnt, durch Hingabe der Quote für das Seelenheil zu sorgen, ebenso wie dies einst die griechischen Väter im Orient getan hatten. Von ihren Klöstern aus konnten sich aber lokale Gewohnheiten bilden, etwa in der Art wie wir es in der Diözese Freising beobachten konnten. Sie ragen als Überbleibsel in die Zeit nach der Romanisierung hinein.

Es waren wohl vorwiegend kleinere Leute, die sich damit begnügten, einen Bruchteil ihres Mobiliarvermögens zu übertragen.[51] Erst im Zeitalter der Coutumes treten auch bei den Begüterten häufig Vergabungen von Dritteln auf, und zwar auch vom Grundbesitz. Dieses Aufleben der Quote vom Ende des 12. Jahrhunderts ab ist nicht auf Frankreich beschränkt. Es handelt sich um eine internationale Bewegung. Auf sie wird unten[52] im Zusammenhange eingegangen werden.

---

[50] *Mitteis,* Z. Sav. St., germ. Abt., 49 (1929), S. 656, 661; *Henrici,* S. 15. — Der Widerspruch zwischen Recht und Wirklichkeit ist nicht erkannt bei *Mayer-Homberg,* Die fränkischen Volksrechte im Mittelalter, I, (1912), S. 341 ff. Er schrieb in den geordneten Zeiten vor Weltkrieg I, denen das Problem des Konflikts zwischen Recht und Wirklichkeit noch nicht so geläufig war wie unseren Tagen.

[51] Siehe oben, diesen § unter II, am Ende.

[52] § 39.

X. Kapitel

Rom und das Prinzip der Testierfreiheit

§ 37. Vor dem Corpus Iuris Canonici

In der Literatur, die sich mit der Geschichte der Quote befaßt hat, kehrt der Gedanke ständig wieder, daß die römische Kirche die Quote für die Seele, wo immer es ihr möglich war, als einen Ausfluß der Caritasidee gefördert habe, insbesondere in der von Augustin empfohlenen Gestalt des Erbteils, wie er einem leiblichen Sohne gebühre.[1] Die vorliegende Untersuchung kommt zu einem anderen Ergebnis. Es trifft allerdings zu, daß die Kirche von je für Zuwendungen für das Seelenheil eingetreten ist. Aber einem *Maße* für diese Gaben, der Quotisierung, hat Rom nur zögernd zugestimmt. Dabei ist zwischen den beiden Formen der Quote für die Seele zu unterscheiden. Die Quote in Höhe eines bestimmten Bruchteils des Vermögens — ohne Rücksicht auf die Zahl der Kinder — wie die griechischen Väter sie empfohlen hatten und wie sie sich von Syrien aus verbreitet hat, hat der päpstliche Stuhl nahezu vollständig ignoriert. Aber auch Augustins Quote, in der Höhe des Anteils, wie er einem leiblichen Sohne zukommt, wurde zunächst nur dann zugelassen, wenn besondere Umstände dies ratsam erscheinen ließen. Grundsätzlich hielt Rom an der

[1] Vgl. *Mario Falco,* Le disposizioni „pro anima", Turin, 1911, und seinen Artikel „Disposizioni per l'Anima" in Enciclopedia Italiana, II; *Francesco Brandileone,* I lasciti per l'anima e la loro trasformazione (Memorie del R. Istituto Veneto di Scienze, Lettere ed Arti, vol. 28, Nr. 7); *Hermann Henrici,* Über Schenkungen an die Kirche, 1916, S. 6 ff., 10 ff.; *Alexander Gál,* Totenteil und Seelteil nach süddeutschen Rechten, Z. Sav. St., 29, 1908, Germ. Abt., S. 225 ff.; *A. Schultze,* Der Einfluß der Kirche auf die Entwicklung des germanischen Erbrechts, Z. Sav. St. 35, 1940, Germ. Abt., S. 75 ff., ferner Augustin und der Seelteil des germ. Erbrechts, S. 29 ff., 181 ff., 202. *Schultze* ist der wichtigste Vertreter der Ansicht, daß die Kirche Augustins Quote besonders gefördert hat. Zustimmend u. a. *Heinrich Mitteis,* Die Rechtsgeschichte und das Problem der Kontinuität, Berliner Akad. Abhandlungen, 1947, S. 11. — Vgl. auch noch *W. S. MacKechnie,* Magna Carta, A Commentary on the Great Charter of King John, 2. Aufl., Glasgow, 1914, S. 325.

Testierfreiheit des römischen Rechtes fest. *Ecclesia vivit lege Romana.* Die Kirche forderte die Augustinische Quote erst im späteren Mittelalter, als die Gebefreudigkeit nachließ, und selbst dann hat ihre Haltung noch zuweilen gewechselt.

In der Einstellung Roms zur Quote wiederholte sich in gewissem Grade, was mehr als ein halbes Jahrtausend früher im griechischen Orient geschehen war. Auch die griechischen Väter, die zum erstenmal eine Quote für Christus und die Armen empfahlen, hatten sich erst durchringen müssen zu der Idee eines *Maßes* für die Gaben für das Seelenheil. Als Anhänger der asketischen *vita perfecta,* die den Verzicht auf das gesamte Vermögen einschloß, hatten sie eine Beschränkung dieser Gaben, wie wir gesehen haben,[2] zunächst abgelehnt. Für das Verhältnis der mittelalterlichen Kirche zur Seelquote kamen allerdings andere Motive in Betracht.

Blicken wir zurück: Die Quote erschien im Abendlande zuerst in Ländern, die mit Rom entweder nichts zu tun hatten oder wo der Einfluß des päpstlichen Stuhles gering war. Mit dem Zusammenbruch des Westreichs war die alte Reichskirche erloschen, das kanonische Recht aufgehoben. In dieser Epoche der Unabhängigkeit der westlichen Kirchen von Rom, trat die Seelquote im Abendlande auf. In der griechisch-syrischen Gestalt erschien sie im arianischen Westgotenreich[3] und besonders in Irland, dessen lose kirchliche Organisation damals noch nicht mit Rom verbunden war.[4] Spuren der Quote fanden sich in den von Irland missionierten Gebieten: in Northumberland, in Schottland, nur noch schwache im fränkischen Reich, etwas deutlicher in Bayern.[5]

Dagegen wurde im südlichen England, das seit Gregor dem Großen in enger Verbindung zum päpstlichen Stuhle stand,[6] der Zusammenhang mit Rom aufrecht erhalten, und gerade dort haben wir die Quote vor der normannischen Eroberung nicht angetroffen. Es fanden sich nur unsichere Spuren in Enklaven der einstigen irischen Mission.[7] Selbst in späterer Zeit war die Quote für die Seele in der Diözese York stärker verbreitet als in der von Canterbury.

---

[2] Oben, § 8, III.

[3] Oben, §§ 22, 23.

[4] Oben, § 30.

[5] Oben, § 31—36.

[6] *Caspar,* Geschichte des Papsttums, II, S. 676, oben, S. 212.

[7] Oben, § 33, II. Vgl. § 40.

In den Gebieten, in denen die Iren missioniert hatten, besonders auf dem Kontinent, verschwand die von ihnen propagierte Form der Quote, nachdem die angelsächsisch-römische Mission die irische verdrängt hatte.[8] Rom mißbilligte die irischen Importe, nicht bloß die Quote, sondern z. B. auch — von der zweiten Hälfte des 11. Jahrhunderts ab — die Bußbücher, die von Irland gekommen waren.[9]

II. In der langen Reihe der Papstbriefe, die nach dem Frankenreich und nach England gerichtet sind, findet sich keine Spur der Augustinischen Quote,[10] ebensowenig wie von der griechisch-syrischen. Gregor der Große war ein Anhänger der römischen Testierfreiheit. Er sagt ganz allgemein, das Maß sei freigestellt der christlichen Liebe, das Nötige solle gespendet werden.[11] Wie er sich in der Praxis verhielt, zeigt sich deutlich in dem oben erwähnten Falle vom Jahre 599, in dem der Hinweis auf Augustins Seelquote nahegelegen hätte. Gregor entschied für völlige Testierfreiheit im Interesse der Kirche und beließ den Söhnen nur die römische *legitima*, den Pflichtteil, also bedeutend weniger, als Augustin ihnen belassen hätte.[12] Hinsichtlich der Quote leistete er dem sonst so sehr von ihm verehrten Augustin keine Folge.

Gregors des Großen Schweigen über die Quote — sowohl in der syrisch-griechischen wie in der Augustinischen Gestalt — fällt für die Stellung der Kirche um so mehr ins Gewicht, wenn man das enorme Ansehen in Betracht zieht, das Gregor durch die Jahrhunderte genoß. Unter den Papstbriefen, die z. B. noch Anselm of Canterbury von allen Papstbriefen am häufigsten zitiert, befinden sich die Briefe Gregors des Großen, und gleiches geschah bei Anselms Zeitgenossen.[13]

III. Es beweist keinen Wechsel in der Einstellung des heiligen Stuhls, daß rund hundert Jahre nach Gregors Tode die Quote in der Augustinischen Gestalt in Italien erschien, im langobardischen Reich

[8] Siehe oben, S. 218 bei Anm. 7.

[9] Siehe *Z. N. Brooke*, The English Church and the Papacy, S. 48, der die Quote aber nicht behandelt.

[10] *Franz Beyerle*, Z. Sav. St. 50 (1930), Germ. Abt., S. 402.

[11] Reg. past. pars (adm. 21), Migne, P. L. 77, S. 85; vgl. *Otto Schilling*, Reichtum und Eigentum in der altkirchlichen Literatur, Freiburg i. Br., 1908, S. 192. — Siehe noch Dialog., IV, Kap. 55, 57, 58, und hierzu *M. Falco*, Art. Disposizioni per l'Anima, Enciclopedia Italiana, Bd. II.

[12] „et servata competenti filiis portione fas illi sit de substantia sua iudicare quod velit." (Reg. Greg., IX, 224, Mon. Germ. Epistolae, II, S. 216); (*Beyerle*, a. a. O., S. 401, vgl. oben, § 25 bei Anm. 11 und 12).

[13] *Brooke*, S. 150.

unter König *Liutprand* (712—744),[14] d. h. nach dem Übertritt der Langobarden vom Arianismus zum Katholizismus, was etwa 680 geschah.[15] Die langobardische Kirche bewahrte auch nach dem Übertritt Züge der arianischen Unabhängigkeit, z. B. die Unterordnung der Geistlichkeit unter die weltlichen Gerichte in Zivil- und Strafsachen, die Besteuerung und Aushebung der Kleriker, die Mitwirkung des Königs bei Ernennung der Bischöfe — überhaupt in dem grundsätzlichen Verhältnis der Kirche zum Staat. Sogar die Verbindung des Klerus mit dem nahen Rom hing von der Zustimmung des Königs ab. Die Langobardische Kirche behielt den Charakter einer Staatskirche, im ausgesprochenen Gegensatz zum Bischof von Rom als dem anerkannten kirchlichen Oberhaupt von Italien.[16] Hinsichtlich der Beziehungen zu Rom bestand kein wesentlicher Unterschied zur Kirche im westgotischen Reich. Unter diesen Umständen wird verständlich, daß Rom nicht daran denken konnte, die Langobarden zur Anerkennung der Testierfreiheit zu zwingen. Die Kirche mußte sich mit der Augustinischen Quote begnügen.[17]

IV. Auch die maßgebenden Sammlungen, die der Gregorianischen Kodifikation vorausgingen, schweigen — mit wenigen Ausnahmen — über eine Begrenzung der Seelgaben. Weder die Sammlung des *Dionysius Exiguus* (6. Jahrhundert), die die offizielle römische Sammlung wurde, noch die *Pseudo-Isidorischen Decretalen* (9. Jahrhundert) enthalten eine Erwähnung der Quote. *Burchard von Worms'* einflußreiches Dekret (etwa 1008—1012) erwähnt zwar eine Quote — übrigens ohne Berücksichtigung der Zahl der Kinder — aber nur in einem Spezialfall.[18] Ebensowenig enthalten grundsätzlich die Konzilien

---

[14] Anderer Ansicht, *Schultze*, S. 43 ff., 51 f., 127; auch *Franz Beyerle*, Die Gesetze der Langobarden, Weimar, 1947, S. 470.

[15] *von Schubert*, Geschichte der christlichen Kirche im Frühmittelalter, S. 250.

[16] *von Schubert*, a. a. O., S. 251 ff., und Staat und Kirche in den arianischen Reichen, 1912, S. 116 ff.; *U. Stutz*, Geschichte des kirchlichen Beneficialwesens, 1895, S. 115 f; *H. E. Feine*, Kirchliche Rechtsgeschichte, 1950, S. 119 f., und Kirche und Kirchenrecht in den Germanenreichen auf Römerboden, Festschrift für Karl Haff, Innsbruck, 1950, S. 69 f. — *von Schubert* betont, daß der Charakter der langobardischen Kirche als einer Staatskirche gerade in der Zeit König Liutprands hervortritt — ungeachtet seiner persönlichen Frömmigkeit. (Über analoge Fälle siehe oben, § 22, II, am Ende, und unten, § 39, II, am Ende.)

[17] Über eine Parallele in Schweden, in späterer Zeit, siehe unten, § 38, III.

[18] Vgl. unten, § 38, II, bei Anm. 14.

etwas über die Quote, obwohl sie vor dem Tode ein Testament in Gegenwart eines Geistlichen fordern.[19]

V. In der Augustinischen Gestalt wird die Quote für die Seele von einem Konzil zum ersten Male erwähnt im Jahre 816, vom Konzil von Aachen, also innerhalb der fränkischen Landeskirche. Bekanntlich ist in die dort beschlossene *Institutio canonicorum* eine Stelle aus Augustins *sermo I de vita et moribus clericorum* aufgenommen worden, die die Mahnung zur Sohnesquote enthält.[20]

Auf Ludwigs des Frommen Anregung sollte das Konzil das gemeinschaftliche Leben der Saecularkleriker (*vita canonica*), d. h. der Geistlichkeit an den bischöflichen Kirchen sowie an den sog. Kollegiatkirchen (*Stifter*), an denen mehrere Geistliche fungierten, nach dem Vorbilde des Mönchtums regeln. Vermutlich hat Abt Ansegisus von Fontanella (St. Wandrille) die *Institutio canonicorum* auf Veranlassung des Kaisers zusammengestellt. Das Konzil hat den Text sodann gebilligt.[21]

Diese Aufnahme von Augustins Mahnung ist als Ausdruck der Schätzung aufgefaßt worden, die die Sohnesquote im fränkischen Reich genoß.[22] Aber vor dem Aachener Konzil ist von einer solchen Vorliebe nichts zu erkennen, weder in der römischen Zentrale noch im Bereiche der fränkischen Landeskirche.

Auf die Aufnahme der Augustinischen Mahnung in die *Institutio* fällt Licht, wenn wir die Zeitumstände in Betracht ziehen, unter denen das Konzil tagte. Es war eine Zeit, in der sich der Protest der mehr oder minder zugunsten der Kirche enterbten Erben, besonders

---

[19] Vgl. *Hefele*, Conziliengeschichte, 2. Aufl., VI, §§ 61, 172, 243, 492 usw.; *Wilkins*, Concilia, I, 583, 638; II, 155.

[20] Monumenta Germaniae, Legum Sectio, III, Concilia, II, Concilia aevi Karolini, I (1906), S. 385 ff., insbesondere S. 387: „Si quis autem irascitur in filio suo et moriens exheredat eum, si viveret, non eum placarem? Non ei filium reconciliare deberem? Quomodo ergo cum filio suo volo ut habeat pacem, cuius appeto hereditatem? Sed plane, si faciat quod saepe hortatus sum: unum filium habet, putet Christum alterum; duos habet, putet Christum tertium; decem habet, undecimum faciat Christum, et suscipio ... Plane quando donavi filio quod iratus pater moriens abstulit, bene feci ... Quicumque vult exheredato filio heredem facere ecclesiam, quaerat alterum, qui suscipiat, non Augustinum ..." — Vgl. oben, § 12 d.

[21] *A. Werminghoff*, Neues Archiv der Gesellschaft für ältere deutsche Geschichtskunde, XXVI, S. 623 f.; S. 626, Anm. 4; *Hinschius*, Kirchenrecht, II, S. 51 f.

[22] *Schultze*, S. 196 ff. und passim; dagegen *Beyerle*, Z. Sav. St., Germ. Abt., 50, S. 402. — Keinerlei Nachwirkung von Caesarius von Arles isolierter Mahnung kurz vor dem Falle des Reichs von Toulouse ist erkennbar (oben, § 25).

mächtiger Aristokraten, in Gewalttätigkeiten, in gewaltsamer Zurücknahme des der Kirche hinterlassenen Guts Luft machte.[23] Die fränkischen Konzilien protestierten immer wieder gegen die Beraubung der Kirche. Die fränkischen Könige trugen der Erregung Rechnung. Auch die Kirche sah sich genötigt, die Empörung gegen übermäßige Zuwendungen zu berücksichtigen. Drei Jahre vor dem Aachener Konzil hatte das Konzil von Mainz (813) Strafe und Zwang zur Rückgabe, u. a. auch gegen Geistliche angeordnet, die durch religiösen Druck die Erblasser zur Hergabe ihrer Güter (*inconsulta oblatio*) und damit zur Enterbung ihrer Söhne und Enkel veranlaßt hatten.[24]

Indem das Konzil von Aachen Augustins Mahnung übernahm, kam es dem Kaiser und der Bevölkerung entgegen. Es konzedierte die verhältnismäßig geringe Quote eines Sohnes. Der Aachener Regel lagen auch noch andere Kompromisse zugrunde.[25]

Die Bedeutung der Konzession von Augustins Quote darf nicht überschätzt werden. Von den 134 Kapiteln der *Institutio* enthalten nur die letzten 30 Kapitel (beginnend mit Kap. 115) wirkliche Vorschriften für die *vita canonica*, für Wandel, Leben, und Pflichten der Geistlichen, wobei die ältere Ordnung benutzt wurde, die Bischof Chrodegang von Metz für seine Geistlichkeit erlassen hatte. Die ersten 114 Kapitel enthalten allgemeine Erläuterungen und Zusammenstellungen aus der patristischen Literatur. Aber diese Zitate sind zum Teil ohne praktische Bedeutung.[26] Unter diesen allgemeinen Erörterungen steht auch Augustins Mahnung.

---

[23] *De Laplanche*, S. 54 ff., dazu *H. Mitteis*, Z. Sav. St., Germ. Abt., 49, S. 661. Siehe auch *Fournier-Le Bras*, S. 1 f. — Vgl. oben, § 36 bei Anm. 50.

[24] Concilia, II, 1, S. 262. — Aus diesem Beschluß wollte *Mayer-Homberg* (Fränkische Volksrechte im Mittelalter, I, 1912, S. 352 ff.) herleiten, daß Wartrechte der Erben damals in salfränkischem Recht gefehlt haben müssen; hätten sie existiert, hätte sich der Beschluß erübrigt. Sie sind aber oft ignoriert worden. Vgl. *Henrici*, Über Schenkungen an die Kirche, S. 15, *Schultze*, S. 55, *Mitteis*, S. 655 f., 661. — Über Ludwigs des Frommen Kirchenkapitular von 818/819 siehe diesen Paragraphen, Anm. 28. — Den Klagen über das Streben des Klerus nach Land trägt auch das *Konzil von Tours* vom Jahre 813 — also ebenfalls drei Jahre vor dem Aachener Konzil — Rechnung, indem es, entschuldigend, erklärt, wer der Kirche Land tradiere, erhalte das Doppelte und Dreifache des Schenkgutes als *precarium* zurück (s. hierzu *Dopsch*, I, S. 188 ff., *Hauck*, Kirchengeschichte, II$^{3-4}$, 1912, S. 221; *Henrici*, S. 19).

[25] *Werminghoff*, S. 623.

[26] So z. B. Stellen in Kap. 112 und 113 aus Augustins sermones *de vita et moribus clericorum*, die die Armut für die Kleriker fordern, obwohl die Kanoniker im

Wir haben Anzeichen, daß die fränkische Kirche nach wie vor die römische Testierfreiheit begünstigte, die den Kindern nur den kleinen Pflichtteil des römischen Rechts (*legitima*) beließ. In fränkischen Vergabungsurkunden des 9. und 10., ja noch des 11. Jahrhunderts, begegnen neben Zuwendungen mit Konsens der Erben (*laudatio parentum*), wie ihn das weltliche Recht verlangte, auch solche, die ohne diesen Konsens vorgenommen wurden. Diese — offensichtlich unter geistlicher Assistenz verfaßten — Urkunden setzten sich manchmal offen über das Erfordernis des Erbenkonsenses hinweg. Als Stütze für das Recht, unbeschränkt zu testieren, beriefen sie sich ausdrücklich auf das „römische Recht" (die *lex Romana*), sowie im gleichen Sinne auch auf die *sanctorum patrum auctoritas*.[27] Selbst zur Zeit der Coutumes, die vorwiegend zur Quote eines Drittels oder eines Fünftels übergegangen sind, begegnen noch vereinzelte Zuwendungen, die den Erben nur die römische *legitima* zugestehen.

Bereits wenige Jahre nach dem Konzil von Aachen sah sich Ludwig der Fromme genötigt, in dem Kirchenkapitular von 818/819 scharfe Maßregeln gegen Kleriker anzuordnen, welche Erbschaften auf Kosten der Kinder oder Verwandten annehmen würden.[28] Augustins Quote ist hier nicht mehr erwähnt.

Gegensatz zu den Mönchen Vermögen besitzen durften (*Institutio*, Kap. 115. Dazu *Werminghoff*, S. 626, Anm. 4, und in Mon. Germ. Legum Sectio III, Bd. II, Concilia aevi Karolini, I, S. 385, Anm. 1; *Hinschius*, I, S. 53 f.). — Aufgenommen ist auch eine wörtliche Entlehnung aus dem Konzil von Chalcedon, Kap. 86, wo ein gegen seinen Metropoliten klagender Bischof oder Kleriker an die *sedes regiae urbis Constantinopolitanae* verwiesen wird. Wie sollte sich ein fränkischer Bischof in Konstantinopel beschweren?

[27] Cartulaire de l'abbaye de Beaulieu, S. 224 (9. und 10. Jahrhundert): „*Legarum antiquarum maxime imperatoris Constantini auctoritas* sancivit ut si quislibet homo res proprietatis in jus alterius transferre voluerit, liberum obtineat arbitrium peragendi." — Cartulaire de Saint-Hilaire de Potiers, S. 33 (960): „*Lex Romana* et consuetudo eius provinciae declarat ut omo ingenuus quicquid de rebus suis quod in presente seculo juste possedit, per seream scriptura sepe vendere et donare vel in alterius manus transferre voluerit, lex non impedit." — Cartulaire d'Angoulême, S. 5 (978): „*Sanctorum patrum* decrevit *auctoritas* et *lex romana* congestum est ut qualiscumque persona pro salute anime ad Ecclesiam Dei aliquid voluerit licentiam habeat adimplendi." (Zitiert bei *Flach*, Le droit romain dans les chartes du IXe au Xe siècle, Mélanges Fitting, I, 1907, S. 401—403, und danach bei *de Laplanche*, S. 69. Weitere Fälle ebenda, S. 106, Anm. 1—3.)

[28] „Statutum est, ut nullus quilibet ecclesiasticus ab his personis res deinceps accipere praesumat, quarum liberi aut propinqui hac inconsulta oblatione possent rerum propriarum exheredari. Quod si aliquis deinceps hoc facere temptaverit, ut

So ist es verständlich, daß auch die Beraubung der Kirche weiterging. Um das Jahr 840 herum bestand geradezu eine Krise im fränkischen Reich. Die Kirche fühlte sich nicht genügend geschützt gegen die gewaltsamen Angriffe auf das Kirchengut. Die Notwendigkeit, einen stärkeren Schutz zu schaffen, war ein wichtiges Motiv für die „collections canoniques", die um das Jahr 840 herum einsetzten, voran für die Pseudo-Isidorischen Dekretalen.[29]

VI. Stellen aus Augustin, die seine Quote empfehlen, finden sich erst wieder im Decretum *Ivos von Chartres* (gegen 1094).[30] Wiederum ist in dieser Erwähnung eine Stütze für die Ansicht erblickt worden, daß die Kirche die Augustinische Quote begünstigt hätte.[31]

Ivo von Chartres nahm aber auch sonst eine Sonderstellung ein. Ein unabhängiger Denker, folgte er dem Gregorianismus nicht blindlings. In der großen Streitfrage seiner Zeit: Suprematie oder Gleichordnung der geistlichen und der weltlichen Gewalt nahm er eine vermittelnde Haltung ein. Er zeigt „une incontestable réserve", „une tendance marquée à ne pas attribuer aux légats du Siège Apostolique la pleinitude de puissance qu'ils réclament". Er folgte dem Papste nicht in der absoluten Ablehnung der Laieninvestituren.[32] „Il estimait ... que l'investiture laïque était licite quand elle ne concernait que le temporel, sans prétendre à aucum effect spirituel." [33] Auch anderen Neuerungen Gregors VII. gegenüber bewahrte er seine unabhängige

---

et acceptor sinodali vel imperiali sententia districte feriatur et res ad exheredatos redeant." (Mon. Germ. Hist. Capitul. I, S. 277, Kap. 7; *Schultze*, S. 197, Anm. 893; vgl. S. 55.)

[29] *Fournier-Le Bras*, I, S. 1 f., vgl. *de Laplanche*, S. 56 ff.

[30] Kap. 177 und 178 (Migne, P. L., CLXI, 238). Dazu bemerkt Ivo, Decretum, XVI, Kap. 261 (Migne P. L., CLXI, Sp. 952): „De personis a quibus non sunt res accipiendae", Capitularium, libro I, Kap. 83. „Statutum est, ut nullus ecclesiasticus ab his personis res deinceps accipere praesumat, quorum liberi aut propinqui hac inconsulta oblatione rerum propriarum exheredari. Quod si alii quis deinceps hoc facere tentaverit, synodali vel imperiali sententia modis omnibus feriatur."

[31] *Schultze*, S. 181.

[32] *Fournier-Le Bras*, II, S. 101 f. — Das zeigt sich z. B. in Ivos Entscheidung, die den „Investiture Contest" zwischen König Heinrich II. von England und Erzbischof Anselm (1107) betraf, wonach die Kathedralkapitel die Bischöfe in der „King's Chapel" in Gegenwart des Königs wählen sollten, „thus leaving room for a reasonable amount of royal influence" (*Theodore F. T. Plucknett*, Concise History of the Common Law, 2. Aufl., Rochester, N. Y., 1936, S. 280 f.).

[33] *Fournier-Le Bras*, S. 111.

Haltung.[34] „Le droit canonique d'Yves n'est pas absolument homogène; il est dans une certaine mésure eclectique.“ [35]

In dieser unabhängigen Haltung zeigt sich Ivo als Geistesverwandter seines großen Landsmannes *Beaumanoir*, der den nahezu kanonischen Texten des weltlichen römischen Rechts gegenüber ebenfalls seine Unabhängigkeit wahrte. In ihrer kritischen Einstellung sind beide echte Franzosen.

Zu dieser Grundhaltung Ivos paßt auch seine Stellungnahme zum Problem der Quote. Wenn Ivo die Quote in der gemäßigten Form von Augustins Sohnesquote empfiehlt, so entspricht dies der Mäßigung, die er, wie gezeigt, auch in anderen wichtigen Fragen, unabhängig von der offiziellen Haltung des päpstlichen Stuhls, beobachtet hat.

§ 38. Corpus Iuris Canonici und Seelquote

I. Ivos Empfehlung der Augustinischen Quote hat in Frankreich keine nachweisbare Wirkung hinterlassen. Aber sie wirkte an einer anderen wichtigen Stelle nach. Bekanntlich enthält der erste Teil des Corpus iuris canonici, Gratians Decretum (um 1140), in can. 8 C. XIII qu. 2, einen Auszug aus Augustins Sermo 355, in dem die Sohnesquote empfohlen wird.[1] Das Zitat ist Ivos Dekret entnommen, der Gratian „presque exclusivement“ die von ihm benützten kanonischen Texte geliefert hat.[2]

Augustins Empfehlung der Quote wird aber nicht ohne weiteres hingenommen, vielmehr entspinnt sich im Anschluß an das Zitat eine

---

[34] Ebenda, S. 112.

[35] Ebenda, S. 114.

[1] „Pro numero filiorum pars hereditatis Deo offeratur. Idem Augustinus Sermone 2. De vita clericorum (Sermone 355). Si quis irascitur filio suo, et moriens exheredat eum, si viveret, non eum placarem? non ei filium reconciliare deberem? Quomodo ergo volo, ut cum filio suo habeat pacem, cuius appeto hereditatem? sed plane sic faciat, quod saepe hortatus sum. Unum filium habet: putet Christum alterum: duos habet: putet Christum tertium: decem habet: faciat Christum undecimum, et suscipio.“

[2] *P. Fournier*, Les collections canoniques attribuées à Yves de Chartres, Paris, 1897, S. 208; vgl. *Richter-Friedberg*, Corpus juris canonici, I, 2. Aufl., S. LIV. Ebenso *Fr. Bliemetsroeder*, Gratian und die Schule Anselms von Laon, Archiv für kathol. Kirchenrecht, CXII, 1932, S. 27 ff. Dazu *Stephan Kuttner*, Zur Frage der theologischen Vorlagen Gratians, Z. Sav. St., Kan. Abt. 23, 1934, S. 254.

lebhafte Diskussion. Gratian und zwei Glossatoren, die Verfasser der Glossen „Hac nimirum" und „Prohibetur", sind die Teilnehmer. Dabei treten tiefgehende Gegensätze zutage, nicht nur zwischen Gratian und den beiden Glossatoren, sondern auch im Verhältnis zu Augustin selbst. Freilich, soweit der große Kirchenvater selbst in Betracht kommt, ist die Kritik sehr zurückhaltend. Um so schärfer tritt sie im Verhältnis zwischen den Glossatoren und Gratian hervor.

Es ist derselbe Stil der Diskussion, wie er — etwa gleichzeitig — bei den Glossatoren von Bologna üblich war, wenn sie das Corpus iuris Justinians diskutierten. Den Juristen des alten Rom, einem Paulus oder Papinian, trat man nicht zu nahe. Selbst wenn sie differierten, suchte man dies durch die Methode der Harmonisierung zu verschleiern.[3] Denn diese großen Männer konnten ebensowenig irren wie die Väter der Kirche. Um so kräftiger zogen die Glossatoren vom Leder, wenn sie aufeinander losschlugen.

Blicken wir nunmehr auf unseren Text. Dem Zitat aus Augustin in Gratians Dekret wird keine ausdrückliche Empfehlung der Quote Augustins hinzugefügt. Gratians *Dictum* im Anschluß an das Zitat lautet: „Hac nimirum auctoritate mensura testatori praefigitur, non quam cogatur exsolvere, sed quam prohibetur transcendere." „Durch diese Autorität wird allerdings dem Testator ein Maß vorgeschrieben (wörtlich: „vorgeheftet"), welches er nicht gezwungen wird zu erfüllen, welches er aber zu überschreiten verhindert wird." Mit anderen Worten: Christus darf nicht mehr erhalten als einem leiblichen Sohn zukommen würde, aber er braucht nicht so viel zu erhalten.

Vielleicht liegt sogar eine zurückhaltende Kritik in dem manchmal leicht ironisch gebrauchten *„nimirum"* („kein Wunder", „allerdings"). Dies würde bedeuten, daß selbst Gratian es nicht uneingeschränkt billigt, daß der Anteil für Christus nur einen Sohnesanteil betragen und daß dieses Maximum nicht überschritten werden dürfe.[4]

---

[3] Das Verfahren der Harmonisierung entsprach dem Geiste der Scholastik. *Erich Genzmer*, Die Justinianische Kodifikation und die Glossatoren, Atti del Congresso Internazionale di diritto Romano, Bologna, 1933, I, Pavia, 1934, S. 382 f.

[4] Liegt vielleicht eine Überarbeitung der Stelle vor? Siehe über Textänderungen bei Gratian im allgemeinen *Stephan Kuttner*, Seminar, XI, 1953, S. 14 ff.; vgl. auch *desselben*, Graziano, L'uomo e l'opera, Estratti, in „Studia Gratiana", I, Bologna, 1953. — Die Augustinstelle wird auch noch weiter durch den Zusatz abgeschwächt, es handle sich nicht um einen „Befehl", sondern nur um einen „Rat", die Sohnesquote zu geben („illud non est iubentis, sed dehortantis, ne quis iratus filium suum exheredaret, atque totum Christo relinqueret"). Grat. Decret., II, c. 8, qu. 2.

Ausdrücklichen Widerspruch gegen Gratians Dictum erhebt die Glossa ordinaria. Die Glosse *„Hac nimirum"* bezeichnet es als falsch, daß Augustin die Quote für einen Sohn als Maximalmaß vorgeschrieben hätte. Augustinus hätte vorgeschrieben, daß die Sohnesquote gegeben werden *müsse.*[5] Das war in der Tat Augustins Meinung.

Darüber hinaus erklärt aber die Glosse *„Prohibetur"*: „Er sagt etwas falsches, weil er (der Testator) auch das *Ganze* der Kirche hinterlassen kann, sofern wenigstens die *legitima* (der Pflichtteil) den Söhnen verbleibt."[6] Wer ist der „er", das Subjekt, der etwas „falsches" sagt? Der Glossator meint natürlich Gratian, indirekt richtet sich die Kritik jedoch auch gegen Augustin; aber das wird verschwiegen.

Während also Augustin im Text von Gratians Dekret den Söhnen die gleiche Quote wie Christus beläßt, tritt die Glosse für *Testierfreiheit* des Testators ein, der der Kirche seinen gesamten Nachlaß hinterlassen dürfe. Es genüge, wenn den Söhnen die *legitima,* der vom römischen Recht vorgeschriebene Pflichtteil, verbleibt.[7] Die Kinder standen sich bei Augustins Quote bedeutend besser, da sie ihre Intestatquote behielten, die nur durch den Sohnesanteil für Christus beschränkt wurde, während ihnen bei der römischen *legitima* nur ein kleiner Teil der Intestatportion verblieb.[8]

Für die Kirche war die Augustinische Quote weniger günstig als die Testierfreiheit. Mit jedem Kinde verkleinerte sich der Bruchteil, der der Kirche anfiel. Man erinnere sich des großen Kinderreichtums mittelalterlicher Familien, wie ihn z. B. die Bilder der Stifter in den Kirchen veranschaulichen, wo auf der einen Seite der Vater mit vielen Söhnen kniet, auf der anderen Seite die Mutter mit vielen Töchtern.

---

[5] Vgl. *Loening,* I, S. 224, *Schultze,* S. 186, Anm. 857.

[6] „Falsum dicit, quia etiam totum dare potest ecclesiae ... dum tamen legitima relinquat filiis."

[7] Dieser bestand nach Novelle 18 Justinians bekanntlich in einer Quote dessen, was der Abkömmling als Intestaterbe geerbt haben würde, und zwar, falls der Intestatanteil ein Viertel oder mehr betrug (also bei vier oder weniger Kindern), ein Drittel dieses Anteils, falls er aber geringer war (also bei fünf oder mehr Kindern), die Hälfte (*Kunkel,* Römisches Privatrecht, 3. Aufl., S. 330).

[8] *Schultze,* S. 186, 191, erblickt in Gratians Text und in der Glosse „prohibetur" den Gegensatz zwischen Augustinus und Salvianus. Aber des letzteren Forderung, daß unter vollständiger Enterbung der Kinder — selbst unter Entziehung der *legitima* — der Kirche das Ganze gegeben werden *müsse* (oben, § 16, II), vertritt die Glosse nicht. Sie steht vielmehr dem von Gregor dem Großen vertretenen Standpunkt nahe (s. im Text).

Die dort dargestellten begüterten adligen Herren oder reichen Stadtbürger waren ja gerade die Kreise, bei denen die Kirche auf eine beträchtliche Gabe *pro anima* rechnen konnte.

Wir erinnern uns, daß schon Gregor der Große für Testierfreiheit zugunsten der Kirche eingetreten war, unter Belassung nur der *legitima* für die Kinder. Gregor gebrauchte faßt dieselben Worte wie die Glosse „Prohibetur": „et servata competenti filiis portione fas illi sit de substantia sua iudicare, quod velit."[9] Für Testierfreiheit zugunsten der Kirche trat auch noch der große Innocenz III. in seinem nach Schweden gerichteten Schreiben ein.[10]

Die Regel des Dekrets, die Augustins Quote betraf, wurde auch nicht durchgeführt. Anderweitig bemessene Vergabungen waren keineswegs verboten, wie besonders Frankreich und England erkennen lassen, wo Augustins Quote in der Praxis überhaupt nicht beachtet wurde.[11]

II. Im Corpus Iuris Canonici begegnet einmal eine zahlenmäßig bestimmte Seelquote. Sie betrifft aber nur einen Spezialfall.

In c. 2 X. *de successionibus ab intestato*, III, 27, ist für den Fall, daß ein Priester, der früher Sklave gewesen ist, als *intestatus* stirbt, angeordnet, daß sein *peculium patrimoniale*[12] in *vier* Teile geteilt werden soll, wobei je ein Viertel dem Bischof, der Kirche, den Armen und den Eltern zufallen solle. Die Stelle ist nach ihrer eigenen Angabe dem fränkischen Landeskonzil von Tribur (895) entnommen. Der ursprüngliche Text des Konzils von Tribur lautete aber gerade an der hier interessierenden Stelle anders. Er ist bei Abt *Regino von Prüm* (etwa 906) angegeben.[13] Danach sollte der Priester über zwei Drittel seines *peculium* frei verfügen dürfen, aber ein Drittel soll er der Kirche hinterlassen. Diese ursprüngliche Fassung des Konzilbeschlusses von Tribur enthält also eine Drittelquote zugunsten der Kirche, wie sie uns bei den griechischen Vätern, bei der irischen Mission und im Frankenreiche bekanntgeworden ist.

---

[9] Oben, § 37, II.

[10] Unten, bei Anm. 21.

[11] Oben, § 33, II, III; S. 36, II, III und unten, § 40, II—IV.

[12] *Peculium patrimoniale* ist das Vermögen, das der Priester bereits beim Eintritt in den Priesterstand besaß, worüber allein ihm zu testieren gestattet war (c. 1, X. de testamentis et ultimis voluntatibus, III, 26).

[13] Vgl. oben, § 36, Anm. 43.

Die Abänderung des ursprünglichen Textes erfolgte durch *Burchard von Worms* in der einzigen Stelle, wo er eine Quote überhaupt erwähnt. Burchard setzte an Stelle des Drittels für die Kirche einen Anfall von je einem Viertel an Bischof, Kirche und Arme, also eine für die Kirche günstigere Lösung.[14] In der Fassung Burchards hat Gregor IX. (1234) durch seinen Pönitentiar Ramon de Penafort (gest. 1275) die Bestimmung in die Dekretalen aufnehmen lassen.

III. Trotz der Aufnahme der Augustinischen Quote im Gratianischen Edikt ist der päpstliche Stuhl auch noch später für unbeschränkte Testierfreiheit eingetreten, aber wenn er auf zu starken Widerstand stieß, konzedierte er die Quote. Ein Beispiel für diese elastische Politik bieten die bekannten Papstbriefe nach *Schweden*. Eine besondere Vorliebe für Augustins Quote lassen sie nicht erkennen.

Während neu bekehrte Völker sich in der Fürsorge für ihr Seelenheil zu überbieten pflegten und der Kirche ungeheure Werte zuwandten, verhielt man sich in Schweden von jeher zurückhaltend. Die Kirche erhielt — wie auch in anderen nordischen Ländern — nur ein Zehntel des Vermögens ohne Rücksicht auf die Zahl der Kinder. Das Zehntel geht in die Zeit der Christianisierung zurück.[15] Es war dem Levitenzehnt des Alten Testaments nachgebildet, bestand aber nicht in einer dauernden Abgabe vom Ertrage, vielmehr in einer Abgabe vom Kapital, einem Kapitalzehnt („Hauptzehnt", „größerer Zehnt"), der nur beim Todesfall oder bei anderen Ereignissen (Hochzeit, Sühne von einer Todsünde, auch anläßlich einer Kirchweihe) zu entrichten war.

Weitergehenden Ansprüchen der Kirche wurde Widerstand entgegengesetzt. Selbst der Zehnte wurde nur zögernd geleistet.[16] Im 12. Jahrhundert verstärkte sich der Widerstand. In einem Schreiben

---

[14] Burchard, II, 206 (= Migne P. L. 140, S. 660). Burchards Tendenz, die Bischöfe zu begünstigen, tritt auch sonst hervor. In Burchards Fassung ist die Bestimmung auch in Ivos Dekret übergegangen. *Waschersleben*, Beiträge zur Geschichte der vorgratianischen Kirchenrechtsquellen, Leipzig, 1839, S. 172; *Richter-Friedberg*, Corpus Iuris Canonici², II, S. 547, Anm. 8 zu c. 2. — Über Burchards Änderungen „to make the text suit more exactly the author's point of view", vgl. *Z. N. Brooke*, The English Church and the Papacy, S. 39 und *Fournier*, Le décret de Burchard de Worms, Revue d'histoire ecclésiastique, XII, S. 468 ff.

[15] *Konrad Maurer*, Über den Hauptzehnt einiger nordgermanischer Rechte, Abh. d. Bayr. Ak. d. Wiss., Philosoph.-philolog. Kl., XIII, 1874, S. 274 ff., 299 f.; ferner *Schultze*, Augustin, S. 165 ff. und passim.

[16] *Maurer*, Hauptzehnt, S. 288 f.

aus den Jahren 1171—1180[17] beklagte Papst Alexander III., daß die Gaben zum Seelenheil nicht respektiert würden. Aber er trat nicht für unbeschränkte Testierfreiheit zugunsten der Kirche ein, vielmehr sollte dem Vater gestattet sein, der Kirche einen nach der Zahl der Kinder zu berechnenden Kopfteil zu hinterlassen.

Alexander III. konziliante Haltung paßt zu der allgemeinen politischen Lage des Papsttums in dieser Zeit. Alexander stand im Kampfe mit Friedrich Barbarossa, mit Heinrich II. von England und mit Wilhelm dem Löwen von Schottland. Die Streitigkeiten endeten zwar im wesentlichen mit dem Siege des Papsttums, aber sie wurden lange mit wechselndem Erfolge geführt. Alexander sah sich drei vom deutschen Kaiser bestätigten Gegenpäpsten gegenüber (Victor IV., Paschalis III., Calixt III.). Zwischen 1162—1165 mußte er nach Frankreich flüchten.[18] Alexander mußte seine Kraft auf die Hauptkampfplätze konzentrieren. Es ist verständlich, daß er einen weiteren Konflikt mit den widerspenstigen Schweden vermeiden wollte. Aber die Forderung unbeschränkter Testierfreiheit im Interesse der Kirche, wie sie noch in der Glosse „Prohibetur" zu Gratians Edikt zutage tritt, war keineswegs tot.

Nach Alexander III. Tode (1181) folgten zunächst einige alte und schwache Päpste.[19] Aber als 1198 der junge und energische *Innocenz III.* erwählt worden war, änderte sich die päpstliche Politik.[20] Das machte sich auch in Schweden fühlbar. In einem Dekret vom 12. März 1206 erneuerte Innocenz III. die Forderung der Testierfreiheit für Gaben an Kirchen und Arme oder zu anderen frommen Zwecken — unbeschränkt durch den Einspruch der Erben.[21] Innocenz tadelte besonders, daß die Gesetzsprecher in Schweden bei ihren alljährlich zu haltenden Rechtsvorträgen es als geltendes Recht bezeichneten, daß „niemand die Macht hätte, beim Tode Gott oder den Kir-

---

[17] Diplomatarium Suecanum, I (Stockholm, 1829), Nr. 41 (dort datiert von 1161), S. 62; vgl. *Maurer,* S. 78 f., und *Schultze,* S. 154.

[18] *F. X. Seppelt,* Papstgeschichte, 5. Aufl., München, 1949, S. 124 ff.; *Brooke,* S. 222.

[19] Lucius III. (1181—1185), Urban III. (1185—1187), Gregor VIII. (1187), Clemens III. (1187—1189), Coelestim III. (1191—1198). — *Brooke,* S. 222: „Nowhere did the Papacy assert itself." „The Curia was content merely to mark time and to await events but always ready to take the initiative when occasion offered." (Schweden ist dort nicht erwähnt.)

[20] *Brooke,* a. a. O.

[21] Diplomatarium Suecanum, I, Nr. 131, S. 156 f.

chen von seinen zeitlichen Gütern etwas zu hinterlassen, außer in Gegenwart und mit Zustimmung der Erben", während doch die unbeschränkte Freiheit der letztwilligen Verfügungen anerkannt werden müsse („quod omnes habeant liberam facultatem de bonis suis cum egerint in extremis ecclesiis atque pauperibus seu aliis intuitu pietatis beneficia conferendi").

Aber der Widerstand gegen die Testierfreiheit bestand fort. Westgötalagen, I, in der älteren Fassung aus der Mitte des 13. Jahrhunderts,[22] bestimmte bezüglich der Vergabungen auf dem Sterbelager immer noch: „Am Todestage kann man nicht vom Erbe geben gesetzmäßig, außer der Erbe sagt selber ‚Ja' mit. Es sagen aber auch gelehrte Männer, daß der Erbe nicht mag ‚Nein' sagen nach Gottes Recht." Die „gelehrten Männer" sind die Geistlichen, die Innocenz folgend für die Testierfreiheit eintraten.[23] Nach der Überzeugung der schwedischen Bauern liegt die Gesetzgebung ausschließlich bei ihnen selbst. „Nichts ist Gesetz, was die Bauern nicht gesetzt haben."[24] Die Meinung der geistlichen Männer braucht man nicht zu beachten. Angesichts dieser Opposition lenkte Rom wiederum ein. Das Schreiben Gregor X. von 1274[25] hält zwar grundsätzlich an der Testierfreiheit fest. Es tadelt mit starken Worten, daß man in Schweden altem Herkommen zufolge, letztwillige Verfügungen nicht anerkenne, es sei denn, daß die Erben zu derselben ihre Zustimmung erklärt hätten.[26] Aber das war ein Rückzugsgefecht. Gregor X. kehrte zu Alexander III. Konzession der Sohnesquote zurück.

Nur die südschwedischen Rechte, die sog. Götarechte, sind der päpstlichen Mahnung gefolgt, insbesondere die jüngere Fassung von West-

[22] *Schlyter,* Corpus Iuris Sueo-Gotorum antiqui, I, S. 27. Vgl. *Maurer,* Hauptzehnt, S. 274 ff., *von Amira,* Grundriß, 3. Aufl., S. 90 f., *Schultze,* S. 154.

[23] Nach *Schultze,* S. 154, denkt Westgötalagen an Gratians Dekret, c. 8 C., XIII, qu. 2. Die im Text vertretene Ansicht dürfte mehr dem Denken der Bauern entsprechen.

[24] *von Amira,* Nordgermanisches Obligationenrecht ..., I, S. 19 und Grundriß, 3. Aufl., S. 90 f.; *Karl Lehmann,* Der Königsfrieden der Nordgermanen, 1886, S. 13.

[25] Diplomatarium Suecanum, Nr. 577, S. 475 ff., *Maurer,* Hauptzehnt, S. 288 f.

[26] Gregor X. spricht von „quandam pravam consuetudinem, dicendum potius corruptelam, quae a nobis irrationabiliter approbata, in illis partibus inolevit, et pro lege servatur, nullum robur optinet firmitatis, nisi quatenus de ipsius testatoris heredum processerit voluntate."

götalagen. In den nördlichen Rechten, den Swea-Rechten, sind die Seelgaben abweichend geregelt.[27]

Der Kampf gegen die Testierfreiheit und die Konzession der Quote in Schweden sind keine isolierten Erscheinungen. Sie gehören in den Rahmen einer allgemeinen europäischen Bewegung, der wir uns nunmehr zuwenden.

[27] *Maurer*, Hauptzehnt, S. 289 ff., *Schultze*, S. 155 ff.

Ausblick:

Aufleben und Verbreitung des Seelteils: Der Seelteil als allgemein europäische Institution

Von den letzten Jahrzehnten des 12. Jahrhunderts an tritt die Quote für die Seele in vielen europäischen Ländern auf. Sie begegnet u. a. im nördlichen und westlichen Frankreich, nunmehr in ganz England, ferner in Deutschland, in Österreich und in der Schweiz, in den skandinavischen Ländern, im Königreich Sizilien und Spanien.[1] Im Osten erscheint sie z. B. in Ungarn, in Polen und in Litauen.[2] Die Quote für die Seele wird nunmehr zu einer allgemein europäischen Institution. Sie tritt im testamentarischen wie im gesetzlichen Erbrecht auf, zuweilen zum kirchlichen Pflichtteil ausgestaltet.[3] Vom 14. Jahr-

---

[1] Vgl. *Brunner*, Z. Sav. St., Germ. Abt., 19, S. 107 ff. (= Abh., II, S. 279 ff.); *Gál*, ebenda, 32, S. 297 ff., *Rietschel*, ebenda, 32, S. 225 ff., *H. Henrici*, Über Schenkungen an die Kirche, S. 10 ff., und besonders *Alfred Schultze*, S. 93 ff. und passim, die in ihren Ergebnissen allerdings voneinander abweichen. — In der Literatur, die sich mit der Geschichte der Quote befaßt, werden die beiden Stufen der Entwicklung: die internationale Verbreitung der Quote seit dem 12. Jahrhundert und die Vorläufer dieser Bewegung, die sich im wesentlichen auf die „fringes" Europas beschränkte, nicht genügend geschieden. Die Gründe für das allgemein europäische Auftreten der Quote vom 12. Jahrhundert ab treten nicht deutlich hervor. Die verbreitete Meinung, daß die Kirche die Quote „gefördert" habe — besonders in der Augustinischen Gestalt — übersimplifiziert den historischen Verlauf und trägt dazu bei, den Unterschied zwischen den beiden Stufen zu verwischen (vgl. oben, § 37, Anm. 1).

[2] *K. Koranyi*, a. a. O. (vgl. oben, S. 7, Anm. 7) und Zur Geschichte des Seelteils im Slawischen Recht (Przewodnik Historyczno Prawny, IV, S. 87 f.); *Heinrich Felix Schmid*, Z. Sav. St., Germ. Abt., 51, S. 780 ff.; *F. von Bossowski*, Das Vermächtnis im russischen und ostpolnischen Recht, Zeitschrift für Ostrecht, VI, 1932, S. 690 ff. — Eine umfassende Darstellung der Geschichte des Seelteils in den slawischen Rechten fehlt.

[3] Eine Intestatquote für die Seele begegnet bekanntlich besonders in Fällen, in denen es sich um den Nachlaß von Fremden handelt, bei denen ein Erbe fehlt, aber auch in anderen Fällen des Todes ohne Testament. Wegen der Intestatportion konkurrierte die Kirche zuweilen mit Königen oder Grundherren. Ihr Betrag war der testamentarischen Quote nachgebildet, häufig belief sie sich auf ein Drittel, z. B. in

hundert an beginnt sie zurückzutreten, um sich dann nur noch in Resten zu erhalten.

Unser Schlußkapitel gibt nur eine knappe Skizze dieser Entwicklung zur Abrundung der Darstellung. Dabei soll vornehmlich — entsprechend der Aufgabe, die das vorliegende Buch sich gestellt hat — auf die Frage hingewiesen werden: Bestehen noch irgendwelche *Zusammenhänge* zwischen dem allgemein europäischen Auftreten des Seelteils vom 12. Jahrhundert ab und den von den Vätern der Kirche propagierten Ideen? Oder handelt es sich um unabhängige *Neubildungen?* Oder liegt ein *Zusammenwirken* verschiedener Faktoren vor, die sowohl auf Kontinuität als auf Neubildung beruhen?

§ 39. Seelquote und Antigregorianismus

I. Von altersher hatte sich Protest gegen zu hohe Zuwendungen an die Kirche erhoben. Dieser Widerstand hatte bereits zu den Motiven gehört, die die Väter zu ihrer Mahnung bestimmt hatten, nur eine Quote für Christus zu geben. Er hatte u. a. bei der Ausbildung des germanischen „Freiteils" mitgewirkt, er hatte auch die bescheidenen Forderungen der irischen Missionare begünstigt. Jetzt handelte es sich aber um eine Widerstandswelle von elementarer Stärke, um eine allgemein europäische Bewegung. Sollte es sich hierbei lediglich um eine organische Fortbildung der mehr oder minder spärlichen Überbleibsel früherer Epochen gehandelt haben?

Das internationale Auftreten der Quote für die Seele vom Ausgange des 12. Jahrhunderts fällt in die Zeit der großen Reaktions-

---

der Bretagne (s. unten, S. 262), in Sizilien (unten, S. 272), auch in vielen Stadtrechten Österreichs, Böhmens, Mährens, Ungarns und Süddeutschlands (*Gál*, S. 230 ff.). — Ein Vorläufer begegnete im späten byzantinischen Recht (oben, § 20, I). — Weniger häufig ist diese Intestat-Seelquote dem Augustinischen Sohnesanteil nachgebildet, z. B. in den süddeutschen Spiegeln (*Brunner*, S. 121, Anm. 2 = Abh., II, S. 294; *Gál*, S. 227; *Schultze*, S. 63). — In der Realität des Lebens wird der Unterschied zwischen der auf Rechtssatz beruhenden Intestatquote und der im Testament angeordneten Quote dadurch vermindert, daß die Gabe für die Seele im letzten Willen nach mittelalterlichem Denken nicht dem freien Willen des Testators überlassen war. Die alte Auffassung der Kirchenväter von der „Freiwilligkeit" der Gabe und vom „Fröhlichen Geber" (s. oben, § 10 bei Anm. 8—10 und § 18, I bei Anm. 23) war längst aufgegeben worden. Der Kirche im Testamente zu gedenken war religiöse Pflicht, und die Kirche hielt darauf, daß sie beachtet wurde.

bewegung gegen die politischen und wirtschaftlichen Ansprüche der Kirche, der Opposition der erstarkenden weltlichen Mächte gegen den Gregorianismus, gegen die Überordnung des Papstes über die weltlichen Gewalten. Gewiß gehörte dieser Kampf in erster Linie einer anderen Sphäre an. Die staatlichen Autoritäten beanspruchten Unabhängigkeit gegenüber dem Papsttum. Aber der Wandel der Ideen, die der Kampf gegen den Gregorianismus hervorrief, schuf „eine neue Atmosphäre".[1] Es entwickelte sich Opposition auch gegenüber anderen Ansprüchen, die die Kirche erhob, insbesondere auf wirtschaftlichem Gebiet.

Im Zeitalter des Gregorianismus war die Kirche zur ersten wirtschaftlichen Großmacht geworden. Hand in Hand damit ging die Verweltlichung des Klerus. Entgegen den kanonischen Vorschriften erblickten viele Kleriker in den kirchlichen Ämtern ein Mittel, sich aus den damit verbundenen Einnahmen zu bereichern.[2]

In dieser Atmosphäre lebten überall die alten Bestrebungen auf, die Zuwendungen an die Kirche durch ein *Maß* zu beschränken. Testamente und Schenkungen, Seelgeräte, bildeten eine Hauptquelle des kirchlichen Vermögenserwerbes. Die Beschränkung der Seelgeräte auf ein Maß ist ein Glied in der Kette der großen Auseinandersetzungen, die zwischen der Kirche und den weltlichen Gewalten vom 12. Jahrhundert ab in zahlreichen europäischen Ländern stattfanden. Sie gehörte zu den „Grenzregulierungen",[3] die zwischen kirchlichem und weltlichem Recht vorgenommen wurden.

[1] Es handelte sich darum „à revendiquer pour l'autorité monarchique une indépendance totale à l'égard de l'autorité spirituelle ... Le mouvement d'idées, né de l'opposition antigrégorienne, a eu une indiscutable influence et contribué largement à créer une atmosphère nouvelle" (*Augustin Fliche,* La réforme Grégorienne, III, L'opposition antigrégorienne, Louvain, 1937, S. 322 f.).

[2] *Fournier-Le Bras,* II, S. 399. — Von der Habsucht der Geistlichen sprechen sogar Synoden, z. B. die Synode von Paris von 1212 oder 1213, 1. Teil, c. 11 (*Hefele,* Histoire des Conciles, übersetzt von Delarc, VIII, S. 105, siehe *Henry Auffroy,* Évolution du testament en France des origines au XIIIe siècle, Paris, 1899, S. 382, Anm. 2). Das Konzil bestimmte, daß die Laien in ihren Testamenten keine zu große Zahl von Seelenmessen und entsprechend hohe Zuwendungen anzuordnen brauchten. Den Priestern wurde verboten, dies zu fordern. „Les sacraments et les sacramentaux ne doivent pas être vendus." — Streitigkeiten um Legate waren häufig, zwischen Klerikern untereinander wie zwischen Geistlichen und Klöstern, z. B. in der Schweiz (Henrici, S. 29, 53, Anm. 104, 105) und in England (*Haensel,* Deutsche Zeitschrift für Kirchenrecht, 20, 1911, S. 191 f.).

[3] Ausdruck *Werminghoffs,* Kirchenverfassung Deutschlands im Mittelalter, I, 1905, S. 286, der aber auf den Seelteil in diesem Zusammenhange nicht eingeht.

Ein charakteristisches Beispiel, das den Zusammenhang zwischen dem Kampf um die päpstliche Macht in weltlichen Angelegenheiten und den Bestrebungen, die Gaben für das Seelenheil zu vermindern, erkennen läßt, bietet der Angriff des Augustinermönchs und Theologieprofessors *Johannes Klenkok* gegen 21 Artikel des *Sachsenspiegels.* In seinen beiden Schriften, der „Verteidigungsschrift" an die Magdeburger und in dem sog. „Decadicon contra errores Speculi Saxonum" bekämpft er die Sätze des Sachsenspiegels, daß der Papst das sächsische Land- und Lehnrecht nicht zu schwächen vermöge (Sachsenspiegel I, 3, 3), daß der geistliche Bann ohne des Königs Acht niemandem an Land- und Lehnrecht schade (III, 63, 2) und daß der Papst den Kaiser nur aus drei Gründen exkommunizieren dürfe (III, 57, 2).[4] Gleichzeitig wendet er sich auch dagegen, daß die Seelgaben auf dem Sterbebett auf Sachen beschränkt werden, die noch mit eigener Kraft übertragen werden können, auch verwirft er das Erfordernis der Einwilligung der Erben bei der Übertragung von Grundstücken (I, 52, 2).[5] Die Angriffe gegen diese Vorschriften werden im wesentlichen in gleicher Weise begründet: das weltliche Recht dürfe nicht gegen christliche Gebote und kirchliche Gesetzgebung verstoßen.[6]

Im Jahre 1372 überreichte Klenkok seine Schrift Papst Gregor XI. Zwei Jahre später erging die Bulle *Salvator Generis humani*, die in der Hauptsache Klenkoks Anregungen folgte. Von den 21 Artikeln des Sachsenspiegels, die Klenkok angegriffen hatte, verurteilte sie 14, die *articuli reprobati,* und bannte dabei in gleicher Weise die Sätze des Spiegels über die päpstliche Gewalt und über die Beschränkungen der Seelgaben.[7]

Im Zusammenhange mit den Bestrebungen, ein Maß für die Seelgaben festzusetzen, stand die Wiederaufnahme des Kampfes gegen das Anwachsen des Grundbesitzes der Kirche und der Klöster, wie es

---

[4] Vgl. den Text der „Verteidigungsschrift" Nr. 16, 17, 18, abgedruckt bei *Homeyer,* Johannes Klenkok wider den Sachsenspiegel, Berliner Akademie-Abhandlungen 1855 (1856), S. 419, vgl. hierzu, ebenda, S. 387, 389, 415. — Weitere Literatur über Klenkok siehe bei *von Schwerin-Thieme,* Grundzüge der deutschen Rechtsgeschichte, 4. Aufl., 1950, S. 139, Anm. 12.

[5] „Verteidigungsschrift", Art. 11, 12 (*Homeyer,* S. 418 f., vgl. ebenda, S. 386, 415).

[6] *Homeyer,* S. 389, 418 f.

[7] Text der Bulle, Nr. 2—4 und Nr. 13 und 14 (bei *Homeyer,* S. 424, 426, vgl. S. 399 f., 415). — (Vgl. *Hans Thieme,* Eike von Repgow, in „Die großen Deutschen", Deutsche Biographie, Berlin, 1956, S. 199.)

bereits zur Zeit der merowingischen und karolingischen Säkularisationen geschehen war. Wieder sahen die weltlichen Mächte mit Besorgnis das Anwachsen des Grundbesitzes der toten Hand. Zu seiner Beschränkung ergingen z. B. in verschiedenen Teilen Deutschlands, Österreichs und der Schweiz Amortisationsgesetze (*leges de non admortizando*).[8] Vermächtnisse von Grundstücken wurden zuweilen vollständig verboten,[9] oder es wurde angeordnet, daß Kirchen und Klöster den Landerwerb unter Lebenden oder in Testamenten binnen Jahr und Tag wieder an weltliche Personen verkaufen müßten.[10] In diesen Zusammenhang gehören auch die Bestrebungen, die Errichtung der Testamente, deren wesentlichster Inhalt die Seelgeräte waren, der Geistlichkeit möglichst zu entziehen.[11]

Hierher gehört weiter der Kampf gegen die von der Geistlichkeit erhobene Forderung der *Steuerfreiheit*, insbesondere hinsichtlich des Zuwachses an Kirchengut. Wieder spielten hier die Seelgaben eine Rolle. Charakteristisch in dieser Beziehung ist ein Schreiben Ludwigs des Bayern an die Stadt Eßlingen vom Jahre 1344, wo der Erwerb aus Kauf und Seelgerät nebeneinander genannt und für steuerpflichtig erklärt wird.[12]

Bei ihren wirtschaftlichen Unternehmungen genossen Kirchen und Klöster vielfach Freiheit vom „Ungeld", wie die direkten Steuern in Deutschland genannt wurden. Die Kirche beschränkte sich nicht darauf, die Erzeugnisse ihrer eigenen wirtschaftlichen Tätigkeit zu verkaufen — Wein und Getreide, die sie selbst produziert hatte. Sie kaufte auch Wein und Getreide auf und verkaufte sie weiter, ebenfalls steuerfrei, eine Konkurrenz, die von den Bürgern, die die Steuer zu tragen hatten, schwer empfunden wurde. Auf Drängen der Bürgerschaft belegten zahlreiche deutsche Städte den Weinhandel von Kirche und Klöstern mit der allgemeinen Steuer, sofern es sich um gekauften

[8] *Werminghoff*, S. 264, Anm. 2, 281; *Henrici*, S. 53, Anm. 104.

[9] Zum Beispiel in Lübeck (1220—1226), *Werminghoff*, S. 281.

[10] Zum Beispiel in Eßlingen, 1327, in Heilbronn, 1378, in Österreichischen Stadtrechten im letzten Drittel des 13. und der ersten Hälfte des 14. Jahrhunderts. Karl IV. ordnete 1376 für Frankfurt am Main an, daß die Geistlichkeit alle Grundstücke und Gülten, die sie auf Grund von Seelgeräten erworben hatte, binnen Jahresfrist an weltliche Personen veräußern müsse, widrigenfalls der Rat befugt sei, sie ohne weiteres zu veräußern (*Werminghoff*, S. 281 f.).

[11] *Werminghoff*, a. a. O.; *Heinrich von Srbik*, Die Beziehungen von Staat und Kirche in Österreich während des Mittelalters, Innsbruck, 1904, S. 189.

[12] *Werminghoff*, S. 281.

Wein handelte. Die Kirche widersprach und verhängte über solche Städte den Bann, der zuweilen jahrelang andauerte.[13]

Analoge Vorgänge begegneten in der *Bretagne.* Ein Brief des Papstes Honorius III. (1219) enthält die Unterwerfungserklärung, die *Pierre Mauclerc,* Herzog der Bretagne, abgab, als seine Exkommunikation nach jahrelangen Streitigkeiten mit dem Klerus aufgehoben wurde. Unter den verschiedenen Streitpunkten handelte es sich auch hier wieder um den Verkauf von Produkten, die nicht zu den eigenen Erzeugnissen der Kirche gehörten. In seiner Unterwerfungserklärung mußte der Herzog u. a. versprechen, sein Verbot gegen die Kirche von Nantes aufzuheben, Holz, Mehl und Salz zu verkaufen, die nicht aus der eigenen Produktion der Kirche stammten.[14]

Wieder ist es von Interesse für unsere Frage, daß die Bestrebungen, die Seelgaben zu beschränken, im Zusammenhange mit diesen wirtschaftlichen Streitigkeiten auftreten. In der Bretagne handelte es sich allerdings nicht um die vom Testator im Testament hinterlassene Quote, sondern um die Quote in Höhe eines Drittels (*Tercia, tertiagium, tierçage),* die der Kirche in der Bretagne von den Mobilien von Intestaterbschaften zustand.[15] In den Kämpfen der Herzöge der Bretagne gegen die wirtschaftlichen und finanziellen Ansprüche des Klerus spielt die *Tercia* eine wichtige Rolle. In seiner Unterwerfungserklärung mußte sich Herzog Mauclerc verpflichten, die *Tercia* der Kirche weiter anzuerkennen.[16]

---

[13] So in c. 4, X. de immunitate ecclesiarum 3, 49 (Concil. Lateran. III. vom Jahre 1179, c. 19: „tot onera frequenter imponunt ecclesiis ..., ut deterioris conditionis factum sub eis sacerdotium videatur, quam sub Pharaone fuerit, qui legis divinae notitiam non habebat"); ferner c. 7, X. *de immunitate ecclesiarum* 3, 49 (Concil. Lateran. IV. vom Jahre 1215, c. 46) (*E. Friedberg,* Lehrbuch des Kirchenrechts, 5. Aufl., S. 521 f., *Werminghoff,* S. 279, Anm. 1).

[14] In dem bei *Dom Gui Alexis Lobineau,* Histoire de Bretagne, II, Paris, 1707, S. 375, abgedruckten Briefe heißt es: „Comes Britanniae ... revocabit in irritum banna quae fecit contra libertates et antiquas Ecclesie Nannetensis consuetudines, de lignis non vendendis nisi de foreste sua, de pane non faciendo nisi de farina sua, de sale non vendendo nisi de suo".

[15] Vgl. oben, Anm. 3.

[16] Siehe den Brief Gregors IX. (nach Lobineau 1230, nach Dom Morice 1238) bei *Lobineau,* Histoire de Bretagne, II, S. 381 f., und bei *Dom Hyacinthe Morice,* Mémoires pour servir de preuves à l'histoire ecclésiastique et civile de Bretagne, I, Paris, 1742, S. 909. — In Gregors Brief wird die Quote als „tercia judicii mortuorum" bezeichnet. — Die Kämpfe um die *Tercia* gingen aber weiter. Mauclercs Sohn *Jean de la Roux* erkannte — unter dem Druck einer Kommunikationssentenz

Auch anderwärts zeigt sich, daß die Bestrebungen, die Erwerbstätigkeit der Kirchen und Klöster einzuschränken oder zu besteuern, sowie die Seelgaben durch ein Maß zu beschränken, zeitlich im Zusammenhange standen.[17]

In diesem Zusammenhange sei erwähnt, daß selbst die kirchliche Verwaltung der Stiftungen für das Seelenheil Beschränkungen unterworfen wurde. Seit der Mitte des 12. Jahrhunderts kamen städtische Verwalter, „Kirchenpfleger", in den deutschen Städten auf, als Vertrauensmänner der Stadträte, die die „Vormundschaft" über die Seelgaben übernahmen.[18] Gegenüber den ausschließlich von der Kirche geleiteten Hospitälern setzte eine Verbürgerlichung des Hospitalwesens ein.[19] Ansätze zu einer Säkularisierung der Organe der sozialen Fürsorge machen sich bemerkbar.

II. Beseitigen wollte man die Zuwendungen für das Seelenheil aber keineswegs, trotz aller Opposition. Nach wie vor durchdrang die Sorge um Tod und Jenseits alle Phasen des menschlichen Lebens. Dies kam im Privatrecht wie im öffentlichen Recht zum Ausdruck. Die Wahrzeichen der mittelalterlichen Städte, die großartigen Kirchen,

— eidlich an, daß die „tertia pars iuris defunctorum secundum terrae consuetudinem approbatem libere et integre persolventur ecclesiis" (Konkordat von 1256, *Dom Morice*, I, S. 963). — Aber in einem Konkordat von 1308 sah sich Clemens V. gezwungen, in eine Herabsetzung des Drittels auf ein Neuntel (*Neufme*) einzuwilligen (abgedruckt bei *Dom Morice*, I, S. 1216; vgl. *Brunner*, Z. Sav. St., Germ. Abt., 19, S. 122 f. = Abhandlungen, II, S. 294 f.; *Haensel*, Deutsche Zeitschrift für Kirchenrecht, 20, S. 33, Anm. 2; *Schultze*, S. 65). — Später wurde das Neuntel lokal noch weiter herabgesetzt, z. B. in Quimperlé auf 1/27. In manchen Orten verschwand es vollständig (*André Perraud*, Étude sur le testament d'après la coutume de Bretagne, Thèse, Rennes 1921, S. 56, Anm. 1).

[17] Zum Beispiel in *Augsburg*, wo 1291 Bestimmungen über die Besteuerung der Käufe und Verkäufe der Angestellten der Geistlichkeit erlassen wurden (*Werminghoff*, S. 280), war wenige Jahre vorher (1276) der Seelteil auf einen Kinderteil festgesetzt worden. In *Regensburg*, wo Streitigkeiten über finanzielle Fragen zwischen Stadt und Klerus schwebten (*Werminghoff*, a. a. O.), setzte das Ratsstatut (von 1410) den Seelteil auf ein Neuntel herab (s. oben, § 34, VI). — Über ähnliche Vorgänge in *Österreich* siehe von *Srbik*, a. a. O., S. 172 ff. — Über Richmond in Yorkshire (1245) s. oben, § 35, VI.

[18] *H. E. Feine, Kirchliche* Rechtsgeschichte, 2. Aufl., S. 348. — Diese Entwicklung wird z. B. für die Stadt Glatz in Schlesien dargetan von *Fritz Schubert*, Das älteste Glatzer Stadtbuch, Z. Sav. St., Germ. Abt., 14, 1925, S. 297 ff.

[19] *Siegfried Reicke*, Das deutsche Spital und sein Recht im Mittelalter, Kirchenrechtliche Abhandlungen, hersg. von Stutz und Heckel, 111 und 112, 1932, I, S. 196 ff.

die zahllosen Einbauten von Kapellen und Altären, beruhten zum großen Teil auf Seelgeräten. Der Gedanke, daß Christus im Testament bedacht werden müsse, blieb Gemeingut aller christlichen Länder auch im Hochmittelalter.[20] „Testament" und „Seelgerät", d. h. die Fürsorge für das Seelenheil, waren nahezu identisch.[21]

Selbst Männer, die im Kampfe gegen die kirchlichen Ansprüche auf den Nachlaß führend waren, blieben fromme Christen, erfüllt von der Sorge für ihr Seelenheil, wie etwa der Herzog der Bretagne, Pierre Mauclerc,[22] der nach seiner Abdankung auf einem Kreuzzug starb, oder König Heinrich II. von England,[23] der in seinem Testament große Seelgeräte errichtete.

III. So kam es vielfach zu Kompromissen zwischen Staat und Kirche. Zwischen dem alten kirchlichen Anspruch auf Testierfreiheit und den radikalen Bestrebungen, die die Seelgaben auf das wenige herunterdrückten, was der Sterbende auf dem Sterbebett noch mit eigener Kraft übergeben konnte,[24] einigte man sich — oft nach langen Kämpfen — auf einer mittleren Linie. Selbst die mächtige Kirche des

---

[20] Siehe u. a. *Huizinga,* Der Herbst des Mittelalters, S. 26, 46, 67 ff., 82, 193 ff., 211, 216; *Werminghoff,* S. 277; *Henrici,* S. 27 f.; *Perraud,* a. a. O., S. 51 ff. — Für wie selbstverständlich die Fürsorge für das Seelenheil angesehen wurde, wird durch die Tatsache bewiesen, daß sie selbst bei weltlichen Geschäften auftritt, bei denen man es am wenigsten erwarten sollte. So werden z. B. in dem Rechnungsbuch des Lübecker Kommissionärs Johann Wittenberg aus dem 14. Jahrhundert vom Erlös einer Verkaufskommission die Auslagen für das Jahresgedächtnis der Eltern des Kommittenten abgesetzt (*Otto Prausnitz,* Die Geschichte der Forderungsverrechnung [Aufrechnung, Kontokorrent, Skontration], Arbeiten zum Handels-, Gewerbe- und Landwirtschaftsrecht, Nr. 49, hersg. von Ernst Heymann, Marburg, 1928, S. 65, 117, 125).

[21] Vgl. z. B. die Glosse zum *Sachsenspiegel,* I, 23 und dazu *Henrici,* S. 28, 52, Anm. 101. — Diese Auffassung begegnet nicht bloß im Mittelalter. Auch bei Griechen und Römern war das Testament von Haus aus ein religiöses Geschäft und behielt noch lange Züge, die aus dieser Auffassung entsprangen (*Bruck,* Totenteil und Seelgerät, S. 157 ff., 173 ff., 190 ff., 271 ff.). Gleiches gilt auch von Chinesen und Indern (*Bruck,* Über römisches Recht im Rahmen der Kulturgeschichte, 1954, S. 33 f., Anm. 33 und 34).

[22] Vgl. oben, S. 154.

[23] S. sein Testament und dazu *Pollock* und *Maitland,* II, S. 334.

[24] So im Sachsenspiegel, Landrecht, I, 52, 2 (oben bei Anm. 5) und anderen deutschen Rechten (*Gál,* Z. Sav. St., Germ. Abt., 29, S. 232 ff.). — In einem Ratsbeschluß von Basel (1401), heißt es: „... so mag ein yeklich persone durch siner selen heil willen *ein bescheiden selgerete* in sinem totbette besetzen, machen und ordenen" (abgedruckt bei *Henrici,* S. 27 und S. 51, Anm. 91).

Gregorianischen Zeitalters hatte bereits eine Verständigung suchen müssen mit den weltlichen Gewalten.[25]

Die Kompromisse beruhten zuweilen auf ausdrücklichen Vereinbarungen, auf Konkordaten. Häufiger waren es stillschweigende Kompromisse. In Frankreich und England begegnen auch Vereinbarungen von Fall zu Fall. Die bedachte Kirche schloß Vergleiche ab, indem sie sich mit den Erben des Gebers auf eine *pars rationabilis* einigte.[26] Wo das Maß generell festgesetzt wurde, begegnete — abgesehen von der Beschränkung auf die Gaben aus eigener Kraft auf dem Sterbebett oder der Festsetzung bestimmter Beträge, z. B. 5 Schillinge,[27] wieder die Beschränkung auf eine Quote des Nachlasses, bald einem Bruchteil, in der Regel wieder ein Drittel, zuweilen auf den Anteil eines Sohnes im Sinne Augustins.[28]

So kommen wir zu dem *Ergebnis:* die Ursachen für das internationale Auftreten des Seelteils vom 12. Jahrhundert ab entspringen in erster Linie ihrer eigenen Zeit. Insofern stellt sich dieser allgemein europäische Seelteil als ein *Novum* dar.

§ 40. Zusammenhänge mit den Kirchenvätern und der irischen Mission

I. Wir haben das Aufleben und die Verbreitung des Seelteils über weite Teile Europas aus der allgemeinen kirchlichen und politischen Lage im ausgehenden 12. Jahrhundert erklärt. Aber die Frage erhebt sich, ob nicht doch noch Verbindungen mit der Vergangenheit bestehen, mit den Mahnungen der Väter der Kirche, Christus und den Armen einen Anteil am Nachlaß zu gewähren.

In der Zeit der größten Verbreitung des Seelteils über Europa war die Quote in der *Augustinischen* Gestalt nicht von so großer Bedeutung als in neuerer Zeit angenommen worden ist.[1] Augustins Sohnesquote für Christus hat in dieser Zeit keine Nachwirkungen in Frankreich, England oder Spanien gehabt — merkwürdigerweise — trotz Augustins überragender Persönlichkeit, trotz der Aufnahme seiner

---

[25] Siehe u. a. *Werminghoff*, S. 139, 148, 271 f., 282; *Brooke*, The English Church and the Papacy, S. 228; *Pollock* und *Maitland*, II, S. 348 ff.

[26] *de Laplanche*, S. 144 f., vgl. unten, § 40, IV.

[27] *Werminghoff*, S. 282; *Henrici*, S. 23, 50, Anm. 76 und 77.

[28] Siehe die Aufzählung bei *Schultze*, S. 93 ff.

[1] Siehe oben, S. VI f. und § 37, Anm. 1.

Mahnung in Gratians Dekret,[2] in Frankreich überdies trotz Ivo von Chartres.[3] In England war Augustins Quote sicher bekannt. Die wichtigen Kathedralbibliotheken von Canterbury und Lincoln besaßen jede eine Abschrift von Ivos *Decretum* (aus dem 12. Jahrhundert), obwohl wir im übrigen Europa nur von fünf anderen wissen.[4] Gratians um 1140 geschriebenes Dekret kam nach England kurz nach der Mitte des 12. Jahrhunderts.[5] Nichtsdestoweniger findet sich auch dort nur die Drittelquote, aber keinerlei Spur von Augustins Mahnung.

Augustins Quote tauchte, wie erwähnt, in den Papstbriefen nach Schweden auf.[6] Sie erschien in Dänemark,[7] auch in Deutschland[8] und der Schweiz — in den beiden letzteren Ländern neben der zahlenmäßig bemessenen Quote, besonders dem Drittel. Wo immer eine Quote in Höhe eines Sohnesanteils erscheint, besteht ein Zusammenhang mit Augustins Mahnung, was mit Recht hervorgehoben worden ist.[9]

Aber die Frage, ob die zahlenmäßig, ohne Rücksicht auf die Zahl der Kinder bestimmte Quote, insbesondere die *Drittelquote*, wie sie in dieser Zeit im französischen und englischen Recht sowie in verschiedenen deutschen Rechten begegnet, in irgendeinem Zusammenhang mit der Patristik steht, ist bisher nur gestreift worden.[10] In dieser Beziehung können — wenn überhaupt — nur Nachwirkungen der *griechischen* Väter in Betracht kommen. Dies soll für Frankreich und England kurz dargestellt werden.

II. Die weite Verbreitung der Quote in den nordfranzösischen *Coutumes*, die sog. *quotité disponible*, regelmäßig ein Drittel (*Tiers*),[11] aus-

[2] Oben, § 38, I.

[3] Oben, §§ 36, II und 37, I.

[4] *Brooke*, England and the Papacy, S. 244.

[5] *Brooke*, S. 95, 106 ff.

[6] Oben, § 38, III.

[7] *Schultze*, Augustin, S. 145 und Atti, S. 212.

[8] In Süddeutschland im Schwabenspiegel, im Deutschen Spiegel und dem verwandten Stadtrecht von Augsburg (*Gál*, S. 227 ff., 230; *Schultze*, Augustin, S. 65, 136 f.).

[9] Siehe die in § 37, Anm. 1 zitierten Autoren, vor allem *Schultze*.

[10] S. oben, S. VII, Anm. 7.

[11] In der Bretagne, Normandie, Anjou, Maine, Touraine, Poitou, auch in Soissons und der Champagne, und wahrscheinlich auch in Flandern (*Warnkönig* und *Stein*, Französische Staats- und Rechtsgeschichte, 2. Aufl., 1875, II, S. 490; *de Laplanche*, S. 115 ff., 161 ff.; *Schultze*, S. 104). Vgl. oben, § 36, II.

nahmsweise ein Fünftel[12] — sie entspricht dem Anteil, der für die Erben reserviert ist, der *réserve coutumière* — ist, wie bemerkt in erster Linie aus der Lage dieses Zeitalters heraus zu erklären.

Die großen Vergabungen von Land, wie sie besonders der vermögende Adel vorgenommen hatte — oft ohne Rücksicht auf die Zustimmung der Erben[13] — hörten auf. Von der zweiten Hälfte des 12. Jahrhunderts ab finden sich überall im nördlichen und westlichen Frankreich Urkunden, in denen die Schenker, darunter gerade auch Adlige, nur über eine Quote ihres Landes verfügten. Gleichzeitig verschwanden auch die gewaltsamen Selbsthilfeakte der Erben. Sie waren nicht mehr notwendig. Was der Volksüberzeugung entsprach, wurde jetzt zum Recht der *coutumes*.[14]

---

[12] Vorwiegend im Bassin von Paris (*Warnkönig* und *Stein*, II, § 489, Anm. 1; *Kohler*, Berliner Festgabe für Dernburg, 1900, S. 245 ff.; *de Laplanche*, S. 161, Anm. 2; *Schultze*, S. 104). Vgl. unten bei Anm. 22—24.

[13] Vgl. oben, § 36, III.

[14] Was die Zeit des Aufkommens der *quotité disponible* in Nord- und Westfrankreich anlangt, so wird sie von *de Laplanche* (S. 152), der das urkundliche Material gesammelt hat, in die Jahre 1175 bis 1250 gesetzt. Er beginnt mit einer Urkunde aus dem Jahre 1175, dem Legat eines Vikars in Paris, der ein Fünftel eines Hauses dem Kapitel von Notre Dame de Paris hinterließ (*Cartulaire de Notre Dame de Paris*, IV, S. 161, Nr. 273; *de Laplanche*, S. 119) — im Bassin de Paris belief sich das *disponible* auf ein Fünftel (oben, Anm. 12). Der nächste Fall betrifft ein Drittel von Land (*tertiam partem totius tenementi mei*), das ein normannischer Edelmann, de Vado, im Jahre 1190 einem Kloster hinterließ (*Chartes de l'abbaye de Jumièges*, II, S. 106 f., Nr. 159; *de Laplanche*, S. 135 f.). — Wenige Jahre später folgte die Bestimmung des *Très ancien coutumier de Normandie* (gemäß *Paul Viollet*, Les coutumiers de Normandie, Histoire littéraire de la France, XXXIII, Paris, 1906, S. 49: „redigé ou retouché 1203—1204"), Kap. 57, § 4: „Quisquis homo potest dare de terra sua in elemosinam usque ad terciam partem sue hereditatis." — In *Anjou* ist die *Tercia* (*Terce*) von Land zum ersten Male im Jahre 1230 in einem Schiedsspruch nachweisbar, der ein Landgut und Lehen betrifft, das Geoffroy de Ramefort, unter Übergehung seiner Tochter, dem Hospital Saint Jean in Angers *in elemosynam* hinterläßt (*de Laplanche*, S. 138—140). Die Entscheidung erwähnt ausdrücklich ein *Gewohnheitsrecht*, nach dem Geoffroy berechtigt war, dem Hospital bis zu einem Drittel (*usque ad terciam*) seines Landes zu hinterlassen. — Ein Vorläufer begegnet in Anjou in den Jahren 1050—1055, in einem Schiedsspruch des Grafen von Anjou, der die Quote auf die Hälfte festsetzt (*Cartularium monasterii Beatae Mariae Caritatis Andegavensis*, Archives d'Anjou, III, 1854, S. 154, Nr. 240, zitiert bei *de Laplanche*, S. 86, Anm. 2; dazu *Schultze*, S. 107 f.). Dieser Fall betraf allerdings eine Witwe mit zwei Töchtern, die deshalb über eine Hälfte verfügen durfte. — Die festen Quoten an Land begannen danach wahrscheinlich vor 1175 aufzutreten, was zu der allgemeinen Lage passen würde.

Wieder erhebt sich die Frage: Bestehen irgendwelche *Zusammenhänge* zwischen dem *disponible* und den *Quoten der griechischen Väter,* wie sie die *irische Mission* später im Norden Frankreichs verbreitet hatte? Wir haben das Drittel, das im fränkischen Recht, wenn auch nur in spärlichen Überresten, nachgewiesen werden konnte, auf die irische Mission zurückgeführt.[15] Besteht aber auch ein Zusammenhang zwischen diesem *fränkischen Drittel* und dem Drittel der *Coutumes*? *Brunner* hat ausgeführt, daß dies der Fall war.[16] Er schloß *a posteriori* von den *Coutumes* zurück, daß lokale Bräuche und Gewohnheitsrechte die Brücke bildeten, zwischen der Quote der fränkischen Periode und der Periode der *Coutumes.*[16a]

Die fränkische Periode und die Periode der *Coutumes* liegen nur 200 Jahre auseinander. Die Tatsache, daß Schenkungsurkunden, Testamente und andere urkundliche Beweise in der Zwischenzeit fehlen, läßt sich, wie oben ausgeführt, nicht nur durch die allgemeine Spärlichkeit des Quellenmaterials dieser Zeit erklären, sondern auch dadurch, daß Gaben von geringwertigen Mobiliardritteln, die kleine Leute (*hommes de basse condition*) der Kirche übertrugen, nicht aufgezeichnet wurden, während die großen Vergabungen, besonders an Land, in Urkunden niedergelegt und sorgsam aufbewahrt wurden.[17] Noch im 13. Jahrhundert enthalten die *Cartulaires* bei weitem überwiegend Urkunden über Landübertragungen, obwohl die Verfügung über *acquêts,* die in erster Linie Mobilien betrafen, ein häufig vorkommendes Geschäft war.[18]

[15] Oben, § 36, II.

[16] *Brunner,* Beiträge zur Geschichte des germanischen Wartrechts, Festgabe für Dernburg, S. 60 = Abhandlungen, II, S. 240; vgl. *Schultze,* S. 106 f. (mit Bezug auf normannisches Recht). — Die Theorie *Brunners* (oben, S. VI), daß das Drittel auf die germanische Grabbeigabe zurückging, ist in unserem Zusammenhang ohne Belang. Hier handelt es sich nur um die Brücken zwischen dem fränkischen Drittel und dem Drittel in den *Coutumes.*

[16a] *H. Mitteis,* Z. Sav. St., germ. Abt., 63, S. 137 ff., und Berl. Ak. Abh., 1947, S. 14, hat überdies auf den starken fränkischen Einschlag der nordfranzösischen Contumes hingewiesen.

[17] Vgl. oben, § 36, III. — Gemäß der *Très ancienne coutume de Bretagne* (éd. Planiol), Kap. 42, 207 (Anfang des 14. Jahrhunderts), gilt das Drittel „par coutume“ für *bourgeois et gens de basse condition.* Dabei handelt es sich allerdings um Intestatnachlässe, die den Adel nicht betrafen (vgl. *Brunner,* Z. Sav. St., 19, S. 111 = Abh., II, S. 282). — Über das Drittel in den Stadtrechten des normannischen Sizilien sowie in den *Assizes des Bourgeois,* I, S. 49, von *Antiochia,* siehe unten bei Anm. 33.

[18] *De Laplanche,* S. 117 f., 147 f. — Es liegt in der Natur der Sache, und es wird

Auf altes Gewohnheitsrecht bei einer Vergabung *usque ad tertiam* verweist der oben erwähnte Schiedsspruch in Anjou von 1230.[19] Innocenz IV. (1243—1254) sagt über das Gewohnheitsrecht in der Bretagne: *in Britannia tertia in opus ecclesiae et pauperum dispensanda.*[20] Altes Gewohnheitsrecht ist auch in dem Versprechen des Herzogs der Bretagne (1256) erwähnt, daß die *tertia pars iudicii* der Kirche *libere et integre* geleistet werden soll.[21]

Für einen Zusammenhang zwischen dem fränkischen Drittel mit dem Drittel der *Coutumes* spricht auch die Tatsache, daß Nordfrankreich, das Gebiet, wo das Drittel auftritt, im wesentlichen mit dem alten Arbeitsgebiet der irischen Mission zusammenfällt. Die Bretagne hatte zu den Einfallstoren gehört, durch die die irische Mission auf den Kontinent gelangt war.

Was den *Quint disponible* im Bassin de Paris[22] anlangt, so hat die Übereinstimmung zwischen dem *Quint disponible* mit der *Quinta* des westgotischen Reichs zu der Vermutung geführt, daß hier ein Zusammenhang vorliegt.[23] Beziehungen zu Spanien bestanden auch in andrer Hinsicht. Überdies war die Quinta nicht auf Spanien beschränkt. Westgotisches Recht hatte auch in einem beträchtlichen Teile des südlichen

---

durch die vergleichende Rechtsgeschichte bestätigt, daß im Verlauf der Rechtsgeschichte die Verfügung über selbsterworbenes Gut, der Verfügung über ererbte Güter vorausgeht und das häufigere Geschäft bleibt; *Bruck*, Totenteil und Seelgerät, S. 75—110; *Walther Schönfeld*, Das Rechtsbewußtsein der Langobarden auf Grund ihres Edikts, Festschrift für Alfred Schultze, 1934, S. 368 f.

[19] Oben, Anm. 14.

[20] Apparatus in quinque libros decretalium ad, c. 42 X. 5, 3. Nach *Rietschel* (Z. Sav. St., germ. Abt., 32, 1911, S. 308, Anm. 2 und 3) bedeutet „Britannia" im Kurialstil des 13. Jahrhunderts, insbesondere im Stile Innocenz' IV. nicht, wie manchmal angenommen worden ist (z. B. von *Pollock* und *Maitland*, II, 2. Aufl., S. 359, und *Brunner*, Z. Sav. St., 19, S. 108 = Abh., II, S. 280) England, das „Anglia" genannt wird, sondern die französische Bretagne. — Auch in weltlichen Urkunden, z. B. in einem Vergleich zwischen zwei Edelleuten der Bretagne von 1204, heißt es von einem Lehen in England: „Totum feodum de Anglia" (bei *Dom Morice*, Mémoires pour servir de preuves à l'histoire ecclésiastique et civile de la Bretagne, I, col. 798).

[21] Oben, § 39, Anm. 18, 19.

[22] Oben, Anm. 12.

[23] Dagegen *Schultze*, S. 104, wegen der „vollkommenen Eingeschlossenheit seines Geltungsgebietes" im Bassin der Paris. Begegnen Entlehnungen aber nur in unmittelbar benachbarten Ländern?

Gallien gegolten, in Septimania, das bis auf Pippin zum westgotischen Reich gehört hatte.[24]

III. Die Frage, ob das Drittel schon vor der Zeit der *Coutumes* aufgetreten ist, ist besonders im Hinblick auf das Recht der *Normandie* diskutiert worden, denn sie ist von Bedeutung für das anglo-normannische Recht.[25] Allerdings wird das Drittel in der Normandie erst 1190 zum ersten Male erwähnt, und danach um 1200, d. h. mehr als hundert Jahre nach der Eroberung Englands.[26] In den vor der Eroberung errichteten Urkunden, in denen normannische Adlige zugunsten der Kirche verfügten, sind Beschränkungen der Testierfreiheit *nicht* erkennbar. Schon in der fränkischen Periode war die Tendenz hervorgetreten, im Interesse des Seelenheils des Testators die Beschränkungen zugunsten der Erben zu ignorieren — im Einklang mit den Wünschen der Kirche, die für die römische Testierfreiheit eintrat.[27] Die Herzöge und der Adel der Normandie folgten dem Beispiel der fränkischen Könige und des fränkischen Adels, wie z. B. das *Cartulaire de l'abbaye de la Sainte Trinité du Mont de Rouen,* das älteste Cartulaire der Normandie, erkennen läßt, welches Urkunden aus der Zeit zwischen 1030 und 1091 enthält. Dort verfügen Angehörige der großen normannischen Familien unbeschränkt über Land zugunsten der Abtei.[28]

Aber für die Normandie gilt dasselbe wie für das übrige Nordfrankreich: aus dem Fehlen von urkundlichen Beweisen vor der Eroberung Englands darf nicht ohne weiteres mit dem *argumentum e silentio* geschlossen werden, daß das Drittel für die Seele nicht existiert habe.

---

[24] *von Schubert,* S. 707. — Zu Beginn des 13. Jahrhunderts bestanden wieder Beziehungen zwischen dem Bassin de Paris und dem früheren Septimanien — aber diesmal in umgekehrter Richtung. Im Jahre 1212 bestimmte Simon de Montfort, einer der Führer des Kreuzzugs gegen die Albigenser, in den Gesetzen, die er für die Bevölkerung von Alby, Béziers, Carcassonne, Riez und andere Ortschaften erließ, daß ein Fünftel des Nachlasses als *quotité disponible* hinterlassen werden dürfe, „gemäß der *coutume* und dem Brauch Frankreichs in der Umgebung von Paris" („usque ad quintam partem, ad consuetudinem et usum Franciae, circa Parisios", *de Laplanche,* S. 121, Anm. 4).

[25] Siehe unten, Anm. 47.

[26] Oben, Anm. 14.

[27] Oben, § 36, III.

[28] Cartulaire de l'abbaye de la Sainte Trinité du Mont de Rouen, ed. A. Deville, Collection des cartulaires de France, III, Paris, 1840, S. 403—487. — Über die Zuwendungen von Fürsten und Edelleuten an Klöster s. *Heinrich Böhmer,* Kirche und Staat in England und der Normandie im 11. und 12. Jahrhundert, Leipzig, 1899, S. 6 f.

Haskins, der hervorragende Kenner der normannischen Geschichte, bemerkt in anderem Zusammenhang: „The argument from silence is especially dangerous where the destruction of records has been so great as in Normandy." [29] Verfügungen kleiner Leute über unbedeutende Mobiliarquoten wurden auch in der Normandie schwerlich aufgezeichnet, ebenso wie anderwärts. Auch die kirchlichen Schriftsteller liebten es von je, über die großen Gaben an die Kirche zu berichten.[30]

Nachwirkungen der irischen Mission im Brauch und Gewohnheitsrecht der Normandie werden nicht dadurch ausgeschlossen, daß die Irenmission spätestens gegen 800 ihr Ende erreichte, während die Invasion der Normannen erst im 9. Jahrhundert erfolgte. Robert wurde im Jahre 912 als „Graf der Normandie" vom fränkischen Könige belehnt. Die Normannen waren als Heiden nach der Normandie gekommen, aber sie paßten sich rasch der Kultur der Unterworfenen an und übernahmen Glauben, Sprache und Recht der *francigenae.*[31]

In diesem Zusammenhange erinnern wir uns, daß das Seeldrittel, so wie es die Iren gepredigt hatten, in einer ganzen Reihe von Stellen der *Collectio canonum Hibernensis* vorgeschrieben war. Die *Collectio* war in der Normandie wohl bekannt, wie die beträchtliche Zahl von Manuskripten der Sammlung erkennen läßt, die sich dort erhalten haben — trotz aller Zerstörung der Archive und Bibliotheken.[32]

---

[29] *Ch. H. Haskins,* Norman Institutions, Cambridge, Mass., 1918, S. 14. Immer wieder betont er die „paucity" der frühen normannischen Quellen (S. 40, 58, 85, 110, 135).

[30] Zum Beispiel Gregor von Tours, Historia Francorum, III, 18, am Ende. — Vgl. *Henrici,* S. 13; *von Schubert,* S. 155; *Jacques Flach,* Les origines de l'ancienne France, Paris, 1917, IV, S. 195, Anm. 2, vgl. S. 192, Anm. 1, S. 202, Anm. 4.

[31] *Karl von Amira,* Die Anfänge des normannischen Rechts, Historische Zeitschrift, 39 (1878), S. 268; *Brunner,* Entstehung der Schwurgerichte, 1872, S. 138 f., und Grundlagen der französischen, normannischen und englischen Rechtsentwicklung, Holtzendorffs Enzyklopädie, 5. Aufl., 1890, S. 324; *Heinrich Böhmer,* a. a. O., S. 5.

[32] Siehe darüber oben, § 36, Anm. 12—14, wie über andere irische Überbleibsel in der Normandie. — Es sei daran erinnert, daß der anonyme Verfasser eines berühmten Manuskripts, der „York Tractates", kürzlich als ein *normannischer* Kleriker bezeichnet worden ist. Unter den „clues" für diese Annahme weist das gelehrte Buch von *George H. Williams,* The Norman Anonymus of 1100 A. D. (Harvard Theological Studies, XVIII, Cambridge, Mass., 1951, S. 47 ff.) gerade auf die Tatsache hin, daß der Anonymus Stellen aus der *Hibernensis* verwertet, und „in examining the history of the transmission of the *Hibernensis* we may conclude that *Normandy was a much more likely place for a writer of the early XIIth century*

Das Seeldrittel erscheint ferner vor der Zeit der *Coutumes* in den normannischen Stadtrechten Siziliens im 11. Jahrhundert und in den *Assise des Bourgois* des Fürstentums Antiochia, die ebenfalls auf normannisches Recht zurückging. Das Drittel für die Seele, zu dem einst Chrysostomus von der Kanzel in Antiochia herab gemahnt hatte, war nach langen Wanderungen wieder dorthin zurückgekehrt.

In den *Assise* von Antiochia durfte der Vater — in den sizilianischen Stadtrechten auch die Mutter — im Testament über ein Drittel des Vermögens verfügen.[33] Bei Intestaterbschaften fiel ein Drittel an die Kirche.[34] Hierin erblickte *Brunner* ein starkes Argument für die Existenz des Drittels in der Normandie noch vor der Eroberung Englands.[35] Allerdings hatten Süditalien und Sizilien bis zur Eroberung durch die Normannen im 11. Jahrhundert zum byzantinischen Reiche gehört und an seiner Rechtsgeschichte teilgenommen.[36] Das byzantinische Recht hatte das Seeldrittel seit Jahrhunderten gekannt. Es ging in die Zeit der griechischen Väter zurück. Justinian hatte seine Verbreitung in der Praxis des byzantinischen Reiches anerkannt. Unter Leo dem Weisen (886—912) und Constantinus Porphyrogenitus (945

---

to make use of surviving Irish materials than England, even York" (S. 49) (von mir gesperrt).

[33] *von Brünneck*, Siziliens mittelalterliche Stadtrechte, 1881, S. 6 f.; *Brunner*, Z. Sav. St., germ. Abt., 19, S. 111 = Abh., II, S. 282; Ficker, III, S. 388 ff.; *Schultze*, S. 208, Anm. 937.

[34] In den allerdings erst von Wilhelm II. (um 1170—1175) erlassenen *Assise regum regni Sicilie* (Codice Cassinese), c. 37, wird anstelle des bisherigen Intestatregals bestimmt, daß die Kinder oder, bei Fehlen von Kindern, sonstige Verwandte erben sollten, aber daß *tertia pars omnium rerum eius pro ipsius anima erogetur;* ferner heißt es in der Instruktion an den *Magister Dohane de Secretis* (übernommen in die Constitutiones von Melfi, lib. I, lit. 61, § 2), daß die Güter der ohne Testament und ohne gesetzliche Erben Verstorbenen zugunsten des Fiskus versteigert werden sollten, aber daß *tertia pars predii, pro qua vendita fuerit, pro morientis anima pauperibus erogetur* (*Bruck*, Totenteil und Seelgerät, S. 322 ff.).

[35] *Brunner*, Z. Sav. St., germ. Abt., 19, S. 111 f. = Abh., II, S. 283 f. Zustimmend *Viollet*, a. a. O., S. 41, *Schultze*, S. 105 f.

[36] *Brandileone*, Il diritto Greco-Romano nell'Italia meridionale sotto la dominazione Normanna, Archivio giuridico, XXXVI, 1886, S. 62 ff., 238 ff., und Il diritto Byzantino e la storia del diritto Italiano, I, 1928, S. 337; *Giannino Ferrari*, I documenti greci medioaevali di diritto privato dell'Italia meridionale, 1910, S. 142; *Bruck*, Totenteil und Seelgerät, S. 322 ff.; *Schultze*, S. 122. — Auch zwischen der Kunst Süditaliens und von Byzanz bestanden Zusammenhänge (*Ch. Diehl*, L'art byzantin dans l'Italie méridionale, Paris, 1894, vgl. *I. Strzygowski*, Byzantinische Zeitschrift, V, 1896, S. 660; *Orsi*, ebenda, V, S. 567).

bis 959) war das Drittel auch in die Gesetzgebung eingedrungen, die auf alles Gewohnheitsrecht zurückging.[37] Die Normannen haben das Seeldrittel also aller Wahrscheinlichkeit nach in Sizilien bereits vorgefunden.

Fassen wir die Lage in der *Normandie* vor der Eroberung Englands zusammen: In den Urkunden, in denen gerade die herrschende Klasse, der Adel, zugunsten der Kirche verfügt, findet sich keine Beschränkung der Testierfreiheit, insbesondere keine Seelquote. Es ist aber möglich — mehr läßt sich nicht sagen — daß entsprechende Bräuche unter den *bourgeois* und *hommes de basse condition* bestanden, die in die Zeit der irischen Mission zurückgingen.

IV. Im *common law* von *England* findet sich die Dreiteilung des Mobiliarvermögens — einschließlich des „dead man's part" — zum ersten Male bei *Glanvill*[38] (bald nach 1187). Danach war der gesamte Mobiliarnachlaß in drei gleiche Teile zu teilen: der erste gebührte dem Erben,[39] der zweite der Ehefrau, der dritte dem Testator (*tertia vero ipsi reservatur, de qua tertia liberam habebit disponendi facultatum*).[40] Hinterließ der Testator keine Witwe, so durfte er über die Hälfte testieren.

Der Testator besaß das Recht, aber nicht die Pflicht, von dem ihm vorbehaltenen Drittel zugunsten der Kirche zu verfügen.[41] Aber die Sorge um das Seelenheil, zusammen mit dem Einfluß der Kirche bei

---

[37] Siehe oben, § 18, I und 20, I und II.

[38] Lib. VII, Kap. 5, § 4 (*Woodbine*, S. 105).

[39] *Pollock* und *Maitland*, II, S. 347 f.

[40] Im wesentlichen übereinstimmend *Magna Carta*, c. 26, und *Bracton*, fol. 60 f. (*Woodbine*, II, S. 180). *Bracton* fügt aber hinzu, daß diese Bestimmung durch lokales Gewohnheitsrecht aufgehoben werden könne, z. B. in der Stadt London, wo im Falle der Frau eine *certa dos* zugesichert ist, sie nur diesen Betrag beanspruchen kann, obwohl weitere Zuwendungen an sie *de gratia et voluntate viri sui* zugelassen sind. *Bracton* lobt diesen Brauch mit der kuriosen Begründung, daß Frauen, die mit Sicherheit nur auf ihre *dos* rechnen können, durch die Aussicht auf weitere Zuwendungen zu gutem Betragen und zur Tugend angehalten werden *(per hoc enim tollet maleficium animabit ad virtutem).*

[41] Nach lokalem Gewohnheitsrecht besaß die Kirche zuweilen ein gesetzliches Erbrecht hinsichtlich bestimmter Mobilien, das sog. *mortuarium* (*Glanvill*, VII, 5; *Bracton*, fol. 60). Es wurde erstattet aus dem Drittel, über das der Erblasser verfügen durfte: „quod de portione, quae defunctum contingit ecclesia ius percipiet consuetum" (Concilium Lambethense von 1261. Vgl. *Haensel*, Die mittelalterlichen Erbschaftssteuern, Deutsche Zeitschrift für Kirchenrecht, XIX, S. 395, und *Schultze*, S. 87).

der Testamentserrichtung, sorgten dafür, daß der „dead man's part" ganz oder zum größten Teil der Kirche oder den Armen hinterlassen wurde. Ohne ein solches Vermächtnis zu sterben, war eine große Sünde.[42]

Glanvill erwähnt ferner einen königlichen *writ* zur rechtlichen Durchsetzung des Anspruchs auf den Anteil am Mobiliarvermögen, den berühmten *writ de rationabili parte*; hier werden die Quoten aber nicht zahlenmäßig als Drittel bezeichnet, sondern als *rationabiles partes.*[43] Der *writ* auf die *rationabilis pars* wurde nicht nur der Witwe und den Kindern gewährt,[44] sondern auch der Kirche und kirchlichen Institutionen zur Erlangung ihrer Zuwendungen.[45]

Wann und wie die *pars rationabilis* und die Dreiteilung des Vermögens — *Maitland* nannte es „this somewhat important piece of English history" [46] in das englische *common law* gelangt ist — ist eine berühmte Streitfrage.[47]

---

[42] *Pollock* und *Maitland,* II, S. 322 f.

[43] In XVI, 1, § 2, bezeichnet Glanvill die *pars rationabilis* als ein Drittel, allerdings nur mit Bezug auf die *dos* („appellatur rationabilis pars cuiuslibet mulieris tertia pars totius liberi tenementi viri sui"). — Vgl. *Glanvill,* VII, 1, § 4: „Licet autem ita generaliter cuilibet de terra sua rationabilem partem pro sua voluntate cuicumque voluerit libere in vita sua donare." Dies betraf Verfügungen über Land zu Lebzeiten des Erblassers, Vergabungen, die später ausgeschlossen waren, als das Erstgeburtsrecht eingeführt wurde, aber zulässig blieben, wenn es sich um städtische Grundstücke (*burgagia*) handelte.

[44] *Glanvill,* VII, 7: „Rex vicecomiti salutem. Praecipio tibi quod iuste et sine delatione facias stare rationabilem divisam. N. sicut rationabiliter monstrari poterit quod eam fecerit et quod ipsa stare debeat. Teste . . ." etc.

[45] *Glanvill,* XII, 17: „Rex vicecomiti salutem. Praecipio tibi quod iuste et sine dilatione facias tenere rationabilem divisam R. quam fecit fratribus hospitalis de Jerusalem de catallis suis sicut rationabiliter monstrari poterit quod eam fecit et teneri debeat. Teste . . ." etc. Über Erwähnungen des *writ* in den Registern s. *Maitland,* The History of the Register of Original Writs, Harvard Law Review, III, 1890, S. 161, 167—169. Verschiedene Register erwähnen ihn nicht (*Elsa de Haas,* An Early XIIIth-Century Register of Writs, University of Toronto Law Journal, VII, 1947, S. 196 ff.).

[46] *Pollock* und *Maitland,* II, S. 352.

[47] *Brunner* (Z. Sav. St., germ. Abt., 19, S. 110 f. = Abt. II, S. 281 ff.) vertrat die Ansicht, daß die *Normannen* die Drittelteilung zur Zeit der Eroberung nach England brachten. — *Pollock* und *Maitland* (II, 2. Aufl., S. 347 ff., 627 f.) widersprach, da der Beweis fehle, daß die Dreiteilung in der Normandie vor der Eroberung existierte. — *Holdsworth* (II, 3. Aufl., S. 146, III, 530 f.) verwarf ebenfalls die Theorie vom normannischen Import und erwog, ob eine Verbindung mit dem von Beda berichteten Fall in Northumberland bestand (oben, § 31). Er hielt es für

a) Vor Glanvill findet sich nur eine einzige Spur des Seeldrittels im normannischen England, wenige Jahre nach der Eroberung, in dem bekannten Gesetz, das *Earl Hugh Lupus* für seine Pfalzgrafschaft *Chester* erließ, als er dort die Abtei der heiligen Werburgh gründete (1093—1095).[48] Earl Hugh gab das Gesetz zusammen mit seinen Baronen, nicht nur für diese und seine *milites,* sondern auch für die Bürger und andere freie Männer der Pfalzgrafschaft. Nach ihrem Tode sollten sie alle Gott und der heiligen Werburgh ihre *corpora* und den dritten Teil ihres gesamten Mobiliarvermögens hinterlassen (*darent Deo et sanctae Werburgae post obitum suum sua corpora et tertiam partem totius substantiae suae*).[49]

Ist die Bestimmung des Drittels in dem Gesetz von Chester von den Normannen importiert worden, oder handelt es sich um die Übernahme eines Brauchs, der schon früher in Chester gegolten hatte — ähnlich wie in Sizilien, wo die Normannen die Quote bei ihrer Ankunft vorfanden?[50]

Chester liegt im einstigen *Mercia,* einem alten irischen Missionsgebiet, ein Umstand, der bisher unbeachtet geblieben ist. Mercia hatte das Christentum durch Missionare vom Kloster Lindisfarne empfangen, dem Zentrum der irischen Missionskirche in Northumberland. In Mercia regierte damals König Oswiu, der gleich seinem Vater König Oswald die irische Kirche in jeder Hinsicht förderte. 655 war ganz Mercia christlich geworden. Der Ire Diuma wurde sein erster Bischof. Er empfing die Weihe von Aidans Nachfolger, Finnan von Lindis-

---

erwiesen, daß der *writ* entstand, ehe die kirchliche Gerichtsbarkeit in Testamentsachen konsolidiert war, „when the King could still grant an action on the basis of a legacy." — *Alfred Schultze* (Augustin, S. 95 f.) hielt es im Hinblick auf das Edikt von Chester (s. den folgenden Text unter a) für möglich, daß die Dritteilung „von den Eroberern bereits im angelsächsischen Recht, entweder allgemein oder im partikulären Gewohnheitsrecht, etwa der nördlichen Grafschaften, vorgefunden war und von ihnen nur in ihrer Anwendung verstärkt und rechtlich fester durchgebildet worden ist." — *Koranyi* (a. a. O., S. 197 f.) glaubte, daß die Drittelquote auf Erzbischof Theodor zurückging (dagegen oben, § 33, IV, bei Anmerkung 46—53).

[48] *Dugdale,* Monasticon Anglicanum, II, 1846, S. 386; *Pollock* und *Maitland,* II², S. 324, Anm. 4; *Liebermann,* Gesetze der Angelsachsen, II, 2, Glossar zu „Seelschatz", Nr. Ia (S. 647); *Schultze,* S. 94 ff.

[49] „Substantia" bezeichnet nur bewegliche Sachen (*Liebermann,* II, 2, Nr. 4, S. 647). Im Hinblick auf Land wird bestimmt, daß nicht mehr als „centum solidate terrae" der Abtei übertragen werden durften (*Schultze,* S. 95).

[50] Siehe oben bei Anm. 37.

farne.[51] Demnach war die irische Mission von gleicher Bedeutung für Mercia wie für Northumberland, wo die Dreiteilung von Beda erwähnt wird.[52] Wir haben auch anderwärts gesehen, wie lange sich irischer Brauch in den von den Iren bekehrten Gebieten gehalten hat. Hier handelt es sich überdies um konservative Angelsachsen. Selbst lange Zeit nach Glanvill war das Seeldrittel in der Diözese York, wo die Iren einst tätig gewesen waren, stärker vertreten als im Süden.[53]

Die Ausstattung der neuen Abtei Chester, dem kirchlichen Mittelpunkt von Earl Hughs Pfalzgrafschaft, war für die gesamte Bevölkerung, nicht bloß für die normannische Herrenschicht, von Bedeutung. Es lag daher nahe, eine den Angelsachsen vertraute Einrichtung zu übernehmen. Hugh trat dadurch nicht im Gegensatz zur Politik Wilhelm des Eroberers. Staat und Kirche begannen zwar nach und nach einen normannischen Charakter anzunehmen, aber Wilhelm legte auch Gewicht darauf, populäre angelsächsische Einrichtungen beizubehalten.[54] Das angelsächsische Recht wurde nicht sofort nach der Eroberung abgeschafft. Noch unter Heinrich I. (1100—1135) wurde vielfach lokales Recht beibehalten.[55]

Das Gesetz von Chester wird schließlich auch durch ein analoges Lokalgesetz *aus dem normannischen Stammland* beleuchtet, das nur wenige Jahrzehnte älter ist.[56] Als *Radulf Taisson* die Abtei von Fontenay gründete (1047), erließ er gleichfalls Bestimmungen für Gaben an die Abtei. Er verbot seinen Baronen und sonstigen Untertanen („ne quisquam baronum sive aliorum hominum suorum") ihre Güter einer

---

[51] *von Schubert*, I, S. 267; vgl. oben, § 33, Anm. 24.

[52] Oben, § 31, vgl. § 33, Anm. 24. — Über eine „pars" in Burton, Staffordshire (früher zu Mercia gehörig), ferner über eine Ausnahme zugunsten von Chester, s. unten, Anm. 71.

[53] *Pollock* und *Maitland*, II, S. 349; *Holdsworth*, III, S. 552. — Über den Unterschied zwischen den beiden englischen Kirchenprovinzen im allgemeinen s. *Brooke*, S. 17.

[54] *Haskins*, Norman Institutions, S. 23. Ebenso *Maitland*, Art. English Law, Encyclopedia Britannica, VIII, S. 564.

[55] Vgl. *Plucknett*, Concise History of Common Law, 2. Aufl., 1936, S. 15: „The period of Anglo-Saxon law extended later than the Norman conquest, and at least as late as the year 1100 or thereabouts ... In the reign of Henry I the law was substantially Anglo-Saxon and administered by the sheriffs locally according to ancient custom (which was certainly not the same all over country). As yet there was little that could be called ‚common law'."

[56] *Gallia Christiana*, XI, Nr. 65 ff. (das Gesetz wird in anderem Zusammenhange erwähnt bei *Brunner*, die Entstehung der Schwurgerichte, S. 131, Anm. 3).

anderen Kirche zu schenken oder zu verpfänden. Aber — und das ist von Interesse in unserem Zusammenhang — im Gegensatz zu dem Gesetz von Chester wird in dem Gesetz aus der normannischen Heimat kein Wort über eine Drittelquote gesagt.

(b) Während der etwa 100 Jahre zwischen dem Edikt von Chester und Glanvill findet sich keine Spur einer Beschränkung der Testierfreiheit im normannischen England, weder durch ein Drittel noch durch eine *pars rationabilis.*[57] Im Gegenteil: Im Jahre 1100, nur fünf oder sieben Jahre nach dem Edikt von Chester, bestätigte *Heinrichs I. Coronation Charter,* Kap. 7, seinen Kronvasallen das Recht, im Krankheitsfalle nach ihrem eigenen Ermessen über ihr gesamtes Mobiliarvermögen (*pecunia*) zu verfügen.[58] Auch sonst zeigt sich in Heinrichs I. *Charter* das Bestreben, der Kirche entgegenzukommen. Die Verwandten sollten die Mobilien des *intestatus* im Interesse seines Seelenheils verteilen, mit anderen Worten sie der Kirche oder kirchlichen Einrichtungen übertragen. Das gesamte Mobiliarvermögen des *intestatus* ging also an die Kirche. Keine Beschränkung in Gestalt der Quote ist erwähnt.[59]

König *Stephans* Oxford Charter ging noch einen Schritt weiter. Sie übertrug die Verteilung des Intestatnachlasses der Kirche selbst — zusammen mit andern ihr zugestandenen Privilegien.[60] So lange die Angehörigen den Nachlaß teilten, mag manches in ihren Händen hängen geblieben sein. Auch hier wird *nichts* über eine Beschränkung der Kirche durch eine Quote gesagt. Die Bestimmung paßt zu dem sonstigen Verhalten des schwachen Stephan, der auch bei anderen Gelegenheiten der Kirche nachgab.[61]

---

[57] Nur eine beschränkte Zahl von Testamenten ist aus dieser Zeit erhalten *(Pollock* und *Maitland,* II², S. 337 ff.).

[58] „Et si quis baronum vel hominum meorum infirmabitur, sicut ipse dabit vel dare disponet pecuniam suam, ita datum esse concedo." Vgl. *Stubbs,* Select Charters, S. 96, und Constitutional History of England, I, 5. Aufl., S. 331; *Pollock* und *Maitland,* II, S. 332 f., 356; *W. S. McKechnie,* Magna Carta, S. 324, Anm. 3.

[59] „Quodsi ipse, preventus vel armis vel infirmitate, pecuniam suam non dederit nec dare disponerit, uxor sive liberi aut parentes aut legitimi homines eius eam pro anima eius dividant, sicut eis melius visum fuerit." Vgl. die Zitate in der vorausgehenden Anmerkung, und bei *Pollock* und *Maitland,* II, 2. Aufl., S. 356.

[60] „Si vero morte preoccupatus fuerit, pro salute eius ecclesia consilio eadem fiat distributio." Vgl. *Stubbs,* Constitutional History, I, S. 348.

[61] *Brooke,* S. 175 ff.

Wenn wir sonach in Betracht ziehen, daß die normannische Oberschicht, soweit ersichtlich, unbeschränkte Vergabungen an die Kirche vornahm,[62] daß ferner nur wenige Jahre nach der Eroberung Englands den Kronvasallen Testierfreiheit für ihre Mobilien bestätigt wurde, so wird es verständlich, daß Beschränkungen dieser Freiheit im anglonormannischen Recht als allgemeines Landesrecht erst in Glanvills Zeit nachgewiesen werden können.[62]

(c) Glanvills Werk erschien bald nach 1187, in den letzten Jahren der Regierung Heinrichs II. (1154—1189). Es fällt daher in die Zeit der allgemein europäischen Widerstandsbewegung gegen unbeschränkte Gaben an die Kirche. Diese Bewegung kam in vielen Teilen Europas etwa in der zweiten Hälfte des 12. Jahrhunderts auf, also ungefähr 100 Jahre nach der Eroberung Englands. Sie war besonders stark im nördlichen Frankreich.[63]

Unter Heinrich II. unterhielt England enge Verbindungen mit Frankreich. Der König, ein geborener Anjou, der mit Vorliebe in französischen Schlössern residierte, beherrschte nicht nur England, sondern auch die Normandie, Anjou, Maine, Touraine, Poitou, die Bretagne (seit 1169) und andere Teile Frankreichs. Seine Umgebung, darunter seine bedeutendsten Berater, waren Franzosen, an der Spitze Richard de Lucy, Glanvills Vorgänger, jahrelang sein *Chief Justiciar*. Diese engen Verbindungen zu Frankreich beeinflußten das englische Recht in mannigfacher Hinsicht.[64]

In der Zeit als der *writ de rationabili parte* bei Glanvill zuerst erschien, war die *pars rationabilis* oder *elemosyna rationabilis* in Nordfrankreich wohl bekannt. Der Betrag der *quotité disponible* war dem richterlichen Ermessen überlassen, unter Berücksichtigung der Verhältnisse der Familie.[65] Schon in den Jahren 1158—1162, also 25 bis 30 Jahre, bevor Glanvills Werk erschien, hatte Heinrich II., selbst eine *elemosyna rationabilis* in der Normandie bestätigt, für die Abtei de la Lucerne.[66] Die Einführung des *writ de rationabili parte* in Eng-

---

[62] Siehe oben, bei Anm. 28.

[63] Oben, § 39.

[64] *Plucknett*, S. 16 und passim.

[65] Über das Auftreten der *elemosyna rationabilis* in Frankreich, dieses „droit intermédiaire", „système transitoire", siehe *de Laplanche*, S. 162 ff., und dazu *Schultze*, S. 101, 103 ff., und *Mitteis*, Z. Sav. St., germ. Abt., 49, S. 656 f.

[66] Cartulaires de la Manche, Cartulaire de la Lucerne, S. 3, Nr. 5 (1158—1162): „Henricus rex Anglorum, dux Normannorum et Aquitanorum, comes Andegavo-

land bedeutete eine Beschränkung der Freiheit zugunsten der Kirche zu testieren. Sie fällt in die Zeit der großen gerichtlichen Reformen Heinrichs II., durch die andere wichtige Änderungen in ähnlicher Weise eingeführt wurden.[67]

Die Beschränkung der Gaben an die Kirche im Interesse von Frau und Kindern paßt in den Rahmen des großen Kampfes Heinrichs II. gegen die Kirche. Heinrich wollte zwar in erster Linie eine „Schranke gegen päpstliche Einmischungen in die englische Kirche errichten".[68] Aber aus der hierdurch geschaffenen Lage entsprangen in England — ebenso wie auf dem Kontinent — die Bestrebungen, die Gaben an die Kirche einzuschränken.[69]

Der *writ de rationabili parte*, der bewegliches Vermögen betraf, hatte sein Gegenstück in dem Verbot von *post obit gifts* von Land auf dem Sterbebett (Glanvill, VII, 1), hier ebenfalls in Übereinstimmung mit anderen europäischen Ländern. So wurden z. B. die Landverga-

---

rum ... sciatis me concessisse et confirmasse in perpetuam elemosynam Deo et ecclesie sancte Trinitatis de Lucerna et regularibus canonicis ibidem Deo servientibus, quidquid eis rationabiliter datum est scilicet ex dono Harnulphi de Suligneio, qui prefatam ecclesiam fundavit, quidquid in villa de Lucerna dictus Harnulphus possidebat ..." Ebenda, S. 38, Nr. 31 (1195): „Henricus Dei gracia rex Anglie, dux Normannie ... sciatis nos concessisse et praesenti carta nostra confirmasse abbatis sancte Trinitatis de Lucerne ... omnes rationabiles donationes quos Willelmus de Sancto Johanne et Hasculphus de Soligneio eis dederunt ... et omnes alias rationabiles donationes eis factas, a quocumque eis facte sunt, sicut eis rationabiliter facte sunt." (Zitiert bei *de Laplanche*, S. 164, Anm. 2.)

67 Über Heinrichs II. Reformen — allerdings ohne die *pars rationabilis* zu erwähnen — siehe *Pollock* und *Maitland*, I², S. 136.

68 *Brooke*, S. 198.

69 Siehe oben, § 39, Anm. 5. — Die Konstitutionen von Clarendon (1164), die während des Kampfes mit Erzbischof Thomas Becket erlassen wurden, erwähnen den *writ de rationabili parte* nicht; sie betreffen in erster Linie den Streit zwischen päpstlicher und königlicher Autorität, u. a. die Definition der Grenzen zwischen weltlicher und kirchlicher Gerichtsbarkeit (*Holdsworth*, I, 3. Aufl., S. 627; *Brooke*, S. 201—203. Vgl. *Stubbs*, Constitutional History, I, 6. Aufl., 1897, S. 502). — In diesem Zusammenhang werden jedoch auch Fragen behandelt, die mit dem *Eigentumsrecht* zusammenhängen. So wird (in Klausel I) bestimmt, daß „disputes as to advowson and presentationes (always classed as property in England) were to be dealt with in the King's court" (*Brooke*, S. 204). Der *writ de rationabili parte* liegt in derselben Richtung wie die Zuweisung der Streitigkeiten über Eigentum an die weltlichen Gerichte. Indem Heinrich II. in einem *writ* Frau und Kindern ein Erbrecht gewährte, schränkte er das testamentarische Erbrecht der Kirche ein. Damit nahm er einen wichtigen Teil des Erbrechts für die weltliche Gewalt und ihre Gerichtsbarkeit in Anspruch.

bungen des Wilhelm von Mandeville (gestorben 1189), die er auf dem Sterbebett zugunsten der *Walden Abbey* vorgenommen hatte, für nichtig erklärt — ohne Rücksicht auf die Proteste der Mönche gegen „dieses unerhörte von Dienern des Teufels erlassene Gesetz".[70]

So kommen wir zu dem *Ergebnis*, daß der *writ de rationabili parte* aller Wahrscheinlichkeit nach *in der Zeit Heinrichs II. nach französischem Vorbild* in England erlassen wurde.

d) Was jedoch die Aufnahme der festen *Drittelquote* in das *Common Law* anlangt, so steht sie zwar gleichfalls im Einklang mit der allgemeinen Widerstandsbewegung gegen unbeschränkte Gaben an die Kirche; aber — ebenso wie im Frankreich der *Coutumes* — dürfte auch im normannischen England noch ein weiterer Faktor dazu beigetragen haben, daß im *Common Law* neben der elastischen *pars rationabilis* — scheinbar unsystematisch und inkonsequent — auch noch eine *feste* Quote steht und daß man bei der Bemessung dieser Beschränkung der Testierfreiheit gerade das *Drittel* wählte. Der Grund war historischer Natur: die Drittelquote war seit langem *in lokalen Bräuchen und Gewohnheitsrechten* verbreitet, vor allem im nördlichen England, wohl auch in einigen Teilen der angrenzenden *midlands*, ferner in Schottland.[71]

---

[70] *Dugdale*, Monasticon Anglicanum, IV, 147, und dazu *Pollock* und *Maitland*, II, S. 327, Anm. 2. — Das Erstgeburtsrecht, das Vermächtnisse von Land allgemein ausschloß, existierte in Glanvills Zeit noch nicht.

[71] Vgl. *Pollock* und *Maitland*, II², S. 348 f.: „We have every reason to believe that the general law of the thirteenth century sanctioned some such scheme as that which obtained in the province of York until the year 1692 and which obtains in Scotland at this present day." — Siehe über das Drittel in *Northumbria* oben, § 31, in *Wessex*, § 33, II, *Mercia*, § 33, Anm. 24 und § 40 bei Anm. 51—53 und in *Schottland*, § 32. — In diesem Zusammenhange kommen auch die aus der ersten Hälfte des 12. Jahrhunderts stammenden Urkunden von *Burton Abbey*, Staffordshire, in Betracht, das zu Mercia gehörte (*J. Horace Round*, The Burton Abbey Surveys, English Historical Review, XX, 1905, S. 274 ff.). Dort übertrugen die Äbte Land mit der Bestimmung, daß nach dem Tode der Pächter ihre Leichname nach Burton gebracht werden sollten, zusammen mit einem Teile ihres beweglichen Vermögens (*pars sua de pecunia sua*), der allerdings nicht zahlenmäßig bezeichnet ist. *McKechnie*, Magna *Charta*, a Commentary on the Great Charter of King John, 2. Aufl., Glasgow, 1914, S. 325, nimmt an, daß er ein Drittel betrug. Vgl. auch *F. Cramer*, Magna Charta, Phil. Diss., Zürich, 1937, S. 139. — Für die Verbreitung des Drittels im nördlichen England ist bezeichnend, daß es selbst später, als seine rechtliche Grundlage bestritten wurde, gerade vom Bischof von *Durham* (im Jahre 1313) genannt wurde: „the custom of the realm of England" und „the custom of the English Church" (*Pollock* und *Maitland*, II, S. 354). Ebenso heißt es

Wir haben das Drittel für die Seele im nördlichen England und in Schottland auf die *irische Mission* zurückgeführt.[72] Nach Irland war es, wie wir sahen, mit zahlreichen anderen Entlehnungen aus dem griechischen Orient gelangt.[73] So ergibt sich ein indirekter Zusammenhang zwischen dem Quotenrecht des *Common Law* mit den griechischen Vätern — ein, wenn auch schwaches, Echo ihrer Mahnungen — nach Ablauf von nahezu einem Jahrtausend.

„Die Geschichte gleicht nicht dem südlichen Wechsel von Tag und Nacht, die durch kurze Dämmerung schroff geschieden sind, sondern dem nordischen, wo der Tag lange in die Nacht, diese lange in den Tag hineindämmert."[74]

---

in einem Testament aus *York* aus dem 14. Jahrhundert von den Quoten von Frau und Kindern: „prout legem et consuetudinem regni Angliae" (Test. Ebor., I, 357; *Holdsworth*, III, S. 552, Anm. 1). — Als das Statut von 1692 die Einwohner der Provinz York ermächtigte, über ihr gesamtes Vermögen durch Testament zu verfügen, entgegen dem bisherigen Brauch, wurde eine Ausnahme gerade für die Städte York und Chester gemacht (*Richard Burn*, Ecclesiastical Law, 9. Aufl., London, 1842, Bd. IV, S. 565).

[72] Oben, § 31, III und IV. — Zu S. 200, Anm. 20, sei noch nachgetragen: *Stenton*, Anglo-Saxon, England, 2. Aufl., Oxford, 1950, S. 124 f.: „Many features of Irish Christianity, such as its asceticism and its insistence on penitential discipline, profoundly affected the later development of the English Church."

[73] Siehe oben, § 30.

[74] *Ludwig Curtius*, Komposition, Die Antike, VIII, 1932, S. 305 f.

Namen- und Sachverzeichnis

GPSR Compliance

The European Union's (EU) General Product Safety Regulation (GPSR) is a set of rules that requires consumer products to be safe and our obligations to ensure this.

If you have any concerns about our products, you can contact us on ProductSafety@springernature.com

In case Publisher is established outside the EU, the EU authorized representative is:

Springer Nature Customer Service Center GmbH
Europaplatz 3
69115 Heidelberg, Germany

Batch number: 10854084

Printed by Printforce, the Netherlands